民法总则
案例疏义及条文解析

李显冬　郗伟明　主编

中国人民公安大学出版社
群众出版社
·北　京·

图书在版编目（CIP）数据

民法总则案例疏义及条文解析/李显冬，郗伟明主编 .—北京：中国人民公安大学出版社，2017. 10

ISBN 978-7-5653-3055-1

Ⅰ.①民…　Ⅱ.①李…②郗…　Ⅲ.①民法—总则—法律解释—中国　Ⅳ.①D923.15

中国版本图书馆 CIP 数据核字（2017）第 228489 号

民法总则案例疏义及条文解析

李显冬　郗伟明　主编

出版发行：中国人民公安大学出版社
地　　址：北京市西城区木樨地南里
邮政编码：100038
经　　销：新华书店
印　　刷：三河市书文印刷有限公司

版　　次：2017 年 10 第 1 版
印　　次：2017 年 10 月第 1 次
印　　张：19. 375
开　　本：880 毫米×1230 毫米　1/32
字　　数：539 千字

书　　号：ISBN 978-7-5653-3055-1
定　　价：66. 00 元

网　　址：www.cppsup.com.cn　www.porclub.com.cn
电子邮箱：zbs@ cppsup.com　zbs@ cppsu.edu.cn

营销中心电话：010-83903254
读者服务部电话（门市）：010-83903257
警官读者俱乐部电话（网购、邮购）：010-83903253
法律图书分社电话：010-83905745

序

2017年3月15日，第十二届全国人民代表大会第五次会议通过了《中华人民共和国民法总则》，标志着我国民法典编纂开篇布局。在今后的一段时期内，《民法总则》和2020年前预期通过的其他分则共同组成的民法典，将会是我国民事主体据以开展民事活动，国家据以调整民事法律关系的基本准则体系，它无疑是完善以宪法为核心的中国特色社会主义法律体系的重要组成部分。

制定一部民法典是中国民法学者的夙愿，我们这一代法学家为民法典的制定奋斗了一生，终于见证了《民法总则》的通过。《民法总则》作为民法典的开篇之作，在民法典中起统领性作用。有了它，下一步我们自然就可以加快编纂民法典各分编，这意味着新中国民法典编纂的第一步工作业已顺利完成，离民法典的最终编纂完成又近了一步，因此媒体谓之“民法典时代”业已到来。《民法总则》作为民法典的重要内容，是具有统率性和广泛适用性的商品交换的行为规则，其以提取公因式的办法，为新中国《民法典》编成，确立了基本的价值取向。

改革开放三十多年来，我们取得了丰硕的成果，中国由一穷二白的国家，变成了世界最大的经济体之一。我始终认为，改革最核心的两个问题：其一是市场，其二是法治，二者相辅相成。

在《民法通则》的起草过程中，我与王家福以及与已故学者佟柔、魏振瀛一同组成起草专家咨询小组参与其中。《民法通则》作为规范市场经济的民事基本法，明确了平等、自由、公平、诚信四大原则，构建了基本的民事法律制度框架，体现了市场法治的基本精神，对于社会主义市场经济制度的构建和完善可谓功不可没。

《民法总则》总体上继受了1986年《民法通则》的基本指导思想和体系，确立了整个民法典的基调，为后续分则编的立法奠定了法律基础。其宗旨是总结改革开放三十多年来的实践经验，只要没有太大的错误就用法律的形式巩固下来。改革开放三十多年来，农村的改革规模很大，农村土地从过去完全公有，到后来变为集体所有但由农村土地承包经营户承包经营，最后承包权与经营权的分离，实现规模化经营。城市里，《宪法》、《民法通则》过去都强调国有企业的不可动摇的垄断地位。现在看来，民法总则已经打破了国家的垄断地位，体现了国家和其他民事主体法律地位的平等。

由于特殊的时代背景，《民法通则》的一个重要目标是对计划经济和国家利益优先原则予以否定，以适应市场经济的方向，但此次《民法总则》不仅明确市场经济方向，还避免过分强调市场经济，因为民法不仅调整市场关系，如排除了等价有偿原则。另一点我们承继了民国以来一直使用的“公序良俗”的概念，使得原来模糊的社会公共利益提法成为了历史。

如此，《民法总则》就在借鉴域外民法典立法成果并总结我国改革开放三十多年来的司法审判经验的基础上，对民事法律行为制度等进行了重构，将“民事法律行为”回归到了产生民事权利义务变动的表意行为，而不再要求其本质上的“合法性”，这自然使得过去那些不太明确的规定更加精准，更加体现中国的国情和特色。

《民法总则》在制定之初主要有两种思路，一种是演绎式，先制定总则再制定分则；一种是归纳式，把各个分则里共同性的东西总结起来，写进总则里。我们国家的情况是各分则实际上已经有了，婚姻法、继承法、合同法、物权法、侵权责任法、知识产权法统统都有了。因此，就要在现有的分则的基础上制定总则，提取公因式似乎就变成了必然的选择。《民法总则》70%以上内容是建立在比较法基础之上的。

当然，《民法总则》立法也有遗憾之处，如在立法中未全面体现时代发展中商法的特点，未充分考虑商法发展在民法典编纂中起到的巨大作用。在创新性方面，如在民事权利部分对人格权的规定过于简单。随着民法的不断发展，人格权的内容日益丰富，不再局限于德国民法典上人格权的概念，《民法总则》现有的关于人格权的规定不能完全体现对人格权的保护，将来还需分则予以完善。

显冬作为我的学生，多年来亦锲而不舍地从事案例学研究，重视案例教学，并积累形成了大量成果。他一直认为：追求法学方法论只能来源于并且只能服务于审判实践，法律人要做的案例梳理和法学评论，其实就是在用一些大家耳熟能详的案例，阐述专业所学和所信仰的法学理论。这当然也是法学实务课程或案例教学的自身逻辑。

山西财经大学的郗伟明教授，虽是青年才俊，却有丰富的案例教学经验和多年的法律实务经验，是山西民法学案例研究的领军人物。伟明教授始终认为：个案研究要善于发现和提炼问题，并能跳出个案的裁判，普遍化为一般的理论问题，运用民法理论予以回答，进而为今后的民法学理论的发展贡献智慧。同时，案例研究不能拘泥于部门法的视角，更应从法理学、法社会学、比较法的视角对相关案例进行研究和梳理。

本书是显冬教授和伟明教授，结合二人多年的案例教学研究经验，带领其弟子高哲以及其他法学后生，对近五年来中国裁判文书网、最高人民法院指导案例、公报案例中的最新相关典型案例一一遴选研究，对《民法总则》中的基本概念、基本制度和基本理论进行疏义、以案释法。虽然所选案例都是在《民法总则》颁布前发生的，且有些条文并没有直接对应的案例，但是两位教授此书“借古疏今”，借助这些新近发生的案例恰到好处地解读了《民法总则》的条文精神。法律的生命在于经验，实践经验又反过来促进立法的完善。民法是实践法学，是市民社会之法。《民法总则》作为社会经济生活的基本法，只有让更多的民众知晓并应用，才能焕发出法律的生命力。

《民法总则》既出，今后最重要的问题便是如何贯彻和实施。特别是《民法总则》在法源的规定上，删除了《民法通则》第6条“法律没有规定的，应当遵守国家政策”的规定，现在的法治社会不再依靠政策的力量了，而是改为《民法总则》第10条“法律没有规定的，可以适用习惯”，此处“习惯”当然应包括商事习惯。每一个国家的人民均有属于自己的交往习惯与交往秩序，因此，每一个国家需要有将其加以表现的法律，无论这种表现方式是法典抑或判例。所以在这个意义上，法学家们认为，成文的判例法和法典法的唯一不同之处，仅仅在于它们是用不同的方法写成的。理论上，学说和判例都属于法理的范畴，我们的民法典应该是开放的民法典，当习惯无法补充制定法适用出现的漏洞时，学说、判例均可对制定法予以弥补。随着中国裁判文书网的建立，不但司法解释以至于案例实际上均已被纳入新中国法的渊源之中。

所以，随着我国司法实践的发展与审判经验的积累，建立判例法制度业已成为重建法律渊源的必然趋势。从1985年开始，《最高人民法院公报》即开始刊登具有指导意义的案例。正式刊登的司法案例在实践中一直对审判发挥着很大的指导作用。2005年，最高人民法院正式提出了“建立和完善案例指导制度，重视指导性案例在统一法律适用标准、指导下级法院审判工作、丰富和发展法学理论等方面的作用。”

特别是2005年12月16日第十届全国人大常委会第四十次委员长会议通过的《司法解释备案审查工作程序（草案）》，从立法程序上将司法解释纳入实质意义上的广义民法之中，使其作为一种成文法的具体表现形式，在我国具有了立法上的依据。

2010年9月《人民法院量刑指导意见（试行）》第10条明文规定："上级法院公布的案例，量刑时可以参照。本院审判委员会讨论确定的典型或特殊案例，可以作为处理同类案件的量刑参考。"至2010年11月26日最高人民法院发布《关于案例指导工作的规定》，对于长期以来围绕在中国司法制度中是否需要案例指导制度的争论给予有力明确的回答，而且该文件中涵盖了指导性案例的效力、制定程序等规范。是为"划时代的标志"。

研读显冬和伟明的这本书无疑是《民法总则》立竿见影的普及方法。未来的几十年，我们这些法律人将会与民法典相伴，一同见证中国法治建设的完善。故此，本书的面世，将有助于法律人以至于市场经济的参与者，更好地理解、运用《民法总则》这部社会经济生活的百科全书，让民法典在既有的基础上发展，使我们的社会更进步、人民的尊严得到更多的保障！

是为序。

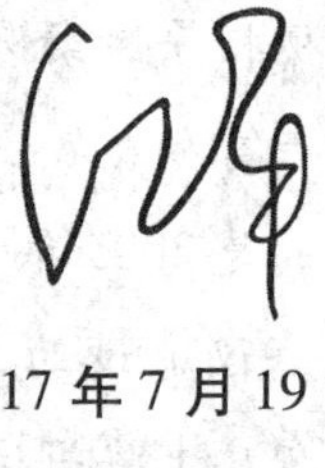

2017年7月19日

编写说明

2017年3月15日，第十二届全国人大第五次会议审议通过了《中华人民共和国民法总则》，标志着我国民法典编纂“两步走”的第一步顺利完成。我国曾于1954年、1962年、1979年和1998年先后四次启动民法典的起草工作，立法过程中紧密结合中国特色社会主义实践，内容不断得到丰富。《民法总则》以历史继受为主，创新发展为辅，借鉴两大法系先进经验，特别注重从我国实际出发，为具有中国特色的社会主义法律体系之民法典奠定基石。同时《民法总则》体现了21世纪我国民事立法的时代特征，在民事立法史上具有里程碑式的意义。

“天下之事，不难于立法，而难于法之必行。”《民法总则》既出，今后最重要的问题便是如何贯彻和实施。在《民法总则》制定和颁布过程中，李显冬教授、郗伟明教授即刻组织研究团队关注和研析，进而对条文进行逐条释义和典型案例研究，逐成本书。本书由李显冬教授、郗伟明教授担任主编，其中，杨姝君、王剑撰写本书第一章；高哲撰写本书第二章；李珺撰写本书第三章；刘纪泽撰写本书第四章及第十章；郝章彰撰写本书第五章；马凤鸣撰写本书第六章；李强撰写本书第七章；贺子芸撰写本书第八章；张楠撰写本书第九章；郗志豪撰写本书第十一章。

全书完稿之后，李显冬教授与郗伟明教授先后几次对其进行了审阅统稿。

“奉法者强则国强”，宣扬《民法总则》的内涵要旨，让其落在实处，是每一位法律人的职责。《民法总则》自 2017 年 10 月 1 日起施行，与此同时《民法通则》并未废止，当新旧条文存在冲突之时，依据新法优于旧法的原则，应适用《民法总则》的规定。为方便广大读者理解适用，本书对《民法总则》与《民法通则》以及相关司法解释作出详尽对比，激扬点滴智慧，助力《民法总则》的有效实施和准确适用。感谢广大读者对本书的支持，如有讹误之处敬请谅解并批评指正。

最后需要说明的是，本书引证的案例，囿于篇幅所限，均很简约，但我国已有中国裁判文书网，案例脚注均有出处及全名，读者可自行上网查找原判决予以深入探究。

目录·法条

目录·案例

第一章　基本规定

第一条　【立法主旨】立法目的

【法条对比】

民法总则	第一条　为了保护民事主体的合法权益，调整民事关系，维护社会和经济秩序，适应中国特色社会主义发展要求，弘扬社会主义核心价值观，根据宪法，制定本法。
民法通则	第一条　为了保障公民、法人的合法的民事权益，正确调整民事关系，适应社会主义现代化建设事业发展的需要，根据宪法和我国实际情况，总结民事活动的实践经验，制定本法。
民通意见①	无

【条文释解】

宪法是民法的立法依据。② 民事主体，是指依据法律的规定，能够充当民事法律关系的参与者，享有民事权利和承担民事义务的当事人，包括自然人、法人和非法人组织。民事主体依法享有各种合法民事权益，其中既包括人格权（诸如生命权、健康权、身体权、姓名权、名誉权、荣誉权、肖像权、隐私权、婚姻自主权

① 最高人民法院关于贯彻执行《中华人民共和国民法通则》若干问题的意见（试行），简称民通意见，下文同。

② 张新宝著：《〈中华人民共和国民法总则〉释义》，中国人民大学出版社 2017 年版，第 3 页。

等），又包括身份权（譬如监护权），还包括物权（包括所有权、用益物权、担保物权等），也包括债权以及知识产权（包括商标权、专利权和著作权等）以及股权、继承权等。

我国现今依旧处于社会主义初级阶段，经济处于高速发展阶段，社会价值观随之不断发展变化，为满足社会主义市场经济的发展要求，市场经济的价值观渗透于民事立法之中，法律的权威增强了人们培育和践行社会主义核心价值观的自觉性，使其有了可靠的制度保障。让社会主义核心价值观在民事活动中得以弘扬，在人们的生活中落地生根。① 民法作为调整平等民事主体之间的人身关系和财产关系的基本法，处于十分重要的地位。

本条继承了《民法通则》第 1 条的规定，将“公民、法人”的规定，修改为“民事主体”，使其更具有包容性，与中国特色社会主义的发展要求实现贴合，增加了“维护社会和经济秩序”、“弘扬社会主义核心价值观”这两个目的，满足中国特色社会主义的建设和发展要求。总体上也更具备限定性和清晰性。使民法作为私法、权利法的重要性充分凸显。

【典型案例】

探望父母是法律上的义务②

张某超与张某军兄弟俩的母亲早逝，哥哥张某超在 2009 年结婚成家后另行居住，弟弟张某军同其父亲张某顺一起生活，张某超反复叮嘱弟弟在父亲生病时一定要及时告知自己。但当父亲真的生病时，弟弟并未告知张某超。当张某超在 2012 年从邻居处得知父亲生病时，才匆忙赶来探望，被父亲指责忘恩负义。张某超回家后非常生气，认为弟弟不告诉自己父亲生病的事，使自己没有及时去

---

① 中国审判理论研究会民商事专业委员会编著：《〈民法总则〉条文理解与司法适用》，法律出版社 2017 年版，第 8 页。

② 审理法院：河南省济源市人民法院，案号：（2014）豫 1645 民初 248 号。

看望父亲，受到父亲的责骂，不但伤害了自己同父亲的感情，还让别人认为自己不尽子女应尽的义务，使自己难堪，弟弟这种不通知自己去探望父亲的行为，侵害了自己探望父亲的权利。

2014 年 5 月，张某超以其弟侵害自己探望父亲的权利为由，向法院提起诉讼，认为其弟违反了让自己父亲在精神上应得到慰藉的法定义务，侵害了自己探望父亲的正当权利，给自己造成了精神损害，要求法院判决其弟赔礼道歉，并赔偿人民币 1000 元。

【法理解读】

本案涉及当今社会子女是否应给予父母精神关怀以及亲属间相互抚慰的诉求。

父母子女之间的亲情关系，要通过彼此之间的精神和物质等多种因素来维系。不论是传统的社会道德、公序良俗，还是国家法律，父母同子女之间以及所有的亲属之间，都要互相关心，互相爱护，互相帮助，互相支持和互相鼓励。根据《老年人权益保障法》第 14 条的规定，子女不仅要在物质条件上对父母尽到赡养的义务，还要给予父母以精神上的慰藉，使得父母老有所养。

【适用亮点】

父母对子女有抚养的义务，而当父母年老时，子女对父母有照顾、赡养的义务，并且子女探望父母的权利不应受到侵害。本案中张某超之弟未通知张某超的行为在一定程度上侵犯了张某超的探望权，张某超的起诉是合理合法的。本案受民法保护，更充分说明民法是权利法。

第二条　【立法主旨】调整范围

【法条对比】

民法总则	第二条　民法调整平等主体的自然人、法人和非法人组织之间的人身关系和财产关系。

民法通则	第二条　中华人民共和国民法调整平等主体的公民之间、法人之间、公民和法人之间的财产关系和人身关系。
民通意见	无

【条文释解】

本条源于《民法通则》第 2 条规定，将非法人组织纳入调整范围，是对民法调整范围的进一步完善；人身关系与财产关系的法律调整体现着人文主义精神以及对以人为本的正确社会价值观的引导。本条有两点重要变化：一是主体由自然人、法人二元变成了自然人、法人、非法人组织三元；二是将人身关系提前到财产关系的前面，强调人身关系的优位性。①

民事法律关系包含人身关系和财产关系两大类。人身关系，是指没有直接的财产内容但具有人身属性的那些社会关系。人身关系基于一定的人格与身份产生，相应地，其包括人格关系与身份关系两类。人格关系与自然人的人身密切相连，不具有直接的经济价值，包括生命权、健康权、姓名权、肖像权、荣誉权、名誉权、隐私权等。身份关系，是自然人基于特定身份而形成的以身份利益为内容的权利义务关系，如婚姻关系、继承关系等。

财产关系就是人们基于财产的支配与交易而形成的社会关系。财产关系主要是财产所有关系和财产流转关系。财产所有关系是指民事主体因占有、使用、收益和处分财产而形成的权利义务关系；财产流转关系主要包括债权关系，是指财产在民事主体之间流转而形成的权利义务关系，财产所有关系是财产流转关系的前提和目的，财产流转关系是财产所有关系的根据。

① 龙卫球、刘保玉主编：《中华人民共和国民法总则释义与适用指导》，中国法制出版社 2017 年版，第 9 页。

【典型案例】

孙某与焦某和李某己等交通事故纠纷及被继承人债务清偿纠纷案[①]

2015年1月16日，孙某无证驾驶无牌照两轮摩托车（乘车人姚某、彭某）与李某驾驶的三轮摩托车相碰撞，造成李某死亡，孙某、姚某、彭某受伤，双方车辆不同程度受损的交通事故。后经交警大队认定：孙某和李某负事故的同等责任。

事故发生后，孙某入西和医院住院治疗31天，花费医疗费合计40334.22元。后孙某向县法院提起诉讼，要求焦某（李某之妻）、李某己、李某庚（均系李某的女儿）在机动车交强险及遗产继承范围内赔偿原告经济损失。三被告辩称孙某与李某对交通事故负有同等责任，现李某已经去世，其作为承担民事责任的主体已经不存在，他们无须也无法为此事承担责任。

【法理解读】

本案涉及机动车侵权致侵权人死亡后侵权损害赔偿主体的认定问题。

本案是由机动车侵权引起的侵权之债的案件。行为人因过错侵害他人民事权益，应当承担侵权责任。

本案中，焦某作为责任人的妻子是案涉三轮摩托车的共有人，自应首先在交强险的范围内，承担三轮摩托事故应分担的赔偿责任；同时李某第一顺序的法定继承人焦某、李某己及李某庚既然未表示放弃继承，依据概括继承的规矩，三人应分别继承李某遗产的1/3，自然，对于孙某超出交强险范围的合理损失，同样应依照李某的过错比例，由三被告在各自继承遗产价值范围内予以赔偿。

---

① 审理法院：河南省西峡县人民法院，案号：（2016）豫1323民初322号。

【适用亮点】

厘清民事案件的法律关系是认定民事主体法律责任的前提，自然人之间存在着各种人身关系以及财产关系。就本案而言，李某与孙某之间存在着因侵权行为产生的侵权法律关系，因而李某需要承担相应的侵权法律后果，而李某死亡，故其侵权责任由三被告承担。

第三条 【立法主旨】权益保护原则

【法条对比】

民法总则	第三条 民事主体的人身权利、财产权利以及其他合法权益受法律保护，任何组织或者个人不得侵犯。
民法通则	第五条 公民、法人的合法的民事权益受法律保护，任何组织和个人不得侵犯。
民通意见	无

【条文释解】

本条是关于民事主体的合法权益受法律保护的规定。人身权利，是法律赋予民事主体所享有的具有人身属性而没有直接财产内容的民事权利。[①] 财产权利是民事主体依法享有的、以财产利益为内容或者直接体现某种经济利益的权利。《民法总则》在第 3 条规定了合法权益保护原则，确立了在民事权利受到侵犯时受到法律的保障，不仅为法治大厦奠定基石，同时划定了公权运行的界限。该规定体现了民法全面保护民事主体，既保护人身权利、财产权利，也保护其他合法权益，并且开放性地保护民事主体，不仅保护权利

---

① 张新宝著:《〈中华人民共和国民法总则〉释义》，中国人民大学出版社 2017 年版，第 6 页。

还保护利益。

本条源于《民法通则》第5条的规定，与《民法通则》的规定相比，本条将“公民、法人”修改为“民事主体”，不但更加概括，而且将“合法的民事权益”修改为“人身权利、财产权利以及其他合法权益”，更加具体明确，使法律的可适用性更强。

【典型案例】

赵某与重庆鹏升建筑实业有限公司等恢复原状纠纷上诉案①

坐落于重庆市南岸区板栗坪村民小组的宅基地，所有权人为赵某。2012年6月，重庆市人民政府发布《关于重庆经济技术开发区管理委员会实施城市规划建设农用地转用和土地征收的批复》，同意将包括板栗坪组在内的集体农用地转为建设用地并予以征收，赵某户口簿上共7人均因土地被征收转为城镇居民。6月25日，重庆经济技术开发区管理委员会发布《关于征收长生桥镇部分集体土地的公告》，对上述征地人员的补偿标准和安置途径、征地范围内应补偿财产等作了公告。赵某称不知道土地被征收和被农转非安置，故未交出土地和领取安置款。10月16日，重庆市规划局下发建设用地规划许可证，确定经某区地块用于优雅公司修建优雅长乐居项目，涉案房屋即位于该地块内。次年1月9日优雅公司取得涉案片区土地房地产权证书。优雅公司授意鹏升公司于2013年11月2日对赵某的房屋进行了强制拆除。现涉案土地上优雅公司已修建了商品房。直至鹏升公司完成拆除行为时，赵某仍未与拆迁管理部门、鹏升公司、优雅公司之间达成任何拆迁补偿协议。赵某遂起诉至重庆市南岸区人民法院，请求判令鹏升公司对原告的房屋恢复原状并赔偿家居物品，如不能恢复原状，则按重庆市商品房最低价格标准赔偿。

---

① 审理法院：重庆市第五中级人民法院，案号：（2016）渝05民终4351号。

【法理解读】

本案涉及保护公民合法财产权的问题。二被告未遵循从政府相关部门依法取得土地使用权的法定程序，擅自强拆了原告赵某的房屋及附属物，侵害了公民的财产权，应承担赔偿责任。鹏升公司是侵权行为的具体实施者，优雅公司明知未与原告达成拆迁安置补偿协议，仍授意鹏升公司拆除原告房屋，构成共同侵权，二被告应承担连带赔偿责任。

涉案房屋所在的板栗坪组土地已于 2012 年被行政征收，涉案房屋所依附的土地由农村集体经济组织所有已转变为国有土地，但涉案房屋及其他土地上的附着物在未与拆迁部门达成安置补偿协议、或办理交付、或依法定程序被拆除前，其所有权并未发生转变，仍属赵某所有，应当受到法律保护。涉案房屋原址上已修建商品房，无法恢复原状，应以赔偿损失的方式解决。但因诉争房屋为农村房屋，系在村民申请的宅基地上修建，基于其集体经济组织所有的土地性质，其修建的房屋并不能在市场上自由买卖流通，与国有土地上修建的城市商品房有本质不同；且涉案房屋依附的土地已被征收，原告赵某对诉争房屋的所有权仅限于土地上附着的房屋及其他建构筑物，不包含土地使用价值。故法院判决依照涉案房屋勘测的结果，二被告应赔偿赵某 299093.5 元。

【适用亮点】

民法和相关的单行法律中均有明确规定，保护民事主体的合法权益不受侵害。开发商对被政府征收而尚未达成补偿协议宅基地上的建筑物及其构筑物不得实施强制拆除，否则属违法行为。开发商强制拆除致使被拆迁人遭受损害的，其损害赔偿范围仅限于被拆迁房屋内物品价值、房屋残值和房屋拆迁前占有利益的损失。

第四条 【立法主旨】平等原则

【法条对比】

民法总则	第四条 民事主体在民事活动中的法律地位一律平等。
民法通则	第三条 当事人在民事活动中的地位平等。
民通意见	无

【条文释解】

本条作为对民法平等原则的明文规定，集中反映了民法所调整的社会关系的本质特征，是民法区别于其他法律部门的主要标志。

民法的平等原则体现在：

首先，民事主体享有平等的民事权利能力。自然人的民事权利能力始于出生，终于死亡，其民事权利能力是与生俱来的，不会因为自身的先天缺陷或是外界的因素而被限制或剥夺，也不会因为民族、宗教、年龄、知识水平的高低而有所不同，每一个自然人先天地享有着平等的民事权利能力。法人的民事权利能力不会因为经营范围的不同、经济实力的强弱而不同，每一个法人的民事权利能力从参加商品交换的法律地位的角度看，都是一样平等的。

其次，民事主体在民事法律关系中的地位平等。[①] 在一个具体的民事法律关系之中，即使是具有行政权力的国家机关、经济实力雄厚的公司法人，与其他民事主体也处于平等的法律地位。民事主体法律人格平等，任何一方当事人都不得把自己的意志强加给另一方，更不得以强迫命令、胁迫等手段建立民事关系。

再次，民事主体平等地享有权利和承担义务。世界上没有无权利的义务，也没有无义务的权利。同一个民事法律关系的民事主

---

① 中国审判理论研究会民商事专业委员会编著：《〈民法总则〉条文理解与司法适用》，法律出版社 2017 年版，第 17 页。

体，共享权利，互负义务。

最后，法律平等地保护每一个民事主体。民法上的自然人和法人，均是被赋予了平等法律人格的抽象的人，不因为民事主体自身社会地位、经济实力等社会因素的影响而有所不同。社会生活中的任何人都负有不得侵害他人合法民事权利的法定义务。当民事主体的合法权益受到侵害时，民法赋予他们救济途径去维护自己的合法权益。

本条源于《民法通则》第 3 条规定："当事人在民事活动中的地位平等。"与《民法通则》的规定相比，本条将"当事人"修改为"民事主体"，使得法律用语更加规范。

【典型案例】

连某霞与武汉盘龙城经济开发区刘古塘村村民委员会、武汉盘龙城经济开发区刘古塘村第二村民小组承包地征收补偿费用分配纠纷案①

原告连某霞于 1989 年与原刘古塘村第二小组村民李某伟结婚，并将户口从外地迁入该村，婚后育有 3 女。1998 年 12 月 31 日，以农户代表李某伟名义，原告连某霞全家 5 口人，在第二轮土地承包时，共承包到原刘古塘村第二村民小组 5. 3 亩土地，并取得该土地的承包经营权证。后原告连某霞与其夫李某伟因夫妻感情不和离婚，离婚后原告连某霞的户口单立，但仍在被告刘古塘村占李湾 27 号。现农户代表李某伟已因病去世，其土地的承包经营权证仍是原告连某霞和其 3 个女儿，共 4 口人。2011 年 1 月 20 日，原刘古塘村第二村民小组和第十三村民小组两个村民小组合并为现在的被告刘古塘村占李湾村民小组，召集本组村民代表，订立了一个占李湾村民小组土地征用补偿款分配方案协议，约定户口虽在本村民

---

① 审理法院：武汉市黄陂区人民法院，案号：（2017）鄂 0116 民初 1393 号。

小组，仍享有土地承包经营权的，出嫁女一年后不予分配土地补偿款，离婚媳妇从离婚之日起不予分配土地补偿款。被告刘古塘村占李湾村民小组，按人均每人分配 11333 元土地补偿费，原告连某霞没有分配这笔土地补偿费。为此协商无果后，原告连某霞起诉要求被告按本组人均份额分配原告土地补偿费 11333 元。

【法理解读】

这一案件涉及民事主体法律地位平等的问题。农村土地被征用后的土地补偿费在性质上是对集体土地所有权的补偿，归农村集体经济组织所有。土地补偿费只能在集体经济组织成员内部进行分配，不具有集体经济组织成员资格的人，不能参与土地补偿费的分配。原告连某霞与被告刘古塘村占李湾村民小组村民李某伟结婚，并将户口迁入该村，后原告连某霞虽与其夫李某伟离婚，但其户籍至今未从被告村民小组迁出，且在该村民小组仍享有土地承包的经营权，故其并未丧失原集体经济组织成员的资格。故原告有权分配土地征用补偿费。被告刘古塘村占李湾村民小组的做法，违反了国家法律、法规的强制性规定，其用所谓的村规民约剥夺原告连某霞作为村民应该享有的合法权益，违背了男女平等和民事主体法律地位一律平等的原则。只要原告具备合法的集体经济组织成员资格，其分配原则就应该一视同仁、公平一致。

【适用亮点】

民事主体在民事活动中的法律地位一律平等，无论是出嫁女，还是离婚媳妇，与其他集体经济组织成员的法律地位平等一致。只要拥有土地承包经营权，具有合法的集体经济组织成员资格，均应有权分配土地征用补偿费。

第五条 【立法主旨】自愿原则

【法条对比】

民法总则	第五条　民事主体从事民事活动，应当遵循自愿原则，按照自己的意思设立、变更、终止民事法律关系。
民法通则	无
民通意见	无

【条文释解】

民法的自愿原则，其核心内容应当是意思自治原则。

意思自治，也称为私法自治原则，是指民事主体在法定范围内享有广泛的行为自由，并根据自己的真实意志设立、变更、消灭民事法律关系的基本准则。自愿原则赋予民事主体在法定的范围内享有广泛的行为自由，民事主体依其自身意愿参与民事活动，任何人都不得强迫、干涉、禁止民事主体进行民事活动，民事主体基于自身的理性判断对其行为作出选择，也要对其行为产生的后果承担责任。① 然而，民事主体按照自己的意愿进行民事活动，并不意味着其是完全自由的，其在按照自己的意思进行活动时，不得损害国家和他人利益、损害社会秩序等。②

意思自治是自愿原则的核心内容。意思自治是私法的基本原则，也是公法和私法相区别的主要特征，③ 其基本含义是：私法主

---

① 张新宝著：《〈中华人民共和国民法总则〉释义》，中国人民大学出版社 2017 年版，第 10 页。

② 江必新、何东宁编著：《民法总则与民法通则条文对照及适用提要》，法律出版社 2017 年版，第 4 页。

③ 王利明著：《民法总则研究》（第 2 版），中国人民大学出版社 2012 年版，第 116 页。

体有权自主实施私法行为，他人不得非法干预，私法主体仅对基于自由表达的真实意思而实施的私法行为负责，在不违反强行法的前提下，私法主体自愿达成的协议先于私法的通用，即私人间的协议可变通私法。从冲突层面上理解，意思自治指为当事人协商选择处理纠纷所适用之准据法的权利。意思自治表现的是商品经济社会人们从事经济活动时依照人格平等的理念而发生的相互关系。

【典型案例】

老百姓大药房连锁股份有限公司诉外省市老百姓药品零售有限公司、外省市老百姓药品零售有限公司宇雷路分店不正当竞争纠纷案[1]

——关联企业间权利义务的转移应遵循意思自治原则

老百姓大药房前身为省老百姓医药连锁有限公司，2009 年更为现名。案外人省城老百姓大药房有限公司成立于 2001 年，2005 年 2 月该公司向国家工商总局申请注册了“老百姓”服务商标并获核准。2005 年 12 月，省城老百姓大药房有限公司与省老百姓医药连锁有限公司签订资产买卖合同，将合同所列资产、权益，包括应收账款、其他应收款等共十项资产，及上述所有资产自资产转让基准日以后所发生的所有收益、利益、责任和义务均转让给省老百姓医药连锁有限公司。2008 年 3 月，双方又签订了商标转让合同，将“老百姓”服务商标转让给省老百姓医药连锁有限公司，并经国家工商总局核准。2011 年 5 月，“老百姓”商标被国家工商总局认定为驰名商标。外省市老百姓公司成立于 2002 年 10 月，其门店招牌上除有企业全称外还以大体字标有“外省市老百姓大药房”字样。该公司在 2005 年 5 月的活动海报中即开始以“老百姓大药

① 审理法院：浙江省丽水市中级人民法院，案号：（2015）浙丽知初字第 19 号。

房”的名义进行宣传。外省市老百姓公司宇雷店成立于2009年8月，其门店招牌上亦标注有“老百姓大药房”字样。2015年4月，老百姓大药房股票成功上市。

【法理解读】

二被告并无擅自使用原告企业名称的行为。首先，被告外省市老百姓公司的成立时间远早于本案原告，被告在登记使用“老百姓”作为企业字号时，原告尚未成立，故主观上不可能具有攀附原告商誉的故意，被告外省市老百姓公司宇雷店作为外省市老百姓公司的分店，其使用“老百姓大药房”招牌的行为亦未超出其所从属企业的在先使用范围，亦不构成不正当竞争。品牌的培育、商誉的形成是一个前后连贯、承袭延续的过程，在此过程中，相互关联但却彼此独立的权利主体之间的权利义务转移应遵循意思自治原则。省城老百姓大药房有限公司与原告系两个独立的权利主体，分别成立于2001年和2005年，双方于2008年签订的资产买卖合同和商标转让合同亦说明两者为互相独立的法律主体，而非原告所述的系前身与后身的关系，两份合同中，省城老百姓大药房有限公司并未将资产转让之前其享有的权利转让给本案原告。双方于2005年签订的资产买卖合同明确转移的系资产、权益及前述资产自资产转让基准日以后所发生的所有收益、利益、责任和义务，并不能溯及转让以前。

【适用亮点】

相互独立的权利主体通过资产买卖合同将企业字号进行的转让，实际上是对该企业字号自其转让基准日以后所发生的所有收益、利益、责任和义务的转让，并不能溯及转让以前，即企业字号转让之前的权利仍归原权利人所有，原权利人与被转让人并非前身与后身的继承关系，二者仍然是相互独立的法律主体。故当事人通过资产转让获得的他人企业字号，其所享有的权利不能溯及转让以前。

第六条 【立法主旨】公平原则

【法条对比】

民法总则	第六条 民事主体从事民事活动，应当遵循公平原则，合理确定各方的权利和义务。
民法通则	第四条 民事活动应当遵循自愿、公平、等价有偿、诚实信用的原则。
民通意见	无

【条文释解】

本条源于《民法通则》第 4 条的规定，本条单独规定了公平原则，并明确其内容包括“合理确定各方的权利和义务”。明确公平原则包含“权利义务关系”，是对公平原则的具体内容的细化。

公平原则是民法基本原则中的核心内容，与其他原则相比，公平原则具有更高的抽象性和概括性，也更为基础、更为原则。[①] 它可以对具体的条文进行指导，如《民法总则》第 154 条规定：“行为人与相对人恶意串通，损害他人合法权益的民事法律行为无效。”对于民事主体相互串通损害他人的法律行为认定为无效，一方面是因为该民事行为的意思表示并不真实，另一方面则是因为该类合同一旦被认定为有效，那么该民事行为极有可能会侵害他人的合法权益，造成严重不公平的结果，这是对公平原则的违反。

公平原则不仅体现在民事法律的制定中，而且也体现在民事主体间的民事法律关系中，一方面，公平原则是适用法律的原则，它

---

① 王利明著：《民法总论研究》，中国人民大学出版社 2003 年版，第 116 页。

可以弥补民法规范规定的不足。[①] 公平原则要求民事主体应本着公平的观念从事民事活动，民事主体在民事活动中秉承意思自治的原则公平分配权利义务，正当行使自己的权利和义务，在民事活动中给予每个人应得的利益，同时兼顾他人利益和社会公共利益。另一方面，公平原则要求立法主体与司法主体在制定法律及运用法律的过程中，应当将民事主体的利益作为立法的首要目标，当民事主体间的权利义务关系失衡或受到侵害时，法律应当进行矫正，使之恢复到原先的公平的状态。民事法律行为虽然是民事主体平等自愿进行的，但必须符合公平的社会道德准则，以社会一般公认的价值观和是非观作为衡量自己行为的标准尺度。[②]

【典型案例】

刘某捷诉中国移动通信集团江苏有限公司徐州分公司电信服务合同纠纷案[③]

2009 年 11 月，原告刘某捷在被告中国移动通信集团江苏有限公司徐州分公司（以下简称移动徐州分公司）营业厅申请办理“神州行标准卡”，付费方式为预付费。在业务受理单所附《中国移动通信客户入网服务协议》中，双方对各自的权利和义务进行了约定，其中第四项特殊情况的承担中的第 1 条为：在下列情况下，乙方有权暂停或限制甲方的移动通信服务，由此给甲方造成的损失，乙方不承担责任：（1）甲方银行账户被查封、冻结或余额不足等非乙方原因造成的结算时扣划不成功的；（2）甲方预付费使用完毕而未及时补交款项（包括预付费账户余额不足以扣划下一笔预付费用）的。

2010 年 7 月，原告在中国移动官方网站网上营业厅通过银联

① 中国审判理论研究会民商事专业委员会编著：《〈民法总则〉条文理解与司法适用》，法律出版社 2017 年版，第 22 页。

② 王利明著：《民法本论》，东北财经大学出版社 2001 年版，第 64 页。

③ 最高人民法院关于发布第十三批指导性案例的通知，指导案例 64 号。

卡网上充值50元。2010年11月，原告在使用该手机号码时发现该手机号码已被停机，原告到被告的营业厅查询，得知被告于2010年10月因话费有效期到期而暂停移动通信服务，此时账户余额为11.70元。原告认为被告单方终止服务构成合同违约，遂诉至法院。

【法理解读】

电信用户的知情权是电信用户在接受电信服务时的一项基本权利，用户在办理电信业务时，电信业务的经营者必须向其明确说明该电信业务的内容，包括业务功能、费用收取办法及交费时间、障碍申告等。用户如果在不知悉该电信业务的真实情况下进行消费，就会被剥夺对电信业务的选择权，达不到真正追求的电信消费目的。

被告移动徐州分公司有明确如实告知的义务，且在订立电信服务合同之前就应如实告知原告。如果在订立合同之前未告知，即使在缴费阶段告知，亦剥夺了当事人的选择权，有违公平和诚实信用原则。被告主张“通过单联发票、宣传册和短信的方式向原告告知了有效期”，但未能提供有效的证据予以证明。综上，本案被告既未在电信服务合同中约定有效期内容，亦未提供有效证据证实已将有效期限制明确告知原告，被告暂停服务、收回号码的行为构成违约，应当承担继续履行等违约责任，故对原告主张“取消被告对原告的话费有效期的限制，继续履行合同”的诉讼请求依法予以支持。

【适用亮点】

依据《合同法》第39条的规定，采用格式条款订立合同的，提供格式条款的一方应当遵循公平原则确定当事人之间的权利和义务，并采取合理的方式提请对方注意免除或者限制其责任的条款，按照对方的要求，对该条款予以说明。电信业务的经营者作为提供电信服务合同格式条款的一方，应当遵循公平原则确定与电信用户的权利义务内容，权利义务的内容必须符合维护电信用户和电信业务经营者的合法权益、促进电信业的健康发展的立法目的，并有效告知对方注意免除或者限制其责任的条款并向其释明。

第七条　【立法主旨】诚信原则

【法条对比】

民法总则	第七条　民事主体从事民事活动，应当遵循诚信原则，秉持诚实，恪守承诺。
民法通则	第四条　民事活动应当遵循自愿、公平、等价有偿、诚实信用的原则。
民通意见	无

【条文释解】

自《民法通则》确立诚实信用原则以来，我国民法学界就如何理解诚信原则形成了“语义说”和“一般条款说”两种观点。“语义说”认为：诚信原则是根据对民事活动的参加者不进行任何欺诈、恪守信用的要求所提出的。而“一般条款说”则认为：诚信原则是外延不十分确定，但法条具有强制效力的一般条款。“一般条款说”还认为，诚信原则的不确定性不仅在外延方面，而且更重要的是其内涵具有确定性，从而对该原则的研究，只有深入到其产生、变化的经济、政治意识形态中去，才能达到深刻的程度。

诚信原则作为大陆法系中独立的一种法律机制，在大陆法系的范围内有普遍适用性。这一原则要求民事主体在从事民事活动时，应恪守诺言、遵守信用，并应以善意的方式行使权利和履行义务。同时要求司法审判人员在司法实践中，如遇法律规定不足时，可根据诚信原则公平、公正地处理民事纠纷。

【典型案例】

子州市京凰文化传播有限公司与体育报社、新华书店卯壬图书城有限公司和癸东音像出版社的著作权纠纷再审案件[①]

2012年丑寅体育报社主诉：子州市京凰文化传播有限公司、新华书店卯壬图书城有限公司和癸东音像出版社在未经体育报社允许的情况下，以国家体育总局创作的第九套广播体操伴奏音乐为内容制作音像制品并进行了营利性销售，给体育报社造成了损失，侵害了其著作权。

对于被控侵权乐曲与体育报社要求保护乐曲是否同一版本的问题：一审庭审中，原审法院已当庭对上述作品进行了播放，经比对，原审法院认为被控侵权乐曲与授权出版物使用的伴奏音乐无明显差别。京凰文化公司并未提出异议，现有证据也不能证明二者不属同一版本，京凰文化公司侵权事实成立，应承担赔偿责任。

【法理解读】

本案关于著作权侵权损害的认定之中涉及了诚实守信的问题。

在著作权侵权案件中，对于起诉主体是否适格、著作权侵权所造成的经济损失的数额等多方面内容的认定，要结合案件的具体事实，立足现有证据而非只是根据案件当事方所主张的数据进行事实的认定。

特别是对于原审法院认定的损失数额的问题：虽然根据京凰文化公司提供的录音录像制品复制委托书，证明其只复制10000张光盘，但体育报社保全的证据载明，侵权商品在互联网许诺销售数量999999盒，说明京凰文化公司还存在其他复制行为。在这一点上，其违背了诚实信用原则。

故此，在体育报社损失和京凰文化公司获利难以确定的情况下，原审法院综合考虑涉案音乐作品和音像制品的独创性程度、侵

---

① 辽宁省高级人民法院，案号：（2014）辽民三终字第98号。

权行为的情节和性质及体育报社为制止侵权行为所支付的合理开支等因素酌情确定赔偿数额并无不当。据此，再审法院驳回上诉方的上诉请求，维持原审判决。

【适用亮点】

诚实信用原则是民法中的一项基本原则，是维护社会主义市场经济秩序的应有之义，而诚实信用原则也应当是我国保护知识产权，完善著作权保护应当遵循的原则性理念。知识产权的保护体系的建立，有利于保障创新理念，提升创新能力。

但对于诚实信用原则而言，适用时，此规则只能处于补充性的地位，这种补充地位是相对于其他现行法律而言的，这就决定了法官在审理案件时，只有当现行法律没有规定，或者依据现行法律规定处理，会造成当事人之间实质上的不公平或者会使社会利益受到损失的情况下，法官方可应用诚实信用原则进行审判。①

第八条 【立法主旨】公序良俗原则

【法条对比】

民法总则	第八条　民事主体从事民事活动，不得违反法律，不得违背公序良俗。
民法通则	第六条　民事活动必须遵守法律，法律没有规定的，应当遵守国家政策。 第七条　民事活动应当尊重社会公德，不得损害社会公共利益，扰乱社会经济秩序。
民法通则	无

① 中国审判理论研究会民商事专业委员会编著：《〈民法总则〉条文理解与司法适用》，法律出版社2017年版，第26页。

【条文释解】

本条是关于守法原则和诚实信用原则的规定。

本法条所谓"公序良俗"即公共秩序和善良风俗，前者落脚于外部的社会秩序，后者着重于内心的道德观念。这一概念最早起源于罗马法，随后逐渐被一些国家的民法所采用。"公序良俗"的生命恰恰在于它的抽象性和不确定性，其内涵会随着社会的变迁而不断与时俱进。法律不可能预见所有损害国家利益、社会公共利益和道德的行为，通过确定公序良俗这一具有弹性的条款，以社会大众的善恶标准去调节并指引人们的行为，不但赋予了法官相当的自由裁量权，而且克服了法律条文的僵化性和局限性。凡是遇有损害社会公共利益和社会道德秩序的法律行为，而又缺乏相应的禁止性法律规定时，法院可直接以违反公序良俗为依据判决该行为无效。[①] 作为对法律的滞后性和不完善性的补救，其有利于维护公平正义，所以才成为民法中至高无上的基本原则。

本法条源于《民法通则》第 6 条以及第 7 条。与《民法通则》的规定相比，本条直接规定了公序良俗原则，是对社会秩序和道德的尊重，以更好地保护弱者，维护社会公理。

【典型案例】

张某军诉蔡某珍因遗赠所附条件妨碍婚姻自由被认定无效案[②]

1994 年 5 月蔡某珍与张某元以夫妻名义共同生活，于 2006 年 10 月 31 日办理结婚登记手续，双方未生育子女。张某元已于 2006 年 12 月 4 日病故。张某元于 2006 年 11 月 19 日病重期间书写遗书一份载明："我去世后，东面三间楼房使用权归我妻蔡某珍，西面三间平房也归我妻蔡某珍安身之处，如我妻蔡某珍今后嫁人，三间

① 梁慧星著：《民法总论》，法律出版社 2012 年版，第 51 页。

② 审理法院：江苏省无锡市中级人民法院，案号：（2013）锡民终字第 0453 号。

平房归我侄子张某军所有。”在遗书上有几个亲戚作为见证人的签名。

后蔡某珍与张某平于2007年6月12日登记结婚并居住于该平房。现张某军诉至区人民法院，以蔡某珍再婚违反张某元遗嘱为由要求判令上述房屋归其所有。

法院经审理认为：张某元生前所立以约束配偶婚姻自由为前提方可享有继承财产权利的遗嘱，有违宪法和法律规定，是对蔡某珍婚姻自由的限制。而本案中，蔡某珍有正当理由不履行该遗嘱中所附义务，并仍对该三间平房享有继承权利，故涉及张某军受遗赠权利的内容无效，张某军无权接受遗赠。判决驳回张某军的诉讼请求。

【法理解读】

本案涉及遗嘱内容违反“公序良俗”时其法律效力的认定问题。

本案中张某元通过遗嘱的方式来分配自己的遗产，但是对妻子蔡某珍继承其遗产设置了条件，即蔡某珍不能带产改嫁，否则将失去房屋的继承权。遗嘱的该部分内容产生了死者的遗嘱自由同其妻子婚姻自由的观念碰撞。显而易见，这一遗嘱内容违反了公序良俗原则，也违反了《婚姻法》有关婚姻自由的规定，故遗嘱的这一部分无效。房屋应归蔡某珍所有。

【适用亮点】

公序良俗是指公共秩序和善良风俗。一方面，民法的基本原则对具体的法律条文具有指导作用。民法条文在设立时应当体现公共秩序和善良风俗；另一方面，法官在处理纠纷时也应当遵循公序良俗的原则。公民设立遗嘱时，不能违背现有法律的规定，也不能违反公序良俗原则，如若违背，遗嘱的相关内容无效。

第九条　【立法主旨】生态保护原则

【法条对比】

民法总则	第九条　民事主体从事民事活动，应当有利于节约资源、保护生态环境。
民法通则	第一百二十四条　违反国家保护环境防止污染的规定，污染环境造成他人损害的，应当依法承担民事责任。
民通意见	无

【条文释解】

本条是《民法总则》的全新规定，首次确立了节约资源、保护环境的民法基本原则。生态保护原则是《民法总则》对社会发展中造成的生态环境问题的积极回应，被学界称为“绿色原则”。《民法总则》将节约资源、保护生态环境直接上升为民法的基本原则，既传承了我国天地人和、人与自然和谐共生的优秀传统文化理念，又体现了党的十八大以来的新发展理念，与我国是人口大国、需要长期处理好人与资源生态的矛盾这样一个国情相适应。①

《中国的环境保护（1996—2005）》白皮书中指出，由于中国人均资源严重不足，地区差异较大，生态环境严重恶化，必须重视资源的合理有效利用。② 我国自 1989 年颁布《环境保护法》以来，先后出台了一系列配套的环境保护单行法，但未能有效遏制急剧恶化的生态环境。有学者认为，二十余部环境保护相关法律未能治理好环境，并且近年来雾霾上升成为影响生态的首要问题，究其原因

① 李建国：《关于〈中华人民共和国民法总则（草案）〉的说明》，载《人民日报》2017 年 3 月 9 日。

② 国务院新闻办公室：《〈中国的环境保护（1996—2005）〉白皮书》，2006 年 6 月 5 日。

是各环保单行法之间不具备统一的目的性和功能性，未能形成有效的法律系统。《民法总则》将“绿色原则”作为基本原则，将对民法典各编的制度、规则产生重大影响，也会对人们日常行为产生重要的引导作用。[①] 从比较法来看，在世界范围内，传统的所有权绝对主义观念也在保护生态环境的大背景下出现松动，并在相当程度上融入了“预防原则”和“可持续发展原则”的要求。[②] 保护生态环境已然成为我国现阶段的主流价值之一，民法作为保护交易的根本性法律，确立环境保护为民法的基本原则是题中应有之义。

【典型案例】

中华环保联合会与宜兴市江山生物制剂有限公司环境污染公益诉讼纠纷[③]

2014 年 3 月 25 日，无锡市环保局对江山制剂公司作出《行政处罚决定书》，认定江山制剂公司的行为违反了我国《水污染防治法》第 22 条第 2 款的规定。随后，被告江山制剂公司向环保部门提交了整改方案。后中华环保联合会接到群众举报，被告江山制剂公司通过雨水管道排放污水，并已对周边环境造成了一定的污染。中华环保联合会经过调查取证后向法院提起环境保护公益诉讼。

审理法院认为，企业在其生产经营活动中必须严格履行保护环境的法定义务。根据我国《水污染防治法》第 22 条、《民事诉讼法》第 55 条的规定，判决被告江山制剂公司严格整改，在判决生效之日起三个月内每月提交一份环境保护局的监测、检查报告。

---

① 王利明主编：《中华人民共和国民法总则详解》，中国法制出版社 2017 年版，第 46 页。

② 石佳友：《物权法中环境保护之考量》，载《法学》2008 年第 3 期。

③ 审理法院：江苏省无锡市中级人民法院，案号：（2014）锡环公民初字第 2 号。

【法理解读】

本案是企业在生产活动中为节约成本故意污染环境的典型案例。保护环境不但是国家的一项基本国策，更是每个单位和公民在进行民事活动时的法定义务。根据《民事诉讼法》第55条规定："对污染环境、侵害众多消费者合法权益等损害社会公共利益的行为，法律规定的机关和有关组织可以向人民法院提起诉讼。"因污染环境造成侵害的，污染者必须承担相应的侵权责任。其中，主要的民事责任承担方式包括：停止侵害、排除妨害、消除危险、恢复原状以及赔偿损失等。审理法院的判决于法有据。

【适用亮点】

中华环保联合会作为从事环境保护公益事业的非营利组织，属于法律规定的有权提起诉讼的主体。社会组织为保护环境健康与安全提起环境公益诉讼的行为，应予以鼓励和支持。企业生产对环境的侵害往往持续性久且方式隐蔽，公民个体不具备调查取证的能力，由法律规定的社会组织就环境侵权案例提起诉讼将更有利于保护生态，更好地贯彻"绿色生态保护原则"。

第十条　【立法主旨】法律适用原则

【法条对比】

民法总则	第十条　处理民事纠纷，应当依照法律；法律没有规定的，可以适用习惯，但是不得违背公序良俗。
民法通则	第六条　民事活动必须遵守法律，法律没有规定的，应当遵守国家政策。
民通意见	无

【条文释解】

本条是关于民事纠纷中法律规范适用，即民法渊源的原则规定。民法作为私法，意思自治是其灵魂。民法的任意法律规范给了民事主体以合理的大致预期，因而在民事活动中，民事主体设立、变更、消灭民事法律关系，协商双方的权利与义务只要在合理的预期范围内即为有效。而人们判断这种合理预期更多的是遵从已经形成的习惯。

习惯是人们在社会实践中逐渐形成的被社会公认的具有约束力的行为准则。不是所有的习惯都可以成为法律规范，只有那些具有合理性的、被社会所认可的涉及民事法律关系中权利义务调整的习惯才能被司法机关所适用。[①] 法律是人们为或不为一定民事行为的基本准绳，但是法律的滞后性及稳定性决定了法律不能“朝令夕改”，所以，将习惯作为民法的法律渊源纳入其中，就能够保障民法具有了更大的开放性，使民法与处于动态变化中的社会经济秩序永不脱节。而且，习惯作为社会公认的行为准则，本就是人们合意协商所达成的结果，与民法意思自治的基本原则高度适应，从而使习惯的运用可以实现法律效果和社会效果的完全统一。

所以，过去法律规定不足就适用政策，表明了国家法制尚不健全；现在法律规定不足适用习惯或者体现法理的典型判例，正是法制健全的表现。习惯作为制定法的补充，恰是现代法治精神的体现。

【典型案例】

金普润房地产开发公司与新疆库尔勒高培中学委托代建合同纠纷案[②]

2004年5月，金普润房地产公司与高培中学签订委托房产开发建设合同。高培中学委托金普润公司在其校园内开发建设，金普

---

① 张新宝著：《〈中华人民共和国民法总则〉释义》，中国人民大学出版社2017年版，第29页。

② 审理法院：新疆维吾尔自治区高级人民法院，案号：（2016）新民初46号。

润公司依约实施了开发建设，陆续完成教学楼等工程项目22个，项目开发建设中金普润公司垫付了全部开发建设款项。双方就还款事宜协商无果，遂成诉。

高培中学辩称，双方在合作过程中从未进行过对账，该《垫付资金对账单》没有高培中学法定代表人签字确认，也未经过全体股东同意，不能作为本案依据。

审理法院认为，依据中国传统习惯，公章是公司合同、公文等具有法律文书性质的文件生效的凭证，是公司意思表示外化的标志。公章可单独代表公司形成有效的意思表示，故高培中学主张该《垫付资金对账单》因无学校法定代表人签字而无效的抗辩理由不能成立，不予支持。

【法理解读】

我国《民法通则》并未明确承认习惯能够作为法律渊源而存在，但我国《合同法》第61条规定："合同生效后，当事人就质量、价款或者报酬、履行地点等内容没有约定或者约定不明确的，可以协议补充；不能达成补充协议的，按照合同有关条款或者交易习惯确定。"在某种程度上，很多类似的规定都以成文法的形式承认了习惯能够作为民法的法律渊源。

本案中，审理法院依据中国社会现有的商事习惯，对金普润公司和高培中学的《垫付资金对账单》中高培中学公章的法律效力予以认定，保护了金普润公司的合法权益。由此可见，在司法实践中，若待决事项无法可依，习惯能够成为案件裁决的依据。

【适用亮点】

习惯是人们在社会生活中逐渐形成的社会准则。在成文法形式出现之前，习惯法是民事法律渊源的主要形式，在现代社会制定法存在空白时，习惯是对制定法最好的补充。在本案中，审理法院依据商事习惯，认定公章和公司法定代表人代表公司的功能是相同的。公章可以脱离法定代表人而独立存在，并发生法律效力，正是习惯在司法裁判中的体现。

第十一条 【立法主旨】特别法优先原则

【法条对比】

民法总则	第十一条　其他法律对民事关系有特别规定的，依照其规定。
民法通则	无
民通意见	无

【条文释解】

特别规定是根据某种特殊情况和需要规定的调整某种特殊问题的法律规范，亦称特别法。[①] 与之相对应，一般规定是为调整某类社会关系而制定的法律规范，又称一般法。特别规定和一般规定是相对概念，不是绝对的。就我国的民事法律来说，过去的《民法通则》和现在的《民法总则》为民事基本法，《合同法》、《物权法》、《侵权责任法》等是特别法。相对于《民法总则》的规定来说，《合同法》、《物权法》、《侵权责任法》的规定是特别规定；而相对于《合同法》、《物权法》的规定来说，《担保法》、《保险法》、《海商法》的规定又是特别规定。

确立"特别规定优于一般"的法律适用规则，是因为特别规定是在考虑具体社会关系的特殊需要的前提下所制定的，更符合它所调整的社会关系的特点，故具有优先适用的效力。就同一事项，如果民法典有一般的规定，其他法律也做了特别的规定，两者如有矛盾时，即适用特别规定。[②] 如《合同法》调整所有的民事合同关系，《合同法》有关运输的规定就是一般规定。而《海商法》、《铁

---

① 张新宝著：《〈中华人民共和国民法总则〉释义》，中国人民大学出版社 2017 年版，第 32 页。

② 王泽鉴著：《民法概要》（第 2 版），北京大学出版社 2011 年版，第 15 页。

路法》、《航空法》等根据海上运输、铁路运输和航空运输的特点，对海上运输合同、铁路运输合同、航空运输合同作了比较详细的规定，相对于《合同法》的规定来说，这些规定无疑都是特别规定，如果与《合同法》的规定不一致，在选择适用的法律时，应当优先适用《海商法》、《铁路法》、《航空法》的特别规定。

本条是新增条文，源于《立法法》第92条规定[①]，该条文明确规定“特别规定优于一般规定”，也就是“特别法优于一般法”的法律适用原则。

【典型案例】

滑某与刘某返还原物纠纷案[②]

2010年1月27日，甲午厂向法院申请破产结算，法院裁定受理，并指定乙已律所为甲午厂的破产管理人。2011年1月7日，乙已律所与滑某签订甲午厂资产变卖成交协议书，以26万元的价格售卖了原甲午厂老厂房及其设备。并于1月10日，双方签订资产移交清单。同年12月16日滑某取得该厂房的产权证及土地使用权证。2011年8月1日，法院裁定终结甲午厂破产程序。2011年12月16日，滑某取得全部房产的相关物权证书。当滑某接管厂房时，发现该厂房被刘某实际占有，刘某称其与原甲午厂签有租赁合同尚未到期拒绝搬出。乙已律所知情后，于2011年4月29日向刘某邮寄了破产管理人决定书，同时在厂房外予以张贴，告知刘某已丧失相应的权利，应腾退厂房并交还给管理人。可刘某拒不交出房屋，也不支付任何费用，滑某多次与其交涉无果。为维护其合法权益，滑某起诉至法院，请求判令刘某退出所占用的房屋，赔偿经济

---

① 《立法法》第92条规定：“同一机关制定的法律、行政法规、地方性法规、自治条例和单行条例、规章，特别规定与一般规定不一致的，适用特别规定；新的规定与旧的规定不一致的，适用新的规定。”

② 审理法院：湖北省鹤峰县人民法院，案号：（2016）鄂2828民初35号。

损失20万元。

【法理解读】

本案中，甲午厂已被依法宣告破产，破产中刘某没有向破产管理人申报债权，已丧失了相关权利。虽然刘某与原甲午厂签订了租赁合同，但依据特别法优于一般法的原则，本案应适用破产法，因此，刘某与原甲午厂的租赁合同已经被解除。因为破产管理人变卖租赁物时，同等条件下刘某虽享有优先购买权，但刘某没有参与购买，现滑某已购买了该房产并取得了相关的物权，是合法的权利人。根据破产法的规定，破产管理人应接管债务人的财产，可本案中破产管理人一直未接管刘某经营使用的厂房，破产管理人作出的决定也是要求刘某将厂房交还给"本管理人"，但事后破产管理人未实际向其收回厂房，也没有向购买人滑某实际交付，仅仅在移交清单上完成形式上的签字。破产管理人与双方当事人之间存在两个不同的民事法律关系，刘某负有向破产管理人移交厂房的义务，但没有义务向滑某交付。滑某只能向破产管理人主张权利，其诉讼主张没有法律依据，故对其诉讼请求法院才不予支持。

【适用亮点】

本案中，刘某认为其与甲午厂之间存在租赁合同，认为根据《合同法》，其对产房的占有是合法有效的。但是，本案的涉案厂房系被申请破产企业甲午厂所有，对于进入破产程序的企业应当适用《破产法》的相关规定，由此产生了《合同法》与《破产法》之间的冲突。从两法的调整对象来看，《合同法》调整的是一般民事法律行为，《破产法》调整的是特定主体，即进入破产程序的企业。显然，与《合同法》相比，《破产法》系特别法，故根据"特别法优于一般法"的原则，《破产法》应当被优先适用。

第十二条　【立法主旨】适用范围

【法条对比】

民法总则	第十二条　中华人民共和国领域内的民事活动，适用中华人民共和国法律。法律另有规定的，依照其规定。
民法通则	第八条　在中华人民共和国领域内的民事活动，适用中华人民共和国法律，法律另有规定的除外。 本法关于公民的规定，适用于在中华人民共和国领域内的外国人、无国籍人，法律另有规定的除外。
民通意见	无

【条文释解】

本条源于《民法通则》第 8 条规定，与《民法通则》的规定相比，《民法总则》去除了“公民”二字。“公民”是指具有一国国籍的人，“公民”二字的去除，是将我国民法的效力推及所有自然人，既包括中国人，也包括外国人和无国籍人。

民法的适用范围又称民法的效力，是指在何时、何地、何人之间的关系应适用何种民事法律规范。包括在时间上的效力、在空间上的效力和对人的效力、对事的效力。《民法总则》关于民法的时间效力和对人的效力另有规定，本条仅是对民法适用的空间效力和对事效力作出的规定，主要有以下几点：

第一，民法典在空间上的适用范围一般采用法律属地主义①。依据本条的规定，民法典适用于中华人民共和国领域内的民事活

① 张新宝著：《〈中华人民共和国民法总则〉释义》，中国人民大学出版社 2017 年版，第 23 页。

动,[1] 包括我国的领土、领空、领海以及根据国际法视为我国领域的我国驻外使领馆，在我国领域外航行的我国船舶和飞行于我国领空以外的我国飞行器等。但是，根据我国香港和澳门基本法的规定，《民法总则》不属于特别行政区应当实行的全国性法律，因此《民法总则》不适用于我国香港和澳门两个特别行政区。

第二，民法典的对事效力。即发生在中华人民共和国领土上的所有民事法律行为都要受到我国民法的规制，即民事主体设立、变更、消灭民事法律关系、协商双方法律权利与义务均必须遵守《民法总则》的相关规定。

第三，民法典适用的例外规定。所谓法律另有规定的从其规定主要有两种情形，一种是法律明确规定适用外国法律的，如涉外继承案件中被继承人在外国有不动产的且该国法律规定“不动产的法律适用不动产所在地法律”；另一种是法律允许当事人协商选择涉案法律的适用，如《涉外民事关系法律适用法》第 44 条规定：“……侵权行为发生后，当事人协议选择适用法律的，按照其协议。”

【典型案例】

崔某与崔某某涉外婚姻财产分割案[2]

崔某与崔某某于 2005 年 5 月 5 日在大韩民国登记结婚，婚后双方未共同生活，崔某于 2009 年向法院提起离婚诉讼，法院判决离婚。

崔某于 2008 年与当地房地产开发有限公司签订了商品房买卖契约，同年 8 月，该市房屋产权管理处颁发了产权登记人为崔某的房屋产权证书，房屋产权证共有人一栏中显示没有共有人。崔某交

---

① 中国审判理论研究会民商事专业委员会编著：《〈民法总则〉条文理解与司法适用》，法律出版社 2017 年版，第 35 页。

② 审理法院：吉林省延边朝鲜族自治州中级人民法院，案号：（2015）延中民三初字第 254 号。

纳了诉争房屋的交易税款。现崔某主张上述房屋为其个人出资购买，与崔某某无关，故诉至法院，请求确认该房屋为其个人财产。

【法理解读】

本案系涉外婚姻财产分割纠纷案件，我国法院对于该案件是否有管辖权是本案争议焦点之一。根据我国《民事诉讼法》第 22 条第 1 项的规定，对不在中华人民共和国领域内居住的人提起有关身份关系的诉讼，应由原告住所地人民法院管辖。故延边中级人民法院对该案享有管辖权。原被告婚后长期分居，财产相互独立，双方没有经济往来及夫妻互尽扶养义务的行为。原告所有的个人财产亦由其个人支配并使用，亦双方无共同从事家庭生活的事实，原告在诉讼中提供证据证明了诉争房屋产权证书上无共有人的事实。原告虽于婚姻关系存续期间购得房屋，但应认定为其个人财产所购得，其所有权的取得符合我国《婚姻法》第 18 条第 5 项的规定，故该房屋所有权属于崔某。

【适用亮点】

随着国与国之间交往的不断扩大，人身、财产纠纷不断增加，而对于此类纠纷应当适用哪国法律成为纠纷能否公平合理解决，本国公民的合法权益能否得以保护的关键。《民法总则》对民法适用范围的规定，将中国领域内发生的民事行为都纳入了自己的管辖范围，为保护中国公民的合法权益提供了法律依据。

第二章 自 然 人

第一节 民事权利能力和民事行为能力

第十三条 【立法主旨】自然人民事权利能力起止

【法条对比】

民法总则	第十三条 自然人从出生时起到死亡时止，具有民事权利能力，依法享有民事权利，承担民事义务。
民法通则	第九条 公民从出生时起到死亡时止，具有民事权利能力，依法享有民事权利，承担民事义务。
民通意见	无

【条文释解】

本条是对自然人的民事权利能力及其取得和丧失时间的规定。自然人的民事权利能力，即法律赋予民事主体享有民事权利和承担民事义务的资格。在人的有生之年，任何时候都具有权利能力。国家不能以剥夺人的权利能力来作为对个人的惩罚，个人也并非想放弃自己的权利能力就能放弃掉。[①]

第一，自然人的民事权利能力始于出生。绝大多数国家都将自然人民事权利能力的取得规定为自出生开始，此种规定的意义在于

---

① 李显冬主编：《民法总则案例重述》，中国政法大学出版社 2007 年版，第 69 页。

确定民事权利的始期，即必须具备“出”和“生”两个必要条件。“出”是指胎儿脱离母体以独立体而存在，民法对“出”的方式（自然分娩、剖宫产及流产）则在所不问。而“生”是指胎儿成为独立体后，必须存活一段时间，《民法总则》对此段时间的长短并没有明确要求。目前学界通说认为，应以既全部露出又可以独立呼吸的时间为自然人的出生时间，在这两项时间不一致时，应以在后的时间作为自然人出生的时间。

第二，自然人的民事权利能力止于死亡。死亡是自然人的民事权利能力消灭的唯一原因，同时会导致民事权利和民事义务的变更。我国民法在立法上将死亡分为生理死亡和宣告死亡。宣告死亡，是指人民法院通过法定程序确认失踪自然人的民事主体资格消灭。生理死亡，即自然人生命的终结。宣告死亡的时间是以人民法院宣告死亡的日期为标准的，而生理死亡的时间，目前脑死亡说在医学上占据主导地位，但不论哪种学说，都要依靠现实中的医疗条件加以确认，故实践中死亡时间应以医院或基层主管部门开具的死亡证明上载明的时间为准。

【典型案例】

新生儿因医疗事故死亡家属提出损害赔偿请求案①

2011年3月21日，程某因发现临产症状遂至矿业总医院就诊。由于矿业总医院诊疗存在过错，导致程某分娩中子宫破裂、新生儿出生片刻后死亡。程某作为新生儿唯一继承人，向该市人民法院提起诉讼，要求矿业总医院赔偿因新生儿死亡产生的死亡赔偿金、丧葬费、精神抚慰金。

矿业总医院答辩称：程某的各项诉讼请求没有事实和法律依据，根据法院的生效判决矿业总医院已经承担了相应赔偿责任，该

---

① 审理法院：吉林省延边朝鲜族自治州中级人民法院，案号：（2014）延中民一终字第388号。

案件发生已经超过两年，而人身损害赔偿诉讼时效为1年，已经超过诉讼时效。应驳回其诉讼请求。

两审法院均认为：公民的权利能力从出生时开始到死亡时终止。新生儿与母体分离时有40次/分的心率，符合法律规定的民事主体，享有民事权利。程某作为新生儿唯一继承人向矿业总医院主张赔偿符合法律规定。程某于2012年12月4日庭审中曾向矿业总医院主张过新生儿死亡赔偿金等，业已造成诉讼时效的中断。故矿业总医院应承担全部责任。

【法理解读】

本案中，案涉胎儿与母体分离后存活时间短暂，但作为生物学上的婴儿，已经成为符合法律规定的民事主体，享有了民事权利。所以，任何婴儿作为自然人只要出生就具有民事主体资格，而不因生理上或其他方面的原因受限制。本案中，既然案涉矿业总医院的医疗过失损害了新生儿的生命健康利益，虽业已死亡但其生命存续期间作为初生婴儿已是无民事行为能力人，故可以由其母亲作为他的法定代理人来行使其生命权损害赔偿请求权。

【适用亮点】

自然人民事权利能力所涵盖的范围包括自然人所享有的人身权利和财产权利之总和。人身权利具有时间性，始于出生，终于死亡，但财产权利具有可移转性。民事权利能力是法律对自然人作为法律关系主体的能力的法律确认，是民事关系的抽象权利确认。

本案中，新生儿虽未能持久存活，但在其脱离母体后的短暂存活期内，就已经具备了民事权利能力。故矿业总医院应对新生儿的死亡承担损害赔偿责任。

第十四条 【立法主旨】自然人民事权利能力平等

【法条对比】

民法总则	第十四条 自然人的民事权利能力一律平等。
民法通则	第十条 公民的民事权利能力一律平等。
民通意见	无

【条文释解】

本条规定了自然人民事权利能力的平等性，体现了民法人人平等的核心原则。权利能力是指“成为权利和义务载体的能力”。[①]自然人的民事权利能力，是一种法律赋予自然人享有民事权利和承担民事义务的资格。自然人的民事权利是由法律赋予的，其始于出生，终于死亡。虽然自然人民事权利能力的获得无须任何额外条件，但与其人身有着不可分割性。故自然人的民事权利能力非依法律规定不受限制或剥夺，同时自然人自己也不能转让或放弃。自然人的民事权利则是可以放弃和依法转让的。[②]

所有的自然人皆享有民事权利能力，任何人自出生至死亡，均具有享受权利、负担义务的法律资格。[③] 近代民法确认了商品交换主体的重要利益诉求——平等地拥有财产权和人身权，以及实现财产权和人身权的诉权，它所反抗的就是封建主义的特权和人身依附关系，也就是说，自然人只有实现了独立的财产权和完整的人身

---

① ［德］迪特尔·梅迪库斯著：《德国民法总论》，邵建东译，法律出版社 2000 年版，第 781 页。

② 佟柔主编：《中国民法》，法律出版社 1990 年版，第 67~68 页。

③ 刘得宽著：《民法诸问题与新展望》，台北商务印书馆 1980 年版，第 80 页。

权，才有可能实现社会权利的平等化。[①] 普遍地、无差别地赋予全部自然人以民事权利能力成为民法的一项不可动摇的基本原则。

故而，民事权利能力的平等只能是机会的平等，它赋予了自然人同样的参与民事活动的机会，但并不谋求结果的平等。[②] 自然人不因性别、种族、年龄、宗教信仰、性取向、文化程度、职业等差异受到不平等待遇，民事权利能力一律平等地受法律保护。

【典型案例】

张某泽、张某藤与张某桥物权保护纠纷案[③]

张某桥系张某泽、张某藤之父。2004 年 2 月 12 日张某桥与张某泽、张某藤之母李某娜登记结婚。二人于 2012 年 1 月 30 日协议离婚，后张某泽、张某藤随母亲李某娜生活，但张某泽、张某藤的户籍关系一直在其父亲处。2012 年 5 月 31 日张某桥同于某艳再婚。

2013 年，张某桥与所在镇政府签订了住宅房屋还迁补偿安置协议书。协议约定："张某桥家庭总人口 4 人（张某桥、张某泽、张某藤、李某娜），具备还迁资格人员 4 人。"后原房屋拆迁，张某桥迁至还迁房，并领取了房屋安置补偿款、拆迁补偿资金。后张某泽、张某藤的法定代理人李某娜与张某桥就上述款项中两名孩子的份额协商未果，遂成诉。

审理法院认为，公民的民事权利能力一律平等。公民的合法民事权益受法律保护，任何组织和个人不得侵犯。本案中，两原告张某泽、张某藤系金钟街新市镇××村村民，根据拆迁协议可知，两原告具备还迁资格，故应当享有相应的拆迁权益，法院予以确认，

---

① 中国审判理论研究会民商事专业委员会编著：《〈民法总则〉条文理解与司法适用》，法律出版社 2017 年版，第 40~41 页。

② 王利明主编：《民法》，中国人民大学出版社 2010 年版，第 46 页。

③ 审理法院：天津市东丽区人民法院，案号：（2015）丽民初字第 4051 号。

故此款被告张某桥应予以返还。

【法理解读】

本案中，两原告均为未成年人，是限制民事行为能力人。虽然被告张某桥已经再婚，但其与政府签订的《住宅房屋还迁补偿安置协议书》载明家庭总人口 4 人（张某桥、张某泽、张某藤、李某娜），具备还迁资格人员 4 人。因此两原告作为该村村民，虽然不具备完全民事行为能力，但根据《民法通则》第 5 条规定："公民、法人的合法的民事权益受法律保护，任何组织和个人不得侵犯。"第 10 条规定："公民的民事权利能力一律平等。"两人的回迁权利平等地受法律保护。即自然人的民事权利能力一律平等，不因其性别、年龄、民族、职务、文化程度等方面的差异而存在差别，都有平等享有权利和承担义务的资格。民事权利能力作为一种主体资格具有普遍性。

【适用亮点】

本案中两位原告虽然不具备完全民事行为能力，但并不影响其自出生就取得的民事权利能力。还迁权是每个《住宅房屋还迁补偿安置协议书》约定的还迁人所享有的权利，并不因其婚姻家庭关系的变更而丧失。审理法院明确适用了《民法通则》中"公民的民事权利能力一律平等"的规定，做出了合理的判决，保护了本案中两位未成年限制民事行为能力人的合法权益。

第十五条 【立法主旨】自然人出生和死亡判断标准

【法条对比】

民法总则	第十五条 自然人的出生时间和死亡时间，以出生证明、死亡证明记载的时间为准；没有出生证明、死亡证明的，以户籍登记或者其他有效身份登记记载的时间为准。有其他证据足以推翻以上记载时间的，以该证据证明的时间为准。

民法通则	无
民通意见	第一条　公民的民事权利能力自出生时开始，出生的时间以户籍证明为准；没有户籍证明的，以医院出具的出生证明为准。没有医院证明的，参照其他有关证明认定。

【条文释解】

本条规定了自然人出生时间、死亡时间的认定标准。

第一，出生时间的确定标准。本条确立了三种自然人出生时间的确立标准，即首先以出生证明作为认定自然人出生的首要标准；其次，在没有出生证明的情况下，以户籍登记或者其他有效身份登记记载的时间为准；最后，若此二者都不存在或不足以证明自然人出生时间的，由其他证据证明。对于其他有效证件的理解应当是：因各种原因导致户籍登记缺失的自然人的原户籍档案、其他相关证明文件、外国人的护照、港澳台的身份证明、无国籍人的相关证明文件、难民的相关证明文件等。①

第二，死亡时间的确定标准。本条对自然人死亡时间的认定确立了三种标准，首先，以死亡证明作为认定自然人死亡的首要标准；其次，在没有死亡证明的情况下，以自然人的其他有效身份登记资料所记载时间为标准；最后，上述两项资料均不能证明自然人死亡时间时，由其他证据来证明。

故在实践中，自然人死于医疗单位的，凭《死亡医学证明》确定死亡时间；公民死于非医疗单位的或无法取得《死亡医学证明》的，凭居（村）委会或社区卫生站出具的证明确定死亡时间；自然人没有《死亡医学证明》但已经火化的，凭殡仪部门开具的火化证明确定死亡时间；自然人非正常死亡的，凭公安机关出具的死亡证明确定死亡时间。

---

① 中国审判理论研究会民商事专业委员会编著：《〈民法总则〉条文理解与司法适用》，法律出版社 2017 年版，第 43 页。

【典型案例】

午关市乌石港公司与辰巳财产保险午关分公司保险纠纷案[1]

2013年7月9日，乌石港公司在辰巳财产保险午关分公司处购买了交强险及第三者全额商业保险。2014年6月1日，被保险车辆在午关市发生交通事故，造成对方司机当场死亡。后经交警部门调解，由乌石港公司赔偿受害人家属43万元及事故车辆维修费。事后，乌石港公司主张，赔偿金按死者赖某出生日期为“1949年7月”计算，而保险公司主张依据死者赖某户口簿上的出生时间“1941年4月7日”计算，导致双方就保险赔偿金额无法达成一致意见，乌石港公司遂起诉至法院。

法院审理认为：死者赖某户口簿上的出生时间登记为1941年4月7日。依照《民通意见》第1条之规定，出生时间的确定应先以户籍为准。而原告提交的死者赖某出生日期为“1949年7月”的相关证据的证明力没有户口簿登记日期的证明力大，故不予支持。

【法理解读】

死亡赔偿金计算年限应依据自然人的出生日期确定。本案中，死者赖某户口簿上的出生时间载为“1941年4月7日”。故根据《民通意见》第1条的规定：“公民的民事权利能力自出生时开始。出生的时间以户籍证明为准；没有户籍证明的，以医院出具的出生证明为准。没有医院证明的，参照其他有关证明认定。”应将死者赖某户口簿上所载的时间认定为其出生时间。《民法总则》第15条对自然人出生时间的认定给出了“三标准”，效力由高至低依次是：出生证明、户籍登记的时间及其他有效身份登记资料载明的时间。

---

① 审理法院：广东省韶关市曲江区人民法院，案号：（2015）韶曲法民二初字第4号。

应当注意，当其他证据不足以推翻出生证明所记载的时间时，则必须以出生证明的时间为准；若不存在出生证明，其他证据不足以推翻户籍登记所记载的时间时，则必须以户籍登记所载明的时间为准。本案中，原告无法提供死者赖某的出生证明，在其他证据无法证明户籍上的出生日期存在瑕疵时，户籍证明的效力最高。故死亡赔偿金计算年限应依据赖某户籍上登记的出生日期确定。

【适用亮点】

自然人的出生时间及死亡时间的确定，关乎自然人享有民事主体资格的起止，对于保护自然人的民事权利意义重大。法律对确定出生和死亡时间的载体作出明确规定，给予法官、当事人、行政执法者等一种精准的指向性立法说明。① 故我们在今后的司法实践中能够更清楚、明晰地界定自然人的出生和死亡时间，减少争议。

第十六条　【立法主旨】胎儿利益保护

【法条对比】

民法总则	第十六条　涉及遗产继承、接受赠与等胎儿利益保护的，胎儿视为具有民事权利能力。但是胎儿娩出时为死体的，其民事权利能力自始不存在。
民法通则	无
民通意见	无

【条文释解】

本条是关于胎儿利益的保护及胎儿部分民事权利能力的界定。

① 中国审判理论研究会民商事专业委员会编著：《〈民法总则〉条文理解与司法适用》，法律出版社2017年版，第43页。

第一，胎儿的部分民事权利能力。自然人的民事权利始于出生，终于死亡。胎儿作为母体的一部分尚未成为自然人，原则上不具有民事权利能力，但在实际生活中，涉及遗产继承、接受赠与等权利时，为了保护胎儿的利益，有必要授予胎儿部分民事权利能力。《民法总则》正式颁行，本条正式承认胎儿具有部分民事权利能力，抑或称之为准民事权利能力。① 倘若法律没有部分赋予胎儿民事权利能力，又不幸发生父亲在胎儿出生前死亡的事实，其父亲的财产就只能被胎儿的母亲及其他继承人所继承，无法充分保护胎儿的权益。

第二，胎儿权利的行使及灭失法律后果。胎儿出生后为活体的，具有民事权利能力，但因不具备相应的民事行为能力而不能以自己的名义行使民事权利，由其法定代理人代为行使。当胎儿娩出时为死体的，其民事权利能力自始不存在。故产生如下法律后果：涉及遗产继承的，为胎儿保留的必要份额，由其他法定继承人继承；涉及赠与的，若胎儿的法定继承人已经接受赠与，则构成不当得利，应当返还赠与物；涉及对胎儿的人身损害赔偿的，因请求权未行使，视为对母体的损害，其母亲得以行使损害赔偿请求权。

【典型案例】

安诚财产保险省分公司与姜某、陆某、顾某等机动车交通事故责任纠纷案②

2015 年 9 月 21 日，王某载着姜某无证驾驶摩托车与顾某驾驶的半挂车发生碰撞，造成姜某死亡，此时姜某妻子怀有身孕。交警部门认定，该起事故由案外人王某负主要责任，顾某负次要责任，死者姜某无责任。顾某的重型半挂牵引车已在安诚财险公司投保交

---

① 中国审判理论研究会民商事专业委员会编著：《〈民法总则〉条文理解与司法适用》，法律出版社 2017 年版，第 45 页。

② 一审法院：浙江省温州市鹿城区人民法院，案号：（2016）浙 0302 民初 6628 号；二审法院：浙江省温州市中级人民法院，案号：（2017）浙 03 民终 1113 号。

强险，但原告的损失已超过赔偿限额。多方就医疗费、损害赔偿金及姜某未出生孩子的抚养费未能达成一致，姜某妻子遂诉至区人民法院。

一审法院认为：受害人姜某死亡时儿子姜某某虽未出生，但姜某某出生后的权利受法律保护。姜某某出生后被抚养的权利确实受到损害，其有权主张被抚养人生活费。因姜某跟随母亲在城镇生活，其被抚养人生活费应按城镇标准计算。安诚财产保险省分公司不服一审判决上诉至市中级人民法院。

二审法院认为：关于被抚养人生活费中胎儿部分。胎儿虽然在受害人死亡时尚未出生，但其出生后即面临生活、教育等被抚养人生活费，现因受害人姜某在交通事故中亡故，必然影响胎儿出生后的权利。本案胎儿姜某某既已出生，其相应的权利也应当受到法律保护，方有利于其日后生活与成长，故对原判决予以维持。

【法理解读】

本案涉及的是对胎儿抚养费请求权的保护。本案案发时，死者姜某的儿子尚未出生。胎儿在出生前虽然不是独立的法律主体，但对生命法益的侵害不同于对财产的侵害，在财产权产生之前不可能受到侵害，而生命法益则具有生物自体的本质，胎儿一旦出生即可获得主体资格。因此，有必要对自然人的生长过程进行保护，以防止任何妨碍或者剥夺人类成长过程的行为。[①] 根据《继承法》第28条的规定，胎儿的继承权是法律赋予的权利，胎儿出生前可以享有诸如继承权、接受赠与权、抚养费请求权及损害赔偿请求权等权利。规定胎儿的上述权利，是对胎儿利益的预先保护，待其出生后便可通过其法定代理人行使其权利。

【适用亮点】

我国先前的法律实践是通过《继承法》第28条的规定，实现

---

① 王利明主编：《中华人民共和国民法总则详解》，中国法制出版社2017年版，第79页。

对胎儿利益的保护。《民法总则》第 16 条的规定更加明确了胎儿参与继承、接受赠与等权利，并且通过一个等字从立法技术上扩大了对胎儿利益的保护。

第十七条 【立法主旨】成年人与未成年人年龄划分

【法条对比】

民法总则	第十七条 十八周岁以上的自然人为成年人。不满十八周岁的自然人为未成年人。
民法通则	第十一条 十八周岁以上的公民是成年人，具有完全民事行为能力，可以独立进行民事活动，是完全民事行为能力人。 十六周岁以上不满十八周岁的公民，以自己的劳动收入为主要生活来源的，视为完全民事行为能力人。
民通意见	无

【条文释解】

本条是《民法总则》的新增条文，规定了自然人成年的年龄标准。

第一，成年人的年龄标准。成年人一般已具备一定的认知能力和社会生活经验，并且能够客观地预见自己行为产生的法律后果。多数国家均以成年人作为自然人具备完全民事行为能力的标准。我国以 18 岁为成年。

第二，确定成年人年龄标准的意义。法律确定成年人的年龄标准，其核心要义在于重点保护 18 周岁以下的未成年人，其法律意义是未成年人的权利的优先性、义务的减免性、责任的转移性。[①] 未成年人不能或不能完全辨认自己行为的法律后果，其民事行为能力受限，故需要其法定代理人代为行使。法律规定成年人具有完全

---

① 中国审判理论研究会民商事专业委员会编著：《〈民法总则〉条文理解与司法适用》，法律出版社 2017 年版，第 47 页。

民事行为能力，即赋予成年人为任何民事法律行为之自由，并且承担这种自由所伴随的责任和义务。

【典型案例】

贺某诉李某等机动车交通事故责任纠纷案①

2016年3月25日，被告李某驾驶被告某省中大元通融资租赁有限公司所有的小型轿车行驶至省城××区××村时，与原告乘坐的富某驾驶的电动自行车发生交通事故，造成富某及原告贺某受伤。经交警部门认定，富某与被告李某负事故的同等责任。多方就医疗费、营养费、伙食补助费、残疾赔偿金等问题未达成一致，贺某遂将李某、某省中大元通融资租赁有限公司、某财产保险支公司诉至该区人民法院。

法院判决认为：机动车发生交通事故造成人身伤亡、财产损失的，由承保交强险的保险公司在责任限额范围内予以赔偿；不足部分由承保商业三者险的保险公司根据保险合同予以赔偿。被告保险公司作为本案肇事车辆第三者责任强制保险的承保人，应当在交强险责任限额范围内赔偿原告××元，其中非医保费用及精神损害抚慰金优先赔付。超过交强险部分的损失，由实际侵权人根据其过错责任比例予以赔偿。原告作为成年人违法乘坐电动车的行为具有过错，应当承担相应的过错责任。

【法理解读】

本案涉及的是成年人违法乘坐电动自行车，发生交通责任事故后责任的认定及分配。法律规定是刻板的，但民法源于生活，规范于生活，是民生利益的最全面保障法。18周岁以上的自然人是成年人，意味着其可以独立进行民事活动，独立履行义务、承担责任。本案中，贺某健康权遭受的侵害，与其违法乘坐电动车存在因

---

① 审理法院：杭州市萧山区人民法院，案号：（2016）浙0109民初16769号。

果关系，故贺某应当承担相应的过错责任。社会生活中，成年人一般已具备一定的认知能力和社会生活经验，并且能够客观地预见自己的行为产生的法律后果。多数国家均以成年人作为自然人具备完全民事行为能力的标准。同时，明确划定成年人的年龄标准也有利于维护交易安全，因为在明确划定成年人的年龄标准后，当事人在交易时就不需要对对方当事人的交易资格进行具体判断，有利于维护交易安全、提高交易效率。①

【适用亮点】

法律赋予成年人完全民事行为能力，使其能够不依赖他人而独立从事民事活动。区分成年人和未成年之规定，在保护未成年人的同时，也是从法律的层面，鞭策成年人对自己行为的法律后果保有必要的辨认能力。

第十八条 【立法主旨】完全民事行为能力人标准

【法条对比】

民法总则	第十八条　成年人为完全民事行为能力人，可以独立实施民事法律行为。 十六周岁以上的未成年人，以自己的劳动收入为主要生活来源的，视为完全民事行为能力人。
民法通则	第十一条　十八周岁以上的公民是成年人，具有完全民事行为能力，可以独立进行民事活动，是完全民事行为能力人。 十六周岁以上不满十八周岁的公民，以自己的劳动收入为主要生活来源的，视为完全民事行为能力人。
民通意见	无

① 王利明主编：《中华人民共和国民法总则详解》，中国法制出版社2017年版，第84页。

【条文释解】

本条是关于完全民事行为能力人及其特殊认定标准的规定。

自然人的民事行为能力是指一个自然人能够以自己的行为参加民事法律关系，享有权利和承担义务的一种资格。民事行为能力制度主要是通过全部或部分否定欠缺民事行为能力人所实施行为的效力的方式，使他们免受其行为的约束，以起到保护交易安全的作用。①

《民法总则》延续了《民法通则》的相关规定，将我国自然人的行为能力按照不同年龄阶段、智力状况及精神状态分为三类，即完全民事行为能力人、限制民事行为能力人和无民事行为能力人。

自然人完全民事行为能力的特殊认定是指 16 周岁以上的未成年人，以自己的劳动收入为主要生活来源的，视为完全民事行为能力人。这里所谓的“视为”，就是指实际上本应不是，但是事实上却把他当作了完全民事行为能力人，即“准成年人”。在商品交换高度发达的市场经济环境下，这有其重要意义。现如今，许多未成年人可以独立生活而无经济上的困扰，为了让他们有更大的行为自由，把他们视为成年人更有利于其参与社会生活。

【典型案例】

陈某诉王某买卖合同纠纷案②

2014 年 8 月 27 日，被告王某（已成年）向原告陈某出具其签字的欠条一份，欠条中载明：“今王某欠陈某电瓶货款××元。欠款人王某”。现原告要求被告王某支付货款，被告则以原、被告之间无买卖关系为由拒绝支付，遂成诉。被告辩称欠条上的签名是被告

---

① 杨立新主编：《中华人民共和国民法总则要义与案例解读》，中国法制出版社 2017 年版，第 100 页。

② 审理法院：浙江省绍兴市柯桥区人民法院，案号：（2016）浙 0603 民初 10670 号。

所签，但原、被告之间无实际交易往来，涉案欠款实际应该是被告王某的父亲王甲的欠款，被告在欠条出具时仍是一名学生，欠条内容并非其真实意思表示，不予认可。

审理法院认为：被告在出具欠条时已经成年，系完全民事行为能力人。作为债权人有权要求债务人按照约定清偿债务。被告未清偿债务的行为，已经侵害了原告的合法权益，原告要求被告清偿债务的诉请，法院予以支持。

【法理解读】

18 周岁以上的成年人的心智已经发育成熟，对外界状况能够有自己独立的判断。本案中，被告王某在欠条上签字时业已成年，且精神健康状况良好，具备完全民事行为能力。债是双方当事人按照合同约定或者依照法律的规定，在当事人之间产生的特定的权利和义务关系。债权人有权要求债务人按照合同的约定或依照法律的规定履行义务。当债务人王某未依照约定清偿债务时，损害了债权人陈某的合法利益。被告王某向原告陈某出具欠条，是对其所欠王某债务的承认，并同时自愿将本案涉及债务由其父亲王甲转移到其自身，属于债的转移，被告王某的行为未违反法律规定，双方的债权债务关系合法有效，故陈某对王某的债权受法律保护。

【适用亮点】

本案中，尽管被告王某辩称欠条所载并非其真实意思表示，但其承认知悉欠条所载明内容并签字，作为完全民事行为能力人，只要其实施的民事法律行为不存在瑕疵，就会立即产生法律效力。故从王某向陈某出具欠条的那一刻起，双方的债权债务关系就已经合法成立。

第十九条 【立法主旨】限制民事行为能力人标准

【法条对比】

民法总则	第十九条 八周岁以上的未成年人为限制民事行为能力人，实施民事法律行为由其法定代理人代理或者经其法定代理人同意、追认，但是可以独立实施纯获利益的民事法律行为或者与其年龄、智力相适应的民事法律行为。
民法通则	第十二条第一款 十周岁以上的未成年人是限制民事行为能力人，可以进行与他的年龄、智力相适应的民事活动；其他民事活动由他的法定代理人代理，或者征得他的法定代理人的同意。
民通意见	第六条 无民事行为能力人、限制民事行为能力人接受奖励、赠与、报酬，他人不得以行为人无民事行为能力、限制民事行为能力为由，主张以上行为无效。

【条文释解】

本条是关于限制民事行为能力人的规定。《民法总则》将限制民事行为能力人的年龄下调至 8 周岁，同时增加了法定代理人对限制民事行为能力人单独实施法律行为的追认。

限制民事行为能力是指法律赋予达到一定年龄但未成年，或虽已成年但不能完全辨认自己行为及其后果的人，从事与其年龄、智力及精神状况相适应的民事活动的法律资格。限制民事行为能力人由于其对比较复杂的事物及行为缺乏判断力和自我保护能力，不能完全预见其行为后果，故其独立通过意思表示进行的民事法律行为的能力受到法律限制。①

民法上的无行为能力制度，主要是从静的安全出发，以保护无

① 于程远：《论限制民事行为能力人之中性行为》，载《清华法学》2017 年第 1 期。

行为能力人的人身或财产的一种法律制度。但未成年人实施对其财产并无任何不利的行为，法律自无干涉之必要，应允许其单独实施。[①] 此即所谓“纯获利益行为”，是指单纯取得权利，免除义务，亦即限制民事行为能力人不因其法律行为而在法律上负有义务的行为，至于其有无经济上的利益则在所不问。[②]

“与其年龄、智力相适应的民事法律行为”是指日常生活所必需的行为，通常此类行为相对简单，不包含复杂的利益判断。英美法就确定未成年人交易的有效范围，制定了“日常必需品规则”，即“与未成年人的生活条件和其在出售和交付时的实际需要相适应的物品”，对此，判断标准应以未成年人的身份、职业及经济能力等状况为依据。[③]

【典型案例】

农业银行县支行与立康活性炭有限公司等金融借款合同纠纷案[④]

2011 年 9 月 1 日，原告农业银行县支行与被告立康公司签订了借款合同，同时又签订了抵押合同，约定以被告立康公司与被告杨某的机器设备等财产抵押。被告康某、刘某承诺对该笔借款承担个人连带清偿责任。借款期限届满后，被告并未按合同约定履行还款义务，经原告多次催要无果，遂成诉。

被告杨某答辩称：答辩人位于该市商业城的房屋抵押无效。理由：（1）抵押合同中抵押人签章为杨某甲（被告杨某之父），并非答辩人；（2）签名时答辩人为限制民事行为能力人，签字无效，故杨某甲处置答辩人财产行为违法无效。

---

① 梁慧星著：《民法总论》（第 4 版），法律出版社 2011 年版，第 105 页。

② 王泽鉴著：《民法总则》，北京大学出版社 2009 年版，第 312 页。

③ 杨桢著：《英美契约法论》，北京大学出版社 1997 年版，第 264 页。

④ 审理法院：省庆城县中级人民法院，案号：（2013）庆中民初字第 26 号。

审理法院认为：杨某父母用自行购置的房产为立康公司借款设定抵押的行为未违反法律的强制性规定，该抵押合同为有效合同。此外，杨某甲同县农行签订了抵押合同，可见杨某同其父母向县农行出具的承诺就是对涉案借款的抵押承诺。故杨某应承担连带清偿责任。

【法理解读】

就本案而言，被告杨某因其年龄的原因或辨认自己行为的原因在签订抵押承诺书时未成年，系限制民事行为能力人。杨某甲作为杨某的监护人，用杨某名下的房产为他人设定抵押，并办理了登记。杨某在抵押合同上签字时为限制民事行为能力人，其民事活动由他的法定代理人代理。杨某甲作为其监护人是被告杨某的法定代理人，有权代理被告为民事行为，且被告在抵押承诺书上签字，杨某甲作为其法定代理人与被代理人意思表示一致。

【适用亮点】

为了保护无民事行为能力人和限制民事行为能力人的利益，法律设计了无民事行为能力人和限制民事行为能力人的监护与代理制度，其监护人亦即其法定代理人，能够为被代理人的利益，独立地作出意思表示，如此而为的法律行为的法律后果，则由被代理人承担。这也就意味着，限制民事行为能力人在其具备完全民事行为能力之后，依然受其法定代理人之前依其真实意思表示实施的民事法律行为约束，不得在具备完全民事行为能力之后，以实施前述民事法律行为时自己为限制民事行为能力人为由，否定自己作为被代理人时所应承担的法律后果。

第二十条 【立法主旨】无民事行为能力人标准

【法条对比】

民法总则	第二十条　不满八周岁的未成年人为无民事行为能力人，由其法定代理人代理实施民事法律行为。

民法通则	第十二条第二款 不满十周岁的未成年人是无民事行为能力人，由他的法定代理人代理民事活动。
民通意见	第六条 无民事行为能力人、限制民事行为能力人接受奖励、赠与、报酬，他人不得以行为人无民事行为能力、限制民事行为能力为由，主张以上行为无效。

【条文释解】

本条是关于无民事行为能力人的规定。本条源于《民法通则》第 12 条第 2 款的规定："不满十周岁的未成年人是无民事行为能力人，由他的法定代理人代理民事活动。"《民法总则》将"十周岁"下调为"八周岁"，同时将"代理民事活动"修改为"代理实施民事法律行为"，表意更加精准。

无民事行为能力是指，自然人无法以自己独立的意思表示取得民事权利或承担民事义务，不具备独立参加民事法律关系的法律资格的情形。如果自然人依据法律规定为无行为能力人，其本人就不能以任何方式参与民事法律关系。由于无行为能力人的意思表示是没有法律上的效力的，也就是说，法律不承认他所实施的法律行为所要达到的后果。[①]《民法总则》这一规定，旨在明确何种未成年人为无民事行为能力人，并为其配备了法定代理人对其从事民事活动予以协助，以避免其因理性能力不足或欠缺社会经验而遭受的各种不利益。[②]

《民法总则》第 19 条只对限制民事行为能力的未成年人可以实施纯获利益的法律行为作出了规定，而并没有对无民事行为能力人作出任何规定，但他们的部分民事行为仍然值得法律作出肯定性评判，法律不可能一概认为无民事行为能力人实施的所有的民事行

---

① ［德］卡尔·拉伦茨著：《德国民法通论》，邵建东、谢怀栻等译，法律出版社 2013 年版，第 141 页。

② 杨立新主编：《中华人民共和国民法总则要义与案例解读》，中国法制出版社 2017 年版，第 78 页。

为都无效。

【典型案例】

王某溢诉王某州赠与合同纠纷案①

原告王某溢（生于2004年）与被告王某州系父女关系。2009年12月10日，原告的母亲蔡某娟与被告协议离婚，约定原告由被告抚养教育，被告将其名下的不动产赠与原告。2010年4月12日，蔡某娟与被告复婚，后双方再次离婚，并约定原告随蔡某娟共同生活。由于原告的抚养权发生变更，被告王某州以赠与合同的条件业已变化，不履行赠与合同。遂成诉。鉴于原告王某溢系无民事行为能力人，故由其法定代理人蔡某娟代为提起诉讼。

两级审理法院均认为：讼争房屋系王某州婚前的财产。王某州将讼争房产赠与王某溢，实际上是对赠与设定了前提的，即王某州与蔡某娟离婚。鉴于后来的离婚调解协议明确约定："蔡某娟不再向王某州主张婚姻关系存续期间的财产权利"，现蔡某娟作为王某溢的法定代理人，以王某溢的名义起诉要求王某州履行赠与义务，有悖业已生效的离婚调解书，故对其请求不予支持。

【法理解读】

本案中，因原告属于无民事行为能力的未成年人，原告表示接受赠与的意思表示通过其法定监护人蔡某娟积极主张自己的权利来体现。受赠人现年仅5周岁，属于无民事行为能力人。

本案受赠人的法定代理人就是她的父母，她的父母完全有资格代替她实施接受赠与的意思表示。至于本案之所以败诉，是实体权利方面的问题，简言之，是其母亲以离婚为条件，与其父达成将案涉房屋赠与他们的女儿王某溢的协议。尔后离婚调解协议业已明确

① 一审法院：福建省厦门市翔安区人民法院，案号：（2012）翔民初字第905号；二审法院：福建省厦门市中级人民法院，案号：（2012）厦民终字第3211号。

约定："蔡某娟不再向王某州主张婚姻关系存续期间的财产权利"，显然讼争房产在双方离婚诉讼中涉及并做过了处理。故而其虽有形式意义上的诉权，却未能获得实质意义上的胜诉。

【适用亮点】

未成年无民事行为能力人因其不具备独立的意思表示能力，需由其法定代理人代为实施民事法律行为。离婚诉讼中，往往会涉及财产的分割，在父母双方婚姻关系解除前，双方均是子女的法定代理人，但在婚姻关系解除后，获得抚养权的一方成为子女唯一的法定代理人。故涉及离婚诉讼中财产分割，特别是对未成年子女赠与合同的纠纷时，由获得抚养权一方的父母，即无民事行为能力人的法定代理人代为提起诉讼。归根结底，也即就无民事行为能力的未成年子女，对其独立从事的法律行为而言，为其配备了法定代理人予以协助。

第二十一条　【立法主旨】不能辨认自己行为民事行为能力认定

【法条对比】

民法总则	第二十一条　不能辨认自己行为的成年人为无民事行为能力人，由其法定代理人代理实施民事法律行为。 八周岁以上的未成年人不能辨认自己行为的，适用前款规定。
民法通则	第十三条　不能辨认自己行为的精神病人是无民事行为能力人，由他的法定代理人代理民事活动。 不能完全辨认自己行为的精神病人是限制民事行为能力人，可以进行与他的精神健康状况相适应的民事活动；其他民事活动由他的法定代理人代理，或者征得他的法定代理人的同意。

民通意见	第五条　精神病人（包括痴呆症人）如果没有判断能力和自我保护能力，不知其行为后果的，可以认定为不能辨认自己行为的人；对于比较复杂的事物或者比较重大的行为缺乏判断能力和自我保护能力，并且不能预见其行为后果的，可以认定为不能完全辨认自己行为的人。

【条文释解】

根据本条文的规定，所有无民事行为能力人均不能独立实施民事法律行为，须由其法定代理人代理实施，否则即为无效民事法律行为，不具有法律上的拘束力，不能产生当事人预期的法律后果。本条规定中的无民事行为能力人，包括不能辨认自己行为的成年人，同时还包含不能辨认自己行为的年满 8 周岁的未成年人。《民法总则》摒弃了《民法通则》中“精神病人”的概念，应是一种立法进步。因为在现实生活中，成年人不仅仅会因为精神疾病丧失行为能力，同时还会因身体极度衰弱等情况无法表意而丧失行为能力。但应当注意的是，与八周岁以下无民事行为能力人不同的是，不论因何种原因丧失民事行为能力，都不能自动获得无民事行为能力身份，只有经法院依法定程序予以宣告，方能按无民事行为能力人来对待。

《民法总则》吸取了自《民法通则》颁行以来的社会实践经验，不再采用“精神病人”这一内涵较窄的概念，拓宽了“不能辨认自己行为”的条件与范围，使得民事行为能力制度的体系和概念更加严谨和科学。

【典型案例】

陈某女与吕某男离婚纠纷案①

原告陈某女与被告吕某男于1980年开始，在未办理结婚登记手续的情况下开始同居生活。二人育有三子，吕仔甲、吕仔乙、吕仔丙，现三个孩子均已成年，并已独立生活。原告陈某女系重度精神分裂症患者，患病后无法独立生活，被告吕某男不履行夫妻间的扶养义务。因此，原告陈某女以其姐陈某姊为代理人提起诉讼，请求判令原告与被告吕某男离婚。

审理法院认为，原告陈某女系不能辨识自己行为的精神病人，为无民事行为能力人。原告陈某女的监护人陈某姊作为法定代理人代为诉讼，符合法律规定。原、被告虽未办理结婚登记手续，但1980年即开始同居生活，双方已符合结婚的实质要件，属事实婚姻。被告吕某男不履行夫妻间的扶养义务，现原告陈某女请求离婚，符合法律规定，予以准许。

【法理解读】

本案中，原告陈某女患重度精神分裂症，系无民事行为能力人。陈某女提起诉讼的权利应当由其法定代理人代为行使，吕某男作为陈某女的丈夫本是其法定代理人，但本案系双方离婚纠纷，吕某男与其有利害冲突，故根据监护人顺位应改由陈某女之姐陈某姊作为其法定代理人，代为提起诉讼。原告陈某女因患精神疾病生活无法自理，被告吕某男不履行夫妻间的扶养义务，原告陈某女的姐姐作为监护人代为请求离婚，符合法律规定，有利于保护其合法权益。

---

① 最高人民法院公布10起婚姻家庭纠纷典型案例（山东）之四，来源：最高人民法院网，发布时间：2015年11月20日。

【适用亮点】

本案中的一个焦点问题是原告陈某女的姐姐陈某姊，是否能代其妹妹提起离婚诉讼。鉴于在夫妻关系存续期间，夫或妻一方都可能会因疾病或外力损伤而出现无民事行为能力或限制民事行为能力的状态。无民事行为能力或限制民事行为能力状态的这一类特殊的人群，他们的离婚只能通过诉讼来解决。而无民事行为能力人属于无法表达真实意思的人。所以在离婚案件中，无民事行为能力人无论是作为原告还是被告，配偶均是其第一顺序监护人，但如果无民事行为能力人的合法权益受到配偶侵犯时，如果囿于《民事诉讼法》的规定，只要配偶不提出离婚，就认为其永远无法提出离婚，显然不利于保护这些无民事行为能力或限制民事行为能力状态的配偶的合法权益，故此，为了保护这一类无民事行为能力人的合法权益，才应当允许由除其配偶外的其他监护人来代为提起离婚诉讼。

第二十二条　【立法主旨】不能完全辨认自己行为民事行为能力认定

【法条对比】

民法总则	第二十二条　不能完全辨认自己行为的成年人为限制民事行为能力人，实施民事法律行为由其法定代理人代理或者经其法定代理人同意、追认，但是可以独立实施纯获利益的民事法律行为或者与其智力、精神健康状况相适应的民事法律行为。
民法通则	第十三条　不能辨认自己行为的精神病人是无民事行为能力人，由他的法定代理人代理民事活动。 不能完全辨认自己行为的精神病人是限制民事行为能力人，可以进行与他的精神健康状况相适应的民事活动；其他民事活动由他的法定代理人代理，或者征得他的法定代理人的同意。

民通意见	第六条 无民事行为能力人、限制民事行为能力人接受奖励、赠与、报酬，他人不得以行为人无民事行为能力、限制民事行为能力为由，主张以上行为无效。

【条文释解】

本条没有再采用《民法通则》第 13 条第 2 款中的“精神病人”概念，而是使用“不能完全辨认自己行为的成年人”，使概念更加周延。[①] 限制民事行为能力的成年人，其虽已经成年，因其只具备受限制的民事行为能力，只能在法律规定的范围内实施与其智力健康状况相适应、纯获利益的法律行为。超出上述范围的民事活动仍应由其法定代理人实施，或经其追认或同意才是有效的法律行为。此处的“与其智力、精神健康状况相适应的民事法律行为”限定于具备限制民事行为能力的成年人日常生活所必需的交易行为，因为过分限制其交易行为，会对他们的日常生活造成影响，因而违背法律保护其合法权益的初衷。

随着社会发展和时代变迁，特别是人口老龄化的加速，《民法通则》的相关规定在实践中面临诸多问题，《民法总则》的规定将无民事行为能力人以及限制民事行为能力人的规定扩大化，突破了原先立法所限定的范围。这样规定的益处在于，针对非精神病的但同样不能辨认自己行为的某些情况，如因长期酗酒、吸毒引发的不能辨认自己行为的状况，或由于大脑外伤所导致的不能辨别自己行为的状况，以及老年人智力自然衰减造成的不能辨认自己行为的状况等，均应适用本条规定来确认特定的成年人为限制民事行为能力人或无民事行为能力人，同时也为将来进一步完善成年人的监护制

---

① 龙卫球、刘保玉主编：《中华人民共和国民法总则释义与适用指导》，中国法制出版社 2017 年版，第 83 页。

度留下了充足的立法空间。[①]

【典型案例】

被申请人具备限制民事行为能力是否可宣告为无民事行为能力人？
——有无民事行为能力须以鉴定结果为转移[②]

吴某与洪某系姐弟关系。洪某自其出生之日起就患有疾病，生活不能自理，并于2015年5月19日办理了残疾证，定性为四级伤残。省立辰德医院司法鉴定所对洪某的民事行为能力进行了鉴定，并出具了法医精神鉴定意见书，其鉴定意见为：被鉴定人洪某患有轻度精神发育迟滞，具有限定民事行为能力。现申请人吴某向城区人民法院申请认定洪某为无民事行为能力人，并要求指定吴某为其监护人。

审理法院认为，被申请人洪某患有轻度精神发育迟滞，其智力虽低于常人，但仍可从事简单的劳动并具备一定的理解能力。被申请人的个人生活基本能够自理，同时能够合理表达自己的愿望和诉求，故宣告被申请人洪某为限制民事行为能力人。

【法理解读】

本案中，经司法鉴定被申请人具备限制民事行为能力，但申请人的诉求是宣告其为无民事行为能力人。如果将具备限制民事行为能力的被申请人宣告为无民事行为能力人，那么就会剥夺其实施与其智力、精神健康状况相适应的民事法律行为的权利，与民法平等、自愿的基本原则相违背。法律规定限制民事行为能力，就是为了在确保行为人具备合理必要的自由的前提下，保护限制民事行为能力人的利益。鉴于当事人是否患有精神病，人民法院应根据司法

---

① 中国审判理论研究会民商事专业委员会编著：《〈民法总则〉条文理解与司法适用》，法律出版社2017年版，第56页。

② 审理法院：浙江省杭州市下城区人民法院，案号：（2015）杭下民特字第00040号。

精神病学鉴定或者参照医院的诊断、鉴定才能予以确认，即使在不具备诊断、鉴定条件的情况下，虽可以参照群众公认的当事人的精神状态来予以认定，但应以利害关系人没有异议为限。所以，只要被申请人具备限制民事行为能力，法院就不得宣告其为无民事行为能力人。

【适用亮点】

如果法院将被申请人宣告为无民事行为能力人，那就意味着被申请人洪某不能独立实施任何民事法律行为。但事实上，日常生活中不可能其所必需的一切基本民事行为都要由其监护人或代理人来代为实施，如此只能极大地限制了有行为能力缺陷的人的生活自由，而且也违背日常生活习惯，故此，法院严格依照司法鉴定结果宣告洪某为限制民事行为能力人，这样既有利于保护被申请人的利益，也与民法典编纂之目的相一致。

第二十三条　【立法主旨】法定代理人

【法条对比】

民法总则	第二十三条　无民事行为能力人、限制民事行为能力人的监护人是其法定代理人。
民法通则	第十四条　无民事行为能力人、限制民事行为能力人的监护人是他的法定代理人。
民通意见	无

【条文释解】

本条与《民法通则》第14条的规定完全一致，旨在保护不具备完全民事行为能力人的利益。非完全民事行为能力人进行民事法律行为的法律资格事实上部分将受到限制或完全受限制，往往会导致非完全民事行为能力人被不同程度地隔绝于民事法律交往之外。

民事行为能力制度设立的初衷就是为了更好地保护欠缺民事行为能力的自然人，而并非使其隔离在法律交往之外。[①] 监护制度是一种对缺乏自我保护和自我生活能力的人的予以监督照顾的法律制度。承担监护职责的人为监护人，其义务为对被监护人即无民事行为能力人、限制民事行为能力人的人身、财产等合法权益进行保护。

从内涵外延来看，法定代理人的范围大于监护人。法定代理人，是指根据法律规定，代理无诉讼行为能力的当事人进行诉讼，直接行使诉讼代理权的人。无诉讼行为能力的公民进行诉讼活动只能由其监护人为法定代理人代理其进行行政诉讼活动。同时，法定代理人是全权代理，其法律地位相当于当事人，其代理权限不受限制，可以行使被代理人享有的全部权利。而监护人，则是指由法律规定对无民事行为能力和限制民事行为能力的自然人的人身、财产和其他合法权益负有监督和保护责任的人。理论上，未成年人、不能辨别或不能完全辨别自己行为的人都有监护人。而现实生活中，由于各方面原因，存在监护人缺失或监护人不明确的情况，但是《民法总则》生效之后基本可以杜绝此类情况发生。《劳动法》规定，工会可以代理其会员签订集体劳动合同，参加有关劳动争议诉讼，即工会可以成为其会员的法定代理人，故法定代理人的范围大于监护人。

【典型案例】

薛某华赠与合同纠纷案[②]

赵某玉与闻某霞（患有精神分裂症）夫妇育有7个子女。其中，三子赵某戊与薛某华系夫妻关系。1998年9月11日，赵某玉将其和闻某霞共同所有的房屋赠与薛某华、赵某戊夫妇。2005年8

---

① 龙卫球、刘保玉主编：《中华人民共和国民法总则释义与适用指导》，中国法制出版社2017年版，第84页。

② 审理法院：北京市高级人民法院，案号：（2016）京民申1693号。

月8日，赵某玉去世；2013年2月23日，闻某霞去世。随后，薛某华、赵某戊及其亲属就房屋的确权、赠与及继承等产生纠纷。历经数年，经过一审、二审、再审及审判监督等程序，最终认定房屋为赵某玉、闻某霞的夫妻共同财产，薛某华基于赵某玉的赠与，取得了房屋中属于赵某玉的财产份额，即房屋一半的所有权。尔后薛某华又向市高级人民法院申请再审理。

审理法院认为，在该赠与发生时，闻某霞患有精神分裂症，系无民事行为能力人。赵某玉作为闻某霞的监护人，是其法定代理人，但赵某玉无权作出不利于或损害闻某霞财产权益的意思表示，故房屋中另一半所有权仍属闻某霞所有。监护人应当履行监护职责，保护被监护人的人身、财产及其他合法权益，除为被监护人的利益外，不得处理被监护人的财产。故赵某玉对夫妻共同财产的处分效力只及于自己享有的一半份额。

【法理解读】

本案中，闻某霞因患有精神病不能辨认自己的行为。监护人作为无民事行为能力人、限制民事行为能力人的法定代理人，其必须保障被监护人的财产权利不得无故减少或损失。赵某玉作为无民事行为能力的妻子的法定代理人，将夫妻共同所有的房屋赠与赵某戊、薛某华夫妇，导致闻某霞的财产权利受损。虽然赠与行为发生时赵某玉为闻某霞的监护人，但是赵某玉将涉案房屋赠与赵某戊、薛某华夫妇的行为只能代表其本人的真实意思表示，不能及于闻某霞。因此前序法院认定赵某玉将涉案房屋赠与薛某华的意思表示的效力仅限于涉案房屋中属于赵某玉的财产份额，其处分涉案房屋中闻某霞的财产份额的行为无效，符合本案实际，于法有据。综上，审理法院判决薛某华再审理由不能成立。

【适用亮点】

本条规定了非完全民事行为能力人的法定代理人由其监护人直接担任。之所以如此规定，这里存在一种科学设置和人性平衡双重关怀问题。世界上绝大多数国家原则上都选择由监护人直接担任法定代理人。本案中，妻子闻某霞因患有精神病不能辨认自己行为成为无民事行为能力人，丈夫赵某玉作为其法定监护人代理其实施民事法律行为。监护人除为了被监护人利益，否则不得处分被监护人的财产。故法院判决该赠与的效力不及于闻某霞所享有的房屋一般的份额于法有据。

第二十四条　【立法主旨】无民事行为能力人或者限制民事行为能力人

【法条对比】

民法总则	第二十四条　不能辨认或者不能完全辨认自己行为的成年人，其利害关系人或者有关组织，可以向人民法院申请认定该成年人为无民事行为能力人或者限制民事行为能力人。 被人民法院认定为无民事行为能力人或者限制民事行为能力人的，经本人、利害关系人或者有关组织申请，人民法院可以根据其智力、精神健康恢复的状况，认定该成年人恢复为限制民事行为能力人或者完全民事行为能力人。 本条规定的有关组织包括：居民委员会、村民委员会、学校、医疗机构、妇女联合会、残疾人联合会、依法设立的老年人组织、民政部门等。
民法通则	第十九条　精神病人的利害关系人，可以向人民法院申请宣告精神病人为无民事行为能力人或者限制民事行为能力人。 被人民法院宣告为无民事行为能力人或者限制民事行为能力人的，根据他健康恢复的状况，经本人或者利害关系人申请，人民法院可以宣告他为限制民事行为能力人或者完全民事行为能力人。
民通意见	第八条第一款　在诉讼中，当事人及利害关系人提出一方当事人患有精神病（包括痴呆症），人民法院认为确有必要认定的，应当按照民事诉讼法（试行）规定的特别程序，先作出当事人有无民事行为能力的判决。

【条文释解】

本条的法律意义是明确了只有非完全民事行为能力人的利害关系人才有权启动认定非完全民事行为能力人行为能力的程序。本条继受了《民法通则》第 19 条的规定，与此不同的是，本条采用《民事诉讼法》中的“认定”取而代之《民法通则》中的“宣告”，此般表述显得更加中性。①

要认定一位自然人欠缺行为能力，首先，须查清被申请人不能辨认或不能完全辨认自身行为的事实；其次，必须由被申请人的利害关系人或有关组织依法提出申请；最后，只能由人民法院依法定程序作出认定的判决。《民法总则》采用了“不能辨认或不能完全辨认自身行为”的认定标准，这种标准的优势是概括性强，能够包容多种丧失或部分丧失民事行为能力的情形，具有更大的包容性。② 在申请程序上，如果没有利害关系人或有关组织提出申请，法院不得主动对非完全民事行为能力人进行主动认定。应当注意，如果年满 8 周岁的未成年人同时存在不能辨认自己行为的情形，其虽然是限制民事行为能力人，但为了对其实施更好的保护，应将其认定为无民事行为能力人。

本条规定还对申请认定的有关组织作出了明确的规定，《民法总则》采取此种列举式的立法方式，明确了相关部门的权责，不但有利于司法审判过程中法律的适用，而且有利于我国民法对非完全民事行为能力人的法律保护更加充分。

---

① 龙卫球、刘保玉主编：《中华人民共和国民法总则释义与适用指导》，中国法制出版社 2017 年版，第 86 页。

② 杨立新主编：《中华人民共和国民法总则要义与案例解读》，中国法制出版社 2017 年版，第 116 页。

【典型案例】

江甲与江乙申请宣告公民无民事行为能力案[①]

申请人江甲与被申请人江乙为母女关系，被申请人于2010年起长期患有阿尔兹海默症，现处于失意状态。2015年8月10日，司法鉴定中心出具鉴定意见：鉴定人江乙患有器质性精神障碍，应评定为无民事行为能力。申请人江甲向区人民法院提供了有关的户籍材料、司法鉴定意见书等证据，要求宣告被申请人江乙为无民事行为能力人，区人民法院依法适用特别程序进行了审理。

审理法院认为，根据司法鉴定科学技术研究所司法鉴定中心的鉴定意见书有关结论，被申请人江乙患有器质性精神障碍，目前不能与外界建立交流，无法作出意思表示，应评定为无民事行为能力。故宣告江乙为无民事行为能力人。

【法理解读】

本案中，申请人江甲与被申请人江乙为母女关系，故申请人江甲属于法律规定的“利害关系人”的范畴。同时，被申请人江乙长期患有阿尔兹海默症，现处于失意状态，经司法鉴定科学技术研究所司法鉴定中心鉴定表明其不能辨认自己的行为。法院依照特别程序认定被申请人江乙为无民事行为能力人符合法律规定，同时也有利于保护被申请人的人身和财产利益。

【适用亮点】

本案中，作为近亲属的女儿主动申请将患病的母亲认定为无民事行为能力人，由其自己来担任母亲的监护人。而在与本案类似的其他案件中，如果发生利害关系人消极不作为的情况，包括居（村）民委员会、残疾人联合会、依法设立的老年人组织、民政部

---

① 审理法院：上海市静安区人民法院，案号：（2015）静民三（民）特字第30号。

门等有关组织，可以“介入”对不能辨别自己行为或不能完全辨别自己行为的自然人的民事行为能力认定提出申请，从而加强对非完全民事行为能力的成年人的保护力度。

第二十五条 【立法主旨】自然人住所

【法条对比】

民法总则	第二十五条　自然人以户籍登记或者其他有效身份登记记载的居所为住所；经常居所与住所不一致的，经常居所视为住所。
民法通则	第十五条　公民以他的户籍所在地的居住地为住所，经常居住地与住所不一致的，经常居住地视为住所。
民通意见	第九条　公民离开住所地最后连续居住一年以上的地方，为经常居住地。但住医院治病的除外。 公民由其户籍所在地迁出后至迁入另一地之前，无经常居住地的，仍以其原户籍所在地为住所。

【条文释解】

本条继受于《民法通则》第 15 条，但本条用“居所”取代“居住地”，同时将“他的户籍所在地的居住地”修改为“户籍登记或者其他有效身份登记记载的居所”，较之《民法通则》的规定更加确切和简洁。本条虽然坚持了事实主义，但同时依据我国城乡发展带来户籍制度的重大变化，进行了合乎时宜的修改，体现了更宽也更加有利于流动中的自然人的利益面向。①

自然人的住所，是指自然人长期生活的中心点。② 自然人的住所在民法上具有极其重要的法律意义。一是住所可以作为自然人下

① 龙卫球、刘保玉主编：《中华人民共和国民法总则释义与适用指导》，中国法制出版社 2017 年版，第 90 页。

② ［德］卡尔·拉伦茨著：《德国民法通论》，邵建东、谢怀栻等译，法律出版社 2013 年版，第 161 页。

落不明的原始空间，亦即其申请宣告失踪或宣告死亡的申请地；二是住所也决定被监护人的指定监护组织的所在地；三是住所有关确定自然人的权利行使地和义务履行地；四是还决定婚姻关系登记的管辖地和继承开始地；五是住所还事关确定民事案件的管辖法院以及涉外法律案件的准据法如何适用等问题。所以从法律上看，自然人的住所既可作为识别的标志，又是法律关系的连接点，还是当事人进行民事活动的地域中心，故而在民事诉讼上还涉及管辖以及送达上的价值。①

《民法总则》承继传统民法“居所”的概念，体现了我国社会结构的演变发展、城市发展的现状，特别是对民事诉讼领域中诉讼行为产生积极影响，同时也深刻反映了现代社会的流动性和人力资源的市场性，法律应当平等保护户籍自然人与常住自然人。

【典型案例】

甲泰保险北京分公司诉李某某、乙安保险口外支公司保险人代位求偿权纠纷案②

2011年11月18日，陈某某驾驶被保险车辆（投保于甲泰保险北京分公司）与李某某驾驶的车辆发生交通事故，造成被保险车辆受损。经交管部门认定，李某某负全责。事故发生后，甲泰保险公司向被保险车辆全额赔付损失，并依法取得代位求偿权。基于肇事车辆在乙安保险口外支公司投保了交强险，甲泰公司于2012年10月诉至北京市某区人民法院，请求被告李某某和乙安保险公司赔偿全部损失，并承担诉讼费用。被告李某某和被告天安保险公司的住所地均为河北省口外市，保险事故发生地为北京市朝阳区。被保险车辆所有人的住址为北京市某区。

① 中国审判理论研究会民商事专业委员会编著：《〈民法总则〉条文理解与司法适用》，法律出版社2017年版，第61页。

② 最高人民法院指导案例第25号，来源：最高人民法院网，发布时间：2014年1月29日。

审理法院认为：第三者侵害被保险人合法权益，因侵权行为提起的诉讼，依据《民事诉讼法》第28条的规定，由侵权行为地或者被告住所地法院管辖，而不适用财产保险合同纠纷管辖的规定，不应以保险标的物所在地或被侵权人住所地作为管辖依据，故裁定不予受理。

【法理解读】

本案系因第三者对保险标的造成损害演变为保险事故，保险人向被保险人赔偿保险金后，代位行使被保险人对第三者请求赔偿的权利而提起诉讼，自应根据保险人所代位的被保险人与第三者之间的法律关系，而不应当根据保险合同法律关系确定管辖法院。第三者侵害被保险人合法权益的，依法应由侵权行为地或者被告住所地法院管辖。本案属于单纯的财产损失，根据中国保监会《关于调整交强险责任限额的公告》,① 被告人李某某在被告乙安保险口外公司投保的交强险最多赔付2000元人民币，剩余的损失，甲泰公司只能向被告人李某某代位求偿。被告李某某住所地与本案受理法院所在地不一致，故北京市某区人民法院不具有管辖权，裁定不予受理。

【适用亮点】

在民事诉讼中，确定当事人的身份信息，特别是户籍所在地的意义十分重要。自然人的住所通常以户籍所在地确定或以其他有效身份登记（如居住证等）记载的居所为住所，在进入诉讼程序前，明确自然人住所等信息，有利于保证诉讼效率，节约司法资源，同时可以保证诉讼时法院工作人员能够顺畅地通知当事人。

---

① 中国保险监督管理委员会2008年1月11日发布，相关规定如下：被保险机动车在道路交通事故中有责任的赔偿限额为：死亡伤残赔偿限额110000元人民币；医疗费用赔偿限额10000元人民币；财产损失赔偿限额2000元人民币。

第二节 监 护

第二十六条 【立法主旨】法定监护人义务

【法条对比】

民法总则	第二十六条 父母对未成年子女负有抚养、教育和保护的义务。 成年子女对父母负有赡养、扶助和保护的义务。
民法通则	无
民通意见	无

【条文释解】

本条是关于父母对未成年子女抚养、教育和保护的义务以及成年子女对父母的赡养、扶助和保护的义务。条文内容充分体现了《民法总则》的一般性、原则性和总括性的顶层设计理念以及提取公因式的立法技术特征。本条的规定包含了两组对等的权利与义务：其一，未成年子女的受抚养权、受教育权与受保护权对应的是父母对未成年子女的抚养、教育与保护的义务；其二，父母享有的受赡养权、受尊重权与受保护权对应的是成年子女对父母赡养、关心和保护的义务。两种相向义务的法律关系一方面紧密连接了中国传统文化的亲属理论，反映了中华民族百善孝为先的传统美德；另一方面抚育子女、赡养双亲构筑了中华文明之炎黄子孙血脉的最核心的文化遗传密码，两千多年的中华家事文明在现代民法上有着无比深刻的内涵。①

《民法总则》采纳了“大监护概念，统一规定”的立法技术，不区分未成年人监护和成年人监护，而是将两者合并到“监护”

---

① 中国审判理论研究会民商事专业委员会编著：《〈民法总则〉条文理解与司法适用》，法律出版社 2017 年版，第 62 页。

的概念之下，无论是关于行为能力补足的内容，还是被监护人身心保障的内容，均安排在第二章“自然人”中。[1]《民法总则》放弃了大陆法系民法对于未成年人的亲权保护模式，采用了英美法系的监护权制度，没有确定未成年人的父母是未成年人的亲权人，而是认可未成年人的父母为未成年人的监护人。[2] 由此可以看出，我国设立了采用“大监护”概念的法律制度，将监护和亲权合二为一，体现出中国监护制度的法律特色。

【典型案例】

刘某翁诉刘甲、刘乙赡养费纠纷案[3]

2014 年 6 月 23 日，77 岁的刘某翁以自己身患多种疾病，经济困难，两名子女不履行赡养义务为由，诉至城区人民法院要求判令两名子女每人每月向其支付赡养费 900 元。在诉讼中，刘某翁的两名子女认可刘某翁医疗费支出的事实，但认为刘某翁有医疗保险，且其退休金足够支付医疗及生活费用，不同意刘某翁的诉讼请求。

审理法院认为，赡养父母是子女应尽的义务，子女不履行赡养义务时，无劳动能力的或生活困难的父母，有要求子女付给赡养费的权利。原告刘某翁起诉要求二子女负担赡养费的诉讼请求并无不当，但同时应考虑子女的收入情况。最终法院判决长子刘甲和长女刘乙每人每月分别支付刘某翁赡养费 800 元和 500 元。

【法理解读】

现实生活中，很多子女面对老人赡养诉讼请求提出各种各样的

---

① 满红杰：《关于〈民法总则（草案）〉成年监护制度的三个基本问题》，载《法学论坛》2017 年第 1 期。

② 杨立新：《〈民法总则（草案）〉自然人制度规定的进展与改进》，载《法治研究》2016 年第 5 期。

③ 审理法院：北京市西城区人民法院，案号：（2014）西民初字第 16031 号［最高人民法院公布 10 起婚姻家庭纠纷典型案例（北京）之九，公布时间：2015 年 11 月 20 日］。

拒绝理由，但多数没有法律依据，如有的子女以父母有足够的收入、享有医疗保险为理由不支付赡养费；有的子女以父母离异后长期未与一方父母共同生活为由不愿意履行赡养义务；有的多子女家庭中子女之间因经济条件差异或老年人在处分财产时偏心相互推诿。这些理由都将难以被法院认可。我国《婚姻法》第21条规定："父母对子女有抚养教育的义务；子女对父母有赡养扶助的义务……子女不履行赡养义务时，无劳动能力的或生活困难的父母，有要求子女付给赡养费的权利。"

故本案中，刘甲与刘乙认为原告刘某翁享有医疗保险，且其退休金足够支付医疗及生活费用，不同意刘某翁的诉讼请求，没有法律依据。

【适用亮点】

法院在审理赡养纠纷时酌情考量了被赡养人的身体情况、日常生活水平、当地消费水平对赡养费数额予以酌定。在存在多名赡养人的情况下，依据不同赡养人各自的经济条件，判决各方承担不同金额的赡养费，有利于判决的执行，在保护被赡养人利益的同时，兼顾了赡养人的实际生活状况。

第二十七条　【立法主旨】未成年人监护人

【法条对比】

民法总则	第二十七条　父母是未成年子女的监护人。 未成年人的父母已经死亡或者没有监护能力的，由下列有监护能力的人按顺序担任监护人： （一）祖父母、外祖父母； （二）兄、姐； （三）其他愿意担任监护人的个人或者组织，但是须经未成年人住所地的居民委员会、村民委员会或者民政部门同意。

民法通则	第十六条　未成年人的父母是未成年人的监护人。 未成年人的父母已经死亡或者没有监护能力的，由下列人员中有监护能力的人担任监护人： （一）祖父母、外祖父母； （二）兄、姐； （三）关系密切的其他亲属、朋友愿意承担监护责任，经未成年人的父、母的所在单位或者未成年人住所地的居民委员会、村民委员会同意的。 对担任监护人有争议的，由未成年人的父、母的所在单位或者未成年人住所地的居民委员会、村民委员会在近亲属中指定。对指定不服提起诉讼的，由人民法院裁决。 没有第一款、第二款规定的监护人的，由未成年人的父、母的所在单位或者未成年人住所地的居民委员会、村民委员会或者民政部门担任监护人。
民通意见	第十一条　认定监护人的监护能力，应当根据监护人的身体健康状况、经济条件，以及与被监护人在生活上的联系状况等因素确定。

【条文释解】

本条继受了《民法通则》第16条第1款和第2款的规定，同时存在两点变化：其一，明确了未成年人父母以外的监护人应当“按顺序担任监护人”的规则；其二，将《民法通则》中“关系密切的其他亲属、朋友”变为“其他愿意担任监护人的个人和组织”，故只要满足监护人条件的愿意担任监护人的个人和组织，经未成年人住所地的居委会、村委会或民政部门同意即可担任监护人，进一步扩大了监护人的范围，符合从未成年人的最大利益出发的立法目的。

监护制度的设立旨在保障那些限制民事行为能力人和无民事行为能力人的人身和财产利益，以弥补其民事行为能力的不足。未成年子女的父母基于其亲权而获得法律直接规定的监护权，是基于一个经验假设，即“父母比其他任何人或机构都更加关心子女的最佳利益”。[①] 事实上，父母的监护权是整个监护制度的核心。未成年人的父母是其当然的监护人，除一方有犯罪行为或对子女明显不利的其他行为，另一方可以向法院申请撤销其监护权外，双方平等地享有监护权，即使父母双方解除婚姻关系，其二者的监护权仍然存续。

依照本条规定，未成年人的父母已经死亡或者没有监护能力的，由其他法定监护人按照顺序担任。第一顺位的监护人是未成年人的祖父母和外祖父母。第二顺位的监护人是未成年人的兄、姐，这里应当注意的是，第一顺位和第二顺位的监护人均不需要经过有关组织的同意。第三顺位的监护人是其他愿意担任监护人的个人或者组织，第三顺位的监护人必须经过未成年人住所地的居委会、村委会或民政部门同意才能担任监护人。

【典型案例】

吴某某被撤销监护人资格案[②]

吴某某（女）系流浪人员，无固定住所和经济来源。2015 年 4 月 25 日，吴某某独身一人在某市妇幼保健院诞下一名女婴吴某，随后自行离开，不知所踪。后吴某交由嘉积镇抚养院代为抚养。吴某某父母随后声明：因年事已高、经济困难，无能力抚养，自愿放弃对外孙女（吴某）的抚养权。2015 年 7 月 22 日，吴某某在派出所当场发表自愿放弃孩子抚养权和监护权的声明。市救助站而后起诉至法院，申请撤销吴某某的监护人资格。

审理法院认为，吴某某虽为孩子的母亲，但并未尽照顾孩子的责任，且无抚养能力。吴某某的父母也因经济困难放弃抚养权。孩

---

① 刘征峰：《被忽视的差异——〈民法总则（草案）〉“大小监护”立法模式之争的盲区》，载《现代法学》2017 年第 1 期。

② 《最高人民法院关于侵害未成年人权益被撤销监护人资格典型案例之十二》，来源：最高人民法院网，发布时间：2016 年 5 月 31 日。

子的父亲不知何人。为有利于孩子的健康和成长，依照《民法通则》第16条的规定，撤销被申请人吴某某对吴某的监护人资格，指定申请人市救助站为吴某的监护人。

【法理解读】

从本案情况来看，吴某某虽然是吴某的母亲，但事实上无法承担起监护孩子的职责。在孩子出生后，吴某某未尽抚养孩子的义务，同时其明确声明自愿放弃孩子的抚养权和监护权。基于保护吴某健康成长的需要，市救助站依法提起了撤销监护权诉讼，市人民法院根据《关于依法处理监护人侵害未成年人权益行为若干问题的意见》第35条的规定，撤销吴某某的监护人资格，指定申请人市救助站为吴某的监护人。判决彰显了国家保护未成年人的理念，也为民政部门、人民法院依法履行未成年人国家监护职责提供了范本。

【适用亮点】

本案中，未成年人吴某的法定监护人，其母亲吴某某具备完全民事行为能力，但不具备履行监护职责的能力，并明确声明自愿放弃孩子抚养权和监护权。同时，吴某第一顺位的法定监护人，即其外祖父母也因不具备抚养能力，自愿放弃抚养权。

故本案中产生了未成年人的父母和第一顺位监护人均没有监护能力的情况，法院撤销其母亲吴某某的监护权，指定市救助站为吴某的监护人，更有利于保护未成年人的利益。

第二十八条　【立法主旨】无行为能力或者限制民事行为能力的成年人监护

【法条对比】

民法总则	第二十八条　无民事行为能力或者限制民事行为能力的成年人，由下列有监护能力的人按顺序担任监护人： （一）配偶； （二）父母、子女； （三）其他近亲属； （四）其他愿意担任监护人的个人或者组织，但是须经被监护人住所地的居民委员会、村民委员会或者民政部门同意。
民法通则	第十七条　无民事行为能力或者限制民事行为能力的精神病人，由下列人员担任监护人： （一）配偶； （二）父母； （三）成年子女； （四）其他近亲属； （五）关系密切的其他亲属、朋友愿意承担监护责任，经精神病人的所在单位或者住所地的居民委员会、村民委员会同意的。 对担任监护人有争议的，由精神病人的所在单位或者住所地的居民委员会、村民委员会在近亲属中指定。对指定不服提起诉讼的，由人民法院裁决。 没有第一款规定的监护人的，由精神病人的所在单位或者住所地的居民委员会、村民委员会或者民政部门担任监护人。
民通意见	第十二条　民法通则中规定的近亲属，包括配偶、父母、子女、兄弟姐妹、祖父母、外祖父母、孙子女、外孙子女。

【条文释解】

无民事行为能力或者限制民事行为能力的成年人，由于其存在不能辨认或者不能完全辨认自己行为的状况，为了保护其合法的民事权益，法律对其监护人的设置作出了直接规定。依据《民法通则》的规定，成年人丧失或者部分丧失民事行为能力而明文规定为无民事行为能力人或者限制民事行为能力人的只有精神病人。①

《民法总则》没有再使用精神病人的概念，取而代之的是“无民事行为能力或者限制民事行为能力的成年人”，这样规定的意义在于：精神病患者以外的诸如植物人、老年痴呆症患者等因特殊疾病导致不能辨认自己行为的成年人，如此即被纳入了保护范围，即成年人只要不能辨认或不能完全辨认自身行为者，都能受到本条规定的保护。而且与《民法通则》第17条相比较，本条不仅延续了对亲属范围的要求，还增加了一个“依次担任”的规定，由顺位在先的亲属担任监护人，顺位在后者不担任监护人。②

本条源自于《民法通则》第17条第1款，较之《民法通则》本条作出了如下修改：其一，将《民法通则》规定的“精神病人”改为“无民事行为能力或者限制民事行为能力的成年人”；其二，明确规定了非完全民事行为能力的成年人的监护人顺序；其三，将子女与父母并列为第二顺位监护人，避免人口老龄化带来的父母因其年龄和身体状况不能行使监护权的情形发生；其四，增加了民政部门作为行使同意权的主体，扩大了相关主管部门的职权范围。

【典型案例】

范某甲、范某乙与李某监护权纠纷案③

范某壬与被告李某系夫妻关系。范某壬自2006年起因病瘫痪

---

① 杨立新：《〈民法总则（草案）〉自然人制度规定的进展与改进》，载《法制研究》2016年第5期。

② 满洪杰：《关于〈民法总则（草案）〉成年监护制度三个基本问题》，载《法学论坛》2017年第1期。

③ 审理法院：辽宁省沈阳市沈河区人民法院，案号：（2015）沈河民一初字第1187号。

在床，生活完全不能自理且存在交流障碍，其一直由被告李某照顾。原告范某甲、范某乙系范某壬与被告李某的婚生子女。2015年，二原告诉称，由于范某壬本人无民事行为能力，为了更好地维护其权利，现请求法院确认范某壬为无民事行为能力人，并确认被告李某为范某壬的监护人。

审理法院认为，结合社区证明、医院诊断证明书以及范某壬本人的健康状况，足以证明范某壬现为无民事行为能力人。同时，鉴于被告李某具有完全民事行为能力，具备对范某壬的监护能力。审理法院依法尊重原、被告意见，依据《民法通则》第17条之规定，确认被告李某为范某壬的监护人。

【法理解读】

本案中，范某壬因患有严重脑部疾病生活完全不能自理，不能辨认自身行为，属于无民事行为能力人。虽然《民法通则》中未明确规定以上监护人须依次序担任监护人，但学界通说认为《民法通则》第17条条文本身就已经包含“监护人须依次序担任”的顺位内涵。[①]

婚姻和血缘关系是监护人与被监护人亲疏远近的一般判断标准，在法律上，婚姻关系是家庭代际传递的核心纽带，故将配偶规定为第一顺位的监护人更有利于保护被监护人利益同时维系家庭的和睦。当然在此基础上，对于成年非完全民事行为能力人的监护人之规定，还应当充分尊重被监护人自身意愿。法院在宣告范某壬为无民事行为能力人后，确认被告李某为范某壬的监护人符合法律规定，也符合被监护人利益最大化的基本原则。

【适用亮点】

对本案的处理，审理法院依照法律规定，在拥有充分的事实证据的前提下，宣告范某壬为无民事行为能力人。本案中，李某与范

---

① 程维荣、袁奇钧著：《婚姻家庭法律制度比较研究》，法律出版社2011年版，第208页。

某壬是夫妻关系，故李某依法为范某壬的第一顺序监护人，在法定监护人之间就监护问题发生争议时，审理法院确认被告李某为范某壬的监护人于法有据。本案在程序上为确认之诉，自此明确了李某以配偶的身份，作为无民事行为能力人范某壬的监护人以及法定代理人的法律地位。

第二十九条　【立法主旨】遗嘱指定监护人

【法条对比】

民法总则	第二十九条　被监护人的父母担任监护人的，可以通过遗嘱指定监护人。
民法通则	无
民通意见	无

【条文释解】

遗嘱监护是指父母双方后死亡的一方为其需要指定监护人的子女，以遗嘱的方式指定监护人，这是民法自治原则在指定监护人问题上的直接体现。在《民法总则》出台前，如果被监护人的父母仅有一位健在，但是如果这位仅存的亲权监护人可能无法继续行使监护权，如得了绝症即将离世，其要通过遗嘱行使为其子女指定监护人的权利依法并无明文规定，本条即弥补了这种缺憾。

第一，遗嘱监护制度的适用条件。其一，只有在父母双方均不具备监护能力的情况下，才能适用本条规定。即遗嘱的订立人必须是被监护人父母中后死亡的一方，先死亡的一方不得设立遗嘱监护，因为其死后另一方亲权人并没有丧失监护权，仍可以法定监护人的身份行使监护权。其二，遗嘱的内容、形式必须符合法律规定，不得违反法律和社会公益，即有合法有效的遗嘱存在。其三，作出遗嘱指定监护的父母须没有丧失对子女保护救济的权利，也就是说没有滥用亲权。[①] 其四，通过遗嘱指定的监护人，监护义务通常并非其法定义务，在订立遗嘱前必须征得被指定的将要作为监护人的本人同意。

第二，遗嘱监护的法律效力。其一，遗嘱的优先效力是私法自治原则的体现。在监护制度中，遗嘱监护也应当具有优先效力。其二，现实生活中，由于父母更了解自身的婚姻家庭情况，故其为子女指定的监护人应当比法定的按照亲属关系设立的监护人更适合子女需要，承认遗嘱指定监护人优先于法定监护人更有利于被监护人的利益保护。[②]

本条是《民法总则》的新增规定，《民法通则》未有相关规定，确立通过遗嘱方式指定监护人的制度是《民法总则》最大的亮点之一。

【典型案例】

李某付、马某兰与黑某贵、金某花监护权纠纷案[③]

李某付之子李某甲（已伏法）与黑某贵之女黑某因（殁年 18 岁）以夫妻名义同居生活。双方于 2007 年 11 月 1 日生育男孩李某乙和李某丙，但二人关系一直不和。后李某甲因犯故意杀人罪被判处死刑，并于 2011 年 5 月 18 日执行死刑。李某丙出生以后，一直被其外祖父母黑某贵、金某花抚养和监护，其胞兄李某乙由其祖父母李某付、马某兰抚养和监护。李某付、马某兰以李某甲生前留下遗嘱，要求上诉人李某付、马某兰作为李某丙的监护人抚养李某丙为由，向法院起诉，确认其二人对李某丙享有监护权。

---

① 余延满著：《亲属法原论》，法律出版社 2007 年版，第 486 页。

② 龙卫球、刘保玉主编：《中华人民共和国民法总则释义与适用指导》，中国法制出版社 2017 年版，第 107 页。

③ 一审法院：宁夏回族自治区中宁县人民法院，案号：（2015）中宁民初字第 1243 号；二审法院：宁夏回族自治区中卫市中级人民法院，案号：（2016）宁 05 民终 238 号。

一审法院认为，对未成年人李某丙的抚养和监护，应本着对被监护人有利的原则确定。李某丙从出生后就同其外祖父母已共同生活了长达六年六个月，彼此间已经建立起了深厚的感情。由此确定李某丙由其外祖父母黑某贵和金某花抚养和监护更为有利。故对上诉请求不予支持。二审法院认为，李某丙系未成年人，在其失去父母后，其祖父母、外祖父母均有监护资格。但是对未成年人李某丙的抚养、监护，应结合实际情况，本着对被监护人有利的原则确定。一审判决认定事实清楚，适用法律正确，依法予以维持。

【法理解读】

本案中，因未成年人李某丙的父母关系不和，而导致了李某丙失去双亲的惨案。根据《民法通则》第 16 条之规定，未成年人的祖父母和外祖父母是处于同一顺位的监护人。虽然本案李某丙的父亲李某甲生前留下了遗嘱和委托书，要求上诉人李某付和马某兰作为李某丙的监护人，但《民法通则》并无遗嘱监护的规定，李某甲也无法行使通过遗嘱来指定监护人的权利。

所以，两审法院均根据司法审判的实践经验，从最有利于被监护人的原则出发，将李某丙的监护权判给其外祖父母黑某贵和金某花，这既符合被监护人的利益，亦符合“儿童利益最大化原则”。

【适用亮点】

遗嘱指定监护制度是《民法总则》首次设立的。本案判决时，《民法总则》尚未出台，审理法院对于李某甲在其遗嘱中为李某丙指定监护人不予支持，而是根据被监护人利益最大化的原则，驳回了李某付与马某兰的上诉请求，于法有据、于情合理。

从法理上看，父母以遗嘱的方式来指定监护的，须以没有丧失对子女保护救济的权利为前提，也就是说其不能滥用监护权，故案涉死者作为被监护人的父亲，即使依据现在《民法总则》的规定，有指定监护的权利，但由于该遗嘱并不符合被监护人的利益，故而该遗嘱监护不可能得到法律的支持。

故本案的处理虽发生在《民法总则》生效之前，但其提出了遗嘱监护的成立与有效要件的问题，对于完善监护法律制度中的法律真空，有着重要的意义。

第三十条 【立法主旨】协议确定监护人

【法条对比】

民法总则	第三十条　依法具有监护资格的人之间可以协议确定监护人。协议确定监护人应当尊重被监护人的真实意愿。
民法通则	无
民通意见	第十五条　有监护资格的人之间协议确定监护人的，应当由协议确定的监护人对被监护人承担监护责任。

【条文释解】

所谓协议监护，即亲权人以外的依法具有监护资格的人，可以通过协议约定改变法定的监护人的选任次序，为未成年人和成年非完全民事行为能力人指定监护人。如果未成年人由其父母担任法定监护人，并且其父母具备监护能力，自然就不适用协议监护制度了。因为父母作为未成年人的亲权人，承担未成年人的监护责任是其法定职责，没有法定理由且经法定程序，不得转承他人。

同时，鉴于监护不仅是一种权利更是一种义务，是法律为了保护被监护人的利益而设定的一种法律负担，所以负担本身是应有其先后顺序的。[①] 故此种协议的主体必须是具有监护能力的父母以外的具备监护资格的人。协议监护的内容主要是对“监护人选任次序”的改变。[②] 民事行为能力是一种规范概念并非事实描述。无民

---

① 中国审判理论研究会民商事专业委员会编著：《〈民法总则〉条文理解与司法适用》，法律出版社2017年版，第68页。

② 满洪杰：《关于〈民法总则（草案）〉成年监护制度三个基本问题》，载《法学论坛》2017年第1期。

事行为能力人并非在事实上毫无认识问题和判断问题的任何能力，只不过法律以之为规范上的无判断能力人而已。[①]

本条继受于《民通意见》第 15 条的规定："有监护资格的人之间协议确定监护人的，应当由协议确定的监护人对被监护人承担监护责任。"较之《民通意见》的规定，《民法总则》增加了"协议确定监护人尊重被监护人的真实意愿"，体现了"最有利于被监护人利益的原则"。同时应注意，若存在协议内容损害了被监护人的利益，本条并未规定此种协议的效力如何，是否直接使协议无效而直接适用法定监护的顺位规则，有待今后司法解释进一步明确。[②]

【典型案例】

孟某父等与孟某叔等监护人责任纠纷上诉案[③]

孟某父与苏某母系夫妻关系。2015 年 4 月，二人将女儿孟某女送回老家，由孟某父的父母孟某爷、王某奶夫妇照顾。随后二人返回广州务工。

2015 年 9 月 6 日下午，孟某爷将孟某女交给孟某叔临时照看。孟某叔因需赶羊上山，遂将孟某女独自留在空房里。孟某叔半小时后返回，发现孟某女失踪。而后，孟某父在山林间发现孟某女的尸体。经公安局鉴定，认定孟某女系因饥饿、脱水所致的多器官衰竭死亡。孟某父、苏某母遂向法院起诉孟某叔赔偿损失。

两审法院均认为，孟某父、苏某母的监护责任并不以将监护职责委托给孟某爷、王某奶夫妇而免除，理应承担主要的过错民事责

---

① 朱庆育著：《民法总论》，北京大学出版社 2016 年版，第 238 页。

② 龙卫球、刘保玉主编：《中华人民共和国民法总则释义与适用指导》，中国法制出版社 2017 年版，第 109 页。

③ 一审法院：四川省万源市人民法院，案号：（2016）川 1781 民初 1075 号；二审法院：四川省达州市中级人民法院，案号：（2016）川 17 民终 943 号。

任（55%）。孟某爷、王某奶夫妇作为受托人，也应承担一定责任（10%）。孟某叔主观上存在着过错，也应承担相应的民事责任（35%）。

【法理解读】

本案中，孟某父与苏某母是孟某女的亲权人，只要二人具备完全民事行为能力，其监护责任就不可完全让与。《民法通则》和《民法总则》均未对委托监护作出规定。委托监护是指未成年人的父母在不能履行监护职责的时候，通过委托协议为子女设立委托监护人的制度。[①] 在我国的司法实践中，从被监护人的教育和受照顾的必要出发，有条件地承认监护委托，即具有监护资格的人对确定谁作为被监护人的监护人或临时监护人，可通过协商确定。[②]

实际生活中，亲属之间的短期委托监护往往不会订立书面协议，故审理法院对于本案中双方当事人的口头监护协议予以认可。在城镇化的过程中，我国存在大量留守儿童，本案中发生惨剧的孟某女便是其中一例，虽然当时法律没有明文规定委托监护制度，但是审理法院在责任分配时有条件地承认了委托监护，有利于在司法实践中保护留守儿童的利益。

【适用亮点】

在协议监护中，各监护人往往处于主导地位，而被监护人受其民事行为能力的限制，只能处于被动接受监护协议内容的地位。惨案发生后，审理法院间接认定了当事人之间的委托监护，合理地分配了各当事人的责任，保护了被监护人孟某女的合法利益，不但在一定程度上弥补了孟某父与苏某母的损失，也说明了设定协议监护的必要性。

---

① 龙卫球、刘保玉主编：《中华人民共和国民法总则释义与适用指导》，中国法制出版社 2017 年版，第 109 页。

② 杨立新主编：《中华人民共和国民法总则要义与案例解读》，中国法制出版社 2017 年版，第 135 页。

第三十一条　【立法主旨】担任监护人争议处理

【法条对比】

民法总则	第三十一条　对监护人的确定有争议的，由被监护人住所地的居民委员会、村民委员会或者民政部门指定监护人，有关当事人对指定不服的，可以向人民法院申请指定监护人；有关当事人也可以直接向人民法院申请指定监护人。 居民委员会、村民委员会、民政部门或者人民法院应当尊重被监护人的真实意愿，按照最有利于被监护人的原则在依法具有监护资格的人中指定监护人。 依照本条第一款规定指定监护人前，被监护人的人身权利、财产权利以及其他合法权益处于无人保护状态的，由被监护人住所地的居民委员会、村民委员会、法律规定的有关组织或者民政部门担任临时监护人。 监护人被指定后，不得擅自变更；擅自变更的，不免除被指定的监护人的责任。
民法通则	第十六条第三款　对担任监护人有争议的，由未成年人的父、母的所在单位或者未成年人住所地的居民委员会、村民委员会在近亲属中指定。对指定不服提起诉讼的，由人民法院裁决。 第四款　没有第一款、第二款规定的监护人的，由未成年人的父、母的所在单位或者未成年人住所地的居民委员会、村民委员会或者民政部门担任监护人。

民通意见	第十四条　人民法院指定监护人时，可以将民法通则第十六条第二款中的（一）、（二）、（三）项或者第十七条第一款中的（一）、（二）、（三）、（四）、（五）项规定视为指定监护人的顺序。前一顺序有监护资格的人无监护能力或者对被监护人明显不利的，人民法院可以根据对被监护人有利的原则，从后一顺序有监护资格的人中择优确定。被监护人有识别能力的，应视情况征求被监护人的意见。 监护人可以是一人，也可以是同一顺序中的数人。 第十八条　监护人被指定后，不得自行变更。擅自变更的，由原被指定的监护人和变更后的监护人承担监护责任。

【条文释解】

本条是关于对指定监护人存在争议时如何处理的规定，其理顺了监护纠纷的解决程序，对担任监护人有争议的，赋予有关当事人直接向人民法院提起诉讼的权利。[①] 故所谓指定监护是指具有法定监护资格的人对担任监护人有争议时，由拥有指定权的组织依照法律规定的程序来确定由谁来担任监护人的一种法律制度。应当注意的是，指定监护并非是与法定监护并列的监护方式，其仅是在具有法定监护资格的人之间存在监护争议的情形时，来确定法定监护人的一种法定程序。[②] 在对监护人承担有争议需要由被监护人住所地的居民委员会、村民委员会、法律规定的有关组织或者民政部门担任临时监护人时，应在合理的期限内确定实际监护人，不能将前者临时的应急措施变为法定的常态。[③]

---

① 李建国：《关于〈中华人民共和国民法总则（草案）〉的说明》，载《人民日报》2017 年 3 月 9 日。

② 龙卫球、刘保玉主编：《中华人民共和国民法总则释义与适用指导》，中国法制出版社 2017 年版，第 111 页。

③ 尹志强：《未成年人监护制度中的监护人范围及监护类型》，载《华东政法大学学报》2016 年第 5 期。

根据本条规定，有权指定监护人的机关包括：居民委员会、村民委员会、民政部门或者人民法院。《民法总则》在指定监护的有权机关中增加了“民政部门”同时删除了“未成年人的父、母所在单位”，这是因为，在我国现有的市场经济条件下，员工与单位之间主要是劳动合同关系，导致单位对于指定监护所能起到的作用逐渐式微，所以作为国家专门机关的民政部门更应当承担起此监督职责。

本条是对《民法通则》第16条第3款以及第17条第2款规定的承接与发展。发展主要表现在：其一，增加了民政部门指定监护人的权利和责任，有利于保护被监护人的利益。其二，规定了当事人可以直接向人民法院申请指定监护，给予当事人充分的自主选择权，解决了行政部门拖沓导致的监护事宜无法落实的问题。其三，明确指出指定监护应当充分尊重被监护人的真实意愿，牢牢把握最有利于被监护人利益的基本原则。其四，设立了临时监护人制度，解决了在指定监护人前被监护人处于无保护状态的问题。其五，明确了指定监护人后的法律责任，即不得擅自变更监护人以及擅自变更后监护责任不得免除。

【典型案例】

刘某与刘某申房屋买卖合同纠纷上诉案①

刘某申（限制民事行为能力）与刘某系父子关系，2013年11月25日，双方签订《房产买卖协议》，约定刘某申将其名下房产出售给刘某，房价款49.8万元。随后刘某申配合刘某办理了房屋过户手续，将该房屋过户至刘某名下。2014年12月该房屋被拆迁，刘某自行办理了相关拆迁事宜，但其始终未向刘某申支付房款，遂成诉。2016年3月29日，该市前堡村村民委员会出具证

① 一审法院：天津市北辰区人民法院，案号：（2015）辰民初字第4362号；二审法院：天津市第一中级人民法院，案号：（2017）津01民终417号。

明，内容为：为保障刘某申的合法权益，特指定其女儿刘某女为刘某申的监护人。

一审法院认为，原告虽为限制民事行为能力人，但其仍有权作为民事诉讼的当事人主张其合法权利，刘某女系原告之女，其作为原告法定代理人参加诉讼并无不当。原、被告签订的协议合法有效，双方均应依约全面履行各自义务。原告已依约履行了义务，被告亦应依约支付房款，故对原告的诉讼请求予以支持。被告不服一审判决，向该市中院提起上诉。

二审法院认为，上诉人刘某主张诉争房屋所有权转移给上诉人系被上诉人刘某申的赠与，因该主张得不到被上诉人的认可，且上诉人亦无其他证据证明该主张，故驳回上诉，维持原判。

【法理解读】

本案中，刘某企图对其父的房产巧取豪夺。而其父刘某申作为限制民事行为能力人，须由其监护人作为法定代理人代为提起民事诉讼。根据《民法通则》第16条的规定，该市前堡村村民委员会出具证明，指定刘某申之女刘某女为刘某申的监护人。刘某系刘某申之子，也属于法律规定的具有监护资格的人，并且其和刘某女系处于同一顺位的法定监护人，但由于刘某是本案争议的当事人，和刘某申存在利益冲突，村委会指定刘某女为刘某申的监护人合情合理、于法有据，符合最有利于被监护人利益的基本原则。

【适用亮点】

本案中，刘某申之子刘某和女儿刘某女，二者均是法律规定的具有监护资格的人。二者对于出任监护人的事项存在争议，故此时需要有权指定监护人的机关，为刘某申指定监护人。指定监护人即在法定监护人的范围内，根据被监护人利益最大化的原则，从中指定监护人。刘某申所在村委会以被监护人刘某申的切身利益为导向，进行事实判断，最终指定其女儿刘某女为监护人，有利于保护刘某申的合法权益。

第三十二条　【立法主旨】特定机构担任监护人情形

【法条对比】

民法总则	第三十二条　没有依法具有监护资格的人的，监护人由民政部门担任，也可以由具备履行监护职责条件的被监护人住所地的居民委员会、村民委员会担任。
民法通则	第十六条第四款　没有第一款、第二款规定的监护人的，由未成年人的父、母的所在单位或者未成年人住所地的居民委员会、村民委员会或者民政部门担任监护人。
民通意见	无

【条文释解】

本条是关于没有具备法定监护资格的人，如何确定国家民政机关和社会组织来担任监护人的具体规定。本条对《民法总则》第16条第4款和第17条第3款的规定加以提炼和完善。这里所谓“无具备监护资格的人”，是指没有合格的可以作为法定监护人的人，而且也无法指定适当的自然人来做其监护人。[①] 在这种具有法定监护资格的监护人缺位的情况下，法律便直接作出规定，由民政部门或被监护人住所地的居民委员会、村民委员会来担任非完全民事行为能力人的监护人，有利于保护被监护人的合法权益。本条规定体现了我国监护制度“以家庭监护为基础、以社会监护为保障、以国家监护为补充”的整体定位。

《民法总则》删除了《民法通则》中由“未成年人父、母所在单位”担任监护人的规定。此般调整顺应了我国社会主义市场经济发展所带来的新趋势，即就业人员流动越来越频繁，单位缺乏履

---

① 王利明主编：《中华人民共和国民法总则详解》，中国法制出版社2017年版，第149页。

行监护职责的意愿和能力。[①] 同时，本条明确规定了只有“具备履行监护职责条件”的被监护人住所地的居民委员会、村民委员会才可担任监护人，旨在预防实际运行中，由不具备监护能力的居民委员会、村民委员会担任监护人而对被监护人的利益保护不利的情形出现。

本条继受于《民法通则》第16条第4款和第17条第3款之规定，增加了“民政部门”承担兜底性监护职责的规定，同时强调，居民委员会、村民委员会必须具备履行监护职责的条件才能担任监护人。《民法总则》作出此般调整，适应了社会发展的现状，让民政部门充分发挥其专业职能，更有利于保护被监护人的利益。

【典型案例】

张某诉午桥镇未北村村民委员会撤销监护人资格纠纷案[②]

张某林与徐某系夫妻关系。二人育有一子张某寅。后二人离婚，张某寅由张某林抚养。张某林于2014年8月12日向村委会提出另行指定张某寅的监护人的申请。随后，村委会指定申请人张某琴（张某寅的姑姑）为张某寅的监护人。张某林系视力一级残疾人，无固定的生活收入来源。张某寅的母亲徐某是智力二级残疾人，不能完全辨认自身的行为。同时，张某林与徐某的双方父母均不具备监护能力。申请人张某琴也是视力一级残疾人，其丈夫身体并无残疾。两人育有一子王某辛。

申请人张某琴诉称：本人是视力一级残疾人，无固定的收入来源，同时还有三岁的儿子王某辛需要自己和丈夫抚养，遂请求法院撤销由其担任张某寅监护人的指定。

审理法院认为：张某寅的父母因均不具备监护能力。申请人张

---

① 尹志强：《未成年人监护制度中的监护人范围及监护类型》，载《华东政法大学学报》2016年第5期。

② 审理法院：江苏省镇江经济开发区人民法院，案号：（2014）镇经民特字第0002号。

某琴担任张某寅的监护人，应以自愿为前提。张某琴自身是视力一级残疾，其丈夫虽然并无残疾，但两人现有一个三岁的儿子需要抚养，同时还需负担照顾母亲张某芳及哥哥张某林的责任，再由其担任张某寅的监护人，也不利于张某寅的健康成长。故指定市民政局担任张某寅的监护人。

【法理解读】

司法实践中，法院认定监护人的监护能力，应当根据监护人的身体健康状况、经济条件，以及与被监护人在生活上的联系状况等综合因素确定。未成年人的近亲属没有监护能力，亦无关系密切的其他亲属、朋友愿意承担监护责任的，人民法院可以根据对被监护人有利的原则，直接指定具有承担社会救助和福利职能的民政部门担任未成年人的监护人，履行监护职责。

本案中，张某寅作为一名9个月的婴儿，其父母及其他近亲属均不具备监护能力。同时，张某寅住所地的村民委员会也不具备相应的财力和人力。故法院根据最有利于被监护人利益的原则，指定市民政局为张某寅的监护人，于法有据，合情合理。

【适用亮点】

当监护人出现缺位的情况时，法院不能硬性地适用法条，必须结合被监护人所在地的具体情况，依据“最有利于被监护人利益”的原则作出裁判。

本案中，张某寅的父母和其他近亲属均不具备监护能力，没有适格的自然人愿意出任其监护人。民政部门具备安置、照料被监护人的条件，有国家专门的经费和人员作为保障，更适宜担任监护人。法院指定市民政局担任张某寅的监护人，符合法律规定和“被监护人利益最大化”的原则。

第三十三条　【立法主旨】协商监护

【法条对比】

民法总则	第三十三条　具有完全民事行为能力的成年人，可以与其近亲属、其他愿意担任监护人的个人或者组织事先协商，以书面形式确定自己的监护人。协商确定的监护人在该成年人丧失或者部分丧失民事行为能力时，履行监护职责。
民法通则	无
民通意见	无

【条文释解】

本条规定了具有完全民事行为能力的成年人可为自己指定监护人。《民法通则》并未规定意定监护制度，意定监护制度最早出现于我国《老年人权益保障法》第26条之规定。过去的成年监护一般为事后监护，存在滞后性，不利于对被监护人的有效保护。《民法总则》在立法上顺应了社会形势需求，设立事先意定监护制度，是我国成年监护立法的重大突破。

第一，意定监护的概念。指具备完全民事行为能力的成年人，依照自己的独立意思，在其近亲属、其他愿意担任监护人的个人或者组织之间进行协商，在双方达成合意之后，通过书面委托协议约定本人丧失或部分丧失民事行为能力之后，双方产生监护关系。成年人意定监护，使本人在民事行为能力完全时，通过委任契约，预先为自己能力不足时的生活（特别是老年）作出安排，以确保年老时的生活符合自身意愿。

第二，成年人意定监护的设定。设定意定监护的前提条件主要包括：其一，作为设定主体的成年人在订立监护协议时必须具备完全民事行为能力。其二，任意监护人的范围限定于该成年人的“近亲属、其他愿意担任监护人的个人或者组织”。近亲属的范围应当适用《民通意见》第12条有关规定。[①] 其三，意定监护协议涉及被监护人的切身利益，并且不同于一般的财产交易合同，具有其自身特殊性，是要式法律行为，必须以书面形式作出。在国外，此类意定监护的协议还需要在公权力机关进行备案登记，以便于交易第三人进行查询，保护交易安全，同时也避免事后的纠纷。[②]

《民法通则》及《民通意见》均未对成年人的意定监护作出规定。本条继受于《老年人权益保障法》第26条第1款之规定，但《民法总则》总结了《老年人权益保障法》的立法经验，扩大了行使该项权利的主体范围，即具有完全民事行为能力的成年人，均可以通过协议确定自己丧失或部分丧失民事行为能力后的监护人。

【典型案例】

李某申与李某伟、李某满、李某凤、李某丽赡养费纠纷案[③]

李某申与妻子李某芹共育有四名子女。李某芹于2001年病故。李某申患有脑出血后遗症。近年来，一直居住在自建房屋独居生活，并且无经济来源、亦无存款。李某申因儿子李某满一直未尽照顾义务，并且赡养费问题与四位子女无法达成一致意见，故诉至法院。

审理法院认为，子女对父母有赡养扶助的义务。故对原告李某申要求四名子女给付赡养费的诉讼请求予以支持。原告李某申在庭审中表示，其愿意与被告儿子李某伟共同生活。故依照《老年人权益保障法》第26条第1款之规定，判决李某申的日常生活起居由被告李某伟照顾。

---

① 《民通意见》第12条规定："民法通则中规定的近亲属包括配偶、父母、子女、兄弟姐妹、祖父母、外祖父母、孙子女、外孙子女。"

② 王利明主编：《中华人民共和国民法总则详解》，中国法制出版社2017年版，第155页。

③ 审理法院：辽宁省鞍山市千山区人民法院，案号：（2015）鞍千民千初字第01614号。

【法理解读】

本案中，四位子女均具备作李某申的法定监护人的资格，均负有赡养李某申的法定义务。故既可以由李某申的四位子女共同承担监护责任，也可以通过约定由其中一位子女履行监护职责，其他子女提供赡养经费等其他支持。原告李某申虽年世已高，因患有脑出血后遗症每月需服用药物维持其健康，并且无任何经济来源，但其仍是法律上的完全民事行为能力人，能够以自己独立的意思表示参与民事活动。

故李某申可以在近亲属或者其他与自己关系密切、愿意承担监护责任的个人、组织中协商确定自己的监护人。较之其他近亲属，子女通常更具有赡养能力，能够更好地履行监护职责，在四位子女当中协商确定其监护人，符合法律规定，并且有利于保护李某申个人的合法权益。

【适用亮点】

《民法通则》及《民通意见》中均未规定任意监护。我国于2012年修订的《老年人权益保障法》第26条第1款增设了老年人任意监护的相关规定："具备完全民事行为能力的老年人，可以在近亲属或者其他与自己关系密切、愿意承担监护责任的个人、组织中协商确定自己的监护人。监护人在老年人丧失或者部分丧失民事行为能力时，依法承担监护责任。"老年人在其具备完全行为能力时，根据家庭实际情况作出的关于监护人的选择，往往最有利于其自身利益。故此，审理法院支持了李某申的诉讼请求，于情合理，于法有据。

第三十四条 【立法主旨】监护人的职责与权利

【法条对比】

民法总则	第三十四条　监护人的职责是代理被监护人实施民事法律行为，保护被监护人的人身权利、财产权利以及其他合法权益等。 监护人依法履行监护职责产生的权利，受法律保护。 监护人不履行监护职责或者侵害被监护人合法权益的，应当承担法律责任。
民法通则	第十八条　监护人应当履行监护职责，保护被监护人的人身、财产及其他合法权益，除为被监护人的利益外，不得处理被监护人的财产。 监护人依法履行监护的权利，受法律保护。 监护人不履行监护职责或者侵害被监护人的合法权益的，应当承担责任；给被监护人造成财产损失的，应当赔偿损失。人民法院可以根据有关人员或者有关单位的申请，撤销监护人的资格。
民通意见	第十条　监护人的监护职责包括：保护被监护人的身体健康，照顾被监护人的生活，管理和保护被监护人的财产，代理被监护人进行民事活动，对被监护人进行管理和教育，在被监护人合法权益受到侵害或者与人发生争议时，代理其进行诉讼。

【条文释解】

监护制度来源于习惯法时代的亲权，成型于制定法时代国家对家庭生活的强制干预，故现代法视野下，监护主要体现的是义务，监护人的职责便是整个监护制度的中心。[①] 近年来，个人的基本权利、人格尊严极受重视，民事生活中弱者的权利和意志也越发受到

---

① 中国审判理论研究会民商事专业委员会编著：《〈民法总则〉条文理解与司法适用》，法律出版社2017年版，第74页。

关注，各国法律逐渐开始对其监护制度进行修改，将接管式监护转变为监督和照顾，在监护人的他治中加入被监护人的自治。[①]

第一，监护人权利的法律界定。本质上，维护监护人因履行监护职责产生的权利，就是保护被监护人的权利。本条明确规定了监护人的权利系依法履行监护职责产生的权利，从而对“监护权”作出了明确的法律界定，首先是明确了监护应是一种职责，而非权利，不应再将监护定性为权利；其次是履行监护职责即会产生相应的权利，而法律自应保护此种权利。[②]

第二，监护人的法律责任。监护人可能涉及两方面的法律责任。首先是消极侵害责任，即监护人不履行监护职责，将被监护人的利益置于预期危险之中；其次是积极侵害责任，即侵害被监护人的合法权益，代理被监护人与自己进行交易，造成被监护人的财产利益损失。[③] 监护人承担法律责任的方式亦有所不同，当监护人应负消极的侵害责任时，承担方式是由其他具备法定监护资格的人申请人民法院撤销其监护资格，并重新指定监护人；当监护人应负积极的侵害责任时，责任的承担方式为损害赔偿或依法承担刑事责任，其他具备法定监护资格的人亦可申请人民法院撤销其监护资格，并重新指定监护人。

本条延续并部分采纳了《民法通则》第 18 条第 2 款、第 3 款以及《民通意见》第 10 条之规定。鉴于《民法通则》并未对“监护权利”作出明确界定，《民法总则》明确规定了“监护权利”是依法履行监护职责产生的，对权利的来源作出界定。

---

① 朱凡：《现代监护法发展趋势及热点问题比较研究》，载《重庆大学学报》（社会科学版）2004 年第 3 期。

② 龙卫球、刘保玉主编：《中华人民共和国民法总则释义与适用指导》，中国法制出版社 2017 年版，第 123 页。

③ 中国审判理论研究会民商事专业委员会编著：《〈民法总则〉条文理解与司法适用》，法律出版社 2017 年版，第 74 页。

【典型案例】

蒋丁燕、曾丙诉覃乙邱、苏甲弟生命权纠纷案[①]

2015年1月15日，曾己婷来到被告覃乙邱的菜地找覃午典一起玩耍，两人每人吃了一根被告苏甲弟留下的芭蕉。而后曾己婷倒地，不省人事。曾庚合和覃乙邱将曾己婷送到县医院进行救治。县医院从曾己婷喉咙中挖出表面带血的芭蕉，后宣布曾己婷死亡，死亡原因是异物吸入窒息而死。蒋丁燕、曾丙是曾己婷的父母，在曾己婷死后向法院提起侵害生命权的民事诉讼。

一审法院认为，覃乙邱、苏甲弟的行为与曾己婷死亡之间只存在事实的联结，但并不存在法律上的因果关系。原告主张两被告对曾己婷的死亡负有责任而要求赔偿，缺乏法律依据，法院不予支持。

二审法院认为，本案为人身损害侵权赔偿纠纷，应适用《侵权责任法》的相关规定。上诉人蒋丁燕、曾丙上诉认为覃乙邱应对曾己婷的死亡承担赔偿责任，缺乏法律依据，不予采纳。

【法理解读】

本案中，曾己婷在与覃午典一同玩耍时进食了一个芭蕉，导致其堵塞食道，意外身亡。案件的争议焦点之一在于，曾己婷的死亡结果是否与被告苏甲弟向覃午典递送芭蕉的行为以及覃乙邱对覃午典的监护责任存在因果关系。覃乙邱没有义务也不可能预见五岁儿童食用芭蕉的危险性，并且对覃午典把芭蕉给曾己婷食用的行为，根据人的一般理性也没有加以反对和制止的必要，故覃乙邱的行为与曾己婷死亡没有直接的因果关系，其作为覃午典的临时监护人对曾己婷的意外死亡并无任何法律责任。本案原告蒋丁燕、曾丙未尽

① 一审法院：广东省佛山市南海区人民法院，案号：（2015）佛南法丹民一初字第33号；二审法院：广东省佛山市中级人民法院，案号：（2015）佛中法民一终字第1211号。

到保护被监护人曾己婷身体健康的监护人职责，自不可将自身的监护责任转嫁给他人。

【适用亮点】

根据民法的基本原则和价值立场，民法应是鼓励民事主体积极地展开社会交往，而非限制民事主体之间的交往。如果将小孩之间分享无明显安全隐患食物的行为定性为过失，无疑会限制人之行为自由，与过错责任原则的立法宗旨不符。被告覃乙邱、苏甲对曾己婷的死亡没有过错，所以在本案中无须承担侵权损害赔偿责任。而本案认定此种不作为是否构成侵权的即是依据“保护被监护人的身体健康，照顾被监护人的生活，是监护人的法定职责”。

第三十五条　【立法主旨】监护人履行职责要求

【法条对比】

民法总则	第三十五条　监护人应当按照最有利于被监护人的原则履行监护职责。监护人除为维护被监护人利益外，不得处分被监护人的财产。 未成年人的监护人履行监护职责，在作出与被监护人利益有关的决定时，应当根据被监护人的年龄和智力状况，尊重被监护人的真实意愿。 成年人的监护人履行监护职责，应当最大程度地尊重被监护人的真实意愿，保障并协助被监护人实施与其智力、精神健康状况相适应的民事法律行为。对被监护人有能力独立处理的事务，监护人不得干涉。
民法通则	第十八条第一款　监护人应当履行监护职责，保护被监护人的人身、财产及其他合法权益，除为被监护人的利益外，不得处理被监护人的财产。
民通意见	无

【条文释解】

罗马法最初对于监护人的职权并无限制，后来逐渐认识到，虽然监护人自身的利益与被监护人的利益有所重合，但两者并非完全一致，故法律必须对监护人的权利作出一定的限制，这样才能使监护职责的履行更符合被监护人的最佳利益。①

第一，最有利于监护人的一般原则。所谓最有利于被监护人原则，即指监护的实施要保障被监护人利益的最大化。所以，监护人合法处分被监护人财产时，必须尽到审慎的注意义务，以及当监护人行使被监护人权利有多种方式存在时，应当选择最有利于被监护人的那一种方式。同时应当保障被监护人的人身不受伤害；人格不被贬低；特别是财产不能不合理地人为去减少，其他的合法权益也不能非正常的失去。② 当然，法律并不排斥监护人对被监护人的财产予以有效利用以保值和增值的行为。

第二，充分尊重被监护人真实意愿的特别原则。所谓尊重被监护人的真实意愿，应当从两方面理解：首先，监护人应当充分尊重并保障被监护人得以实施与其年龄、智力、精神健康状况相适应的民事活动；其次，监护人作为法定代理人作出与被监护人权益有关的决定时，应当充分听取并尊重被监护人的真实意愿。③ 在成年监护中，被监护人可能曾经具备过完全民事行为能力，具有一定的生活经验，在此情形下，监护人履行职责应当最大限度地尊重被监护人的真实意愿，尊重其本人的意思表示，这无疑也是符合最有利于

---

① 王利明主编：《中华人民共和国民法总则详解》，中国法制出版社2017年版，第162页。

② 中国审判理论研究会民商事专业委员会编著：《〈民法总则〉条文理解与司法适用》，法律出版社2017年版，第75页。

③ 龙卫球、刘保玉主编：《中华人民共和国民法总则释义与适用指导》，中国法制出版社2017年版，第128页。

被监护人原则的具体体现。[1]

本条源自于《民法通则》第 18 条第 1 款的规定，最值得称道的就是其确立了履行监护职责的原则，即最有利于被监护人利益的原则和充分尊重被监护人真实意愿的原则。同时，在措辞上将“处理”改为法言法语“处分”，表意更加精准。

【典型案例】

耿子猛与侯丑洁不当得利纠纷案[2]

耿子猛 1999 年突发脑梗以后，其一直住院进行康复治疗。其间，耿某卯委托被告侯丑洁对原告进行照管，并将耿子猛名下的工资及房产等委托侯丑洁进行管理。照看耿子猛期间，侯丑洁累计支取现金共计 146010 元，并将原告的房屋出租，合计收取租金 38700 元。2014 年 1 月 10 日法院宣告原告为无民事行为能力人，并指定耿寅为其监护人。

被告辩称其所支取的原告工资及所收取的租金都是用于原告的生活治疗费用以及被告应得的报酬。原告耿寅认为被告累计所得远远高于其应得报酬与治疗费用的总和，构成不当得利，遂成诉。

审理法院认为，耿某卯在此期间委托被告照料原告的起居生活，有利于保障原告的合法权益，其委托的行为合法有效。且原告并无证据证实被告在完成受托事务时存在损害原告合法权益的行为，其所处分的原告财产亦均有合理的事实依据。原告的主张没有事实及法律依据，故不予支持。

【法理解读】

本案中，原告耿子猛因长期患病生活不能自理。其儿子耿寅和

---

① 王利明主编：《中华人民共和国民法总则详解》，中国法制出版社 2017 年版，第 163 页。

② 审理法院：广西壮族自治区南宁市兴宁区人民法院，案号：（2014）兴民一初字第 983 号。

女儿耿某卯长期在国外工作，无法履行监护职责。虽然我国法律当时没有明文规定委托监护，但审理法院间接认定了此种委托监护。

被告侯丑洁虽对原告财产进行处分，但均是为了被监护人耿子猛的利益，以及其作为委托监护人的合理报酬。根据《民法通则》第 18 条之规定，被告侯丑洁对原告财产处分项目清楚明确，无显失公平之处。审理法院对被告侯丑洁因履行监护职责而产生的权利，给予了合理的保护。

【适用亮点】

现实生活中存在大量和本案类似的孤老现象。当具备法定监护资格的自然人监护人具备监护能力但又不能亲自履行监护职责时，在一定限度内适用委托监护十分必要。法律对于监护人的规定以其职责为中心，在《民法总则》中首次明确了："监护人依法履行监护职责产生的权利，受法律保护。"法律作出此番规定的目的在于，不能让监护人"出力不讨好"。

第三十六条　【立法主旨】撤销监护人资格情形

【法条对比】

民法总则	第三十六条　监护人有下列情形之一的，人民法院根据有关个人或者组织的申请，撤销其监护人资格，安排必要的临时监护措施，并按照最有利于被监护人的原则依法指定监护人： （一）实施严重损害被监护人身心健康行为的； （二）怠于履行监护职责，或者无法履行监护职责并且拒绝将监护职责部分或者全部委托给他人，导致被监护人处于危困状态的； （三）实施严重侵害被监护人合法权益的其他行为的。 本条规定的有关个人和组织包括：其他依法具有监护资格的人，居民委员会、村民委员会、学校、医疗机构、妇女联合会、残疾人联合会、未成年人保护组织、依法设立的老年人组织、民政部门等。 前款规定的个人和民政部门以外的组织未及时向人民法院申请撤销监护人资格的，民政部门应当向人民法院申请。

民法通则	第十八条第三款　监护人不履行监护职责或者侵害被监护人的合法权益的，应当承担责任；给被监护人造成财产损失的，应当赔偿损失。人民法院可以根据有关人员或者有关单位的申请，撤销监护人的资格。
民通意见	无

【条文释解】

本条规定了撤销监护人资格的情形，同时明确了撤销监护人资格的申请主体、申请事由、后果以及补救措施。

在总结《民法通则》第18条第3款、《民通意见》第21条以及《反家庭暴力法》第21条等立法经验的基础上，本条规定作出如下完善：首先，撤销监护人资格的事由更加具体；其次，申请主体更加明确且多样；最后，规定了撤销监护人的法律后果即丧失监护资格，还增加了补救措施，即"安排必要的临时性监护措施，并按照最有利于被监护人的原则依法指定监护人"。[①]

撤销监护的三类情形主要包括：监护人实施了严重损害被监护人身心健康行为。例如，对被监护人的殴打、辱骂、虐待甚至性侵害等严重情节；监护人怠于履行监护职责，或者无法履行监护职责并且拒绝将监护职责部分或者全部委托给他人，导致被监护人处于危困状态。所谓导致被监护人处于危困状态是指彻底将被监护人置于无保护的危急状态；监护人实施严重侵害被监护人合法权益的其他行为。例如，教唆未成年人犯罪、胁迫被监护人进行乞讨等严重侵害被监护人利益的行为。

本条源自于《民法通则》第18条第3款之规定以及司法规范性文件《最高人民法院、最高人民检察院、公安部、民政部关于依法处理监护人侵害未成年人权益行为若干问题的意见》，较之《民法通则》，本条细化了撤销监护人资格的情形以及申请撤销的

---

① 孙煜华：《对民法总则（草案）撤销监护资格条款的改进建议》，载《人民法院报》2016年9月14日。

主体。《民法通则》还赋予人民法院安排必要的临时监护措施，同时依据最有利于被监护人的原则依法重新指定监护人的法定职责。

【典型案例】

李某甲、王某某与娄某申请撤销监护人资格纠纷案[①]

2002年1月23日，李某甲、王某某之子李某乙与被申请人娄某在县民政局登记结婚，婚后育有女儿李某囡。因二人长期在外打工，李某囡一直随李某甲和王某某生活。2011年1月24日，李某乙死亡。娄某偶尔回来看望李某囡，并留下一些零用钱。娄某曾提出过一次让李某囡转学跟其去贵州生活，但李某囡表示拒绝。李某甲、王某某遂申请撤销娄某的监护人资格，并申请成为李某囡的监护人。

审理法院认为，父母是未成年子女的法定监护人，被申请人娄某作为李某囡的亲生母亲，依法享有对李某囡的法定监护权。本案中，李某囡一直随二申请人即祖父母生活，应属监护职责的委托，因此并非被申请人拒绝履行监护职责。同时，成年人娄某亦没有流离失所或者生活无着。故对二申请人的请求不予支持。

【法理解读】

父母是未成年子女的当然监护人，其法定监护资格是基于对子女的亲权而取得的。除非出现《关于依法处理监护人侵害未成年人权益行为若干问题的意见》第37条规定的7种严重情形或未成年人的父母失去了监护能力，否则其监护资格不得撤销。

本案中，被申请人是李某囡的亲生母亲，虽长期在外地务工，但并不是被申请人不管孩子，只是申请人不同意让被申请人带孩子走。根据《未成年人保护法》第16条的规定："父母因外出务工或者其他原因不能履行对未成年人监护职责的，应当委托有监护能

---

① 审理法院：重庆市綦江区人民法院，案号：（2015）綦法民特字第00006号。

力的其他成年人代为监护。”从《民法总则》本条“拒绝将监护职责部分或全部委托给他人”的表述来看，《民法总则》已经间接承认委托监护，至于委托监护的具体规则设计当然有赖于相关法律及司法解释进一步不断完善。[①]

【适用亮点】

本案中，被申请人长期在外地务工，其女儿李某囡便成了所谓的“留守儿童”。《民法通则》和《民法总则》均未对委托监护作出规定。我国的司法实践从被监护人的教育和受照顾的必要性出发，有条件地承认监护委托，即具有监护资格的人对确定谁作为被监护人的监护人或临时监护人，可通过协商确定。

案涉审理法院间接认定了当事人之间的委托监护，同时驳回了申请人撤销娄某监护资格的请求。本案中，母女之间有天然的血脉相连，由娄某担任未成年人李某囡的监护人，不论从精神还是物质生活上都有利于李某囡的成长。审理法院的判决于法有据，符合最有利于被监护人的基本原则。

第三十七条　【立法主旨】监护资格被撤销义务承担

【法条对比】

民法总则	第三十七条　依法负担被监护人抚养费、赡养费、扶养费的父母、子女、配偶等，被人民法院撤销监护人资格后，应当继续履行负担的义务。
民法通则	无

① 龙卫球、刘保玉主编：《中华人民共和国民法总则释义与适用指导》，中国法制出版社2017年版，第131页。

民通意见	《未成年人保护法》第五十三条。[①]

【条文释解】

本条是关于监护人在被法院撤销其监护资格后还应继续承担其他义务的规定。当法院在撤销了监护人的监护资格后，监护人仍应当对被监护人支付必要费用，监护人需要承担未成年人所需日常活动以及正常生活所必需的费用，[②] 通常包括未成年人的教育费用、医疗费用以及生活费用。本条所规定的范围仅限于婚姻中的夫妻之间以及家庭中的父母与子女之间的关系。[③] 除此之外，对于父母与子女之间以及婚姻关系具有很强的特定性以及不可选择性，纵使取消了监护人的监护资格，仍然无法免除之间的身份关系。对于除亲子关系以及夫妻关系之外的其他类型监护人，在被人民法院撤销其监护资格之后，无须继续履行义务对被监护人支付相应费用，其义务承接至现有的监护人上。

本条源于《未成年人保护法》第53条的规定："父母或者其他监护人不履行监护职责或者侵害被监护的未成年人的合法权益，经教育不改的，人民法院可以根据有关人员或者有关单位的申请，撤销其监护人的资格，依法另行指定监护人。被撤销监护资格的父母应当依法继续负担抚养费用。"本条将"未成年人"范围扩大至"被监护人"，扩大了对于包括未成年人在内的其他人群的保护，将"父母"扩大至"父母、子女、配偶等"，并且对于所要负担的

---

① "父母或者其他监护人不履行监护职责或者侵害被监护的未成年人的合法权益，经教育不改的，人民法院可以根据有关人员或者有关单位的申请，撤销其监护人的资格，依法另行指定监护人。被撤销监护资格的父母应当依法继续负担抚养费用。"

② 张新宝著：《〈中华人民共和国民法总则〉释义》，中国人民大学出版社2017年版，第73页。

③ 中国审判理论研究会民商事专业委员会编著：《〈民法总则〉条文理解与司法适用》，法律出版社2017年版，第79页。

费用细化到包括“抚养费、赡养费、扶养费”。

【典型案例】

居民委员会申请撤销丁父的监护人资格案[①]

丁子系丁父的儿子，丁父经常对丁子进行虐待。其后丁子考取了技校，丁父却不让丁子到校上课。当地居委会于是向法院提出申请，要求撤销丁父对丁子的监护资格。

法院认为：丁父采用各种方式对丁子进行体罚，损害了丁子的身心健康；在丁子九年制义务教育及在技校学习期间，丁父多次将丁子从学校拉回家中，侵犯了丁子的受教育权。

综上，鉴于丁父的上述行为明显对被监护人丁子极为不利，故其已不再适宜担任丁子的监护人。根据当地居委会的申请，依法判决撤销丁父对丁子的监护资格。但判决后当丁子向丁父索取生活费时，丁父说：“我都不是监护人了，还有义务给钱吗?!”

【法理解读】

监护人对被监护人负有保护、照顾、管理和教育的职责，若监护人未履行上述职责，依据《民法通则》第 18 条第 3 款的规定，法院可以根据有关人员或者有关单位的申请撤销监护人的资格。

本案中，丁父未尽到监护职责，自依法应当撤销其监护资格。但法院在审理有关撤销监护人的监护资格的案件时，应当在裁判文书中对于后续的监护所应花费的相关费用予以明确，[②] 监护关系虽被撤销，但两者之间的亲子关系仍存在，因此，监护人的监护资格

---

① 《无锡市大同路社区居民委员会申请撤销丁建华的监护人资格案》，载最高人民法院中国应用法研究所编：《人民法院案例选》2003 年第 2 辑（总第 44 辑），人民法院出版社 2003 年版，第 91 页。

② 中国审判理论研究会民商事专业委员会编著：《〈民法总则〉条文理解与司法适用》，法律出版社 2017 年版，第 80 页。

被撤销之后，仍应当继续履行其所必需履行的监护职责，向被监护人支付生活、学习所必需的相关费用。

【适用亮点】

本判决的出彩，在于区分了亲权与监护两种不同的法律关系。

我国民法通则和婚姻法中都没有规定亲权制度，统称监护。亲权建立在父母子女血缘关系的基础上，专属于父母。监护权的含义则是监护人对于未成年人和精神病人等无民事行为能力人和限制民事行为能力人的人身权益、财产权益所享有的监督、保护的身份权。是对于无民事行为能力和限制民事行为能力的未成年人和成年精神病人的合法权益实施管理和保护的法律资格。亲权的权利主体仅以父母为限，而监护权的权利人范围则较宽泛，可以是父母，也可以是他人或法定的监护机构、组织。

第三十八条　【立法主旨】监护人资格恢复

【法条对比】

民法总则	第三十八条　被监护人的父母或者子女被人民法院撤销监护人资格后，除对被监护人实施故意犯罪的外，确有悔改表现的，经其申请，人民法院可以在尊重被监护人真实意愿的前提下，视情况恢复其监护人资格，人民法院指定的监护人与被监护人的监护关系同时终止。
民法通则	无

民通意见	《关于依法处理监护人侵害未成年人权益行为若干问题的意见》第四十条①

【条文释解】

（一）恢复监护资格需要同时满足的四个条件

1. 没有实施针对被监护人的故意型犯罪行为。本条所规定的故意犯罪主要是指行为，而不是只看最后所论处的刑罚，体现了对于被监护人的实质性保护。

2. 原监护人需要有悔改的表现。其中对于悔改表现需要从主客观两个层面进行确定，主观上不仅需要有悔改的真实意思表示，客观上也要有明确的证据证明其具有悔改的表现。

3. 对于恢复监护资格的程序启动也需要当事人的申请。

4. 并且在申请之后也要充分尊重被监护人的真实意思表示。若被监护人不愿变更现有的监护关系，法院则应当充分尊重被监护人的意思表示。

（二）具体悔改情形主要是指原有的法定撤销情形已不复存在

对于向法院申请要求恢复监护关系之后，法院需要对条件进行严格审慎的审查，并且需要听取被监护人的真实意思表示以及相关组织以及有关人员。对于申请人的悔改表现可以包括：

1. 被撤销监护资格者主动关心被监护人尽力恢复亲属关系。被撤销监护资格的监护人在一定时间内能够积极主动地关心被监护人的生活状况以及心理健康，主动了解被监护人的心理状况，并且

① 《最高人民法院、最高人民检察院、公安部、民政部关于依法处理监护人侵害未成年人权益行为若干问题的意见》第40条规定："人民法院经审理认为申请人确有悔改表现并且适宜担任监护人的，可以判决恢复其监护人资格，原指定监护人的监护人资格终止。申请人具有下列情形之一的，一般不得判决恢复其监护人资格：（一）性侵害、出卖未成年人的；（二）虐待、遗弃未成年人六个月以上、多次遗弃未成年人，并且造成重伤以上严重后果的；（三）因监护侵害行为被判处五年有期徒刑以上刑罚的。"

尽力恢复双方之间的亲属关系。

2. 对于被监护人的合法权益尽力保护以尽到监护人的监护职责。[①] 法律之所以对于原监护人与被监护人的真实意思表示进行实际审查并且严格核准，主要是为了在最大程度上保护被监护人的利益。

本条源于《关于依法处理监护人侵害未成年人权益行为若干问题的意见》第40条的规定[②]，对于监护资格恢复的消极条件由原来的“性侵害、出卖未成年人、虐待、遗弃未成年人六个月以上、多次遗弃未成年人并且造成重伤以上严重后果、因监护侵害行为被判处五年有期徒刑以上刑罚”的行为扩大到了故意类犯罪。在申请恢复监护资格的条件中增加了“经其申请”，以尊重申请人的真实意愿从而体现申请人的自主自愿性。将原有的“并且适宜担任监护人资格”改为了“视情况”，更为灵活，从而依据具体的司法实践进行判断。

【典型案例】

曾某故意伤害案[③]

被告人曾某与丈夫许某以及许某与前妻生育的女儿小佳（案发时不满3岁）一起生活。为阻止许某与前妻联系，曾某经常对非亲生的小佳严厉苛责。2013年1月初，曾某推搡小佳致其跌倒在地上致头部受伤。之后小佳开始神志不清。曾某这才将小佳送至医院抢救，但因伤势过重，于1月7日死亡。

---

① 张新宝著：《〈中华人民共和国民法总则〉释义》，中国人民大学出版社2017年版，第75页。

② 2014年12月18日发布的《最高人民法院、最高人民检察院、公安部、民政部关于依法处理监护人侵害未成年人权益行为若干问题的意见》。

③ 一审法院为广东省清远市中级人民法院；二审法院为最高人民法院，此案例为最高人民法院公布八起侵害未成年人合法权益典型案例之一。

【法理解读】

法院以故意伤害罪对被告人曾某判处有期徒刑 14 年 3 个月。

一审宣判后，曾某提起上诉。中院审理后认为，从其殴打方式和部位，可见上诉人在实施殴打时的力度，显示其主观上对危害后果的放任，应属间接故意。因此一审认定构成故意伤害罪正确。对于曾某上诉提出其有积极赔偿的情节，以及积极将被害人送医救治，留在医院守候没有逃走，遂改判曾某有期徒刑十二年。

【适用亮点】

《民法总则》是基于保护被监护人的立法目的而规定的本法条，因此人民法院在针对恢复监护关系的审查中，需要对于各个具体的条件进行严格审查。[①] 除了满足以上要件之外，还需要在内心确立较高的门槛，切实从被监护人的真实意思出发；同时为了符合立法者的立法意图，需要审慎和严格地进行适用。

在变更现有的监护关系之后，原先的监护人应当将全部的监护任务移交给新的监护人，并且对于原来被监护人在过去所发生的心理以及生活中的变化予以告知。若新监护人对被监护人没有履行注意义务，无疑还应当承担相应的侵权责任。

---

① 王利明主编：《中华人民共和国民法总则详解》，中国法制出版社 2017 年版，第 177 页。

第三十九条 【立法主旨】监护关系的终止

【法条对比】

民法总则	第三十九条　有下列情形之一的，监护关系终止： （一）被监护人取得或者恢复完全民事行为能力的； （二）监护人丧失监护能力； （三）被监护人或者监护人死亡； （四）人民法院认定监护关系终止的其他情形。 监护关系终止后，被监护人仍然需要监护的，应当依法另行确定监护人。
民法通则	第十九条第二款　被人民法院宣告为无民事行为能力人或者限制民事行为能力人的，根据他健康恢复的状况，经本人或者利害关系人申请，人民法院可以宣告他为限制民事行为能力人或者完全民事行为能力人。
民通意见	无

【条文释解】

（一）监护关系终止意味着监护人与被监护人间所存在的权利义务归于消灭

在监护关系终止之后，后续产生的法律效果主要表现在财产的使用、归属以及流转问题。[①] 本条源于《民法通则》第 19 条第 2 款的规定："被人民法院宣告为无民事行为能力人或者限制民事行为能力人的，根据他健康恢复的状况，经本人或者利害关系人申请，人民法院可以宣告他为限制民事行为能力人或者完全民事行为能力人。"本条将监护关系的终止予以明确，并且增加了"监护人丧失监护能力，被监护人或者监护人死亡"以及兜底性情形。

---

① 杨立新主编：《中华人民共和国民法总则要义与案例解读》，中国法制出版社 2017 年版，第 164 页。

（二）终止情形分类

1. 被监护人不再需要监护。具体又分为未成年人长大成人且精神正常；成年人恢复常人的健康状况。根据本法第24条第1款以及第2款的规定，被监护人在被认定为限制或者无民事行为能力，在其恢复之后可以向法院提出申请，在法院认定其具备完全民事行为能力后，原有的监护关系便随之消灭。

2. 监护人的监护能力丧失。具体又分为监护人的民事行为能力的丧失，自身条件不再适宜继续承担监护职能等，具体情况仍需要人民法院的具体确定。另一类为在监护关系中任何一方的死亡。对于死亡的解释，应该包括自然死亡以及宣告死亡。

3. 兜底性条款。监护人对被监护人的故意犯罪行为；原监护人向人民法院申请恢复原有的监护关系；监护关系不再具有存在的必要比如未成年人的亲生父母重新认领其子女，同时未成年也同意重新回到亲生父母身边的情况。

【典型案例】

祖父张某与刘某甲抚养纠纷案①

被告刘某甲非婚生育一男孩取名刘某乙，后与原告张某之子张丙桥结婚。因夫妻关系不睦，双方分居，刘某甲将孩子带回娘家便开始外出打工，张丙桥到其娘家趁其家人不注意抱走了孩子。

刘某甲后诉请离婚，并要求抚养亲生男孩刘某乙，法院后判决双方离婚。但因孩子跟随张丙桥去向不明，关于孩子的抚养问题未在上述判决中一并处理，判决书生效后，双方未就孩子的抚养问题产生诉讼，也未达成抚养协议，男孩刘某乙在原告家中生活至今。张某要求孩子的母亲刘某甲支付抚养费。

---

① 审理法院：山东省德州地区（市）中级人民法院，案号：（2016）鲁14民终1766号。

【法理解读】

本案的审理涉及《民法总则》第38条，为维护家庭中稳定的亲子关系，应当严格依照条文所列举的情况进行判断，因为被监护人的权益保护是该条文的主要立法精神，监护人是被监护人的精神以及物质的主要寄托对象。[①]

本案刘某甲之子刘某乙虽然与张丙桥无血缘关系，在刘某甲与张丙桥结婚后已实际形成合法的继父子关系。所以张丙桥、刘某甲均应对刘某乙尽监护职责和抚养义务。上诉人祖父张某对继孙刘某乙并无法定抚养义务，但其实际抚养照顾了刘某乙，故其要求被上诉人刘某甲支付抚养费符合法律规定，但其子张丙桥亦应承担抚养义务。

【适用亮点】

根据《婚姻法》第28条的规定，[②] 祖父母对于孙子女的监护义务需要满足三个前提条件，否则祖父母并无法定的抚养孙子女之义务。首先，祖父母有抚养的经济能力；其次，父母必须死亡或者父母无力抚养，诸如患精神病、无劳动能力且无经济收入等；最后，孙子女必须是未成年人。

鉴于本案之中，上诉人无其他经济来源，对继孙子刘某乙无法定抚养义务。而若依照新的《民法总则》关于监护关系丧失的条件，该案的被上诉人与前夫并不存在丧失监护资格的情况，故此，原被告之间以及原告与被告之子之间只能被认为是无因管理之债，又由于该种监护行为属于联系性的行为，因此原告要求被告支付一定的扶养费应有法律上的依据，应当获得法院的支持。

---

① 张新宝著：《〈中华人民共和国民法总则〉释义》，中国人民大学出版社2017年版，第74页。

② 《婚姻法》第28条规定："有负担能力的祖父母、外祖父母，对于父母已经死亡或父母无力抚养的未成年的孙子女、外孙子女，有抚养的义务……"

第三节　宣告失踪和宣告死亡

第四十条　【立法主旨】宣告失踪的条件

【法条对比】

民法总则	第四十条　自然人下落不明满二年的，利害关系人可以向人民法院申请宣告该自然人为失踪人。
民法通则	第二十条第一款　公民下落不明满二年的，利害关系人可以向人民法院申请宣告他为失踪人。
民通意见	无

【条文释解】

本条规定宣告自然人为失踪人的具体条件，旨在避免因长期的下落不明而造成法律上的不便，[①] 以便能够有助于解决针对失踪人的财产从无人管理的不稳定状况，能够转向拥有财产代管人的稳定状况。[②]

第一，为自然人下落不明的时间满两年。对于下落不明的定义，需要其利害关系人有证据证明自然人在离开自己原先所处的居住地时间没有音讯，时间至少需要长达两年。[③] 此处涉及自然人的住所问题，自然人的住所主要是指其长期居住生活的并且进行民事

---

① 张新宝著：《〈中华人民共和国民法总则〉释义》，中国人民大学出版社 2017 年版，第 40 页。

② 杨立新主编：《中华人民共和国民法总则要义与案例解读》，中国法制出版社 2017 年版，第 167 页。

③ 《民通意见》第 26 条规定："下落不明是指公民离开最后居住地后没有音讯的状况……"

活动为中心的地方，[①] 我国《民法通则》对自然人的居住地有明确界定。[②]

第二，下落不明的自然人之利害关系人向人民法院提出申请。宣告失踪的利害关系人的范围与宣告死亡相比要更为宽泛，其原因在于，其一，宣告失踪与宣告死亡相比，其主要是为了结束对于失踪人所有的财产不稳定的状况，以及与其相关联的债务债权关系的解决；[③] 其二，宣告失踪对于自然人的影响与宣告死亡相比要小一些。参考《民通意见》[④] 的相关规定，可以将申请宣告失踪的利害关系人范围确定，并且对于申请失踪的申请顺序不存在先后排名问题，如失踪人的父母、子女不申请宣告失踪，其后的利害关系人仍然可以向人民法院申请。

本条源自《民法通则》第 20 条第 1 款的规定："公民下落不明满二年的，利害关系人可以向人民法院申请宣告他为失踪人。"本条将"公民"更改为"自然人"，更体现了民法为一部私法的意义。

【典型案例】

受理朱夫申请失踪案[⑤]

朱甲梅申请失踪理由鉴于原审适用法律错误，应废除旧规立案

---

① 李显东主编：《民法总则案例重述》，中国政法大学出版社 2006 年版。

② 《民法通则》第 15 条规定："公民以他的户籍所在地的居住地为住所，经常居住地与住所不一致的，经常居住地视为住所。"

③ 杨立新主编：《中华人民共和国民法总则要义与案例解读》，中国法制出版社 2017 年版，第 168 页。

④ 《民通意见》第 24 条规定："申请宣告失踪的利害关系人，包括被申请宣告失踪人的配偶、父母、子女、兄弟姐妹、祖父母、外祖父母、孙子女、外孙子女以及其他与被申请人有民事权利义务关系的人。"

⑤ 审理法院：广东省广州市中级人民法院，案件字号：（2015）穗中法立民中字第 3269 号。

审查制，适用新规立案登记制，对上诉人的起诉予以受理。朱甲梅与朱夫系夫妻关系，于1995年登记结婚。2013年8月31日朱夫自称出差，至此开始音讯全无，至今无法取得联系。

2015年7月12日朱甲梅到当地派出所报案，说明朱夫音讯全无业已两年的事实，要求帮忙寻找，并宣告其失踪。

【法理解读】

原审法院根据《民事诉讼法》第138条的规定，认为上诉人未能举证被起诉人下落不明满两年的状况，属于立案实体审查。上诉人在起诉时已经提交于2015年7月12日到当地派出所的报案记录，符合申请失踪的立案形式条件。

根据《关于人民法院推行立案登记制改革的意见》第1条第3项以及第2条的规定，人民法院受理案件应变立案审查制为立案登记制，对依法应该受理的案件，做到有案必立、有诉必理，保障当事人诉权。综上，原审裁定不合法，不符合立案登记制的规定，撤销原审裁定，受理上诉人申请被上诉人失踪一案的申请。

根据《民事诉讼法》第183条第2款的规定："申请书应当写明失踪的事实、时间和请求，并附有公安机关或者其他有关机关关于该公民下落不明的书面证明。"鉴于当事人朱甲梅于2015年7月12日到当地派出所报案称被宣告人朱夫失踪业已两年，但2015年7月12日提出申请，其下落不明未满两年，且没有提供公安机关或者其他有关机关关于该公民失去音讯之日的书面证明，因此，案涉申请宣告失踪，不符合法律规定。

【适用亮点】

本案涉及《民法总则》第40条的规定。本案中，上诉人对于被上诉人下落不明的举证证据不足而导致未能宣告失踪，法院根据上诉人所提供的证据进行审理，符合法律规定。

在审理该类宣告失踪的案件中，法院除了依照《民法总则》

的规定外，也仍然要注意《民法通则》第 24 条的规定，[①] 对于申请自然人失踪的利害关系人并没有申请的顺序限制，不存在先后的排名问题。

第四十一条 【立法主旨】下落不明的起算时间

【法条对比】

民法总则	第四十一条　自然人下落不明的时间从其失去音讯之日起计算。战争期间下落不明的，下落不明的时间自战争结束之日或者有关机关确定的下落不明之日起计算。
民法通则	第二十条第二款　战争期间下落不明的，下落不明的时间从战争结束之日起计算。
民通意见	第二十八条第一款　民法通则第二十条第一款、第二十三条第一款第一项中的下落不明的起算时间，从公民音讯消失之次日起计算。

【条文释解】

法条规定自然人失踪时间的起算点，旨在确定其是否达到了宣告失踪的标准。对于下落不明时间的起算点应当以最后获得其消息的时间来确定，对于一般情况的失踪类型，申请人需要向人民法院举证证明其与自然人的利害关系，自然人的失踪事实、具体时间以及申请人的请求，并且需要附有公安机关或者其他机关所出具的关于该自然人下落不明的书面证明；对于特殊案件则根据战争结束之日或者相关机关所出具的出面证明为自然人下落不明起算时间。

有关宣告失踪内容的案件，审理法院通常由自然人住所地的基层法院进行审理，当住所地与自然人的居住地有差异时，应在自然

---

① 中国审判理论研究会民商事专业委员会编著：《〈民法总则〉条文理解与司法适用》，法律出版社 2017 年版，第 83 页。

人最后所居住的基层法院进行审理。审理宣告失踪案件的程序须依特别程序进行，在收到其利害关系人的申请后，法院应当针对自然人的财产进行审查，以便通过指定自然人财产的财产代管人或者保全等措施来保护自然人的财产。[①] 计算自然人下落不明的时间，若自然人下落不明发生于战争期间，那么其下落不明的起算时间是从战争结束之日或者有关机关所确定的时间予以起算，但若其利害关系人申请自然人宣告失踪时，战争尚未结束，或者战争的结束日期不确定的时候，则其利害关系人可以向有关机关询问其具体的时间，以便确定自然人下落不明的起算点。

本条源自《民法通则》第 20 条第 2 款的规定："战争期间下落不明的，下落不明的时间从战争结束之日起计算。"以及《民通意见》第 28 条第 1 款的规定："民法通则第二十条第一款、第二十三条第一款第一项中的下落不明的起算时间，从公民音讯消失之次日起算。"本条将《民通意见》中对于起算时间提前到了"失去音讯之日"起，为更有效地保护该人失踪后无人管理的财产，以及该失踪自然人所监护的其他被监护人。

【典型案例】

高男诉周女失踪案[②]

当事人高男与被申请人周女系夫妻关系，高男于 2008 年 1 月 22 日在居住地的派出所报案，称其妻周女于 2008 年 1 月 10 日离家出走，至今未归。2015 年 3 月 2 日，派出所出具《证明》，称高男报案经警方受理后，开展各方查找工作，至今未找到周女的下落。

---

① 中国审判理论研究会民商专业委员会编著：《〈民法总则〉条文理解与司法适用》，法律出版社 2017 年版，第 84 页。

② 审理法院：北京市西城区人民法院，案件字号：（2015）西民特字第 07125 号。

【法理解读】

周女失踪的事实，有结婚证、市公安局接受案件回执单、当地派出所证明等证据在案佐证。鉴于自然人下落不明满两年，利害关系人可以向人民法院申请宣告其为失踪人。本案被申请人周女2008年1月10日走失后，一直下落不明，申请人高男作为周女的丈夫，是周女的利害关系人。高男申请法院宣告失踪符合法律规定的申请宣告自然人失踪的条件。依照《民法通则》第20条①、《民事诉讼法》第185条之规定，法院自应作出宣告被申请人周女为失踪人的判决。

【适用亮点】

本案涉及对《民法总则》第41条的理解，如若按照这一条对于自然人下落不明的时间予以确认，则会比之前所确定的时间要早，但在新法施行之前，依照当时的法律规定予以审理并无不当，法院自应宣告被申请人为失踪人。

在处理该类案件时，人民法院除了依照《民法总则》第41条的规定外，还可参考《民通意见》的第24条、第27条以及第28条的规定。

第四十二条　【立法主旨】失踪人的财产代管

【法条对比】

民法总则	第四十二条　失踪人的财产由其配偶、成年子女、父母或者其他愿意担任财产代管人的人代管。 代管有争议的，没有前款规定的人，或者前款规定的人无代管能力的，由人民法院指定的人代管。

① “公民下落不明满二年的，利害关系人可以向人民法院申请宣告他为失踪人。战争期间下落不明的，下落不明的时间从战争结束之日起计算。”

民法通则	第二十一条第一款　失踪人的财产由他的配偶、父母、成年子女或者关系密切的其他亲属、朋友代管。代管有争议的，没有以上规定的人或者以上规定的人无能力代管的，由人民法院指定的人代管。
民通意见	无

【条文释解】

（一）本条规定了失踪人的财产代管人的选择顺序

其旨在更为妥善地保管失踪人的相应利益，从而避免出现因其财产的不稳定状态而破坏其所在家庭的安定。[①] 在法院宣告自然人为失踪人的同时，对其财产的代管人亦应予以确定，[②] 也有学者解读为，条文并未明确规定法院在宣告自然人为失踪人后，是否应当一并确定其财产代管人。[③] 故此，在选择财产代管人时，分为两种情况：

第一种是在普通情况下，失踪人的近亲属或者愿意对于失踪人财产进行代管的人，有能力进行代管或者不存在代管争议的，依照本条第一款的规定。可由其配偶、成年子女、父母或者其他愿意代管的人进行代管，而在该范围内协商确定，且没有顺序要求；但如果协商不成的，则按照第2款的规定予以确定。第二种是在特殊情况下，当代管人无法确定或者代管人没有能力予以代管，则由法院依据具体情形进行代管人的确定，旨在最大程度地保护失踪人的合法利益。

---

① 课题组负责人梁慧星：《中国民法典草案建议稿附理由：总则编》，法律出版社2013年版，第83页。

② 杨立新主编：《中华人民共和国民法总则要义与案例解读》，中国法制出版社2017年版，第172页。

③ 课题组负责人梁慧星：《中国民法典草案建议稿附理由：总则编》，法律出版社2013年版，第88页。

（二）自然人被宣告为失踪人后其主体资格并未因此消亡

由于被宣告为失踪人的自然人其主体资格并未消灭，故而并不发生其财产的继承或者其他人身关系的解除问题，仅是为维护其财产的稳定状态才需选择财产的代管人，而对于财产代管人的法律地位，法律对其所应尽的职责都做了规定；没有规定的，也都可以参照适用有关法定代理人的相关规定进行。[①] 一旦出现相关的纠纷时，在诉讼过程中，财产代管人可被法院直接列为原告或者被告，尽管并未直接涉及财产代管人的利益问题，其所实施的合法行为自须依保护失踪人的合法利益为转移。

本法源于《民法通则》第 21 条第 1 款的规定："失踪人的财产由他的配偶、父母、成年子女或者关系密切的其他亲属、朋友代管。代管有争议的，没有以上规定的人或者以上规定的人无能力代管的，由人民法院指定的人代管。"本条由原先的"关系密切"改为了"其他愿意担任财产代管人"，将范围予以扩大，从失踪人的角度进行考虑，选择能够最有利于其财产保护的代管人，将原先的"其他亲属、朋友"改为了"人"，将原先代管人的范围进一步扩大，不再局限于失踪人的近亲属或者朋友，因而只要主观上为了失踪人财产得以保护而意愿成为其财产代管人的，都可以申请作为失踪人的财产代管人。

【典型案例】

曹某英要求宣告罗某海失踪案[②]

申请人曹某英与被申请人罗某海系母子关系，因被申请人于 2011 年 4 月 10 日离家出走，下落不明已满两年，虽经申请人与其他亲属多方查寻，但一直没有音讯。

---

① 张新宝著：《〈中华人民共和国民法总则〉释义》，中国人民大学出版社 2017 年版，第 82 页。

② 审理法院：贵州省遵义市汇川区人民法院，案件字号：（2015）汇民特字第 3 号。

【法理解读】

根据《民事诉讼法》第185条第1款的规定，申请人于2015年1月29日在当地《日报》发出寻找罗某海的公告。法定公告期为3个月，现已届满，罗某海仍然下落不明。

罗某海自走失后4年有余没有音讯，经申请人和其他亲属多方查寻直至法院在报刊公告查寻，仍下落不明，确应依法推定其失踪。申请人曹某英作为利害关系人，申请罗某海失踪，符合法律规定宣告失踪的条件，自应予准许。

【适用亮点】

在本案中，若被申请人系无民事行为能力人或者限制民事行为能力人，其监护人更适宜作为失踪人的财产代管人，其目的在于最大程度地保护失踪人的合法利益，稳定其财产关系以及相关联的家庭社会关系。

第四十三条　【立法主旨】财产代管人职责

【法条对比】

民法总则	第四十三条　财产代管人应当妥善管理失踪人的财产，维护其财产权益。 　　失踪人所欠税款、债务和应付的其他费用，由财产代管人从失踪人的财产中支付。 　　财产代管人因故意或者重大过失造成失踪人财产损失的，应当承担赔偿责任。
民法通则	第二十一条第二款　失踪人所欠税款、债务和应付的其他费用，由代管人从失踪人的财产中支付。

民通意见	第三十五条第二款　失踪人的财产代管人不履行代管职责或者侵犯失踪人财产权益的，失踪人的利害关系人可以向人民法院请求财产代管人承担民事责任。如果同时申请人民法院变更财产代管人的，变更之诉比照特别程序单独审理。

【条文释解】

本条规定了关于失踪人的财产代管人所应尽义务以及其所享有的权利。

（一）财产代管人的法律地位相当于法定代理人

本条中所规定的财产代管人的职权范围主要包括两方面：

1. 财产代管人应当妥善保管失踪人的财产。财产代管人所应尽的义务是维护失踪人财产原有的现状，无须更进一步为其获取其他利益，此处与监护人针对被监护人财产的处理有所不同，监护人对于其所监护的财产可以为了被监护人的合法利益，对其所监护的财产进行主动的经营，而财产代管人则仅可对其代管的财产进行现有状态的维护。①

2. 代管人应当从失踪人财产中支付其所欠债务、税款或者其他应付的费用。以上这些需要支付的费用都为广义上的债务，财产代管人只要在其管理的财产范围之内予以支付即可。

（二）财产代管人应尽到勤勉义务

本条“妥善管理”是指：财产代管人需要尽到合理的注意义务，如果代管人因自身的原因而导致失踪人合法利益遭受损失，则可能会承担相应的法律责任。不过因其管理失踪人的财产为无偿行为，所以法律对于代管人的要求不高，仅为一般过失时，即无须承担民事赔偿责任。

本条源于《民法通则》第 21 条第 2 款的规定：“失踪人所欠

① 中国审判理论研究会民商事专业委员会编著：《〈民法总则〉条文理解与司法适用》，法律出版社 2017 年版，第 85 页。

税款、债务和应付的其他费用，由代管人从失踪人的财产中支付。”以及《民通意见》第35条第2款的规定：“失踪人的财产代管人不履行代管职责或者侵犯失踪人财产权益的，失踪人的利害关系人可以向人民法院请求财产代管人承担民事责任。如果同时申请人民法院变更财产代管人的，变更之诉比照特别程序单独审理。”本条增加了对于财产代管人的善良义务——“财产代管人应当妥善管理失踪人的财产，维护其财产权益”，以及将《民通意见》中代管人承担赔偿责任的情形更改为了“财产代管人因故意或者重大过失造成失踪人财产损失的，应当承担赔偿责任”。

【典型案例】

李某璐诉于某等确认合同无效纠纷案[①]

经李某璐申请，丙安县法院宣告李某祥为失踪人，指定李某璐、刘某玉为李某祥财产代管人。2012年于某以与李某祥签订的协议书为依据，以其具有制镜厂宿舍3门602室房屋所有权的名义，与嘉合公司签订了《房屋拆迁产权调换协议》，用李某祥的该房屋与嘉合公司调换了房屋。

【法理解读】

依据《民法通则》第21条的规定，李某璐成为李某祥的财产代管人后，可对李某祥的财产代为行使管理职责，内容主要包括从失踪人财产中作必要支付。同时，财产代管人亦可向失踪人的债务人主张到期债权，但该债权应明确。本案中，李某祥与魏某以房抵债的民事法律行为发生在前，李某璐成为财产代管人发生在后，该民事法律行为早已发生且履行完毕，李某祥本人事后亦未对此行为提出异议。现李某璐其无法判断李某祥在失踪前实施的行为是否符合其本意，以及是否损害了其个人财产权益。

---

① 审理法院：吉林省长春市中级人民法院，案件字号：（2016）吉01民终2329号。

因此李某璐以财产管理人身份，对李某祥已实施完毕的民事法律行为提出实质异议，并不适当，如李某璐有权对李某祥失踪前完成的所有民事法律行为，均可提出实质异议，将使这些民事法律关系处于不稳定状态，并不符合财产代管人的立法宗旨。

【适用亮点】

本案所依据的是《民法总则》第43条的规定，明确要求财产代管人应当有义务从失踪人的财产中扣除失踪人原先所欠费用，不可对失踪人已实施完毕的行为提出异议，与立法所规定的财产代管人的相关义务不符合。

第四十四条　【立法主旨】财产代管人变更

【法条对比】

民法总则	第四十四条　财产代管人不履行代管职责、侵害失踪人财产权益或者丧失代管能力的，失踪人的利害关系人可以向人民法院申请变更财产代管人。 财产代管人有正当理由的，可以向人民法院申请变更财产代管人。 人民法院变更财产代管人的，变更后的财产代管人有权要求原财产代管人及时移交有关财产并报告财产代管情况。
民法通则	无
民通意见	第三十五条　失踪人的财产代管人以无力履行代管职责，申请变更代管人的，人民法院比照特别程序进行审理。 失踪人的财产代管人不履行代管职责或者侵犯失踪人财产权益的，失踪人的利害关系人可以向人民法院请求财产代管人承担民事责任。如果同时申请人民法院变更财产代管人的，变更之诉比照特别程序单独审理。

【条文释解】

（一）本条所规定的变更财产代管人的理由包括：

1. 财产代管人不履行其应尽职责。包括两种情况，其一，代管人未尽到善良代管人的代管义务，其二，主观上怠于履行[①]而致使失踪人的合法权益遭受损害。

2. 失踪人的财产遭受其代管人的侵害。指财产代管人的主观需要有故意，而是否造成了失踪人权益的实际损失，并无要求，强调了对于管理人的主观意思。

3. 代管人的代管能力丧失。此种情况主要指财产代管人不再适宜继续担任失踪人的财产代管人的情况。比如，代管人不再为完全民事行为能力人。

除此之外，其利害关系人还可以其他正当的理由要求人民法院变更财产代管人，至于何为“正当理由”则交由法院进行审理判断，通常来讲，利害关系人申请变更的理由若切实影响到失踪人的合法权益，则属于正当理由。[②]

（二）财产代管人变更后的法律后果

本条的第3款规定了变更后的法律结果。在人民法院变更财产代管人后，对于原先财产代管人的管理内容要进行移交，并将原先的管理财产的相关清单予以说明，同时新的代管人也有权利向原先的代管人要求及时移交并且及时告知其相关财产状况。

【典型案例】

祝某英诉王某麟变更失踪人财产代管人纠纷案[③]

原告祝某英系被告王某麟外祖母，被告王某麟之母王某燕系精神病人，王某燕于1997年外出，一直下落不明，被告王某麟向法

---

① 课题组负责人梁慧星：《中国民法典草案建议稿附理由：总则编》，法律出版社2013年版，第93页。

② 中国审判理论研究会民商事专业委员会编著：《〈民法总则〉条文理解与司法适用》，法律出版社2017年版，第86页。

③ 审理法院：湖南省辰溪县人民法院，案件字号：（2013）辰民一初字第259号。

院提出申请，要求宣告王某燕失踪，后法院作出判决，宣告王某燕为失踪人，同时指定被告王某麟为失踪人王某燕的财产代管人。

现原告祝某英以自己是失踪人王某燕之母，要求将自己变更为失踪人王某燕的财产代管人，同时撤销被告的财产代管人资格。

【法理解读】

原告请求变更失踪人王某燕的财产代管人，并要求撤销被告作为失踪人王某燕的财产代管人资格，即需举证证明被告作为王某燕财产代管人期间不履行代管职责或者侵犯失踪人王某燕财产的违法行为。鉴于本案原告提交的证据未能证明被告有不履行其代管职责或者损害到王某燕财产的行为，故原告要求变更自己为失踪人王某燕财产代管人的请求，法院不予支持。

【适用亮点】

本案所涉及的条文为《民法总则》第44条，其中对于正当理由，法院认为，失踪人的利害关系人应当举证证明现有的财产代管人的代管行为对失踪人的合法权益造成了切实的影响，因此，由本案例可见，条文针对变更的理由有所扩大，旨在更有利于保障失踪人的合法民事权益。

第四十五条　【立法主旨】宣告失踪的撤销

【法条对比】

民法总则	第四十五条　失踪人重新出现，经本人或者利害关系人申请，人民法院应当撤销失踪宣告。 　　失踪人重新出现，有权要求财产代管人及时移交有关财产并报告财产代管情况。
民法通则	第二十二条　被宣告失踪的人重新出现或者确知他的下落，经本人或者利害关系人申请，人民法院应当撤销对他的失踪宣告。
民通意见	无

【条文释解】

失踪人重新出现后，自会涉及申请撤销失踪宣告以及此种撤销程序所产生的后果问题。

（一）失踪人重新出现的法律后果即代管人代管财产的权利与义务终止

法院宣告自然人为失踪人是为了确认自然人失踪的事实状态，[①] 为了减少自然人的合法财产权益的损失，能够有人代其管理财产，维护其合法利益，才设立了财产代管人。因此，在失踪人重新出现后，其直接的法律后果即需要将代管人所代管财产的权利与义务予以终止。此时代管人不但有义务及时将所代管财产转交至本人，并须将期间所管理的事项以及相关内容予以告知；而且与宣告失踪一样，撤销失踪的宣告也需要经过司法程序来进行。[②]

（二）法院宣告撤销失踪的案件仍应依照法定程序进行

一旦宣告失踪的撤销裁判文书生效后，自然人与原财产代管人之间的财产代管关系也随之消灭，原财产代管人应当及时归还所代管的财产，这其中，为了避免财产代管人所承担的责任过大，只要在代管期间，原财产代管人没有出于恶意的主观意思对于所代管的财产进行处置以及管理的，所支付的相关费用，作为财产所有人而言，应当向原财产代管人进行支付。

与原先条文规定的“被宣告失踪的人重新出现或者确知他的下落，经本人或者利害关系人申请，法院应当撤销对他的失踪宣告”。相比，《民法总则》将“被宣告失踪的人”简练为“失踪人”，将“确知他的下落”删去，由此对于“重新出现”的定义范围也随之扩大，暗含有“确知他下落”的意思，并且增加了一款“失踪人重新出现，有权要求财产代管人及时移交有关财产并报告

---

① 中国审判理论研究会民商事专业委员会编著：《〈民法总则〉条文理解与司法适用》，法律出版社2017年版，第87页。

② 杨立新主编：《中华人民共和国民法总则要义与案例解读》，中国法制出版社2017年版，第180页。

财产代管情况”。用来规定撤销失踪宣告后的法律后果。

【典型案例】

申请人黎某要求撤销失踪宣告案[①]

2004年申请人黎某下落不明，其利害关系人向人民法院申请宣告其失踪；后被宣告失踪人黎某在外务工12年后还乡，即要求法院撤销对本人的失踪宣告判决。

【法理解读】

本案的审理涉及《民法总则》第44条的规定，在被宣告失踪人重新出现后，申请法院撤销失踪宣告的内容。本案中，申请撤销失踪的申请人系被宣告失踪的本人，自然有权向法院申请撤销失踪宣告，以便自己更方便地实施其他各种民事活动。虽然申请人系被宣告失踪本人，但撤销宣告失踪仍应当依照法定的程序进行，不可直接撤销。

【适用亮点】

本案所涉及《民法总则》第44条有关规定的适用，因失踪人的重新出现，自应对于失踪宣告予以申请撤销。而且一经宣告撤销之后，其原有的代管关系也将终止，原财产代管人应当及时归还本人合法权益并报告代管期间的财产情况以及代管内容。在代管过程中，若出现代管人因主观故意或者重大过失而致使本人权益受损，代管人自应当承担赔偿责任；反之，若非故意或者非重大过失而造成的财产损失，本人则无权要求代管人予以返还。

---

① 审理法院：湖南省华容县人民法院，案件字号：（2016）湘0623民特4号。

第四十六条 【立法主旨】宣告死亡的条件

【法条对比】

民法总则	第四十六条 自然人有下列情形之一的，利害关系人可以向人民法院申请宣告该自然人死亡： （一）下落不明满四年； （二）因意外事件，下落不明满二年。 因意外事件下落不明，经有关机关证明该自然人不可能生存的，申请宣告死亡不受二年时间的限制。
民法通则	第二十三条 公民有下列情形之一的，利害关系人可以向人民法院申请宣告他死亡： （一）下落不明满四年的； （二）因意外事故下落不明，从事故发生之日起满二年的。 战争期间下落不明的，下落不明的时间从战争结束之日起计算。
民通意见	无

【条文释解】

（一）宣告死亡的条件关键在其时间限制

宣告死亡与宣告失踪一样，需要司法程序的介入才能够最终完成，最终发生与实际死亡同等的法律后果，从而使失踪人原本不确定的民事法律关系得以消除，[①] 宣告死亡的情形可分为两种：一种为一般期间，即自然人下落不明满 4 年，另一种为特殊期间，指自然人下落不明的原因为意外事件。在本条的第 2 款第 2 项中所提到的“经有关机关证明该自然人不可能生存的，”此时的申请期间不受前面 2 年的限制，此时对于有关机关所出具的相关证明的真实

---

① 课题组负责人梁慧星：《中国民法典草案建议稿附理由：总则编》，法律出版社 2013 年版，第 96 页。

性、关联性、合法性，法院应当谨慎审查。[①]

（二）申请宣告死亡的法律程序

1. 确定申请宣告死亡的利害关系人要求依照法定顺位进行。死亡的利害关系人中为不同顺位时，先顺位的利害关系人有权进行申请，若利害关系人为同一顺位时，看其申请的内容，申请宣告的内容不一致时，则确定为宣告死亡。

2. 申请宣告死亡的利害关系人的自主意愿体现为程序上的“不告不理”。申请死亡宣告为民事法律关系，故而法院只有在其利害关系人主动申请的情况下才会审理宣告死亡的案件。

本条源于《民法通则》第 23 条规定。本条将原有的“公民”更改为“自然人”，更为体现权利法的主旨，将“意外事故”更改为“意外事件”，将“战争期间下落不明的，下落不明的时间从战争结束之日起计算”删去。

【典型案例】

殷某生、刘某芝与当地精神病院生命权、健康权纠纷案[②]

殷某生、刘某芝系夫妻关系，殷某斌为二人之子。经诊断殷某斌为精神分裂症，殷某斌在当地精神病院住院直至 1994 年 3 月 15 日，后从当地精神病院逃跑，一直下落不明。于 2010 年 2 月 24 日法院作出生效民事判决书，判决宣告殷某斌死亡。

2010 年年底，殷某生、刘某芝及家人曾多次至相关部门要求解决赔偿等问题未果。原审法院认为，公民享有生命健康权，行为人因过错侵害他人民事权益的，应当承担民事责任。当地精神病院作为治疗机构，应对其所收治的病人尽到合理的安全保障义务。本案中，当地精神病院对其收治的病人殷某斌未尽到合理的安全保障

---

① 中国审判理论研究会民商事专业委员会编著：《〈民法总则〉条文理解与司法适用》，法律出版社 2017 年版，第 89 页。

② 审理法院：江苏省徐州市中级人民法院，案件字号：（2015）徐民终字第 2577 号。

义务，导致其逃跑失踪，具有过错，因此。当地精神病院应当对殷某生、刘某芝的损害承担相应的损害赔偿责任。

【法理解读】

关于当地精神病院应否承担死亡赔偿金的赔偿责任问题，侵权行为、过错、损害后果和因果关系是一般侵权责任中必备的要件，也是判断侵权人应否承担侵权责任的标准。殷某生、刘某芝请求当地精神病院赔偿其死亡赔偿金，其诉讼请求能否成立，取决于当地精神病院是否存在侵权行为，其有无过错，受害人是否死亡及侵权行为与死亡之间是否存在因果关系。精神病人在当地精神病院住院治疗期间走失，当地精神病院在管理上不作为，存在疏漏，显然具有过错，这种管理上不作为也是殷某斌走失的原因。

然而，殷某斌走失不能等同于死亡，法律上的宣告死亡与自然死亡亦不完全等同。在因果关系的认定上，当地精神病院疏于管理的不作为行为与殷某斌走失这一后果无疑存在因果关系，但并不能认定其不作为与殷某斌死亡的后果存在相当因果关系，况且殷某斌是否确已自然死亡目前尚未可知。因此，殷某生、刘某芝关于死亡赔偿金的诉讼请求不能成立。

【适用亮点】

本案涉及《民法总则》第 46 条的规定，其中对于宣告死亡与事实死亡之间的区别有所争议，宣告死亡是基于自然人的下落不明达到一定期间而通过司法程序所作出的法律推定，并非确认自然人的死亡状态，正如判决书所言，“宣告死亡与自然死亡”并不等同，而由此所提出的死亡赔偿也就自然无法成立。

第四十七条 【立法主旨】优先宣告死亡条件

【法条对比】

民法总则	第四十七条　对同一自然人，有的利害关系人申请宣告死亡，有的利害关系人申请宣告失踪，符合本法规定的宣告死亡条件的，人民法院应当宣告死亡。
民法通则	无
民通意见	第二十九条　宣告失踪不是宣告死亡的必经程序。公民下落不明，符合申请宣告死亡的条件，利害关系人可以不经申请宣告失踪而直接申请宣告死亡。但利害关系人只申请宣告失踪的，应当宣告失踪；同一顺序的利害关系人，有的申请宣告死亡，有的不同意宣告死亡，则应当宣告死亡。

【条文释解】

（一）宣告死亡与宣告失踪的顺序选择问题

当自然人下落不明达到符合宣告失踪、死亡的条件时，其利害关系人可能存在申请宣告内容相一致或者不一致的情形，当出现申请宣告内容不一致的情形时，法院优先选择宣告死亡。满足宣告死亡的条件有两个：一是自然人下落不明满 4 年；二是因意外事件下落不明满两年的，或者因意外事件下落不明后经有关机关证明其不可能生存的则不受两年的限制。只要满足其中一项条件，即可宣告死亡。

（二）宣告失踪并非宣告死亡的前置程序

只要自然人符合法律规定的两个条件的任何一个，即可向人民法院提出申请宣告死亡，如果其利害关系人仅提出宣告失踪的申请，基于“不告不理”的原则，法院也只能依照宣告失踪的特别程序进行审理，以尊重当事人的诉求。

（三）宣告死亡的法律后果包含了宣告失踪的法律后果

法院宣告被申请人死亡既达到了申请人所要解决的目的，也保证了被申请人的合法利益，虽然对于宣告失踪的申请人而言，并不符合其申请的诉讼标的。[①]

本条源于《民通意见》第29条的规定："宣告失踪不是宣告死亡必经程序。公民下落不明，符合申请宣告死亡的条件，利害关系人可以不经申请宣告失踪而直接申请宣告死亡。但利害关系人只申请宣告失踪的，应当宣告失踪；同一顺序的利害关系人，有的申请宣告死亡，有的不同意宣告死亡，则应当宣告死亡。"本条将"宣告失踪不是宣告死亡的必经程序"删去，其余内容作了精简。

【典型案例】

王某甲、王某乙、王某丙、王某丁要求宣告王某戊死亡案[②]

王某戊父母已死亡，无配偶亦无子女。2006年4月20日，申请人王某甲向县公安分局刑侦大队技术中队报称王某戊于2004年4月20日离家未归，多方寻找，未果。法院根据《民事诉讼法》第185条第1款的规定，于2014年10月18日发出寻找王某戊的公告，法定公告期为1年，期间已届满，王某戊仍然下落不明。

【法理解读】

本案中，王某戊下落不明至申请人提出申请时下落不明已超过4年。经法院发出寻人公告，公告期届满1年后，王某戊仍下落不明。申请人王某甲、王某乙、王某丙请求宣告王某戊死亡，王某丁表示不同意宣告死亡，依据同一顺序的利害关系人，有的申请宣告死亡，有的不同意宣告死亡，则应当宣告死亡的法律规定，显而易

---

① 杨立新主编：《中华人民共和国民法总则要义与案例解读》，中国法制出版社2017年版，第185页。

② 审理法院：辽宁省抚顺市顺城区人民法院，案件字号：（2015）顺民特字第13号。

见，申请人的请求符合法律规定。

【适用亮点】

本案适用于《民法总则》第 47 条的规定，该条文在《民通意见》第 29 条的基础上进行了适当的修改，本案中，同一顺位的利害关系人对于宣告内容持有不同意见时，只要该自然人符合宣告死亡的条件，人民法院即应当宣告自然人死亡。本条的规定针对的就是同一顺序的利害关系人申请宣告产生冲突时所应适用的顺序。

第四十八条　【立法主旨】宣告死亡日期确定

【法条对比】

民法总则	第四十八条　被宣告死亡的人，人民法院宣告死亡的判决作出之日视为其死亡的日期；因意外事件下落不明宣告死亡的，意外事件发生之日视为其死亡的日期。
民法通则	无
民通意见	第三十六条第一款　被宣告死亡的人，判决宣告之日为其死亡的日期。判决书除发给申请人外，还应当在被宣告死亡的人住所地和人民法院所在地公告。

【条文释解】

本条规定自然人被宣告死亡的日期如何确定，旨在明确自然人在被法院宣告死亡后，其后续的法律后果发生、变更之时间的确定。

（一）其后续所产生的法律后果因死亡宣告时间的变化而发生变化

本条针对自然人被宣告死亡的原因，分为两种情况，一种为一般情况下，如自然人下落不明后，达到前面法条所规定的特定期限时，意外事件发生之日视为其死亡的日期；另一种是在利害关系人向人民法院申请宣告死亡后，人民法院经审理所作出的宣告死亡的判决日期则为自然人被宣告死亡的死亡日期。

（二）以法定期间届满之日为自然人的宣告死亡日期

对于自然人宣告死亡之后确实被发现业已自然死亡的，但其死亡时间与宣告死亡的死亡时间不一致时，如何确定时间的问题，当自然人自然死亡的时间早于拟制死亡的时间时，其所产生的法律后果无须进行变更，特别是在自然人有关死亡的法律手续已经办理完成后，无须再进行变更；[①] 而当自然人自然死亡的时间晚于拟制死亡时间，若自然人的有关死亡的法律手续未进行办理或者办理未结束的，则要依照自然死亡的死亡时间进行办理。

本条源自《民通意见》第 36 条第 1 款的规定，[②]《民法总则》将原先的"判决宣告之日"更改为了"判决作出之日"，并对于因意外事件而下落不明的自然人，其宣告死亡时间与一般情况进行区分，增加了"因意外事件发生之日视为其死亡的日期"。

【典型案例】

陈某洁与人寿保险股份有限公司已堂县支公司人身保险合同纠纷案[③]

2002 年 7 月 26 日，被保险人陈某益与上诉人人保已堂公司签订了定期保险合同一份，保险金额为 10 万元，保险期间 2002 年 8 月 1 日至 2007 年 7 月 31 日为 5 年。

2002 年 9 月 9 日被保险人陈某益离家出走，至今下落不明。2007 年 4 月被上诉人陈某洁向上诉人提出理赔咨询，2007 年 5 月 11 日向上诉人进行了报案登记。经被上诉人申请，已堂县法院判

---

① 中国审判理论研究会民商事专业委员会编著：《〈民法总则〉条文理解与司法适用》，法律出版社 2017 年版，第 91 页。

② "被宣告死亡的人，判决宣告之日为其死亡的日期。判决书除发给申请人外，还应当在被宣告死亡的人住所地和人民法院所在地公告。"

③ 审理法院：四川省成都市中级人民法院，案件字号：（2010）成民终字第 255 号。

决宣告陈某益失踪，2008 年 12 月 25 日己堂县法院作出判决，判决宣告陈某益死亡。2009 年 3 月 14 日，被上诉人向上诉人提出理赔申请。

【法理解读】

本案争议的焦点是上诉人是否因被保险人被宣告死亡的时间超过保险期间而免责。

按人保己堂公司所称，合同条款中的“身故”，既包括生理死亡，又包括宣告死亡。既然宣告死亡具有与生理死亡相同的法律效果，那么人保己堂公司对于因下落不明被宣告死亡的被保险人则应承担与生理死亡相同的保险责任，但事实上人保己堂公司不可能承担。因为即使被保险人当日投保当日便下落不明，其利害关系人立即向法院申请宣告被保险人死亡，依照《民法通则》第 23 条第 1 款第 1 项以及《民事诉讼法》第 168 条的规定，该宣告死亡必须经过的法定期间为 5 年。被宣告死亡的人，按《最高人民法院印发关于贯彻执行〈中华人民共和国民法通则〉若干问题的意见（试行）》第 36 条的解释，判决宣告之日为其死亡的日期，故本案被保险人陈某益的死亡日期应为县法院判决宣告其死亡之日即 2008 年 12 月 25 日，显然该时间并不可能在 5 年的保险合同期间内。

人保己堂公司一方面承认对生理死亡和宣告死亡同样承担保险责任，另一方面实际将被保险人因下落不明被宣告死亡的情形排除在外，使得其在事实上不可能予以赔付。这种矛盾的出现是因为人保己堂公司所设计的保险条款不周延所造成，鉴于保险关系的特殊性，保险公司依据“保险的最大诚信原则”，应以善意、诚实、守信的态度向投保人以及被保险人履行自己的说明义务，以便其明确自己的权利义务。

【适用亮点】

本案涉及自然人宣告死亡的时间确定问题，依据《民法总则》第 48 条的规定，本案是基于自然人下落不明满一定期限后，其利害关系人向人民法院申请宣告死亡的情况，适用本法条第1款，以法院作出宣告死亡的判决为自然人的死亡日期。

第四十九条　【立法主旨】被宣告死亡期间民事法律行为效力

【法条对比】

民法总则	第四十九条　自然人被宣告死亡但是并未死亡的，不影响该自然人在被宣告死亡期间实施的民事法律行为的效力。
民法通则	第二十四条第二款　有民事行为能力人在被宣告死亡期间实施的民事法律行为有效。
民通意见	无

【条文释解】

本条是关于自然人在其宣告死亡期间所实施行为的效力确认问题，在法院宣告自然人死亡后，随之要发生一系列的法律后果，但这种死亡结果仅仅为一种法律上的推定，并非确定该自然人真实的业已自然死亡。所以，当一个自然人被宣告死亡后，其所进行的行为并不因拟制死亡而受到影响。

这自然也就意味着，虽然宣告自然人死亡后所产生的法律后果与自然死亡所产生的法律后果一致，都会发生继承的开始，财产情况变更为遗产，其婚姻关系亦予以消灭。

本条源于《民法通则》第24条第2款的规定："有民事行为能力人在被宣告死亡期间实施的民事法律行为有效"。该条对于《民法通则》中一律认可被宣告死亡之自然人的民事法律行为作出更为精准的划分，使其不受拟制死亡的影响。

【典型案例】

冯某樑与管某申请撤销宣告公民死亡特别程序[①]

2002年2月8日，因冯某樑下落不明，法院以（2001）民初字第3628号民事判决书缺席判决双方离婚在案，双方所生之子冯某纬随管某娣共同生活，后冯某纬更名为管某。

又因自1998年2月底起，冯某樑因家庭不和及生意失败，遂离家外出，人口普查中也未得知其音讯。2003年12月，经冯某纬申请，法院以（2003）民一（民）特字第6号民事判决书宣告冯某樑为失踪人。2005年12月，冯某纬再次向法院提出申请，要求宣告冯某樑死亡，法院于2007年1月以（2006）民一（民）特字第1号民事判决书宣告冯某樑死亡。现申请人从外地返乡，并办理了身份登记的相关手续，故要求撤销宣告死亡的判决。

【法理解读】

被宣告死亡人后重新出现，其可向法院申请撤销死亡宣告，重新办理身份登记，恢复其在法律上的自然人身份。在法院进行撤销死亡宣告的条件中，法院应当确切知晓被宣告死亡人确实存活的情况或者被宣告死亡人重新出现的事实，并且由被宣告死亡人本人或者其利害关系人申请撤销死亡宣告的。

案涉申请人冯某樑现返乡，与家人取得了联系，并办理了身份登记的相关手续，符合撤销宣告死亡的法定要件。据此，依照《民法通则》第24条、《民事诉讼法》第186条之规定，撤销宣告申请人冯某樑死亡的民事判决书。

【适用亮点】

本案涉及《民法总则》第49条以及第50条的规定，在被宣

---

① 审理法院：上海市静安区人民法院，案件字号：（2016）沪0106民特24号。

告死亡人被宣告死亡后所从事的民事活动，不受“拟制死亡”的影响，其发生的法律效力也并非全部有效，而要根据其所实施的具体活动予以评价。

第五十条　【立法主旨】死亡宣告的撤销

【法条对比】

民法总则	第五十条　被宣告死亡的人重新出现，经本人或者利害关系人申请，人民法院应当撤销死亡宣告。
民法通则	第二十四条第一款　被宣告死亡的人重新出现或者确知他没有死亡，经本人或者利害关系人申请，人民法院应当撤销对他的死亡宣告。
民通意见	无

【条文释解】

当被宣告死亡人重现，经过本人或者其利害关系人的申请，人民法院应当撤销对其的死亡宣告。若被宣告死亡人在事实上并未死亡，与法律所推定的死亡结果发生矛盾时，人民法院则有义务将原有的生效判决推翻，对于现在的事实进行法律上的确认，以此来保证被宣告死亡人及其利害关系人的合法利益。[①]

人民法院撤销宣告死亡的条件有二，其一，被宣告死亡人的重现，即其本人仍存活。法律上的宣告死亡仅为拟制死亡，很有可能出现被宣告死亡人在其他住所地继续进行民事活动的情况，因此，一旦被宣告死亡人重回故地或者有证据证明其确实存活，就应当撤销原先的死亡宣告。其二，撤销死亡宣告需要被宣告死亡人或者其利害关系人主动向法院提出申请，所涉利害关系人的范围与申请宣

① 课题组负责人梁慧星：《中国民法典草案建议稿附理由：总则编》，法律出版社 2013 年版，第 115 页。

告死亡的利害关系人范围相一致，但与申请宣告死亡需要依照顺序进行不同，申请撤销死亡宣告无须依照顺序，以便更好地保障被宣告死亡人的合法利益。

本条与其他国家的立法有着共同之处，当被宣告死亡人重现或者尚存，死亡宣告即应撤销。《民法总则》对于申请撤销死亡的宣告并没有对于申请主体在原有的基础上进行扩大，只是在实体条件上进一步缩减范围，由原先的“被宣告死亡的人重新出现或者确知他没有死亡”缩小为“被宣告死亡的人重新出现”。

本条源于《民法通则》第 24 条第 1 款的规定：“被宣告死亡的人重新出现或者确知他没有死亡，经本人或者利害关系人申请，人民法院应当撤销对他的死亡宣告。”对于申请撤销死亡宣告的实体要件上进行了适度的修改，将“确知他没有死亡”删去。

【典型案例】

刘某辉申请撤销宣告死亡案①

申请人刘某辉从 1989 年起至 2016 年 3 月止离家外出务工，独自生活，一直未与其母亲张某连等亲属取得联系。张某连于 2014 年 7 月 23 日向该区人民法院申请宣告刘某辉死亡。2015 年 7 月 31 日，该区法院作出宣告刘某辉死亡的民事判决。2015 年 12 月，申请人的堂姐刘某容外地偶然发现申请人刘某辉，并通知了申请人的妹妹刘某利。

2016 年 3 月 23 日，刘某利前往接回申请人刘某辉。3 月 29 日，申请人刘某辉回到其老家，与其母亲张某连等亲属团聚，遂提出撤销申请。

【法理解读】

被宣告死亡的人重新出现，申请撤销对于本人的死亡宣告，申

---

① 审理法院：重庆市江津区（县）人民法院，案件字号：（2016）渝 0116 民特 181 号。

请人的利害关系人出庭证实申请人即被宣告死亡人本人，基于此，法院予以确认，自应当依法撤销死亡宣告。

在本案中，是由被宣告死亡人亲自向法院申请撤销死亡宣告，因此，法院依照法定程序予以撤销死亡宣告即可。而在其他一些案件中，申请撤销死亡宣告的申请人，有可能是被宣告死亡人的利害关系人，但无论申请人系本人或者其利害关系人，只要有确切的证据证明被宣告死亡人的存活或者其重新出现，法院都应当依照法定程序来进行撤销宣告死亡的判决。

【适用亮点】

本案涉及《民法总则》第50条的规定，法院依照申请人所提供的相关户籍注销证明，还有之前宣告死亡的生效判决书以及之前的户籍资料，应当撤销之前作出的死亡宣告判决，一旦撤销宣告死亡的判决生效以后，自将会产生其应有的一系列的法律后果。

第五十一条　【立法主旨】宣告死亡对婚姻关系的影响

【法条对比】

民法总则	第五十一条　被宣告死亡的人的婚姻关系，自死亡宣告之日起消灭。死亡宣告被撤销的，婚姻关系自撤销死亡宣告之日起自行恢复，但是其配偶再婚或者向婚姻登记机关书面声明不愿意恢复的除外。
民法通则	无
民通意见	第三十七条　被宣告死亡的人与配偶的婚姻关系，自死亡宣告之日起消灭。死亡宣告被人民法院撤销，如果其配偶尚未再婚的，夫妻关系从撤销死亡宣告之日起自行恢复；如果其配偶再婚后又离婚或者再婚后配偶又死亡的，则不得认定夫妻关系自行恢复。

【条文释解】

在人民法院宣告自然人死亡后，所产生的一系列法律后果中包括婚姻关系的解除，此时被宣告死亡人的配偶可以另行结婚。若其配偶没有形成新的婚姻关系，当被宣告死亡人重新出现，其原有的婚姻关系将自动恢复，除非满足两个消极条件中的任意一个：首先，其配偶再婚；其次，该配偶向婚姻登记机关书面声明不愿意恢复先前关系。若被宣告死亡人的配偶已经再婚，无论其配偶之后的婚姻状况如何，都不因被宣告死亡人的出现而影响后一个婚姻关系的法律效力。

在各国的立法中，宣告死亡对婚姻关系的变化有着不同的影响。一种立法例是，当法院宣告死亡后，被宣告死亡人的婚姻关系自动归于消灭，另外一种立法例为，婚姻关系因生存一方的另行缔结婚姻而予以解除。我国的《民法总则》采取大多数的立法例，显然为后一种。

本条源于《民通意见》第 37 条的规定，[①]《民法总则》将自行恢复的婚姻关系的消极条件增加了一条“向婚姻登记机关书面声明不愿意恢复的除外”，更为尊重被宣告死亡人重新出现后对于原有婚姻关系的真实意愿。

【典型案例】

褚某与孙某离婚纠纷案[②]

褚某、孙某结婚，2003 年褚某下落不明。2007 年，褚某家人

① “被宣告死亡的人与配偶的婚姻关系，自死亡宣告之日起消灭。死亡宣告被人民法院撤销，如果其配偶尚未再婚的，夫妻关系从撤销死亡宣告之日起自行恢复；如果其配偶再婚后又离婚或者再婚后配偶又死亡的，则不得认定夫妻关系自行恢复。”

② 审理法院：江苏省泰州市中级人民法院，案件字号：（2015）泰中民终字第 00647 号。

及孙某签订家庭房产分割协议，褚某分得家中平房一间，孙某代褚某在房产分割协议上签字。2012 年，孙某向原审法院提出申请，申请宣告褚某死亡。

2012 年 5 月，褚某父亲褚某根代褚某和孙某共同与滨江新城投资开发有限公司（以下简称滨江公司）、市人民政府滨江新区办事处（以下简称滨江办事处）签订《拆迁补偿安置协议书》，滨江公司、滨江办事处拆除该房屋后，在同康花苑安置 90 平方米的高层住房一套。2013 年 5 月，原审法院判决宣告褚某死亡。2014 年 1 月，孙某领取了位于同康花苑的安置房一套，并在该房屋内居住至今。

2015 年 2 月，褚某返回家中，向原审法院提出撤销死亡宣告申请，原审法院于 2015 年 3 月 10 日作出撤销原审法院宣告褚某死亡的民事判决遂就离婚时的安置房成讼。

【法理解读】

本案的争议焦点主要为原审法院裁决位于该市同康花苑北区房屋的权益，褚某享有 2/3 份额、孙某享有 1/3 份额是否适当。

本案褚某、孙某既已结婚，同康花苑北区房屋作为拆迁安置房即包含褚某、孙某二人共同享有的拆迁安置利益。褚某、孙某均主张对方不享有该安置房权益，于法无据，法院不予采信。原审法院综合考虑褚某享有的拆迁补偿利益在安置房中占有的份额、安置房的市场价格及离婚案件中照顾女方的原则等因素，酌情确定褚某享有该安置房权益的 2/3 份额、孙某享有 1/3 份额，并无明显不当。

【适用亮点】

本案涉及《民法总则》第 51 条关于被宣告死亡人重新出现后，婚姻关系的变化的规定，案涉一方当事人不愿婚姻关系的恢复，故而依照《民法总则》的规定，可以由其向婚姻的登记机关书面声明不愿意恢复即可，无须向法院请求离婚，与《民通意见》第 37 条的规定相比，这一规定更为尊重自然人的真实意愿，宣告死亡时既已按继承有关规定处理，此时实际上是按离婚处理案涉财产，充分体现了民法的立法宗旨。

第五十二条　【立法主旨】宣告死亡对收养关系的影响

【法条对比】

民法总则	第五十二条　被宣告死亡的人在被宣告死亡期间，其子女被他人依法收养的，在死亡宣告被撤销后，不得以未经本人同意为由主张收养关系无效。
民法通则	无
民通意见	第三十八条　被宣告死亡的人在被宣告死亡期间，其子女被他人依法收养，被宣告死亡的人在死亡宣告被撤销后，仅以未经本人同意而主张收养关系无效的，一般不应准许，但收养人和被收养人同意的除外。

【条文释解】

自然人被宣告死亡后，其有子女的，与被宣告死亡人的亲子关系并不随之消灭，仍继续存在。[①] 但当其子女并非完全民事行为能力人时，在自然人被宣告死亡期间，有人收养其子女时，自形成收养法律关系，为了稳定此种有利于社会安定的亲子关系，原则上不会因被宣告死亡人的死亡宣告撤销即变更所产生的收养法律关系的效力。[②] 若被宣告死亡人在申请法院撤销了死亡宣告后，又向法院起诉主张其子女与现收养人的收养关系无效时，法院在原则上不予准许，旨在维护收养关系的稳定。

究其原因，亲子关系属于典型的具有人身属性的法律关系，带有复杂的感情色彩，在变更以后，现收养人与被收养人之间极有可

---

① 杨立新主编：《中华人民共和国民法总则要义与案例解读》，中国法制出版社 2017 年版，第 196 页。

② 中国审判理论研究会民商事专业委员会编著：《〈民法总则〉条文理解与司法适用》，法律出版社 2017 年版，第 94 页。

能已经产生了不可分割的亲情，况且在自然人被宣告死亡期间，其子女所必需的生活费、教育费、扶养费的提供都是由现收养人负担的，经济与精神上的双重付出，不能因其原监护人的重新出现，人民法院便轻易破坏其已稳定的收养法律关系。当然，这里涉及的收养关系是指经过法律程序所形成的合法收养关系，若只是在自然人被宣告死亡期间代其养育的，不能称为收养关系，也同样就不产生原收养关系的法律效果变更问题了。

本条源自《民通意见》第38条的规定，《民法总则》保留了维护现收养关系的立法目的，一般情况下不准许被撤销宣告死亡人的收养关系无效的申请，但将《民通意见》中有违民法立法宗旨的但书规定"但收养人和被收养人同意的除外"删去，以尊重民事主体的真实意思，体现了民法的立法宗旨。

【典型案例】

申请人刘某要求撤销死亡宣告一审民事判决书案[①]

申请人刘某称，其于2003年起到山东工作生活，在外地期间曾回过东北，也与父亲及孩子有电话联系。2014年父亲病重他回到东北对其进行照顾，开始在家乡居住。2015年11月在办理房产手续时发现本人已被法院于2012年宣告死亡，故诉至法院，要求撤销对本人的死亡宣告。经查，申请人刘某，其于2004年被区法院判决书宣告失踪，2012年被法院宣告死亡。

【法理解读】

虽申请人于2012年被生效法律文书宣告死亡，但现申请人重新出现，经其本人申请，法院应当撤销对申请人的死亡宣告。本案中对于收养关系的变更以及主张收养关系的无效并未涉及，但若申请撤销宣告死亡人在死亡宣告被撤销之后，对于其子女的收养问题

---

① 审理法院：辽宁省大连市沙河口区人民法院；案件字号：（2015）沙民特字第33号。

上有异议时，不能直接申请法院变更收养关系，为了人身关系的稳定以及被监护人的生活健康发展，自然人应与现在的收养人以及子女进行商讨，自行解决，若希望变更收养关系，他们自行去民政部门办理即可。①

依照《民法通则》第24条、《民事诉讼法》第186条之规定，法院自可撤销案涉死亡宣告判决。

【适用亮点】

在本案例中，虽未直接涉及被撤销宣告死亡人的收养关系问题，但在法院撤销了死亡宣告判决后，被撤销宣告死亡人的子女若在其宣告死亡期间与其他人形成新的收养关系的话，被撤销死亡宣告人不可以其未同意为由，主张现收养关系的无效。

第五十三条　【立法主旨】死亡宣告撤销后财产返还

【法条对比】

民法总则	第五十三条　被撤销死亡宣告的人有权要求依照继承法取得其财产的民事主体返还财产。无法返还的，应当给予适当补偿。 利害关系人隐瞒真实情况，致使他人被宣告死亡取得其财产的，除应当返还财产外，还应当对由此造成的损失承担赔偿责任。
民法通则	第二十五条　被撤销死亡宣告的人有权请求返还财产。依照继承法取得他的财产的公民或者组织，应当返还原物；原物不存在的，给予适当补偿。
民通意见	第三十九条　利害关系人隐瞒真实情况使他人被宣告死亡而取得其财产的，除应返还原物及孳息外，还应对造成的损失予以赔偿。

① 中国审判理论研究会民商事专业委员会编著：《〈民法总则〉条文理解与司法适用》，法律出版社2017年版，第94页。

【条文释解】

本条规定了关于死亡宣告被撤销后的财产返还以及相应的赔偿责任。

在法院宣告自然人死亡后，其无人代管的财产则会陷入无人管理的不稳定状态，甚至会出现受到其他人的恶意侵占的情形。在人民法院撤销死亡宣告后，无论是之前基于维护其财产的稳定状态而产生的财产代管人，还是因宣告死亡生效后而发生继承关系的继承人继承财产的情况，都应当及时返还被撤销死亡宣告人的财产，不能返还原物的，应当给予适当的补偿。当自然人被法院宣告死亡后而发生继承关系时，依据《继承法》的规定，在宣告死亡被撤销后，继承关系发生的基础性原因消失，而继承人应当及时返还所继承的财产，以保证被宣告死亡人的利益，若继续占有，则构成侵权行为。

本条的第 2 款则规定了若被宣告死亡人的利害关系人恶意造成其财产损失的，在返还应当返还的财产后，应当承担一定的赔偿责任。而赔偿的限度确定问题，应是赔偿造成被宣告死亡本人的财产的全部损失，具有强制性，其规定的目的在于补救所造成的财产损失，以保护被宣告死亡人的合法利益。

本条源于《民法通则》第 25 条以及《民通意见》第 39 条的规定，将两条结合删去《民通意见》中“及孳息外”，变更为“返还财产”。

【典型案例】

曹爱某等诉曹汉某物权确认纠纷案[①]

曹某福生前与其妻曹代氏共生育三女曹菊某、曹月某、曹爱某，并将曹汉某过继为儿子。曹某福、曹代氏两人去世后。曹汉某

---

① 审理法院：湖南省长沙市芙蓉区人民法院，案号：（2012）芙民重初字第 1159 号。

自过继后一直居住在该市芙蓉区桂花井，但该处的房屋产权一直登记在曹某福名下。该房屋1958年国家私房改造收归国有，但曹汉某和父亲仍然租住在此。《房屋共有权保持证》载明为“曹汉某、曹菊某、曹月某、曹爱某”四人共同共有。后，曹汉某向法院申请宣告其三人死亡，向房产部门申请将原来四人共有的上述房屋变更为一人独有，并取得了《房屋所有权证》。2009年，曹爱某向法院申请撤销对其本人的死亡宣告。

【法理解读】

1998年案涉《房屋共有权保持证》已经确认案涉房屋归曹汉某、曹菊某、曹月某、曹爱某四人共同共有。曹汉某在申请宣告曹菊某、曹月某、曹爱某三人死亡后申请房产管理部门将上述房屋变更为一人独有的行为，侵害了曹菊某、曹月某、曹爱某的合法权益，依法自应承担相应的民事责任。

区人民法院既于2009年12月30日撤销了对曹爱某的宣告死亡判决，故曹爱某有权要求曹汉某返还上述诉争房屋的相应份额。

【适用亮点】

本案涉及《民法总则》第53条的规定，是因自然人的死亡宣告生效后，其利害关系人才会因此得以继承，在自然人的死亡宣告被撤销后，原有的基础关系也就消失，此时，继承人应当及时归还所继承财产。

第四节 个体工商户和农村承包经营户

第五十四条 【立法主旨】个体工商户定义

【法条对比】

民法总则	第五十四条 自然人从事工商业经营，经依法登记，为个体工商户。个体工商户可以起字号。

民法通则	第二十六条　公民在法律允许的范围内，依法经核准登记，从事工商业经营的，为个体工商户。个体工商户可以起字号。
民通意见	无

【条文释解】

本条不但规定了个体工商户的定义，还规定了其作为商主体所享有的权利义务的内涵外延。作为我国非公经济中不可或缺的一部分的个体工商户，是指自然人通过法定程序进行工商登记，自然人便成为了商主体。[①] 商事登记，是当事人依据法定程序以及规定内容，向登记机关提出申请，登记机关予以核准其从事工商活动的行为。[②]

个体工商户在从事民事活动时，不仅与自然人一样具有民事权利能力以及行为能力，同样，在法律所规定的范围内可以自主实施经营活动，其从事的主体可能为自然人，也可能为家庭。在从事经营活动中，自然人未起字号，在进行工商登记时，自然人的姓名则作为个体工商户的名义，以代替字号的作用，此时，与自然人本身原有的姓名具有区分性。

本条源自《民法通则》第 26 条的规定，[③] 《民法总则》将《民法通则》中个体工商户的设立主体由“公民”变更为“自然人”，更体现了民法是一部权利法，体现出了民法中的主体之即自然人的重要法律地位，本条虽删去了“在法律允许的范围内”，但显而易见，删去这一措辞，并不等于个体工商户的经营范围可以在法律不允许的范围内实施。

---

① 王利民主编：《民法》（第 6 版），中国人民大学出版社 2015 年版，第 57 页。

② 覃有土主编：《商法学》，中国政法大学出版社 1999 年版，第 24 页。

③ “公民在法律允许的范围内，依法经核准登记，从事工商业经营的，为个体工商户。个体工商户可以起字号。”

【典型案例】

法国轩尼诗公司与中华人民共和国国家工商行政管理总局商标评审委员会商标异议复审行政纠纷案①

1999年7月27日，深圳市东龙皮革服装加工店向中华人民共和国国家工商行政管理总局商标局（以下简称商标局）提出第1609219号“Hennessy”商标（以下简称被异议商标）的注册申请，指定使用在第25类“婴儿全套衣、游泳裤、帽子、皮手笼(服装)、鞋”等商品上。商标评审委员会裁定：被异议商标予以核准注册。

本案的争议焦点在于当被异议商标的申请注册人为个体工商户时，在该个体工商户已被注销的情况下，被异议商标是否应予注册的问题。根据《民法通则》第29条，虽然法律没有明确规定个体工商户的民事权利的享有主体，但是根据权利义务相对等的原则，在个体工商户的业主承担个体工商户的债务的同时，个体工商户的民事权利亦应当由该个体工商户的业主享有。基于此，个体工商户的注销并不当然导致其享有的民事权利的消亡。而商标权本质上是基于用于区分商品或服务来源的商标而产生的一种私权利，其属于民事权利的一种。故基于个体工商户注册的商标产生的商标权应当由该个体工商户的业主享有。

本案中，虽然东龙皮革服装加工店已注销，但该事实并不当然导致基于被异议商标而产生的民事权利的消亡，上述权利应当由其业主孔某冬享有。

【法理解读】

《民法通则》第26条、第29条、第96条规定，虽然法律并未明确规定个体工商户民事权利的享有主体，但根据法律关于个体工

---

① 审理法院：北京市高级人民法院，案号：（2012）高行终字第826号。

商户的设立主体、责任承担方式的规定和权利义务相对等的法律基本原则，个体工商户的合法权益应当根据经营组织形式的具体情况，分别由经营个体工商户的个人或家庭享有。本案中，东龙皮革服装加工店由孔某冬个人经营，故以个体工商户东龙皮革服装加工店享有的相关合法权益亦应由其经营者孔某冬享有。

【适用亮点】

本案涉及《民法总则》第 54 条的规定，虽然法律对于个体工商户的具体民事权利义务没有作出明确的规定，但是从其规定个体工商户的定义分析，其所得利益应归经营者所有。在司法实践中，直接的诉讼主体中并不包含个体工商户，根据《民通意见》中第 41 条以及第 59 条的规定，民事诉讼主体为营业执照登记的户主作为诉讼的主体，有字号的应列明字号的基本信息，当实际经营主体与所登记营业执照上的经营主体不一致时，共同列为诉讼主体。

第五十五条　【立法主旨】农村承包经营户定义

【法条对比】

民法总则	第五十五条　农村集体经济组织的成员，依法取得农村土地承包经营权，从事家庭承包经营的，为农村承包经营户。
民法通则	第二十七条　农村集体经济组织的成员，在法律允许的范围内，按照承包合同规定从事商品经营的，为农村承包经营户。
民通意见	无

【条文释解】

（一）农村承包经营户的经营范围以及定义

本条规定的农村承包经营户具有以下几个特点：首先，成为农村承包经营户的主体为农村集体经济组织的成员；其次，农村经营户的成员数量并未作出限制，其可以为一人，也可为数人；[①] 最后，农村集体经济组织的成员需要通过签署承包合同才能够转变为农村承包经营户。

（二）作为农村集体经济组织的成员农村承包经营户拥有特有的权利

农村承包经营户可以合法占有所承包土地上的使用权，对于土地的收益进行灵活安排分配，进一步利用土地的生产价值，扩大经营的范围，从而获得更理想的收益。在承包期间，发包方不得对于承包方承包的土地进行变更。在签署承包协议中，应当与其他合同一样，遵循合同双方自愿、自由的原则，不得以任何形式或者理由进行强迫，同时由于集体土地的特殊性质，所签署的承包协议不可以转变土地原有的性质，以及不得在协议中非经法定程序任意延长所承包土地的经营期限。

本条源自《民法通则》第 27 条的规定，[②] 将“按照承包合同规定从事商品经营的”更改为“从事家庭承包经营的”，将“在法律允许的范围内”删去，由此可以看出，对于农村集体承包经营户的经营自主权利也更为宽泛。

【典型案例】

农村承包经营户龚某亮与龚某华等排除妨害纠纷上诉案[③]

2010 年，十字村五组需要占用村组部分村民的土地，其中包含龚丙远、龚某华家位于“塘坎上”的承包地。在沙坝乡政府工作人员的协调下，由受益户龚某亮家及姚某琴家补地给龚某华家及

---

① 中国审判理论研究会民商事专业委员会编著：《〈民法总则〉条文理解与司法适用》，法律出版社 2017 年版，第 97 页。

② “农村集体经济组织的成员，在法律允许的范围内，按照承包合同规定从事商品经营的，为农村承包经营户。”

③ 审理法院：重庆市第四中级人民法院，案号：（2015）渝四中法民终字第 00903 号。

龚某远家。土地补偿给龚某华家后，龚某华家从2012年开始对诉争土地进行耕种。

本案显属农村土地承包经营权引发的纠纷，发生土地互换的主体是农村承包经营户。依据《民法通则》第27条以及《农村土地承包法》第3条、第15条等相关法律的规定，农村土地承包经营以“户”为单位。在乡政府及村委的协调下，农户龚某亮将土地补偿给农村承包经营户龚某远后，对诉争土地进行耕种的就不是龚某远个人，而是包含龚某远在内的龚某远农村承包经营户。故本案只能以这些农村承包经营户为诉讼当事人。

【法理解读】

二审中双方争议的焦点是：龚某远、龚某华耕种诉争土地的行为是否构成侵权。针对该焦点，根据《村民委员会组织法》第24条第1款第3项的规定，本案是修建村级公路，属于涉及村民的公益事业，因此引发的占地面积多少，农户龚某亮是否是受益户，应否由农户龚某亮补地给占地户，均涉及村民自治的范畴，不属于本案民事案件审查范围。另外，农户龚某亮是以侵权纠纷起诉，而龚某华及龚某远是通过村民自治的方式获得涉案土地的承包经营权，并不存在侵权行为。

【适用亮点】

本案中涉及《民法总则》第55条的规定，对于农村承包经营户的主体有了进一步的强调，对于诉争的土地进行承包经营的是签署承包经营合同的农村承包经营户，而非个人。同时，对于农村承包土地具体的补给等问题则属于农村自治范畴，体现了我国对于农村基本经济制度的改革。

第五十六条 【立法主旨】两户债务的承担

【法条对比】

民法总则	第五十六条　个体工商户的债务，个人经营的，以个人财产承担；家庭经营的，以家庭财产承担；无法区分的，以家庭财产承担。 　　农村承包经营户的债务，以从事农村土地承包经营的农户财产承担；事实上由农户部分成员经营的，以该部分成员的财产承担。
民法通则	第二十九条　个体工商户、农村承包经营户的债务，个人经营的，以个人财产承担；家庭经营的，以家庭财产承担。
民通意见	无

【条文释解】

本条规定了个体工商户以及农村承包经营户在针对债务承担问题方面上的主体地位，其依据经营主体的不同所承担债务的主体也不同进行责任划分。与自然人、法人、非法人组织有所区分的是，个体工商户、农村承包经营户的经营主体是以“户”为单位，所以涉及承担债务责任的划分也需要特别规定。

通常来讲，在个人的财产足以偿还债务时，先以个人财产进行偿付，以免任意波及家庭的正常生活，遭受清偿财产之苦。针对农村承包经营户，则是以家庭为主进行经营活动，其经营所得收益也常用于家庭生活，在农村承包经营户发生债务时，承担主体也通常为家庭所有的共同财产。因此，承担债务的情况有两种：[①] 一种情况是，以家庭为单位主体进行农村承包经营活动的农村承包经营户

① 杨立新主编：《中华人民共和国民法总则要义与案例解读》，中国法制出版社 2017 年版，第 206 页。

在发生债务后，所承担债务的主体为家庭的共同财产，承担无限责任；[①] 另一种情况是，由部分农户实际经营承包土地的，由实际经营的农户共同承担无限责任，没有实际经营的农户不承担连带的清偿责任。由此体现出，在农村承包经营户承担债务的责任划分中，更为强调实际经营的主体，避免连累到其他并未进行实际经营的农户，遵循了责任自负的原则。

本条源于《民法通则》第29条的规定，[②]《民法总则》将个体工商户与农村承包经营户进行具体区分，以保证贯彻经营自负的原则。[③]

【典型案例】

卓普新材料科技有限公司诉杭某平等买卖合同纠纷案[④]

卓普新材料科技有限公司因与被上诉人杭某平、原审被告寅家港市乐余葵平机械厂买卖合同纠纷中，乐余葵平机械厂系个体工商户，经营者为杭某平。乐余葵平机械厂营业执照上登记的字号为"寅家港市乐余葵平机械厂"，因此，乐余葵平机械厂应当作为当事人，杭某平依法不符合作为本案当事人的条件。

但显而易见，《最高人民法院关于适用〈中华人民共和国民事诉讼法〉的解释》第59条的规定并不能得出：原告不可以起诉要求个体工商户的经营者（投资人）对个体工商户的债务承担连带责任的结论。

---

① 王利明主编：《民法》（第6版），中国人民大学出版社2015年版，第57页。

② "个体工商户、农村承包经营户的债务，个人经营的，以个人财产承担；家庭经营的，以家庭财产承担。"

③ 中国审判理论研究会民商事专业委员会编著：《〈民法总则〉条文理解与司法适用》，法律出版社2017年版，第98页。

④ 审理法院：浙江省杭州市中级人民法院，案号：（2016）浙01民终3896号。

【法理解读】

本案纠纷系卓普公司与乐余葵平机械厂之间建立的买卖合同项下的纠纷，乐余葵平机械厂是个体工商户，经营者是杭某平（个人经营）。个体工商户是公民参与生产经营活动的一种形式，也是个体经济的一种法律形式，个体工商户的字号为公民依法律规定取得的参与市场经营活动的身份和称谓。

本案中“乐余葵平机械厂”就是杭某平为从事工商业经营活动而依法注册登记的个体工商户的字号。在诉讼中，个体工商户有字号的，以营业执照上登记的字号为当事人，同时注明该字号经营者的基本信息。故卓普公司与乐余葵平机械厂之间的合同纠纷，以营业执照上登记的乐余葵平机械厂为当事人，并注明经营者杭某平的基本信息，而并非将乐余葵平机械厂和杭某平共同作为当事人，因为乐余葵平机械厂即为杭某平从事工商业经营，以市场经营主体在营业活动中所使用的身份和名称。

【适用亮点】

本案涉及《民法总则》第56条，将个人经营与个体工商户相区分，以厘清个人与个体工商户的财产，以确保因承担连带责任而导致的风险。与《民法通则》的第29条不同，《民法总则》的规定更为注重区分个体工商户与农村承包经营户的差异以及对于经营主体的不同进行责任承担细分，以减小经营风险。

第三章 法 人

第一节 一般规定

第五十七条 【立法主旨】法人的定义

【法条对比】

民法总则	第五十七条 法人是具有民事权利能力和民事行为能力，依法独立享有民事权利和承担民事义务的组织。
民法通则	第三十六条第一款 法人是具有民事权利能力和民事行为能力，依法独立享有民事权利和承担民事义务的组织。
民通意见	无

【条文释解】

本条作为关于法人的概念规定，将法人定义为：具有民事权利能力以及民事行为能力，能够独立享有民事权利以及民事义务的组织。

（一）法人具有民事权利能力以及民事行为能力

法人具有独立的法律地位，能够独立参与民事活动，法人不仅是民法上的民事主体，同样也是社会经济发展中的主要经济承担者。正是民法对法人人格的赋予，才使得法人具有了民事权利能力以及民事行为能力，如同“自然人”一般，能够参与各类民事活动，享有各类民事权利，同时承担各类民事义务，正是法人在社会经济中的重要作用才促使法律更为重视对于法人的规制。

（二）独立的法律地位

法人作为法律所拟制的主体，具有独立的法律地位，成为独立享有权利、承担义务的主体，[①] 但与自然人有所区别的是，法人的意思表示并非由法人直接作出，而是由法人的意思机关来作出，要依据具体法人的不同分类来确定法人的意思机关。有限责任公司的意思机关为股东会；股份有限责任公司的意思机关为股东大会等。正是基于法人的意思机关所作出的真实意思表示，法人才可独立参与各种民事活动，进而享有权利和承担义务。

（三）法人有其组织构成

虽然法人在法律地位上与自然人一样，有着独立的法律地位，但是，法人最大的特点在于其是有组织体所构成，[②] 且构成的组织并非自然人之间的简单之和，而是有机构成的统一组织体，使其能够独立参与民事活动，以行使民事权利并承担民事义务。

本条源自《民法通则》第 36 条第 1 款的规定，《民法总则》对于该款并未进行修改，而是全部采用。虽然法人与自然人都具有独立的法律地位，但是，与自然人相比，法人的民事权利能力是根据法人具体分类有所不同的；同时，法人的民事权利能力与民事行为能力的产生、存续相同；最后，法人没有自然人所具有的人身属性权利以及义务，如结婚、收养的民事权利等。

【典型案例】

石甲庄一建建设集团有限公司上诉梁某借款合同纠纷案[③]

2015 年 7 月 15 日，梁某与石甲庄一建公司签订《借款合同》，

---

① 梁慧星著：《民法总论》（第 2 版），法律出版社 2001 年版，第 125 页。

② 刘凯湘著：《民法总则》（第 3 版），北京大学出版社 2006 年版，第 169 页。

③ 审理法院：北京市第一中级人民法院，案号：（2016）京 01 民辖终 452 号。

约定梁某向石甲庄一建公司提供借款人民币800万元，借款期限为2015年7月15日至2015年10月14日，利息为每月10万元，借款逾期的每日加收所欠借款金额的千分之一作为罚息。落款处有天润项目部的公章及负责人谈某标签字。《借款合同》签订当日，梁某即如约将800万元发放给石甲庄一建公司，但后者至今未偿还借款，严重损害了梁某的利益。故梁某起诉至法院。

【法理解读】

首先，企业法人是具有民事权利能力和民事行为能力，依法享有民事权利和承担民事义务的组织。鉴于实践中，法人项目部是由工程承包人委派，专为某一项建设工程而设施的，具体履行工程项目承包合同的部门，不具有独立的法人地位。因此，其对外签订的合同由企业法人承担。

本案中，案涉借款合同落款处有天润项目部的公章及负责人谈某标的签字。因天润项目部不具备独立的法人资格，其代表石甲庄一建公司签订借款合同的行为后果，应由石甲庄一建公司来承担。故可以认为，案涉借款合同法律关系事实上发生于梁某与石甲庄一建公司之间。

【适用亮点】

本案涉及对《民法总则》第57条有关规定的理解，因法人能够独立参与民事活动，独立承担民事责任，因此，本案对于签订合同后所产生的义务以及权利应由谁承担也成为本案的争议之一。法人与自然人有着差别，但作为一个民事主体，在承担责任方面，法人要以其组织结构独立承担法律责任，以其合法拥有的全部财产清偿其全部债务，而法人的内部成员以及分支部门和机构并不对外直接承担责任。[①]

---

① 杨立新主编：《中华人民共和国民法总则要义与案例解读》，中国法制出版社2017年版，第210页。

第五十八条　【立法主旨】法人成立的条件

【法条对比】

民法总则	第五十八条　法人应当依法成立。 法人应当有自己的名称、组织机构、住所、财产或者经费。法人成立的具体条件和程序，依照法律、行政法规的规定。 设立法人，法律、行政法规规定须经有关机关批准的，依照其规定。
民法通则	第三十七条　法人应当具备下列条件： （一）依法成立； （二）有必要的财产或者经费； （三）有自己的名称、组织机构和场所； （四）能够独立承担民事责任。
民通意见	无

【条文释解】

本条规定了法人成立的具体条件。

在此需要区分，法人的设立以及法人的成立，法人的设立在成立之前，成立的法人必然经过设立阶段。

（一）法人成立应依法才可以进行

法人成立应当遵循具体程序，不同类别的法人按照不同的程序成立。对法人的成立，我国许多法律都进行了规定，要根据不同的专门规定进行。除法人的设立程序应合法外，对于其成立的目的、经营范围、经营管理方式也须合乎法律的规定。①

（二）成立法人的具体条件

法人成立须拥有自己的名称、组织机构、住所、财产或者

---

① 王利明著：《民法总则》，中国人民大学出版社 2009 年版，第 173 页。

经费。

1. 名称是法人相互区别的重要标志。法人对其已经登记注册过的名称享有专有权，当有侵犯其名称的情况发生，法人可依法向法院诉请保护自己的名称。

2. 法人是一个组织体。法人不是简单构成要素的相加，而是为了共同的目的经过协调管理而形成的统一的社会组织，在表达组织的意志时要由法人的意思机关来决定，通过意思机关决策的方式来参与民事活动，享有民事权利，承担民事责任。

3. 法人的成立应当有其住所。《民法总则》将《民法通则》中的“场所”变更为了“住所”，更加强调法人应当有主要的办事地点，之所以将“住所”与“场所”相分离，就是为避免法人出现怠于履行义务的情况，提高法律对于法人的日常监督。同时，住所与场所相比，更具有特定性。

4. 法人应当拥有财产或者经费。法人的成立需要有自己的财产，以保证法人的独立性，此处的财产应作广义理解，除了货币之外，还包括其他形式的财产，如技术设备和知识产权等。

本条源于《民法通则》第37条以及《公司法》第6条第2款的规定。与《民法通则》第37条相比，《民法总则》将成立条件之一的“场所”变更为“住所”，更为强调法人的主要办事机构所在地与一般办事机构所在地的区别；将“能够独立承担民事责任”删去，因在第57条中，对于法人的定义中已经明确规定，所以后文无须赘述；将《公司法》第6条第2款的内容增加到法人的成立条件之中；将“必要的”财产或者经费中的“必要的”删去。

【典型案例】

马某才与市交通运输局合同、无因管理、不当得利纠纷、合同纠纷案①

1999年5月7日，戊丰土石方公司出具《收款收据》，结欠上诉人21万元。因戊丰公路指挥部欠该公司工程款，二者商定由被上诉人的戊丰公路指挥部分期支付上诉人。后上诉人先后五次收到戊丰公路指挥部支付11万元。2001年1月，上诉人向原审法院起诉戊丰交通局和戊丰公路指挥部。

其中，戊丰市公路建设总指挥部与戊丰交通局确系两个单位。王某忠（戊丰交通局副局长）当时属于戊丰公路指挥部的成员之一。戊丰市土石方工程总公司结欠马某才的款项没有转移到戊丰交通局。本案没有证据证明戊丰交通局曾向马某才支付款项。本案属债务转移合同纠纷。马某才主张戊丰土石方公司结欠其的款项即债务，已转移到戊丰交通局身上，因未能提交相关有效的证据予以证明，因而承担了举证不能的不利后果。

【法理解读】

本案焦点是马某才以协议转移债权为据向戊丰交通局主张权利如何认定的问题。

本案中，马某才主张戊丰公路指挥部所负债务应由戊丰交通局承担清偿义务，而戊丰交通局则辩称与戊丰公路指挥部属不同的民事责任主体。因此，本案在裁判当事人的民事责任前应先对戊丰公路指挥部的民事责任主体予以认定。

根据本案查明的事实，戊丰公路指挥部是中共戊丰市委办公室、戊丰市政府办公室因修建公路而设立的综合机构，但缺乏机构组织成立的相应人事编制批文依据；机构人员是由从戊丰市直机关

---

① 审理法院：广东省汕尾市中级人民法院，案号：（2016）粤15民终203号。

单位中临时抽调的人员组成，没有固定的办公场所和人事组织管理。因此，戊丰公路指挥部不能以自己的名义依法对外独立享有民事权利和承担民事义务。换言之，即使马某才主张的债权转移成立，涉案债务也应由戊丰公路指挥部的主管单位或开设单位负担。

【适用亮点】

本案在审理中，除涉及《民法通则》第37条的规定，还涉及《民法总则》第58条之规定，其中，就法人构成条件而言，对于临时所组建的机构来说，法院在司法实践中一般认为，由于其不构成固定的住所，同时构成人员也具有临时性，因此，不构成法人的成立条件，从而无法独立参与民事活动、享有民事权利、承担民事义务。

第五十九条　【立法主旨】法人权利能力和行为能力起止

【法条对比】

民法总则	第五十九条　法人的民事权利能力和民事行为能力，从法人成立时产生，到法人终止时消灭。
民法通则	第三十六条第二款　法人的民事权利能力和民事行为能力，从法人成立时产生，到法人终止时消灭。
民通意见	无

【条文释解】

（一）法人作为民法中的主体自产生起便拥有权利能力

法人自成立以后便可独立参与民事活动，享有民事权利并承担民事义务，成为一个独立的民事主体。一旦被赋予了法人的法律资格后，只有到解散之后，法人才不再具有民事权利能力。与自然人的民事权利能力有所不同，自然人有专属于人的权利能力。①

设立中的法人，并不具有独立的法律地位，自不能够独立参与民事活动。② 而法人只要成立，即具有了民事权利能力以及民事行为能力。

（二）法人民事行为能力限制在法令范围之内并受到设立人的意思之约束

法人所承担义务的范围由其所参与民事活动的范围确定，而自然人没有此类区别。对于自然人，其所具有的民事权利能力，并不因个体的差异而有所区别，但法人的民事权利能力则是依据不同类别的法人而具有不同的民事权利能力，③ 设立目的的不同，法人的权利能力即各有不同。法人成立后，有了民事权利能力后便可独立实施民事活动，但与自然人相比，法人的民事活动从事范围以及相关内容要受法律以及其他规定的限制。

（三）法人的民事行为能力与民事权利能力的产生和消灭的时间一致

自然人的民事行为能力则因其年龄、精神状况的不同而有所差异，法人的民事行为能力自产生时起至解散时止。本条源于《民法通则》第36条第2款的规定，其规定内容与原条文一致。

【典型案例】

巳辰信息技术有限公司诉邵某卯返还纠纷案④

2010年11月20日，原告巳辰信息技术有限公司决定于2011年1月底将公司清算注销，委托被告邵某卯办理相关事务。2010

① 徐谦著：《民法总论》，上海法学编译社1933年版，第115页。

② 杨立新主编：《中华人民共和国民法总则要义与案例解读》，中国法制出版社2017年版，第218页。

③ 徐谦著：《民法总论》，上海法学编译社1933年版，第114~115页。

④ 《上海A信息技术有限公司诉邵a返还纠纷案》，载北大法宝，http://www.pkulaw.cn。

年11月18日，原告公司员工将相关公司证照等资料移交被告管理，但自股东会决议清算解散公司并委托被告办理相关手续起，被告一直怠于办理受委托事项，不仅未在规定的时间内完成委托事项，反而利用所掌握的章证财务资料等，进行违规发放工资、滥用公章等一系列损害公司利益的行为。

为此原告法定代表人多次以电话、电邮等方式催促被告归还委托管理的公司财物，但被告一直拒不归还。为维护原告的利益，原告巳辰信息技术有限公司诉至法院，要求判令被告邵某卯归还其代为保管的原告单位的章、证、财务资料等财物。

【法理解读】

原告巳辰信息技术有限公司决定于2011年1月底将公司清算注销，其民事权利和民事行为能力同时消灭，依法不再具备从事民事活动的资格。而原告公司员工将相关公司证照等资料移交被告管理以后，被告一直怠于办理受委托事项，不仅未在规定的时间内完成委托事项，反而利用所掌握的章证财务资料等，进行违规发放工资、滥用公章等一系列损害公司利益的行为。

故此，法院最后以返还原物为理由，判决被告败诉，必须返还其保管的巳辰信息技术有限公司的营业执照、公司公章、财务章等证照、物品等财产。

【适用亮点】

本案涉及《民法总则》第59条，作为清算义务人未及时履行清算义务，给委托人的合法权益造成损害时，应当承担民事责任。故原告有权解除委托关系，要求其返还基于委托所占有的财物，停止侵权行为，本案的处理，殊途同归，于法有据。

第六十条　【立法主旨】法人民事责任的承担

【法条对比】

民法总则	第六十条　法人以其全部财产独立承担民事责任。
民法通则	第三十七条　法人应当具备下列条件： （一）依法成立； （二）有必要的财产或者经费； （三）有自己的名称、组织结构和场所； （四）能够独立承担民事责任。
民通意见	无①

【条文释解】

（一）法人的民事责任能力

法人作为民法中独立的民事主体，能够独立进行民事活动、独立享有民事权利、独立履行民事义务、独立承担民事责任。作为具有独立法律人格的组织体，法人应当以自己所具有的全部财产对外承担责任，承担责任的主体也为法人，其内部的组成人员以及内设机构不对外承担责任。在关于法人是否具有民事责任的能力问题上，学界有两种观点，肯定说以及否定说。

（二）法人的设立人一般仅限于在投资范围内承担有限的责任

法人具有独立承担民事责任的义务，其承担范围限于法人所有的财产，若资不抵债时，只应依照破产程序，宣告该法人破产。但并非所有的设立人都是在投资范围内承担有限责任，比如，在设立与社会公众利益相关的法人时，在无法清偿债务的情况下，要依照

---

① 《公司法》第3条第1款规定："公司是企业法人，有独立的法人财产，享有法人财产权。公司以其全部财产对公司的债务承担责任。"

相关的法律进行处理，而非适用破产程序。[①]

本条源于《民法通则》第37条的规定，[②]将第4款的规定单列成一条，第4款的规定表现了法人的特点而非具备的条件，如此变更，更具有逻辑性。

【典型案例】

阮某祥与壬海市金湾区人民政府、壬海市三灶管理区合同纠纷案[③]

1988年，壬海市委、壬海市政府作出壬字（1988）21号通知，决定成立“壬海市三灶管理区”，管理区为市政府的派出机构，管理三灶、南水、小林镇等。1989年5月，中共三灶管理区委成立壬海市西部城市开发指挥部。

1990年5月20日，阮某祥（乙方）与壬海西部城市开发指挥部（甲方）签订了《壬海市三灶管理区兴建居民新村集资协议书》。1990年5月20日，阮某祥向壬海西部城市开发指挥部支付地股款人民币10000元；1992年8月29日，阮某祥向三灶管理区支付配套费人民币70000元。三灶管理区确认上述款项均由三灶管理区收取。阮某祥至今未取得100平方米土地作为居民住宅用地。现阮某祥要求金湾区政府赔偿100平方米土地的地价款、退还配套费70000元并赔偿损失。

【法理解读】

关于金湾区政府的责任问题。首先，金湾区政府并非涉案

---

① 课题组负责人梁慧星：《中国民法典草案建议稿附理由·总则编》，法律出版社2013年版，第142页。

② “法人应当具备下列条件：（一）依法成立；（二）有必要的财产或者经费；（三）有自己的名称、组织机构和场所；（四）能够独立承担民事责任。”

③ 审理法院：广东省珠海市中级人民法院，案号：（2016）粤04民终1742号。

《集资协议书》的当事人，其也未收取阮某祥缴纳的地股款和配套费。其次，三灶管理区是依法成立的机关法人，依法有独立的民事权利能力和民事行为能力，能够独立承担民事责任。最后，省高级人民法院（2005）高法民一终字第276号《民事判决书》认定，虽然金湾区政府成立后，原三灶管理区管辖的部分行政区域划归金湾区政府管辖、原三灶管理区的行政职能由金湾区政府行使，但三灶管理区并未被撤销，且无证据证明原三灶管理区的债权债务由金湾区政府承接，三灶管理区作为独立的民事责任主体依然存在，应独立承担民事责任。

三灶管理区与金湾区政府分属不同的机关法人，分别作为独立的民事主体承担独立的民事责任，双方并无涉案债权债务的转移或承接关系，对此亦有生效判决的认定，阮某祥要求金湾区政府承担赔偿责任的主张不能成立，原审判决对此认定正确，二审法院予以维持。

【适用亮点】

本案的审理涉及《民法总则》第60条的规定，在承担债务情况下，区分管理区与区政府，作为不同的法人，各自都有着独立的民事法律地位，因此，债务债权应各自独立承担。法人作为民法中的法律所明确规定的民事主体，拥有民事权利能力以及民事行为能力，同时在对外实施民事活动的过程中，是以自己独立的全部财产来承担责任的，范围仅限于法人的财产，并不溯及其股东以及内部其他成员。

第六十一条 【立法主旨】法定代表人及行为法律后果

【法条对比】

民法总则	第六十一条　依照法律或者法人章程的规定，代表法人从事民事活动的负责人，为法人的法定代表人。 法定代表人以法人名义从事的民事活动，其法律后果由法人承受。 法人章程或者法人权力机构对法定代表人代表权的限制，不得对抗善意相对人。
民法通则	第三十八条　依照法律或者法人组织章程规定，代表法人行使职权的负责人，是法人的法定代表人。 第四十三条　企业法人对它的法定代表人和其他工作人员的经营活动，承担民事责任。
民通意见	第五十八条　企业法人的法定代表人和其他工作人员，以法人名义从事的经营活动，给他人造成经济损失的，企业法人应当承担民事责任。

【条文释解】

（一）法人通过法定代表人对外实施民事行为来实现其意思表示

法定代表人所实施的权限范围是依据法律的相关规定以及章程规定所确定的，有鉴于此，法定代表人对外实施民事活动，其所产生的法律后果由法人承担。[①] 同时法定代表人自是法人的主要负责人，在进行起诉、应诉的诉讼活动中，其代表法人来参加。故此，法定代表人基于章程以及相关的法律规定，在对外实施民事活动过程中所实施的行为而产生的法律后果，当然也要由法人来承担。

---

① 张新宝著：《〈中华人民共和国民法总则〉释义》，中国人民大学出版社 2017 年版，第 117 页。

（二）法人内部章程的限制性规定或者法律的规定不能对抗相对人

当法定代表人对外所实施的活动超出职务范畴或者超出章程及法律的规定时，法人并不承担其法定代表人超出范围的活动所产生的法律后果。但是，当相对人对于法定代表人的超出范围所实施的活动不知情时，法人不得以法定代表人实行行为超出权力范围为由主张该民事活动无效，除非对方明知或者应当知道。

本条源自《民法通则》第38条①以及《民通意见》第58条的规定②。《民法总则》将《民通意见》中的“经营活动”变更为了“民事活动”，以涵盖其他代表法人进行的民事行为；增加了“法人章程或者法人权力机构对法定代表人代表权的限制，不得对抗善意相对人。”将法定代表人对外行使的行为所产生的法律效果分成内外两种情况。

【典型案例】

寅卯市长城金属线材有限公司劳动争议案③

周某明于2005年5月进入长城公司工作，双方签订劳动合同。劳动关系存续期间，长城公司未为周某明办理并缴纳基本养老保险等各项社会保险。2015年8月15日，长城公司以企业倒闭为由，解除与周某明的劳动合同关系。

原判认为，用人单位生产经营发生严重困难，需要裁减人员20人以上或者裁减不足20人但占企业职工总数10%以上的，用人单位应提前30日向工会或者全体职工说明情况，听取工会或者职

---

① “依照法律或者法人组织章程规定，代表法人行使职权的负责人，是法人的法定代表人。”

② “企业法人的法定代表人和其他工作人员，以法人名义从事的经营活动，给他人造成经济损失的，企业法人应当承担民事责任。”

③ 审理法院：浙江省温州市中级人民法院，案号：（2016）浙03民终1222号。

工的意见后，裁减人员方案经向劳动行政部门报告，才可以裁减人员。但本案长城公司未举证证明其已经提前30天向工会或全体职工说明情况，听取工会或职工意见并向劳动行政部门报告，应认定长城公司尚未经上述法定程序，现长城公司以企业倒闭为由解除其与周某明的劳动合同关系，长城公司的行为已构成违法解除劳动合同。周某明要求长城公司支付违法解除劳动合同赔偿金，于法有据，予以支持。

【法理解读】

法定代表人系依法律或法人章程规定代表法人行使职权的负责人，对外代表法人进行民事活动。涉案书面材料涉及长城公司与员工解除劳动关系的内容，故长城公司法定代表人在该书面材料上签字确认的行为自应视为系其代表长城公司对该书面材料的确认，而非个人行为。至于长城公司现以该书面材料未经财务部门核对且未加盖公章为由，主张该书面材料不具有法律效力，缺乏法律依据。

【适用亮点】

本案中涉及法定代表人对单位员工所出具的书面辞退所产生的法律效力是否由法人承担的问题。在司法实践中，虽然对于辞退说明可能没有加盖法人公章，但是法定代表人所实施的签字行为即属于职务行为，在相关法律所规定的范围之内，其所产生的法律效力当然由法人承担。

第六十二条　【立法主旨】法定代表人民事责任的承担

【法条对比】

民法总则	第六十二条　法定代表人因执行职务造成他人损害的，由法人承担民事责任。 法人承担民事责任后，依照法律或者法人章程的规定，可以向有过错的法定代表人追偿。

民法通则	第四十三条　企业法人对它的法定代表人和其他工作人员的经营活动，承担民事责任。
民通意见	第五十八条　企业法人的法定代表人和其他工作人员，以法人名义从事的经营活动，给他人造成经济损失的，企业法人应当承担民事责任。

【条文释解】

所谓法人的法定代表人执行职务的行为，是指法定代表人在法律及法人章程规定的职权范围内，或者在法人权力机构的授权范围内，代表人从事民事活动，具体行使权利和履行义务的行为。法人也可出具书面委托书委托他人代行职务行为。但法律或者章程中规定必须由法定代表人行使的职责，不得委托他人。而所谓法定代表人的过错则是指对于他人的损失，法定代表人在主观上有故意或者过失。

在这一过程中，首先要求法定代表人的损害行为是执行职务的行为；其次要求法定代表人在主观上存在过错；再次则要求法定代表人的行为与他人的损害间有法律上的因果关系；最后即需要对此有法律或者章程的明确规定。如果法人章程中对该部分追偿内容已有明确规定，自然法人可依据章程向有关法定代表人予以追偿；如果章程未予规定，那么法人则可以依据《侵权责任法》或其他法律规定，向有关法定代表人进行追偿。

本条源于《民法通则》第43条的规定："企业法人对它的法定代表人和其他工作人员的经营活动，承担民事责任。"与《民法通则》的规定相比，本条将主体缩小限定为"法定代表人"，将"经营活动"修改为"执行职务"并新增了"追偿"的内容，进一步完善了"企业法人民事责任"的相关规定。

【典型案例】

戊家楼宾馆诉宏天宾馆房屋租赁合同纠纷案[1]

2011年12月30日，戊家楼宾馆与宏天宾馆签订的《房屋租赁合同》约定：甲方出租给乙方的房屋位于该市已阳区向军南里二巷五号1号楼，建筑面积约3500平方米，租赁房屋作为写字楼办公使用。合同签订后，宏天宾馆向戊家楼宾馆支付了租赁押金30万元。此后戊家楼宾馆以“上级集团公司工作要求和经营结构调整变化”为由，提出解除《房屋租赁合同》。宏天宾馆表示未收到该函件。

2014年5月22日，戊家楼宾馆退还宏天宾馆租赁押金30万元。戊家楼宾馆据此认为双方签订的《房屋租赁合同》已经解除，宏天宾馆对此不予认可。2014年6月4日，戊家楼宾馆书面通知宏天宾馆，以合同“显失公平”及其公司“经营结构发生变化”等理由，要求办理解除手续。宏天宾馆表示收到上述函件，不同意解除合同。

【法理解读】

法定代表人对外执行职务行为，其后果应由法人承担，公司内部对于法定代表人权限范围的限制不影响法定代表人对外履行职务行为的有效性。同时，如法定代表人因过错导致他人受损，法人承担相应赔偿责任后，可以向法定代表人追偿，但并不影响法人与第三人的权利义务关系。

本案中，原、被告之间签订的合同真实有效，虽戊家楼宾馆辩称原法定代表人与宏天宾馆私自达成租赁意向，并在公司不完全知悉合同内容的情形下签订了《房屋租赁合同》，未履行国有资产处置审批程序。但法定代表人的职务行为所产生的法律后果应由法人

---

① 审理法院：北京市朝阳区人民法院，案号：（2014）朝民初字第42772号。

承担，其职务行为无论是否有权限限制，对于善意相对人都是有效的。因此，法院不予支持戊家楼宾馆的辩称。

【适用亮点】

我国《民法通则》第43条规定："企业法人对它的法定代表人和其他工作人员的经营活动，承担民事责任。"但其仅规定了法人单独对受害人承担赔偿责任，而对于法人是否可向有过错的法定代表人追偿，并无明文规定。现《民法总则》对此作出了规定，明确了法人享有向有过错的法定代表人追偿的权利。

第六十三条 【立法主旨】法人的住所

【法条对比】

民法总则	第六十三条 法人以其主要办事机构所在地为住所。依法需要办理法人登记的，应当将主要办事机构所在地登记为住所。
民法通则	第三十九条 法人以它的主要办事机构所在地为住所。
民通意见	无

【条文释解】

（一）法人的住所即法人进行民事活动的最主要的场所

这里的住所是法律旨在使诸多民事法律关系集中固定且连接于一处而确定的地址。我国以法人的主要办事机构所在地为住所。而法人的主要办事机构则是指法人开展主要业务活动及决定和处理法人其他事务的职能机构。

（二）住所地的确定使法律关系集中于一处有利于确定权利义务以解决纠纷

法人住所地的法律意义在于：首先是诉讼管辖地的确认；其次是法律文书送达处所；最后是在一定程度上确定了法人行使民事权利和履行民事义务的法定场所。

本条源于《民法通则》第39条的规定："法人以它的主要办事机构所在地为住所。"与原《民法通则》的条文相比，本条新增了"依法需要办理法人登记的，应当将主要办事机构所在地登记为住所。"

【典型案例】

辰林（巳州）资产管理有限公司等与叶某余合同纠纷上诉案[①]

辰林（巳州）资产管理有限公司、林某凯因与叶某余合同纠纷一案，诉至巳州市下城区人民法院。辰林公司因不服一审法院管辖裁定，向该省巳州市中级人民法院提起上诉。辰林公司、林某凯上诉称，一审裁定认为合同载明的辰林公司地址为巳州市下城区文化广场环球中心36楼，该处即是辰林公司主要办事机构所在地，请求二审法院撤销一审裁定，将本案移送至巳州市该区人民法院审理。

叶某余据以起诉的《认购合同》虽约定"向合同签署地人民法院提起诉讼"，但在双方主张的合同签署地不一，且在均缺乏有效证据佐证的情况下，一审法院未以该协议管辖条款确定管辖正确。根据辰林公司的工商基本信息，案涉《认购合同》签订于2015年8月17日，该合同载明的辰林公司"公司注册/办公住址"为"该省巳州市下城区文化广场环球中心36楼"，即虽然当时辰林公司在工商注册的住所地业已变更至巳州市壬湖区下茅家埠一年有余，但辰林公司在对外经营时并未以该地址为其办公地址，而仍以"该省巳州市下城区文化广场环球中心36楼"为其"公司注册/办公住址"。

【法理解读】

本案的争议焦点是一审法院巳州市下城区人民法院是否对该案

① 审理法院：浙江省杭州市中级人民法院，案号：（2017）浙01民辖终203号。

件具有管辖权。

该案是基于双方签订的《认购合同》所引发的争议，因此双方产生的纠纷为合同纠纷。虽然双方在合同中约定“发生争议时向合同签署地人民法院提起诉讼”，但在双方主张的合同签署地不一，且均缺乏有效证据佐证的情况下，属于约定不明，不符合《民事诉讼法》第34条关于协议管辖的规定，本案应当根据《民事诉讼法》第23条的规定确定管辖。《民事诉讼法》第23条规定：“因合同纠纷提起的诉讼，由被告住所地或者合同履行地人民法院管辖。”上诉人辰林公司虽然将工商登记地址变更，但辰林公司在对外经营时并未以该地址为其办公地址，仍以原地址作为其注册地址、办公地址，因此应当认定原地址即其主要办事机构所在地为其法人住所确定管辖。

【适用亮点】

本条延续了《民法通则》中对法人住所的规定，并增加了依法需要办理法人登记的，应当将主要办事机构所在地登记为住所。同时，根据《最高人民法院关于适用〈中华人民共和国民事诉讼法〉的解释》第22条的规定：“因股东名册记载、请求变更公司登记、股东知情权、公司决议、公司合并、公司分立、公司减资、公司增资等纠纷提起的诉讼，依照民事诉讼法第二十六条规定确定管辖。”《民事诉讼法》第26条规定：“因公司设立、确认股东资格、分配利润、解散等纠纷提起的诉讼，由公司住所地人民法院管辖。”由此可见，法人住所地的确认对于法人所涉及的纠纷的管辖具有重要意义。

第六十四条　【立法主旨】法人变更登记

【法条对比】

民法总则	第六十四条　法人存续期间登记事项发生变化的，应当依法向登记机关申请变更登记。

民法通则	第四十四条第一款　企业法人分立、合并或者有其他重要事项变更，应当向登记机关办理登记并公告。
民通意见	无

【条文释解】

法人的存续期间是指法人的民事权利能力产生至消灭的时间段。法人在存续期间具有独立的民事权利能力和民事行为能力，可以实施一定的民事法律行为，享受民事权利和承担民事义务。

法人的登记事项是指法人在注册登记时应当在登记机关载明的具体事项，具体包括：法人的名称、住所、活动范围、法定代表人、性质、组织机构、财产，等等。法人的登记事项是反映法人具体性质和特征的重要内容。法人的登记事项由相关的法律或者行政法规作出具体规定。

法人的登记事项对社会公众具有公示作用，对于保证法人成立时的特定目的事业的实现、保护其他社会主体的合法权益及保护善意相对人的信赖利益，都具有重要的法律意义。

本条源于《民法通则》第 44 条第 1 款："企业法人分立、合并或者有其他重要事项变更，应当向登记机关办理登记并公告。"本条将原条文中"分立、合并或者有其他重要事项"修改为"登记事项"，增设前提"存续期间"，并删去公告的要求。

【典型案例】

恒广源工贸有限公司与杨某超、仙丙林网吧等买卖合同纠纷二审案[1]

2008 年至 2009 年，仙丙林网吧从恒广源公司购买计算机共计

---

① 审理法院：山东省潍坊市中级人民法院，案号：（2013）潍商终字第 567 号。

180 台，双方签订了计算机分期付款合同，约定采用分期付款的方式付款，范某孝对上述货款提供连带责任保证。但仙丙林网吧未按约定支付货款，至起诉之日，尚欠计算机货款 247550 元。故诉至法院，请求判令杨某超、仙丙林网吧支付货款 247550 元及利息（自起诉之日起至还款之日止，按同期银行贷款利率计算）并承担诉讼费用；范某孝对上述债务承担连带担保责任。

杨某超认为：2007 年 6 月，其已将仙丙林网吧转让给郝某经营，故对涉案的买卖合同并不知情，其也从未与恒广源公司发生过买卖计算机业务，不应承担还款责任。该案经一审程序后，杨某超、仙丙林网吧不服一审判决，上诉至市中级法院，请求改判。

二审法院认为：工商登记具有对外公示的效力，从工商登记情况来看，杨某超仍然是仙丙林网吧的投资人，双方之间的转让合同仅对双方具有约束力，对外不能对抗第三人。因此，一审依据《个人独资企业法》第三十一条的规定："个人独资企业财产不足以清偿债务的，投资人应当以其个人的其他财产予以清偿。"判决杨某超对仙丙林网吧不能清偿的债务承担责任，并无不当。

【法理解读】

法人在存续期间登记事项发生变化应当及时进行变更登记，一经登记即具备对外公示效力。法人登记，使法人登记信息对外公示，产生法律效力，利于交易相对方进行风险评估和防范。可以说，法人的登记信息是向对方是否进行交易的重要考量。如法人登记信息与实际情况严重不符，在不利于维护交易秩序稳定的同时，也极易损害其他社会主体的权益。

本案中，虽杨某超已将网吧转让给郝某经营，但工商登记仍为其本人，如果涉及公司以外的第三人而产生争议，也应以工商登记为准。而转让行为仅对合同双方具有约束力，对外不能对抗第三人。因此，法院对于杨某超辩称其因转让网吧而不应承担还款责任的理由，不予支持。

【适用亮点】

本条规定了法人在存续期间，其登记事项发生变化，应当向登记机关申请变更登记。该行为是私法行为与公法行为的结合，法人申请变更登记为私法行为，登记机关准予变更登记是公法行为。法人变更登记事项的目的在于使法人的实际情况与登记事项相符，对于保护善意相对人的权益具有重要意义。

第六十五条　【立法主旨】法人登记公信力

【法条对比】

民法总则	第六十五条　法人的实际情况与登记的事项不一致的，不得对抗善意相对人。
民法通则	无
民通意见	无

【条文释解】

本条是关于法人的实际情况与登记的事项不一致的法律后果的规定。

（一）我国登记管理机关对登记事项的真实性只进行形式审查

即使是形式审查，法律为了保护善意相对人的信赖利益，也赋予登记事项一定的公信力，符合效率和安全的价值取向。

在实践中，法人的实际情况发生变化从而与法人成立时在行政主管机关登记注册的事项发生不一致的现象时有发生。在登记事项发生变化时，法人有义务及时进行变更登记，如果未及时进行变更，法律则侧重于保护善意相对人的利益，由法人承受相关的不利后果。

（二）当法人的实际情况与登记的事项不一致时应当以登记的事项为准

在发生争议时，没有相反的证据，凡是登记于登记簿上的事项将被推定为真实的事项，法人对善意相对人的权利或者利益主张不得产生抗辩效力。这是因为善意相对人与法人之间的联系程度与其他社会人相比是最接近的，他们在交易之前对法人的实际情况不可能深入了解，或者说不可能具备客观条件去深入了解。因此，本条旨在强调信赖利益的保护。

本条为《民法总则》新增的条文，旨在当法人及其法定代表人在与他人从事民事活动中，其实际情况与该法人在登记机关登记的事项不一致时，该法人可能会以法人的实际情况与登记的事项不一致，来主张该民事活动不发生法律效力，以保障该法人的权益。在这种情况下，如果与其进行民事活动的相对人对于该情况不知情且为无过失即为善意的，该法人的实际情况与登记的事项不一致的理由，并不能对抗该善意相对人，该法人不得否认已经实施的民事活动的法律效力，而应当承受所从事的民事活动的后果。

【典型案例】

甲州京庐实业有限公司等诉顾某平等民间借贷纠纷再审案[①]

2013年5月21日，甲州京庐公司法定代表人姚某林以甲州京庐公司提交的股东会决议上该公司的公章是伪造的为由，要求原丁中工商局撤销2011年12月28日作出的准予变更登记行为。2013年11月11日，原丁中工商局经审查作出丁工商〔2013〕××414号《行政处罚决定书》，认为：戊州京庐公司提交的变更登记申请材料上加盖的甲州京庐公司的公章印文与公安机关备案的公章印文不一致，属情节严重，根据2013年修改前的《公司法》第199条的

① 审理法院：江苏省苏州市虎丘区人民法院，案号：（2014）虎民再初字第0008号。

规定，决定撤销戊州京庐公司于2011年12月28日取得的法定代表人及股东变更登记。李某清不服提出复议申请，戊州市工商行政管理局于2014年3月26日作出工商复字〔2013〕027号《行政复议决定书》，决定维持丁中工商局的《行政处罚决定书》。

法院审理中认为：工商登记中的法定代表人对外具有公示效力，如涉及第三人因公司实际情况与工商登记事项不一致而引发纠纷，应以工商登记为准。丁中工商局于2011年11月28日核准戊州京庐公司法定代表人变更为李某清，到2013年11月11日作出撤销变更登记的决定。在此期间李某清为工商登记对外公示的合法的公司法定代表人，而原审诉讼即发生在此期间，此期间内李某清作为甲州京庐公司的法定代表人参加诉讼是可以的。

【法理解读】

本条文旨在保护善意相对人的信赖利益。在实践中，市场交易情况复杂，要求涉及公司以外的第三人耗费大量的人力物力资源去查清对方公司的真实情况是不现实的，而且也不可能完全详细地掌握对方公司的真实情况。同时，在追求效率与时间的交易市场中，如果让善意的相对人承担的调查甄别责任过大，也不利于交易的公平性，大大增加了交易成本。

因此，在涉及公司以外的第三人的纠纷中，需要侧重保护善意相对人对工商登记事项的信赖利益。

【适用亮点】

实践中，如果在交易中涉及公司以外第三人，则要遵循商事外观主义原则，侧重保护外部第三人对登记内容的信赖。因此，一方实际情况与工商登记事项不一致，而导致一方利益受损，即可适用本法条来保护善意一方的信赖利益。

第六十六条　【立法主旨】登记机关公示义务

【法条对比】

民法总则	第六十六条　登记机关应当依法及时公示法人登记的有关信息
民法通则	无
司法解释	无

【条文释解】

本条规定了登记机关应当依法及时公示法人登记的有关信息。

这里所谓法人的登记机关是指，代表国家对法人进行管理和监督的国家行政主管机关。依照法律规定，需要注册登记的法人，应向登记机关提交有关书面材料，由登记机关进行审查，依据法律规定的条件和程序，作出是否予以批准的决定。在登记完成后，登记机关应当对法人条件的书面材料予以备案，就法人的有关信息予以公告，供社会公众查阅。

而所谓公示是指法人成立、变更或者终止时，须将法人变动的事实通过一定的公示方法向社会公开，从而使社会上不特定的第三人知道或者应当知道法人变动的情况，以避免第三人的信赖利益遭受损害并保护交易安全。

本条为《民法总则》新增条文，本条实际上是一条给登记机关设定行政作为义务的条款。民法单独对此作出规定，意在对相对人的信赖利益进行保护。因此，登记机关对法人登记信息的公开应当遵循及时、全面、公开的原则。

【典型案例】

王某蓉诉成都市武侯区行政审批局登记纠纷案①

2015年6月9日，优巳公司书面指定陈某向工商局提交了公司登记（备案）申请书，股东会决议，指定代表或者共同委托代理人授权委托书，法定代表人信息，董事、监事、经理信息，股权转让协议书、新股东王某蓉身份证复印件，公司章程修正案，公司营业执照。

2015年6月12日，工商局依法受理并作出准予登记决定，并于当日发出企登办结字〔2015〕第015435号企业登记决定通知书，之后将王某蓉登记为该公司法定代表人及股东。后王某蓉查询工商行政登记档案得知其被登记为优巳公司股东及法定代表人，遂以优巳公司工商登记档案中“王某蓉”的签名均系伪造为由，诉至法院，诉请撤销被告区行政审批局对优巳公司的工商登记行政行为。

法院经审理认为：根据《行政许可法》第34条“行政机关应当对申请人提交的申请材料进行审查。申请人提交的申请材料齐全、符合法定形式，行政机关能够当场作出决定的，应当当场作出书面的行政许可决定。根据法定条件和程序，需要对申请材料的实质内容进行核实的，行政机关应当指派两名以上工作人员进行核查”的规定，工商局在受理优巳公司变更申请时，对申请材料进行了书面审查，在材料齐全、符合法定形式的情况下当场作出了决定，符合法律规定，故其作出行政行为的程序合法。

但优巳公司变更登记时提交的申请材料中《公司登记（备案）申请书》、《股东会决议》“王某蓉”的签名系伪造，其将王某蓉登记为公司股东及法定代表人的行为，应被依法撤销。

---

① 审理法院：成都市武侯区人民法院，案号：（2016）川0107行初4号。

【法理解读】

工商登记机关对当事人提交的材料是有审查义务的，但是工商管理部门针对公司登记申请材料只实行形式审查，并不对申请人提供材料的真实性负责。

本案中工商登记机关在对当事人提供的材料审查后，确认其符合法定形式准予变更登记是合法的。但是，鉴于本案中所提交的材料当中的签名系伪造，并非当事人的真实意思表示，欠缺真实性。因此，此行为应依法予以撤销。

【适用亮点】

登记机关应当依法对法人的事项进行及时公开的登记和公示，该条规定了登记机关负有上述义务。如登记机关在登记公示时未尽到法定审查义务，相关利害关系人可以提起行政诉讼，依法予以撤销。

第六十七条　【立法主旨】法人合并、分立后权利义务的承担

【法条对比】

民法总则	第六十七条　法人合并的，其权利和义务由合并后的法人享有和承担。 法人分立的，其权利和义务由分立后的法人享有连带债权，承担连带债务，但是债权人和债务人另有约定的除外。
民法通则	第四十四条第二款：企业法人分立、合并，它的权利和义务由变更后的法人享有和承担。
民通意见	无

【条文释解】

本条对法人合并与分立的情况下权利义务的承担作出了规定。

（一）法人的合并是指两个以上的法人合并为一个法人

法人的合并分为两种类型：

1. 新设合并。即创设合并，是指两个以上的法人，在平等协商的基础上达成合并协议，合并为一个新的法人后，原法人人格归于消灭，所有权利义务都归于新法人承受。

2. 吸收合并。即存续合并，是指一个或多个法人归入一个现存的法人之中，被合并的法人主体资格归于消灭，存续的法人主体资格仍然存在。

（二）法人的分立是指一个法人分立成为两个或两个以上的新法人

法人分立也分为两种类型：

1. 新设分立。即创设分立，是指原来的法人分立成为两个或两个以上具有民事主体资格的新的法人，原法人主体资格归于消灭。

2. 派生分立。即存续分立，是指原法人资格仍然存在，但从原法人中分立出一个或多个新的法人，其权利义务的继承，依合同约定或章程规定。

（三）法人变动中概括承受的连带责任

连带债权是指债权人一方当事人为多数，且多数人一方的各当事人都有权请求对方履行全部或者部分债务，全部债权债务关系因债权的全部满足而消灭的债权。连带债务是指债务人一方当事人为多数，因全体债务人之间存在有连带关系，各债务人都负有全部或者部分偿付的义务，债务人中的一人或数人的完全偿付，对全体债务人生效，因而导致全部债的关系消灭的债务。

本条来源于《民法通则》第44条第2款："企业法人分立、合并，它的权利和义务由变更后的法人享有和承担。"本条将合并分立设为两款，并增加了法人分立债权债务承担的例外情形即债权人和债务人另有约定的除外。

【典型案例】

陈某固与广东申江医院有限公司民间借贷纠纷案[1]

2010年6月23日，原辛业公司以需资金周转为由向陈某固借款100万元，并向陈某固出具借据一份，载明“兹我辛业实业投资有限公司因资金周转需要现向陈某固借款人民币壹佰万元正，借款期限为三个月，借款利息按银行利率计算，到期一次还本付息”。

2010年10月26日，原辛业公司与申江医院签订《公司合并协议》，约定原辛业公司以吸收合并方式并入申江医院，合并后，原辛业公司所有资产、债权、债务均由申江医院承担。申江医院于2010年10月28日在南亥日报刊登了吸收合并公告。2010年12月22日，原辛业公司办理了吸收合并后的企业注销登记手续。2012年8月20日，申江医院向陈某固偿还了借款本金100万元，但未支付借款利息。陈某固于2014年4月29日委托律师向申江医院邮寄律师函催收上述借款利息未果，遂于2014年6月12日提起诉讼。

法院经审理认为：原告陈某固与原辛业公司的民间借贷关系，合法有效；被告申江医院在吸收合并原辛业公司后，依法对外承担原辛业公司的相应债务，被告于2012年8月20日以自己的名义向原告偿还了本案借款本金100万元，显示其亦同意承担本案债务。

故判令被告申江医院有限公司应自判决发生法律效力之日起三日内，向原告陈某固支付借款利息人民币105255.89元。

【法理解读】

法人的合并、分立是实践中较为常见的情况，但也容易出现纠纷。法人的合并、分立，除了其相应的财产权归变更后的法人承受

---

① 审理法院：广东省佛山市城区人民法院，案号：（2014）佛顺法良民初字第1138号。

外，原法人的债权、债务也由变更后的法人享有和承担。

本法条明确了法人合并、分立后权利义务的承担，对于维护社会和经济秩序具有积极作用。案涉申江医院吸收合并原辛业公司后，承担了对原辛业公司债务的清偿责任，后根据案情显示其亦同意承担本案债务。因此，法院判决被告申江医院支付借款利息并无不当。

【适用亮点】

原《民法通则》条文仅规定法人合并、分立后，它的权力义务由变更后的法人承担，较为笼统。《总则》中本条规定与原条文相比，除明确了合并、分立的不同情形外，也体现了当事人意思自治的原则，充分保障了当事人的契约自由。

第六十八条　【立法主旨】法人终止原因

【法条对比】

民法总则	第六十八条　有下列原因之一并依法完成清算、注销登记的，法人终止： （一）法人解散； （二）法人被宣告破产； （三）法律规定的其他原因。 法人终止，法律、行政法规规定须经有关机关批准的，依照其规定。
民法通则	第四十五条：企业法人由于下列原因之一终止： （一）依法被撤销； （二）解散； （三）依法宣告破产； （四）其他原因。
民通意见	无

【条文释解】

本条第 1 款规定了法人终止的原因；第 2 款是法人终止依法须经批准的，依照其规定的指引性规定。

（一）法人的终止是指法人作为民事主体的资格消灭

法人的终止意味着其不再具有民事权利能力和民事行为能力，终止后的法人不能再以法人的名义对外从事民事活动。

（二）法人解散和破产是法人终止的主要原因

《民法总则》第 69 条规定了法人解散的主要原因：一是法人章程规定的存续期间届满或者法人章程规定的其他解散事由出现；二是法人的权力机构决议解散；三是因法人合并或者分立需要解散；四是法人依法被吊销营业执照、登记证书，被责令关闭或者被撤销；五是法律规定的其他情形。在上述五种情形下，法人解散。

（三）法人终止须经法定程序

法人终止时，除法律行政法规规定的须经有关机关批准才可终止的企业法人外，大部分法人须经下列三项程序：一是出现了法定终止的原因；二是依法完成清算程序；三是进行注销登记程序。企业法人在完成上述三项程序后，法人资格终止，法人消灭。

本条源于《民法通则》第 45 条规定："企业法人由于下列原因之一终止：（一）依法被撤销；（二）解散；（三）依法宣告破产；（四）其他原因。"本条删去了原条文第 1 项情形即依法被撤销，并新增了法人终止时须经的法定程序。

【典型案例】

公司申请破产清算纠纷再审案①

2008 年 8 月 28 日，中马甲友公司正式注册设立，注册资金 550 万，两个股东分别为大乙医药公司和香港丙晖公司，各出资

① 审理法院：黑龙江省高级人民法院，案号：（2014）黑涉港商终字第 5 号。

275万元。该公司工商登记中记载股东香港丙晖公司及其法定代表人李某胜出具“法律文件送达授权委托书”，授权余某庆为香港丙晖公司及其法定代表人李某胜在中国内地法律文件、文书接收人。该公司章程第二十一条规定“董事会每年召开一次”，第二十六条规定“出席董事会会议的法定人数为全体董事的三分之二以上，否则通过的决议无效”。2012年9月29日，大乙公司以经营中合资双方发生矛盾，中马甲友公司经营管理出现严重困难，继续存续会使股东利益遭受重大损失，且中马甲友公司工商登记执照已被该市工商局予以吊销，请求法院判令解散中马甲友公司。

法院经审理认为：中马甲友公司已被吊销营业执照，属于被行政机关强制解散的情形，其依照法律规定不得再开展经营活动，亦丧失了依据《公司法》第一百八十二条之规定，由法院审查该公司经营管理是否陷入僵局及是否应予解散之基础。在此情形下，大乙医药公司已不享有依照《公司法》第一百八十二条规定诉请解散中马甲友公司的权利。判决：驳回大乙医药有限责任公司申请解散中马甲友生物科技有限公司的起诉。

【法理解读】

中马甲友公司已被吊销营业执照，属于被行政机关强制解散的情形，其依照法律规定已不得再开展经营活动，亦因此丧失了由法院审查该公司经营管理是否陷入僵局及是否应予解散之基础。《最高人民法院关于企业法人营业执照被吊销后，其民事诉讼地位如何确定的复函》中规定：“……企业法人被吊销营业执照后，应当依法进行清算，清算程序结束并办理工商注销登记后，该企业法人才归于消灭。因此，企业法人被吊销营业执照后至被注销登记前，该企业法人仍应视为存续，可以自己的名义进行诉讼活动……”

故依照《公司法》第180条、第183条的规定，中马甲友公司被吊销营业执照属于公司解散的法定事由，中马甲友公司应当在被吊销营业执照之日起十五日内成立清算组开始清算。如未能自行成立清算组进行清算，债权人和公司股东可以依照《最高人民法院关于适用〈中华人民共和国公司法〉若干问题的规定（二）》第 7 条之规定，申请人民法院指定清算组进行清算。

【适用亮点】

本条在《民法通则》第 45 条的基础上，将原条文第 1 款依法被撤销的情形纳入《民法总则》第 69 条当中。

鉴于吊销企业法人营业执照，是工商行政管理机关依据国家工商行政法规对违法的企业法人作出的一种行政处罚，属于行政法律关系范畴；而在没有完成清算程序并办理注销登记前，企业法人的民事权利能力和民事行为能力并未完全消灭，但这是民事法律关系的具体内容。在这种情况下，已经被吊销企业法人营业执照的企业法人是可以作为诉讼主体应诉出庭的。作为清算的题中应有之意，利害关系人亦可以申请人民法院指定有关人员组成清算组进行清算。

第六十九条　【立法主旨】法人解散的事由

【法条对比】

民法总则	第六十九条　有下列情形之一的，法人解散： （一）法人章程规定的存续期间届满或者法人章程规定的其他解散事由出现； （二）法人的权力机构决议解散； （三）因法人合并或者分立需要解散； （四）法人依法被吊销营业执照、登记证书，被责令关闭或者被撤销； （五）法律规定的其他情形。
民法通则	无
民通意见	无

【条文释解】

（一）法人解散是指由于法人章程或者法律规定的事由出现

这将致使法人不能继续存在，从而停止积极活动，开始整理财产关系的程序。解散是法人终止的事由之一，在经过清算程序之后，法人资格才完全终止。

（二）法人章程规定的存续期间届满或者法人章程规定的其他解散事由出现

这是指法人章程中规定的存续期间届满，而法人又未形成延续存续期间的决议，法人应当解散。同时，当出现了法人章程中所预先约定的其他解散事由时，法人也应解散。

（三）法人的权力机构决议解散

这是指法人的权力机构如果认为法人没有存在的必要，为了自身的权益得到保护，可以经法定程序而决议解散法人。如在有限责任公司中经持有2/3以上表决权的股东通过；股份有限公司则经出席股东大会的股东所持表决权的2/3通过，即可作出决议解散公司。

（四）合并或者分立需要解散的

这是指在法人合并中以新设方式合并的，合并各方法人均解散；以吸收方式合并的，则吸收法人存续，被吸收法人解散。当法人分立时，以新设方式分立的原法人解散；以派生方式分立的，无须解散任何一方法人。

（五）法人依法被吊销营业执照、登记证书，被责令关闭或者被撤销

这是指在法人的存续期间，法人被吊销营业执照或者登记证书，被责令关闭，被撤销，上述情形都消灭了法人资格，都需解散法人。如违反《刑法》规定，实施单位犯罪等情形。

（六）法律规定的其他情形

这是指当法人的设立人或者其他对法人资格的存在与否具有决定权的法人成员，认为法人的存续会使其利益遭受损害，即可通过

法定程序决议解散；或成立法人是为完成特定的目的，该目的已实现且无存续必要或者法人的目的已经确定无法实现的，也可经法定程序决议解散。

本条为《民法总则》新增条文，其借鉴了《公司法》第180条的规定修改而成，① 规定了五种法人解散的法定情形。

【典型案例】

林某清诉巳戊市凯莱实业有限公司、戴某明公司解散纠纷案②

凯莱公司成立于2002年1月，林某清与戴某明系该公司股东，各占50%的股份，戴某明任公司法定代表人及执行董事，林某清任公司总经理兼公司监事。凯莱公司章程明确规定：股东会的决议须经代表1/2以上表决权的股东通过，但对公司增加或减少注册资本、合并、解散、变更公司形式、修改公司章程作出决议时，必须经代表2/3以上表决权的股东通过。股东会会议由股东按照出资比例行使表决权。自2006年起，林某清与戴某明两人之间的矛盾逐渐显现。此后林某清委托律师向凯莱公司和戴某明发函称，因股东权益受到严重侵害，林某清作为享有公司股东会1/2表决权的股东，已按公司章程规定的程序表决并通过了解散凯莱公司的决议，要求戴某明提供凯莱公司的财务账册等资料，并对凯莱公司进行清算。

本案中，凯莱公司仅有戴某明与林某清两名股东，两人各占50%的股份，凯莱公司章程规定"股东会的决议须经代表1/2以上表决权的股东通过"，且各方当事人一致认可该"1/2以上"不包

---

① 第180条规定："公司因下列原因解散：（一）公司章程规定的营业期限届满或者公司章程规定的其他解散事由出现；（二）股东会或者股东大会决议解散；（三）因公司合并或者分立需要解散；（四）依法被吊销营业执照、责令关闭或者被撤销；（五）人民法院依照本法第一百八十二条的规定予以解散。"

② 最高人民法院指导案例第8号。

括本数。因此，只要两名股东的意见存有分歧、互不配合，就无法形成有效表决，显然影响公司的运营。凯莱公司已持续4年未召开股东会，无法形成有效股东会决议，也就无法通过股东会决议的方式管理公司，股东会机制已经失灵。执行董事戴某明作为互有矛盾的两名股东之一，其管理公司的行为，已无法贯彻股东会的决议。林某清作为公司监事不能正常行使监事职权，无法发挥监督作用。由于凯莱公司的内部机制已无法正常运行、无法对公司的经营作出决策，即使尚未处于亏损状况，也不能改变该公司的经营管理已发生严重困难的事实。另外，由于凯莱公司的内部运营机制早已失灵，林某清的股东权、监事权长期处于无法行使的状态，其投资凯莱公司的目的无法实现，利益受到重大损失，且凯莱公司的僵局通过其他途径长期无法解决。

综上所述，凯莱公司已符合公司法所规定的股东提起解散公司之诉的条件。二审法院依法撤销一审判决，依法改判解散凯莱公司。

【法理解读】

依照《公司法》第182条的规定："公司经营管理发生严重困难，继续存续会使股东利益受到重大损失，通过其他途径不能解决的，持有公司全部股东表决权百分之十以上的股东，可以请求人民法院解散公司。"公司经营管理是否发生严重困难，不应仅局限于公司是否资金不足或长期亏损，更重要的是公司的治理结构是否可以正常运转。所以，如果公司长期无法形成有效决议，无法保障股东权益，经由符合法定条件的股东起诉，法院自可以依法解散公司。本案中既然公司已无法实施正常的运营管理机制，公司成立的目的也无法实现。法院改判解散凯莱公司并无不当。

【适用亮点】

本条借鉴《公司法》第180条，满足该条规定情形的，法人应当解散。需要注意的是本条第2项，属于实践中出现纠纷较多的情形。除这条规定外，股东还可依据《公司法》相关规定，提起解散公司之诉。

第七十条 【立法主旨】法人解散后的清算

【法条对比】

民法总则	第七十条 法人解散的，除合并或者分立的情形外，清算义务人应当及时组成清算组进行清算。 法人的董事、理事等执行机构或者决策机构的成员为清算义务人。法律、行政法规另有规定的，依照其规定。 清算义务人未及时履行清算义务，造成损害的，应当承担民事责任；主管机关或者利害关系人可以申请人民法院指定有关人员组成清算组进行清算。
民法通则	第四十七条 企业法人解散，应当成立清算组织，进行清算。企业法人被撤销、被宣告破产的，应当由主管机关或者人民法院组织有关机关和有关人员成立清算组织，进行清算。
民通意见	无

【条文释解】

本条有3款。第1款规定了法人解散，除合并分立外，清算义务人应当及时组成清算组进行清算；第2款规定了清算义务人构成人员；第3款规定了清算义务人未及时履行清算义务，主管机关或利害关系可申请法院指定人员组成清算组清算。

（一）清算与清算组

清算是指法人在终止前，应当对其财产进行清理，对债权债务关系进行了结，终结法人的一切法律关系的程序。法人解散时，除合并或者分立的情形外，应当组成清算组进行清算。

清算组是指在法人清算中，旨在清算法人债权、债务而专门设立的从事清算活动的组织，其负责对终止的法人的财产进行保管、清理、估价、处理和清偿。

（二）我国清算人的选定

清算义务人则是指对法人的清算负有义务的主体，包括法人的董事、理事等执行机构的成员。清算人的选定主要有以下两种形式：

1. 清算法人成立清算组织。在法人因解散而终止的情况下，由法人自行成立清算组织，清算义务人的选任由法人的权力机构决定。我国《公司法》中规定，有限责任公司的清算组由股东组成，股份有限公司的清算组由董事或股东大会确定的人员构成。

2. 由主管机关或人民法院组成的清算组织。法人因被撤销、被宣告破产而终止的，应当由主管机关或人民法院组织有关机关和有关人员成立清算组织进行清算。《民通意见》第59条规定："企业法人解散或被撤销的，应当由其主管机关组织清算组进行清算。企业法人被宣告破产的，应当由人民法院组织有关机关和有关人员成立清算组织进行清算。"从上述规定可知，不同的解散事由决定了不同的清算组织成员构成。

本条第3款规定了，清算义务人在清算中未及时履行义务的，给债权人或相关利害关系人造成损害的，应当承担相应的民事责任。同时也规定了，主管机关或者利害关系人可以申请人民法院指定有关人员组成清算组进行清算。

本条源于《民法通则》第47条规定："企业法人解散，应当成立清算组织，进行清算。企业法人被撤销、被宣告破产的，应当由主管机关或者人民法院组织有关机关和有关人员成立清算组织，进行清算。"本条明确了除法人合并、分立的情形外应当组成清算组清算，同时规定了清算义务人的人员构成、清算义务人未及时履行义务的赔偿责任以及相关的救济程序。

【典型案例】

董某伟等诉胡某付等清算责任纠纷案①

2011年3月20日，原告与鹏远公司签订《委托经营管理合同》，约定原告将其拥有的位于云南省腾甲县"翡翠小区"48栋1层1号房（酒店名：翡翠阳光尚居）建筑面积50平方米的房屋委托给丁远公司作为酒店统一经营管理，委托经营期限10年，自2011年10月1日起至2021年9月30日止。同日，原告董某伟与第三人云南官房腾甲开发有限公司签订《商品房购销合同》，约定原告向第三人购买腾甲翡翠小区二期48栋1层1号房，总价款为90000元。此后原告履行了支付购房款的义务，第三人已履行交付房屋及办理产权证的义务。

鹏远公司于2010年6月22日成立，注册资本100万元，股东为胡某付、王某，胡某付出资比例为80%，王某出资比例为20%。2011年8月1日，股东胡某付、王某召开股东会决议：一、决定解散公司。二、成立公司清算组。清算组成员由胡某付、王某组成，并由胡某付担任清算组负责人。三、全权委托本公司员工刘某鹰办理公司注销登记。2011年8月24日，鹏远公司在《云南经济日报》刊登注销公告内容为：鹏远公司2011年8月1日已经公司股东会会议解散，并成立清算组，请公司债权人自本公告发出之日起45日内向公司清算组申报债权，逾期未申报债权的，视为放弃此权利。2011年10月8日，清算组成员胡某付、王某确认通过《云南鹏远酒店管理有限公司清算报告》，确认公司无债权、债务，公司资产总额为977800元，剩余财产按股东出资比例分分配。胡某付：782240元；王某：195560元。截至2011年10月8日，公司债权债务已清算完毕，剩余财产已分配完毕，实收资本为零。鹏

① 审理法院：昆明市盘龙区人民法院，案号：（2016）云0103民初3437号。

远公司于2011年10月14日注销。

被告胡某付、王某在公司注销后依然按照合同约定向原告支付了一年的租金，对鹏远公司尚有未履行完毕的合同是明知的，被告胡某付、王某故意编制虚假的清算报告注销公司，给原告造成的损失应承担赔偿责任。公司经普通清算而注销的前提是其债权人应当能全额获得清偿，如果存在债权人不能全额得到清偿的情况，则公司清算应当转为破产清算，因清算组未依法履行职责而未能清偿的债务即为债权人的损失，清算组应当全额予以赔偿，而且不仅仅以清算所得剩余财产数额或公司注册资本额为限进行赔偿，对被告的主张，法院不予支持。

【法理解读】

本案原、被告双方签订的《委托经营管理合同》期限为10年，自2011年10月1日起至2021年9月30日止，被告胡某付、王某在明知公司尚有未履行完毕的《委托经营管理合同》，债权债务尚未清理完毕的情况下，以虚假的《云南鹏远酒店管理有限公司清算报告》注销鹏远公司。根据《公司法》第190条的规定：清算组成员应当忠于职守，依法履行清算义务。清算组成员不得利用职权收受贿赂或者其他非法收入，不得侵占公司财产。清算组成员因故意或者重大过失给公司或者债权人造成损失的，应当承担赔偿责任。对原告要求被告胡某付、王某承担因合同不能继续履行造成的经济损失的诉讼请求，法院应当予以支持。双方签订的《委托经营管理合同》性质为租赁合同，现鹏远公司因丧失主体资格不能继续履行合同，清算组成员应向原告返还租赁物，支付实际占有租赁物期间的租金。

【适用亮点】

该条除源于《民法通则》第47条的规定外，还借鉴了《公司法》第183条的规定，增加了清算义务人人员构成及怠于履行义务的责任。在适用上，该条对原条文的内容进行了补充，较原条文适用更为具体。

第七十一条　【立法主旨】清算适用的法律依据

【法条对比】

民法总则	第七十一条　法人的清算程序和清算组职权，依照有关法律的规定；没有规定的，参照适用公司法的有关规定。
民法通则	无
司法解释	无

【条文释解】

（一）清算程序

是指在法人解散的清算过程中，按照有关法律、法规的规定应该经过的具体步骤。法人因破产进入清算，除适用破产清算程序外的其他清算，如没有规定的，参照《公司法》的有关规定进行。

（二）法人的清算须严格按照法律规定的程序进行

法人解散事由出现之日起 15 日内成立清算组，正式进入实质性清算程序。开始清算程序后，清算组通知或公告债权人申报债权，开始清理公司财产。之后清偿债权债务，并分配剩余财产。

（三）清算人的职责

主要包括：第一，处理法人事务，如清理财产、整理账目、编造资产负债表和财产目录。第二，收取债权、清偿债务。对法人的到期债权进行收取，对法人的债务予以清偿。第三，移交剩余财产，将财产移交于有权获得的人。第四，代表法人参加民事诉讼。

（四）法律适用参照的规定

对于法人的清算程序和清算组职权，没有相关法律规定可依照的，可以参照适用《公司法》的有关规定。如《公司法》第 184 条规定："清算组在清算期间行使下列职权：（一）清理公司财产，分别编制资产负债表和财产清单；（二）通知、公告债权人；（三）处理与清算有关的公司未了结的业务；（四）清缴所欠税款以及清算过程中产生的税款；（五）清理债权、债务；（六）处理公司清偿债务后的剩余财产；（七）代表公司参与民事诉讼活动。”

本条为《民法总则》新增条文，对法人的清算程序及清算组职权作出了规定，即有法律规定的适用法律，如果没有的，参照《公司法》相关规定。

【典型案例】

闽发证券有限责任公司与北京辰达科技投资有限公司、上海元盛投资管理有限公司、上海全盛投资发展有限公司、深圳市天纪和源实业发展有限公司合并破产清算案[①]

申请人闽发证券有限责任公司清算组于2008年7月5日以被申请人闽发证券有限责任公司资不抵债，不能清偿到期债务为由，向福州市中级人民法院申请宣告闽发证券破产还债，并申请将上海元盛投资管理有限公司、上海全盛投资发展有限公司、北京辰达科技投资有限公司、深圳市天纪和源实业发展有限公司纳入闽发证券破产清算程序，合并清算。经查，被申请人上海元盛、上海全盛、北京辰达、深圳天纪和源均是闽发证券为逃避监管，借用他人名义设立的重要关联公司，其注册资本来源于闽发证券，经营场所与闽发证券的分支机构相同。闽发证券违反法律和法规的规定，通过四家关联公司在账外进行委托理财、国债回购及投资、融资等活动。四家关联公司名下的资产主要为根据闽发证券的安排开展证券自营业务形成的股票，公司的基本负债系因与闽发证券资金往来而形成。四家关联公司与闽发证券在资产和管理上严重混同，公司治理结构不完善，是闽发证券从事违法违规经营活动的工具。

法院经审理认为：四家关联公司虽然为形式上的独立法人，但根据以上事实分析，四家关联公司实际上是闽发证券开展违规经营

① 《中华人民共和国最高人民法院公报》2013年第11期。

活动的工具，不具备独立的法人人格，不具备分别进行破产清算的法律基础。

【法理解读】

关联公司资产混同、管理混同、经营混同以致无法个别清算的，可将数个关联公司作为一个企业整体合并清算。法院对清算工作的职责定位为监督和指导，监督是全面的监督，指导是宏观的指导，不介入具体清算事务以保持中立裁判地位。从破产衍生诉讼中破产企业方实际缺位、管理人与诉讼对方不对称掌握证据和事实的实际情况出发，不简单适用当事人主义审判方式，而是适时适度强化职权主义审判方式的应用。

本案中，四家关联公司虽形式上各为独立法人，但其实均是闽发证券开展违规经营活动的工具。因此，四家公司在资产上严重混同，应当与闽发证券一并破产，合并清算。

【适用亮点】

本条为新增条文，针对法人的清算程序和清算组职权的法律依据，抽象地作出了授权性规定，即有法律规定的适用法律规定，没有法律规定或规定不明确的参照《公司法》有关规定。

第七十二条　【立法主旨】清算的法律后果

【法条对比】

民法总则	第七十二条　清算期间法人存续，但是不得从事与清算无关的活动。 法人清算后的剩余财产，根据法人章程的规定或者法人权力机构的决议处理。法律另有规定的，依照其规定。 清算结束并完成法人注销登记时，法人终止；依法不需要办理法人登记的，清算结束时，法人终止。

民法通则	第四十条　法人终止，应当依法进行清算，停止清算范围外的活动。 第四十六条　企业法人终止，应当向登记机关办理注销登记并公告。
民通意见	无

【条文释解】

本条有关剩余财产的处理及法人终止的规定，涉及清算期间法人的民事权利能力问题。

（一）清算期间法人是具有部分民事权利能力的主体

本条第1款其实即规定了，法人未经清算，不得消灭，在此期间的法人仍然是具有民事权利能力和民事行为能力的民事主体。仅仅是出于对第三人利益保护的考虑，法律对清算期间法人权利能力才作出相应的限制，即进入清算程序的法人只享有部分民事权利能力，并受到一定限制，即只能为与清算有关的行为，不得进行其他非以清算为目的之法律行为。

（二）法人清算的主要内容

《公司法》第184条规定，法人清算包括：其一，清理公司财产，分别编制资产负债表和财产清单；其二，通知、公告债权人；其三，处理与清算有关的公司未了结的业务；其四，清缴所欠税款以及清算过程中产生的税款；其五，清理债权、债务；其六，处理公司清偿债务后的剩余财产；其七，代表公司参与民事诉讼活动。这就是说，清算中的法人对上述活动仍然享有民事权利并承担民事义务，而超出该范围，法人即不再享有民事权利和负担民事义务。

本条第2款作出了对剩余财产处理的规定。法人清算后，可能还剩余部分财产。对于这部分财产，法律另有规定的，应当按照相应法律规定进行处理。如无规定，则按照法人章程的规定或法人权力机构的决议处理。

（三）法人清算终结的规定

本条第 3 款规定了清算终结，其是指法人的清算组织依法履行了清算程序，完成了清算任务清算终结后，应当向登记机关办理注销登记并予以公告，此登记一经完成，法人人格归于消灭。如果该法人依法不需要办理注销登记的，在其清算终结时，该法人终止。

本条来源于《民法通则》第 40 条规定："法人终止，应当依法进行清算，停止清算范围外的活动。"第 46 条规定："企业法人终止，应当向登记机关办理注销登记并公告。"该条较原《民法通则》相比，增加了法人清算后剩余财产的处理规定，明确了清算期间法人仍然具有部分民事权利能力，并增加了法人清算终结后办理注销登记的例外情形。

【典型案例】

钱某宇与钱某寿其他与公司有关的剩余财产分配纠纷案①

1999 年 11 月 4 日，辰海顺公司与巳环宇公司共同设立中外合资经营企业即午海达公司，注册资本为 50 万美元，原告为法定代表人。2011 年，该公司董事会达成解散并清算公司决议，决议经市商务局同意后该公司成立清算组，发出清算公告，对辰海达公司进行清算。2011 年 8 月 24 日，该公司被工商部门准予注销登记。

2011 年 3 月 17 日形成的该公司清算报告中载明公司清偿债务后的剩余财产依照《公司法》按股东出资比例已分配结束，剩余净资产人民币××元，其中，货币人民币××元。根据各股东协商，对公司剩余净资产分配如下：辰海顺公司货币资产人民币××元；巳环宇公司货币资产人民币××元。2011 年 11 月 25 日，巳环宇公司给辰海顺公司出具《关于"午海达制品"财产分配的有关声明》一份，内容：巳环宇公司与辰海顺公司系午海达公司的股东，出资

---

① 审理法院：上海市浦东新区人民法院，案号：（2016）沪 0115 民初 14053 号。

比例分别为22%和78%。2011年3月17日，环宇公司与海顺公司就海达公司的解散达成一致意见，形成了有关清算等事项的决议。2011年11月15日，巳环宇公司收到了清算剩余财产分配的全部款项共人民币××元，同时巳环宇公司声明，原午海达公司名下剩余的财产（包括坐落于上海市浦东新区歇浦路×××号×××室的房地产）均归辰海顺公司所有。

法院经审理认为：根据公司法的相关规定，公司解散清算的，清偿公司债务后的剩余财产，有限责任公司按照股东的出资比例分配。故判决，确认坐落于上海市浦东新区歇浦路×××号×××室的房屋归原告钱某宇与被告钱某寿按份共有，其中，原告钱某宇占有40%份额，被告钱某寿占有60%份额。

【法理解读】

根据午海达公司的清算报告，午海达公司的剩余财产应在辰海顺公司和巳环宇公司之间进行分配。根据原、被告的陈述，虽然案涉房屋的分配问题，并未在清算报告中体现，但巳环宇公司已作出声明，确认该房地产归辰海顺公司所有，此系民事主体在分配剩余财产上的意思自治，故从权利归属上，案涉房地产应当归辰海顺公司所有。

现辰海顺公司已注销，包括案涉房地产在内的剩余财产理应在原、被告之间进行分配。鉴于原、被告对辰海顺公司的出资比例分别为40%、60%，可以确认案涉房地产由原、被告按份共有，其中，原告占有40%份额，被告占有60%份额。

【适用亮点】

本条来源《民法通则》第40条、第46条，新增了关于清算后剩余财产的分配。关于剩余财产的分配，法律另有规定的，按照法律规定处理。如无规定，应当根据法人章程的规定或者法人权力机构的决议，对剩余财产进行分配。

第七十三条 【立法主旨】法人破产

【法条对比】

民法总则	第七十三条 法人被宣告破产的，依法进行破产清算并完成法人注销登记时，法人终止。
民法通则	第四十六条 企业法人终止，应当向登记机关办理注销登记并公告。 第四十七条 企业法人解散，应当成立清算组织，进行清算。企业法人被撤销、被宣告破产的，应当由主管机关或者人民法院组织有关机关和有关人员成立清算组织，进行清算。
民通意见	无

【条文释解】

破产清算是指宣告股份有限公司破产以后，由清算组接管公司，对破产财产进行清算、评估和处理、分配。清算组由法院依据有关法律的规定，组织股东、有关机关及有关专业人士组成。所谓有关机关一般包括国有资产管理部门、政府主管部门、证券管理部门等，专业人员一般包括会计师、律师、评估师等。

注销登记是指登记主管机关依法对歇业，被撤销，宣告破产或者因其他原因终止营业的企业，取消企业法人资格或经营权的执法行为。经过破产法人的注销登记后，法人资格终止。

本条源于《民法通则》第 46 条的规定："企业法人终止，应当向登记机关办理注销登记并公告。"第 47 条的规定："企业法人解散，应当成立清算组织，进行清算。企业法人被撤销、被宣告破产的，应当由主管机关或者人民法院组织有关机关和有关人员成立清算组织，进行清算。"该条文将原条文合并，较为简单明确地规定了法人被宣告破产，应当进行破产清算程序，并完成法人注销登记，此时法人终止。

【典型案例】

中国申达资产管理股份有限公司西南分公司与西南机械化施工公司、西南金艺国际贸易有限公司借款合同纠纷案[①]

1993年11月1日，金艺公司为甲方与乙方建设银行戊亥市第三支行（以下简称建行三支行）签订了一份《借款合同》，合同规定：一、甲方向乙方借款人民币100万元，规定用于流动资金临时周转。二、借款期限约定为两个月。三、贷款利息自支用贷款之日起，以支用额按月息9‰计算，按季（或月）结息。

同日，西南机械化施工公司向建行三支行出具了一份《不可撤销借款担保书》：金艺公司向你行申请借款100万元用于流动资金周转，我单位愿意为该项借款担保；本担保书为无条件不可撤销的担保书，担保金额人民币100万元以及该笔借款所发生的利息（包括罚息）；自被担保单位支用第一笔借款之日起生效，至被担保单位还清全部借款本息时失效。

1993年11月1日，建行三支行即向金艺公司发放了贷款100万元。合同到期后，金艺公司未按合同规定偿还借款并支付利息。建行三支行先后多次向金艺公司和西南机械化施工公司发送了《催收到（逾）期贷款通知书》。

在本案中，涉案债权的最终受让人庚石资产管理有限公司受让涉案债权时，金艺公司已经完成破产清算，并已经注销，未受到清偿的债权不再清偿。故申达资产公司要求追加后续债权受让人为本案当事人，以及债权受让人庚石资产管理有限公司申请变更其为原审原告的请求，均不符合追加或者变更当事人的法定条件，不予支持。

【法理解读】

本案中，根据已查明事实：2007年7月18日，戊亥市开福区人

---

① 审理法院：湖南省高级人民法院，案号：（2015）湘高法民再一终字第26号。

民法院受理金艺公司破产一案。2008 年 9 月 19 日，戊亥市开福区人民法院作出（2007）民破字第 1257 号-11 号裁定，终结破产程序，未得到清偿的债权不再清偿。金艺公司于 2013 年 4 月 10 日被工商部门依法注销，即金艺公司在原一审判决之后、本案再审之前已被注销，已不具有承担民事责任的主体资格。根据《民法通则》第 36 条的规定："法人是具有民事权利能力和民事行为能力，依法独立享有民事权利和承担民事义务的组织。法人的民事权利能力和民事行为能力，从法人成立时产生，到法人终止时消灭。"第 46 条的规定："企业法人终止，应当向登记机关办理注销登记并公告。"故原审法院根据查明的事实，在再审判决中未将金艺公司列为被告和判决其应当承担责任并无不当。

【适用亮点】

本条增加了前提条件即法人被宣告破产的，同时新增了程序性规定即进行破产清算程序，最后明确了法人主体资格的终止时间即完成注销登记时。与《民法通则》原条文相比，本条对程序性与规范性作出较大提升。更加明晰，利于适用。

第七十四条　【立法主旨】法人分支结构及责任承担

【法条对比】

民法总则	第七十四条　法人可以依法设立分支机构。法律、行政法规规定分支机构应当登记的，依照其规定。 　　分支机构以自己的名义从事民事活动，产生的民事责任由法人承担；也可以先以该分支机构管理的财产承担，不足以承担的，由法人承担。
民法通则	无
民通意见	无

【条文释解】

（一）法人分支机构的内涵外延

其是指企业法人投资设立的，有固定场所，以自己的名义直接对外从事经营活动的，不具有法人资格，但其民事责任由其隶属企业法人承担的经济组织。法人的分支机构是法人的重要组成部分。

法人的分支机构，仍属于法人的组成部分，主要表现在其目的事业须在法人范围之内，其行为的效果仍有法人承担，不具有独立责任能力。法人根据自己的实际需要，可以设立分支机构。法律、行政法规规定，分支机构应当办理登记的，设立的分支机构应当按照规定办理登记。

（二）分支机构民事责任的承担

法人的分支机构是法人的重要组成部分，即使法人的分支机构经过登记，也不能改变这一性质。法人的分支机构以自己的名义从事民事活动，产生的民事义务和民事责任由法人承担；也可以先以该分支机构管理的财产来承担，不足以承担的，再由法人承担。

本条为《民法总则》新增条文，规定了法人可以设立分支机构，依照规定进行登记。同时规定了，分支机构以自己的名义从事民事活动，产生的民事责任由设立其的法人承担，或承担补充责任。

【典型案例】

哈尔滨市第一建筑工程公司
与子阳商品混凝土有限公司买卖合同纠纷上诉案[①]

2011 年 11 月 2 日，子阳商品混凝土有限公司与滨市第一建筑工程公司下属第二分公司（以下简称一建二分公司）签订《预拌混凝土供应合同》，约定子阳公司向一建二分公司承建的寅基世纪

① 审理法院：黑龙江省哈尔滨市中级人民法院，案号：（2015）哈民三商终字第 102 号。

城3号楼、4号楼供应混凝土；结算进度为每栋楼每1000m^3结算一次（以小票发生量为准），以此类推；工程浇灌完毕，一建二分公司结清全部货款；如一建二分公司不按合同付款，子阳公司有权停止混凝土的供应，所造成的一切损失，均由一建二分公司负责；工程货款只能以现金和支票的形式支付，不能以任何物品形式相抵；一建二分公司结清货款后，子阳公司给付工程相关手续。合同签订后，中阳公司履行了供货义务，一建二分公司应给付中阳公司预拌混凝土款1226850.00元，实际给付货款30万元，现尚欠货款926850.00元。双方涉讼，子阳公司向区法院提起诉讼。

【法理解读】

本案中，《预拌混凝土供应合同》是由子阳公司与一建二分公司签订的。一建二分公司作为一建公司的分支机构，在原法人的授权范围内从事民事活动。因此，该合同合法有效。根据《公司法》第14条第1款的规定："公司可以设立分公司。设立分公司，应当向公司登记机关申请登记，领取营业执照。分公司不具有法人资格，其民事责任由公司承担。"

本案中，一建二分公司虽为合同相对方，但其作为一建公司的分公司，其所从事民事活动而产生的民事责任也可以由法人机构直接承担。所以，因案涉合同违约而产生的违约责任才由法人机构即一建公司承担。

【适用亮点】

本条为《民法总则》新增条文，其借鉴了《公司法》第14条第1款的规定："公司可以设立分公司。设立分公司，应当向公司登记机关申请登记，领取营业执照。分公司不具有法人资格，其民事责任由公司承担。"

较该条文相比，本条文在适用问题上作出了例外规定，即分支机构按规定需登记的才依照规定登记；分支结构从事民事活动而产生民事责任的，既可以由法人承担，也可先以由分支机构财产承担，不足以承担的，再由法人承担。

第七十五条 【立法主旨】法人设立人民事责任

【法条对比】

民法总则	第七十五条　设立人为设立法人从事的民事活动，其法律后果由法人承受；法人未成立的，其法律后果由设立人承受，设立人为二人以上的，享有连带债权，承担连带债务。 　　设立人为设立法人以自己的名义从事民事活动产生的民事责任，第三人有权选择请求法人或者设立人承担。
民法通则	无
民通意见	无

【条文释解】

（一）法人的设立人

其指以设立法人为目的，并从事设立法人活动的民事主体。设立过程中的法人，虽然没有取得法人资格，但在设立过程中也要从事一些民事行为，如借款、购买材料等，从而发生一定的债权债务关系。对此，在其依法取得法人资格前，可以参照适用合伙的相关规则，但此期间所产生的权利义务关系都要转移给设立后的法人。

（二）设立人以设立法人为目的从事民事活动之权利义务的承受

1. 设立人为设立法人所从事的民事活动其法律后果在法人成立后由法人承受。法人设立完成后，具备了民事主体资格及完整的民事权利能力，设立过程中所从事的民事活动的后果，自由其承受。

2. 法人设立未成功时在设立法人过程中从事的民事活动的法律后果由设立人承受。如设立人为二人以上，所有的设立人均应承担连带责任；同样，其在设立过程中所产生的债权，所有的设立人均享有连带债权。

（三）第三人的选择权

在法人的设立过程中，如设立人为设立法人而以自己的名义从事民事活动，而不是以设立中的法人的名义从事民事活动，由此而产生的民事责任，第三人享有选择权。法律基于保护第三人合法权益的考虑，赋予其选择权，即第三人可以根据自己的考量，既可以选择法人，也可以选择设立人来承担民事责任。

本条为《民法总则》新增条文，条文主要规定了法人设立人的民事责任。值得注意的是，该条文需区别承担责任的前提，即法人设立是否成功，设立人是否以设立中法人的名义从事民事活动。

【典型案例】

侯某刚与日青装饰工程有限公司等装饰装修合同纠纷上诉案①

侯某刚系巳照市蔚蓝假日酒店有限公司的发起人，但该公司因故未成立。2012 年 10 月 15 日，日青公司作为承包方与作为发包方的巳照蔚蓝假日酒店有限公司签订建筑装饰工程施工合同，约定日青公司包工包料承包施工蔚蓝国际假日酒店餐饮部分精装工程室内装修部分。合同签订后，日青公司进行了部分装修施工。

后因涉案工程所在综合楼的所有权人巳照市城投公司与戊南帝神商贸有限公司、侯某刚等发生租赁合同纠纷，日青公司被通知暂停施工。之后巳照市城投公司接收涉案工程并与日青公司签订综合楼等相关设施设备交接协议书，约定从 2013 年 6 月 21 日起，侯某刚及其巳照蔚蓝假日酒店施工而占用的综合楼以及装修、添建的添附工程和设备、设施以未完工现状交予巳照市城投公司，并将相关设计、施工等资料全部交接给巳照市城投公司，日青公司认可巳照大华土地房地产估价公司对装修、添建的添附工程和设施等进行清点确认的相关工程量及 60.93 万元的工程评估额，其中人工费 34

① 审理法院：山东省日照市中级人民法院民事判决书，案号：（2016）鲁 11 民终 1849 号。

万元。日青公司所有人员和相关未用物品等撤出现场交接后，该项人工费由巳照市城投公司直接从代收徐某忠的清退款中垫付，日青公司其余工程款 26.93 万元由其自行向侯某刚及蔚蓝假日酒店主张，与巳照市城投公司无关。上述协议书签订后，巳照市城投公司支付日青公司人工费 34 万元。

【法理解读】

本案中，虽然日青公司与巳照蔚蓝假日酒店有限公司签订了建筑装饰工程施工合同，但作为合同相对方的巳照蔚蓝假日酒店有限公司并未成立。因此，根据《最高人民法院关于适用〈中华人民共和国公司法〉若干问题的规定（三）》第4条第1款的规定："公司因故未成立，债权人请求全体或者部分发起人对设立公司行为所产生的费用和债务承担连带清偿责任的，人民法院应予支持。"

故本案债权人日青公司要求发起人因设立公司所产生的债务承担清偿责任，于法有据，应予支持。

【适用亮点】

本条为《民法总则》新增条文，其借鉴了《公司法》第 94 条、《最高人民法院关于适用〈中华人民共和国公司法〉若干问题的规定（三）》第 3 条、第 4 条及第 5 条的规定，在适用上除可适用本条文外，自然还应参照《公司法》及相关司法解释来处理。

第二节　营利法人

第七十六条　【立法主旨】营利法人的定义及类型

【法条对比】

民法总则	第七十六条　以取得利润并分配给股东等出资人为目的成立的法人，为营利法人。 营利法人包括有限责任公司、股份有限公司和其他企业法人等。

民法通则	无
民通意见	无

【条文释解】

（一）营利法人的内涵外延

所谓营利法人是指依法设立登记，以取得利润并分配给其股东等投资人为目的的法人。营利法人的外延包括有限责任公司、股份有限公司和其他企业法人等。其他企业法人则是有限责任公司和股份有限公司以外的其他以营利为目的的企业法人。例如，无限责任公司、两合公司等。

（二）营利法人的法律特征

1. 营利法人具有人格性。营利法人是法律上拟制的人，具有法律上的人格。如果一个组织不具有法律人格，就不能成为民事主体，不能享有权利，也不能负担义务。法人的法律人格表现在，其有自己的名称，有独立的财产，有独立的组织机构，能够独立地从事交易和承担民事责任，在民法领域具有民事主体地位。

2. 营利法人是自然人结合而成的社团。营利法人是社团法人，具有人合性，是以其成员的结合作为其成立的基础。营利法人的这种团体性特征，决定其成员由多数股东构成，但是针对不同的营利法人，法律规定其成员人数不同，有限责任公司的股东要少一些，股份有限公司的则要多一些。

3. 营利法人的设立目的是取得利润并分配给其股东。营利法人的目的是为了营利，而非公益目的或其他目的，这是其区别于非营利法人的一大特点。营利法人作为社团法人，其进行营业活动只是一种手段，而获取利润才是其终极目的。因此，营利法人的原则就是实现股东利益最大化。

本条为《民法总则》新增条文，《民法总则》将原法人类型重新分为三大类：即营利法人、非营利法人及特别法人。作为法人类型中最重要的营利法人，此次修改具有重要的法律意义。

【典型案例】

夏某平与乙胜集团有限公司、丙胜重工股份有限公司等民间借贷纠纷案[①]

2013年6月，夏某平与戊业公司、乙胜集团、丙胜重工公司、己州饭店、中医院签订《债务转让协议》，约定戊业公司拖欠夏某平借款本金1000万元转让给乙胜集团履行，由乙胜集团按本协议的约定直接支付给夏某平，由担保人丙胜重工公司、己州饭店、中医院三方自愿共同对本协议项下乙胜集团的付款责任承担连带责任担保。

同月，夏某平与戊业公司、乙胜集团、丙胜重工公司、己州饭店、中医院、章某进签订《债务转让协议》，约定戊业公司针对夏某平的所有欠款中的本金700万元转让给乙胜集团履行，由乙胜集团按本协议的约定直接支付给夏某平，由担保人丙胜重工公司、己州饭店、中医院、章某进四方自愿共同对本协议项下乙胜集团的付款责任承担连带责任担保。协议签订后，乙胜集团陆续向夏某平归还了借款1300万元整，但没有按协议约定的时间支付，构成违约，利息应按月息2.0%执行。随后，夏某平向法院起诉，请求法院判令还本付息，并要求丙胜重工公司、己州饭店、中医院承担连带还款责任。

【法理解读】

根据《民法总则》第76条的规定，营利法人与非营利法人的区别标准是法人是否取得利润以及是否向股东、出资人等分配利润。本案中，中医院虽然具有一定的公益性质，但其改制后，国有资产仅占股份总额的25.08%，大量的社会资本投入其中并参与利润分配，其已不符合非营利的性质。同时，根据2011年7月24日

① 审理法院：江苏省江阴市人民法院，案号：（2015）澄民初字第00991号。

国务院办公厅发布的《关于事业单位分类的意见》中规定，从事公益服务的事业单位包括“承担高等教育、非营利医疗等公益服务”单位，从上述表述中也可以看出，国务院办公厅仅将非营利医疗公益服务单位归入公益服务的事业单位。因此，中医院的性质不再是非营利的事业单位法人而是营利法人。

【适用亮点】

本条文对营利法人的定义及其分类作出规定，重点突出了营利法人的目的即取得利润并分配给股东。因此，在本法条的适用上，应重点区分营利法人与非营利法人的特征区别，把握营利法人的类别，包括有限责任公司、股份有限公司和其他企业法人等。

第七十七条　【立法主旨】营利法人的成立

【法条对比】

民法总则	第七十七条　营利法人经依法登记成立。
民法通则	无
民通意见	无

【条文释解】

营利法人的成立登记是指营利法人的设立人按法定程序向营利法人登记机关申请，经营利法人登记机关审核并记录在案，审核通过后营利法人具有法人资格。

营利法人的成立，首先，需具备相关成立条件。根据《民法总则》第58条及《公司法》相关规定，营利法人的设立须有自己的名称、组织机构、住所、财产等。

其次，除具备上述条件外，还必须按照法律规定符合法人设立的程序。设立有限责任公司，除法律、法规规定须经有关部门批准的外，仅须向公司登记机关申请设立登记，我国目前关于公司登记采取的是准则主义。法律、行政法规规定须经有关部门批准的，经批准后设立。

法人登记所需材料包括：（1）设立登记申请书；（2）营利法人的章程；（3）营利法人权力机构成员的身份证明；（4）营利法人执行机关、监管机关及经营管理人员个人信息，以及相关任用证书；（5）法定代表人的任职文件和身份证明；（6）法人住所证明。

本条为《民法总则》新增条文，针对营利法人的登记成立作出了一般性规定，即营利法人经依法登记成立。

【典型案例】

丙公司与叶某、陈某买卖合同纠纷案①

陈某受叶某指派，负责甲公司乙办事处的业务，甲公司乙办事处未经工商登记注册。从2005年下半年开始至2007年12月期间，甲公司乙办事处与丙公司有买卖业务往来，具体业务流程为：甲公司乙办事处根据美国订购商的需求向丙公司下订单，丙公司根据订单进行生产并提供商检报告给甲公司乙办事处，甲公司乙办事处派员去丙公司处验货，验货合格后，丙公司按照甲公司乙办事处的要求将产品送至指定目的地。美国客户收货后将货款支付给叶某，叶某再把货款汇给丙公司。美国客户与丙公司不直接发生联系。2007年10月22日至2007年12月15日，叶某与陈某以"甲公司乙办事处"等名义与原告发生10笔买卖业务。因美国客户对其他一些订单的产品材质有异议而扣款，由此导致叶某未向丙公司付清上述货款。

丙公司于2009年6月16日向原审法院起诉，请求判决叶某、陈某共同支付货款，并赔偿利息损失。

一审法院认为，当事人的主要争议为本案应以谁为适格被

---

① 审理法院：浙江省高级人民法院，案号：（2010）浙高外终字第59号。

告。叶某与陈某未举证证明“甲公司乙办事处”系甲公司设立分支机构，故该公司非本案适格被告。原审法院认为叶某与陈某以“甲公司乙办事处”等名义与丙公司发生买卖业务关系，系叶某与陈某以虚拟的名称与原告发生买卖业务，丙公司与叶某之间存在买卖合同关系，买受人应及时向出卖人支付货款，逾期应承担违约责任。

叶某上诉称：根据相关法律规定办事处不管是否已设立，应以具有法人资质的单位为被告，而不是由叶某个人作被告。办事处无财产、无营业执照，不能让叶某个人承担责任。请求撤销原判，发回重审。

法院认为，该条款所称分支机构所对应的主体是经依法成立具有民事权利主体资格的法人的分支机构，但在涉案的10份订单中出现的名称均未进行工商登记，不具有法人资格。二审法院院驳回上诉，维持原判。

【法理解读】

本案争议焦点为：应以谁为适格被告，其涉及法人登记。

一审法院认为，根据《民事诉讼法意见》第41条规定：法人非依法设立的分支机构，或者虽依法设立，但没有领取营业执照的分支机构，以设立该分支机构的法人为当事人。但叶某与陈某未举证证明“甲公司乙办事处”系甲公司设立的分支机构，故该公司非本案适格被告。法院认为叶某与陈某以“甲公司乙办事处”等名义与丙公司发生买卖业务关系，系叶某与陈某以虚拟的名称与原告发生买卖业务，依据《民事诉讼法意见》第49条的规定，法人或者其他组织应登记而未登记即以法人或者其他组织名义进行民事活动，应以直接责任人为当事人。

二审法院则认为：首先，根据合同相对性原则的要求，合同纠纷的适格当事人应为订立合同的双方即缔约人，缔约人承受合同形成的权利义务的约束。其次，叶某主张其个人非适格被告，依据的是《民事诉讼法意见》第41条的规定。法院认为，该条款所称分支机构所对应的主体是经依法成立具有民事权利主体资格的法人的分支机构，在涉案的10份订单中出现的名称均未进行工商登记，不具有法人资格。综上，二审法院认为，叶某上诉主张不成立，其作为直接责任人应承担偿付欠款的责任。

由此可见，营利法人的设立是取得法人资格的行为，必须符合法定条件，按照法定程序进行。设立营利法人则必须到登记机关办理登记手续，登记机关应当审查所申请设立的营利法人是否符合规定的设立条件：对符合规定的，应予登记；不符合规定的，不得登记。未经依法登记的，法人不成立，不能取得法人资格。

【适用亮点】

本条为《民法总则》新增条文，规定了营利法人经设立登记成立。在适用中，应注意营利法人的类型，如法人类型为法律、法规规定须经批准的，则须经批准后设立。同时，还应注意营利法人与其他法人的区别，参照相关法律法规设立。

第七十八条　【立法主旨】营利法人的成立日期

【法条对比】

民法总则	第七十八条　依法设立的营利法人，由登记机关发给营利法人营业执照。营业执照签发日期为营利法人的成立日期。
民法通则	无
民通意见	无

【条文释解】

营业执照是工商行政管理机关根据法律、行政法规的规定，颁发给营利法人或其他经营主体的准许从事某项生产经营活动的凭证。其格式由国家工商行政管理局统一规定。营业执照分正本和副本，二者具有相同的法律效力。正本应当置于公司住所或营业场所的醒目位置，营业执照不得伪造、涂改、出租、出借、转让。法人营业执照，既是法人成立的法律依据，又是对外证明法人具有资格从事经营活动的资格证书。公司在其经营场所应当悬挂公司营业执照。因此，法人的营业执照具有公示性。为了增加法人经营的透明度，让公众通过法人营业执照即可了解公司的基本情况，公司营业执照应当载明：名称、地址、负责人、资金数额、经济成分、经营范围、经营方式、从业人数、经营期限等。

根据本条规定可知：第一，营业执照是由法人登记机关颁发给经过设立登记的营利法人的。法人经依法设立登记即成立，由负责登记的工商行政管理部门对法人颁发营业执照；第二，营业执照具有双重属性。即营业执照既是营利法人法人资格的证明，也是营利法人经营能力的证明；第三，营业执照的颁发是营利法人的成立时间的证明，即以签发日期作为营利法人的成立日期。

本条为《民法总则》新增条文，其借鉴于《公司法》第7条的规定，明确了法人登记应当为经依法设立登记的营利法人颁发营业执照，并以营业执照签发日期作为营利法人的成立日期。

【典型案例】

甲期置业代理有限公司诉
壬享房地产开发有限公司委托合同纠纷案①

2007年4月，甲期公司与壬享公司签订委托代理协议。协议约定壬享公司委托甲期公司办理开发贷款。委托期限自壬享公司提供材料齐备之日起至银行放款日止。合同签订后，壬享公司与工行星海支行签订了贷款合同，甲期公司履行完委托事项。

2008年4月7日、8月26日，甲期公司、壬享公司双方又签订了两份委托代理补充协议，就支付代理费金额及日期达成协议，

---

① 审理法院：最高人民法院，案号：(2013) 民抗字第18号。

双方确认壬享公司给付甲期公司委托代理费金额为200万元，于2008年12月15日前支付；若逾期未付，代理金额变更为290万元，于2009年4月25日前支付；逾期未付，则按日万分之一利率向甲期公司支付违约金至该款付清之日止。

嗣后，壬享公司给付甲期公司10万元，余款280万元至今未付。另查，2008年12月2日，壬享公司在市工商行政管理局将公司由方博房地产开发有限公司变更为壬享公司。另查，2009年3月23日，甲期公司在工商行政管理局注册的私营企业经营范围是房屋租售代理、房地产信息咨询、投资咨询。

法院经审理认为：本案中甲期公司并非向壬享公司发放贷款，而仅是受托办理贷款，相关银行也是直接针对壬享公司的贷款申请进行审查，并未增加银行的贷款风险，原审判决以甲期公司违法发放贷款、增加银行贷款风险为由，认定本案中双方的委托代理协议等无效，甲期公司无权请求支付报酬，与本案事实不符。原审判决还认为甲期公司未取得代办贷款资质及特许经营许可，但法律和行政法规并无此种特许经营许可和资质核准的规定，原审判决该项理由缺乏法律依据。

【法理解读】

最高人民检察院认为，终审判决认定案涉甲期公司接受壬享公司委托，代其申请贷款的行为需要特许经营及申领资质，没有法律依据。根据《最高人民法院关于适用〈中华人民共和国合同法〉若干问题的解释（一）》第10条规定："当事人超越经营范围订立合同，人民法院不因此认定合同无效。但违反国家限制经营、特许经营以及法律、行政法规禁止经营规定的除外。"

本案中，甲期公司作为非金融类私营企业，开展的代办贷款业务并非设定行政许可的项目。现有法律、行政法规并无规定代办贷款行为属特许经营且需要办理行政许可并获得资质。同时，根据《房地产经纪管理办法》第17条的规定，房地产经纪机构提供代办贷款、代办房地产登记等其他服务的，应当向委托人说明服务内容、收费标准等情况，经委托人同意后，另行签订合同。

因此，甲期公司在本案中的居间代理行为没有违反法律、法规的禁止性规定，也没有违反国家限制经营、特许经营的规范，同时，本案亦并非超越营业执照经营范围的行为。

【适用亮点】

本条是《民法总则》新增条文，借鉴于《公司法》第7条。[①] 值得注意的是，法人的营业执照既是营利法人资格的证明，也是营利法人经营能力的证明，因而其在法人的交易活动中具有重要地位。

故可见，营业执照的签发，首先，使得法人取得从事经营活动的合法地位，成为民事权利与义务承受之主体；其次，取得营利法人名称专用权；最后，营业执照的签发标志着其作为营利法人业已享有合法经营权，可以对外以该法人的名义从事民事活动，故成立时间意义重大。

第七十九条　【立法主旨】营利法人的章程

【法条对比】

民法总则	第七十九条　设立营利法人应当依法制定法人章程。
民法通则	无
民通意见	无

① 《公司法》第7条规定："依法设立的公司，由公司登记机关发给公司营业执照。公司营业执照签发日期为公司成立日期。公司营业执照应当载明公司的名称、住所、注册资本、经营范围、法定代表人姓名等事项。公司营业执照记载的事项发生变更的，公司应当依法办理变更登记，由公司登记机关换发营业执照。"

【条文释解】

（一）法人的章程就是法人治理结构的宪章

法人章程是指法人依法制定的、规定法人名称、住所、经营范围、经营管理制度等重大事项的基本文件，也是法人必备的规定法人组织及活动基本规则的书面文件。法人章程是股东共同一致的意思表示，载明了法人组织和活动的基本准则。法人章程具有法定性、真实性、自治性和公开性的基本特征。作为法人组织与行为的基本准则，法人章程对法人的成立及运营具有十分重要的意义，它既是法人成立的基础，也是法人赖以生存的灵魂。

（二）法人章程所具有的法律特征

1. 法人章程的法定性。法定性主要强调法人章程的法律地位、主要内容及修改程序和效力都须由法律强制规定，任何法人都不得违反。法人章程是法人设立的必备条件之一，无论是设立有限责任公司，还是设立股份有限公司，都必须由全体股东或发起人订立法人章程，并且必须在法人设立登记时提交公司登记机关进行登记。

2. 法人章程的真实性。真实性主要强调法人章程记载的内容必须是客观存在的且与实际相符的事实。

3. 法人章程的自治性。所谓自治性主要体现在：首先，法人章程作为一种行为规范，不是由国家而是由法人依法自行制订的，是法人股东意思表示一致的结果；其次，法人章程是一种法律以外的行为规范，由法人自己来执行，无须国家强制力来保证实施；最后，法人章程作为法人内部规章，其效力仅及于法人和相关当事人，而不具有普遍的约束力。

4. 法人章程的公开性。公开性主要对股份有限公司而言。法人章程的内容不仅要对投资人公开，还要对包括债权人在内的一般社会公众公开。

本条为《民法总则》新增条文，借鉴于《公司法》第 11 条的规定，[①] 对营利法人制定法人章程作出规定。

【典型案例】

徐某霞与癸洲报业宾馆有限公司、第三人报业发展有限公司公司决议效力确认纠纷上诉案民事判决书[②]

2009 年 10 月 19 日，原告徐某霞与第三人报业公司为设立被告报业宾馆共同拟定了《癸洲报业宾馆有限公司章程》，章程签订后，报业宾馆于 2009 年 10 月 22 日在市工商局注册成立，登记股东为徐某霞和报业公司。徐某霞认为报业宾馆章程中所规定应由股东行使的权利，如董事会有权通过决议方式对报业宾馆进行解散等，违反公司法强制性规定，侵犯了股东合法权益。原告多次与第三人协商要对该条款进行调整和规范，却无法达成一致意见，故诉请确认报业宾馆章程第七条、第三十二条第二款无效。

【法理解读】

案涉公司章程将股东会的职权赋予了董事会，该职权的赋予是经全体股东即徐某霞、报业公司共同同意，法律并未排除董事会和股东会之间可以赋予履行对方的职权，所以在经全体股东（股东会）同意、不违反法律强制性规定、也不损害他人利益时，可将股东会的职权赋予董事会，故徐某霞主张公司章程将股东会的职权赋予董事会行使违反法律强制性规定的理由不成立。

原告徐某霞作为公司登记股东，如认为公司章程内容违反法律规定或不当，应当根据公司法规定提议股东会进行修改，不能就此提起诉讼。且其并未提交证据证明与其他股东协商的依据，故其主

---

① 《公司法》第 11 条规定："设立公司必须依法制定公司章程。公司章程对公司、股东、董事、监事、高级管理人员具有约束力。"

② 审理法院：贵州省高级人民法院，案号：（2015）黔高民商终字第 61 号。

张已进行交涉的理由也不成立。

【适用亮点】

本条为《民法总则》新增条文，重点强调设立营利法人应当依法制定法人章程。法人章程作为法人治理结构的总纲领，法人完全按其自治意思决定法人章程的内容，用以调整法人成员与法人之间的关系，其一经登记，即具有法律效力，成为法人的行为准则，法人只能在章程规定的范围内活动。

第八十条　【立法主旨】营利法人的权力机构

【法条对比】

民法总则	第八十条　营利法人应当设权力机构。 权力机构行使修改法人章程，选举或者更换执行机构、监督机构成员，以及法人章程规定的其他职权。
民法通则	无
民通意见	无

【条文释解】

营利法人的权力机构是营利法人的最高权力机关，是对法人内部作出意思表示的机关。权力机关并不对外作出意思表示，对外的意思表示是由执行机构进行的。营利法人作为一个社团，原则上所有的成员都参与对社团事务的决定。因此，营利法人社员的组成形式就是股东会与股东大会。营利法人的权力机构可以根据需要就有关营利法人的任何经营行为要求向执行机构发布命令，而营利法人的执行机构仅仅是权力机构命令的执行人。

本条第 2 款规定了营利法人权力机构的职权范围，借鉴于《公司法》第 37 条第 1 款，其主要职权有：（一）决定公司的经营方针和投资计划；（二）选举和更换非由职工代表担任的董事、监事，决定有关董事、监事的报酬事项；（三）审议批准董事会的报告；（四）审议批准监事会或者监事的报告；（五）审议批准公司的年度财务预算方案、决算方案；（六）审议批准公司的利润分配方案和弥补亏损方案；（七）对公司增加或者减少注册资本作出决议；（八）对发行公司债券作出决议；（九）对公司合并、分立、解散、清算或者变更公司形式作出决议；（十）修改公司章程；（十一）公司章程规定的其他职权。

本条为《民法总则》新增条文，借鉴了《公司法》第36条、第37条的规定。首先重点强调了营利法人应当设权力机构，通常情况下为股东会或者股东大会；其次，突出了权力机构的职权，即修改章程、选举或者更换执行机构、监督机构成员，及章程规定的其他职权。

【典型案例】

黄某忠与乙纳斯重工机械有限公司、陈某庆等股权转让纠纷一审民事判决书[①]

2004年4月21日，原告黄某忠与被告陈某庆、陈某、张某、顾某平、王某英共同设立了辛冠公司，注册资本为400万元，其中：张某出资120万元，持股30%；黄某忠、顾某平各出资80万元，各持股20%；陈某、陈某庆、王某英各出资40万元，各持股10%.

2006年10月20日，该市辰仓工商行政管理局根据辛冠公司的申请，将辛冠公司登记的注册资本由400万元变更登记为1500万元，同时将股东及持股比例变更登记为：张某出资120万元，持股8.00%；黄某忠、顾某平各出资80万元，各持股5.33%；陈某、陈某庆、王某英各出资40万元，各持股2.67%：新宝公司出资1100万元，持股73.33%. 申请上述变更登记的主要依据为落款日

① 《中华人民共和国最高人民法院公报》2015年第5期。

期均为2006年10月16日的《辰仓宏冠钢结构制品有限公司章程》、《辰仓宏冠钢结构制品有限公司股东会决议》。其中章程内容的主要变更为：辛冠公司的注册资本由原来的400万元增加至1500万元；增加新宝公司为股东，等等。股东会决议载明的主要内容为：同意修改后的公司章程：增加公司注册资本，由原来的400万元增加到1500万元，新宝公司增加投资1100万元，等等。

【法理解读】

辛冠公司系被上诉人黄某忠与一审被告陈某庆、陈某、张某、顾某平、王某英共同出资设立，设立时原告依法持有辛冠公司20%的股权。在黄某忠没有对其股权作出处分的前提下，除非辛冠公司进行了合法的增资，否则原告的持股比例不应当降低。辛冠公司的章程明确约定公司增资应由股东会作出决议。

现经过笔迹鉴定，辛冠公司和新宝公司的股东会决议上均非黄某忠本人签名，不能依据书面的股东会决议来认定黄某忠知道增资的情况，出资买地与公司增资之间不具有必然的关联性。在增资行为对黄某忠不具有法律约束力的情况下，仍应以20%的比例确定黄某忠股权。

【适用亮点】

本条为《民法总则》新增条文，借鉴《公司法》第36条、第37条。在适用上，应当注意股东会是法人的最高权力机关，决定营利法人的内部事务以及设置和监督公司其他机构，按照公司章程的规定表决公司的重大事项。

第八十一条　【立法主旨】执行机构职权

【法条对比】

民法总则	第八十一条　营利法人应当设执行机构。 　　执行机构行使召集权力机构会议，决定法人的经营计划和投资方案，决定法人内部管理机构的设置，以及法人章程规定的其他职权。 　　执行机构为董事会或者执行董事的，董事长、执行董事或者经理按照法人章程的规定担任法定代表人；未设董事会或者执行董事的，法人章程规定的主要负责人为其执行机构和法定代表人。
民法通则	无
民通意见	无

【条文释解】

（一）营利法人的执行机构

指对营利法人权力机构所形成的意志决定进行具体执行的机构。执行机构是营利法人的办事机构，由股东（大）会选举产生，对股东（大）会负责，是对内执行内部管理事务，对外代表营利法人的常设性机构。

（二）营利法人执行机构的主要职权

1. 召集权力机构会议；2. 决定法人的经营计划和投资方案；3. 决定法人内部管理机构的设置；4. 形式章程规定的其他职权。

（三）法定代表人

指依照法律规定和法人章程的规定，能够对外代表营利法人从事民事法律行为，为法人设立民事权利义务关系的负责人。由于董事会是以决议的形式进行决策的，但它本身并不能亲自执行决策，因而需要选择自然人来执行决策。

出任营利法人的法定代表人的人，如果营利法人的执行机构为董事会或执行董事的，董事长、执行董事或者经理按照法人章程的规定，担任法定代表人；如果营利法人未设董事会或者执行董事的，法人章程所规定的主要负责人为其执行机构和法定代表人。

本条为《民法总则》新增条文，借鉴于《公司法》第46条，为营利法人设定了应当设立执行机构的义务，规定了执行机构的职权及法定代表人的选任。

【典型案例】

李某军诉亥甲动力环保科技有限公司决议撤销纠纷案[①]

李某军系亥甲动力公司的股东，并担任总经理。亥甲动力公司股权结构为：葛某乐持股40%，李某军持股46%，王某胜持股14%。三位股东共同组成董事会，由葛某乐担任董事长，另两人为董事。公司章程规定：董事会行使包括聘任或者解聘公司经理等职权；董事会须由2/3以上的董事出席方才有效；董事会对所议事项作出的决定应由占全体股东2/3以上的董事表决通过方才有效。

2009年7月18日，亥甲动力公司董事长葛某乐召集并主持董事会，三位董事均出席，会议形成了“鉴于总经理李某军不经董事会同意私自动用公司资金在二级市场炒股，造成巨大损失，现免去其总经理职务，即日生效”等内容的决议。该决议由葛某乐、王某胜及监事签名，李某军未在该决议上签名。李某军诉称：被告亥甲动力环保科技有限公司（简称亥甲动力公司）免除其总经理职务的决议所依据的事实和理由不成立，且董事会的召集程序、表决方式及决议内容均违反了《公司法》的规定，请求法院依法撤销该董事会决议。

---

① 审理法院：上海市第二中级人民法院，案号：（2010）沪二中民四（商）终字第436号。

【法理解读】

根据《公司法》第22条第2款的规定，董事会决议可撤销的事由包括：一、召集程序违反法律、行政法规或公司章程；二、表决方式违反法律、行政法规或公司章程；三、决议内容违反公司章程。本案中，亥甲动力公司董事会从召集程序和表决方式上来看，并未违反法律、法规或法人章程规定。同时，基于尊重公司自治的原则，法院无须审查亥甲动力公司董事会解聘公司经理的原因是否存在，即无须审查决议所依据的事实是否属实，理由是否成立。因此，亥甲动力公司董事会决议有效，李某军请求撤销董事会决议的诉讼请求无法成立。

【适用亮点】

本条为《民法总则》新增条文，主要强调了营利法人执行机构的职权及法定代表人的选人。本法条可适用于董事会职权行使，法定代表人的选任情形，同时可参考本法第85条之规定，出资人认为董事会决议有瑕疵的，可以请求人民法院予以撤销。

第八十二条　【立法主旨】营利法人的监督机构

【法条对比】

民法总则	第八十二条　营利法人设监事会或者监事等监督机构的，监督机构依法行使检查法人财务，监督执行机构成员、高级管理人员执行法人职务的行为，以及法人章程规定的其他职权。
民法通则	无
民通意见	无

【条文释解】

本条对营利法人的监督机构作了具体的规定。

（一）监事会与董事会为独立并行的公司机关

监事会是依据法律和章程规定，由股东（大）会选举的监事以及由营利法人职工民主选举的监事组成，对营利法人的经营业务活动进行检查和监督的常设性机构。

（二）营利法人监督机构有其具体监督职权

1. 依法检查法人的财务。监督机构有权对法人的财务的所有内容进行检查、监督。

2. 对执行机构成员及高级管理人员执行法人职务的行为进行监督。监督机构有权对董事、经理执行公司职务时违反法律、法规或法人章程的行为进行监督；当上述人员的行为对公司利益造成损害时，监督机构有权要求其予以纠正。

3. 行使法人章程规定的其他职权。本条为《民法总则》新增条文，借鉴于《公司法》第53条的规定，营利法人应当依法设立监督机构，并对监督机构的职权内容作出具体规定，即检查法人财务、监督执行机构成员与高级管理人员执行法人职务的行为及法人章程规定的其他职权。

【典型案例】

金某福诉同创塑胶制品有限公司要求在监事任期届满新监事未产生前继续履行监事检查权纠纷案①

2005年3月，原告金某福与陈某良共同投资成立同创塑胶制品有限公司，注册资本为人民币50万元，其中原告投入24.5万元，占注册资本的49%，陈某良投入25.5万元，占注册资本的51%。2005年2月25日，同创公司召开首次股东会，选举陈某良为公司的执行董事，金某福为公司的监事。

2010年8月，原告向被告发出书面通知，要求查阅、复制同创公司2006年至2010年的财务账簿及会计报告，遭到被告拒绝。

① 审理法院：扬州市中级人民法院，案号：（2013）扬商终字第0009号。

原告于2010年9月14日向法院提起诉讼，要求行使股东知情权。经一审法院和市中院二审，判决支持原告的诉讼请求。

【法理解读】

根据《公司法》第53条的规定，金某福作为同创公司监事有权检查公司财务；根据第54条的规定：监事会、不设监事会的公司的监事发现公司经营情况异常，可以进行调查。其要求进行调查以落实其监事检查权有法律依据。

但是，金某福在同创公司既是股东又是监事，鉴于其双重身份，对其在股东知情权纠纷一案中已查阅的会计账册、原始凭证、财务会计报告，从有利于公司正常运转出发，被告无须再次提供，以免增加讼累。

【适用亮点】

本条为《民法总则》新增条文，规定了营利法人监督机构的职权。监督机构如认为其无法行使监督权，可依据本法条及《公司法》第53条、第54条起诉，维护其自身的合法权利。

第八十三条　【立法主旨】出资人滥用权利责任承担

【法条对比】

民法总则	第八十三条　营利法人的出资人不得滥用出资人权利损害法人或者其他出资人的利益。滥用出资人权利给法人或者其他出资人造成损失的，应当依法承担民事责任。 营利法人的出资人不得滥用法人独立地位和出资人有限责任损害法人的债权人利益。滥用法人独立地位和出资人有限责任，逃避债务，严重损害法人的债权人利益的，应当对法人债务承担连带责任。
民法通则	无
民通意见	无

【条文释解】

（一）出资人的权利与义务不可分

滥用出资人权利，是指营利法人的出资人为了谋取利益，利用自己作为出资人的权利，损害法人或其他出资人利益的行为。出资人作为营利法人的投资人，依据法律和章程规定，享有各项出资人权利。但出资人在享有各项权利的同时，还负有正当行使各项权利的义务。不能滥用出资人权利，损害法人及其他投资人的利益。对于出资人滥用权利给法人及其他出资人造成损害的，应当依法承担民事责任。

（二）出资人滥用法人独立地位和有限责任而损害债权人利益要负担连带责任

出资人滥用法人独立地位和有限责任的具体情形主要有：人格混同；不当控制；财产混同或资产严重不足。正是因为法人具有独立地位及出资人只负有限责任这两大特征。当出资人滥用法人独立地位和出资人有限责任，逃避债务，就得适用“法人人格否认”制度，也称“揭开公司面纱”制度，否认法人与其背后的出资人各自独立的人格及出资人有限责任，责令出资人对法人债务承担连带责任。

本条为《民法总则》新增条文，借鉴于《公司法》第20条修改而成。本条强调了营利法人出资不得滥用出资人权利，给法人或其他出资人造成损害的，应当承担民事责任；出资人滥用法人独立地位和出资人有限责任，逃避债务，严重损害债权人利益的，应当对法人的债务承担连带责任。

【典型案例】

侯某国诉郝某印、刘某玲等股东损害公司债权人利益责任纠纷案[①]

2011年4月9日，第三人富典公司作为借款方和原告侯某国作为贷款方签订借款合同一份。合同约定由第三人富典公司向原告侯某国借款510万元，合同约定了借款用途、借款利率、合同争议由到市仲裁委员会仲裁等条款。原告侯某国通过网上银行、现金存款的方式将510万元存入被告郝某印的个人银行账户。2011年4月10日至2011年7月8日，第三人富典公司向原告侯某国出具收款收据9张，金额共计510万元。

后因第三人富典公司未能偿还上述借款，原告侯某国向该市仲裁委员会提起仲裁，请求第三人富典公司支付其借款本金510万元、利息、手续费并承担违约责任。

【法理解读】

本案中，依据《公司法》第3条第1款的规定："公司是企业法人，有独立的法人财产，享有法人财产权。公司以其全部财产对公司的债务承担责任。"公司具有独立的法人人格，能够对公司债务独立承担责任，股东无须对公司的债务承担责任。本案原告侯某国于本案中诉请被告郝某印和被告刘某玲对公司债务承担连带清偿责任的实质，是否认第三人富典公司的法人人格。从案件整体来看，第三人富典公司未缴纳营业税，也未有证据证明其受到任何机构的监督管理，说明该公司没有经营活动；而原告侯某国直接将借款汇入被告郝某印的账户，被告郝某印未提交公司账簿等材料证明款项用于公司经营。

综上，第三人富典公司的账目和股东被告郝某印的个人账目存在混同，根据《公司法》第20条第3款的规定，被告郝某印的行

---

① 审理法院：山东省菏泽市中级人民法院，案号：（2013）菏商初字第29号。

为损害了公司债权人侯某国的利益，应当对原告侯某国的510万元债务承担连带清偿责任。

【适用亮点】

本条为《民法总则》新增条文，规定了出资人滥用出资权利应当承担民事责任。当出资人滥用出资权利或利用法人独立地位与股东有限责任，恶意逃避债务时，相关利害关系人可依据本法条及《公司法》第20条之规定，请求法院维护其合法权益。

第八十四条　【立法主旨】限制不当关联关系

【法条对比】

民法总则	第八十四条　营利法人的控股出资人、实际控制人、董事、监事、高级管理人员不得利用其关联关系损害法人的利益。利用关联关系给法人造成损失的，应当承担赔偿责任。
民法通则	无
民通意见	无

【条文释解】

本条规定了关于营利法人的控股出资人、实际控制人、董事、监事、高级管理人员利用关联关系损害法人利益的，应当承担损害赔偿责任。所谓关联关系，是指在营利法人的控股出资人、实际控制人、董事、监事、高级管理人员与其直接或间接控制的法人的或者其他民事主体之间的民事法律关系。而关联交易就是上述关联方之间相互进行的交易。

正当的关联交易，法律并不禁止。正当的关联交易具有稳定法人业务，分散经营风险的作用。但是，在实践中，营利法人的控股出资人、实际控制人、董事、监事、高级管理人员等具有直接或间接控制能力的关联方，利用这种关联关系，进行关联交易，往往就会损害法人或其余股东的合法权益。

因此，本条规定，上述人员利用关联关系进行关联交易，给营利法人造成损害的，应当承担损害赔偿责任。构成上述情况，需要同时符合以下要件：首先，行为主体是控股出资人、实际控制人、董事、监事、高级管理人员；其次，上述人员利用关联关系，进行关联交易；最后，上述人员实施的关联交易损害了法人的利益，二者之间具有因果关系。

本条为《民法总则》新增条文，借鉴于《公司法》第 21 条修改而成。本条规定了营利法人的控股出资人、实际控制人、董事、监事、高级管理人员利用关联关系进行交易，给法人造成损害的，应当承担赔偿责任。

【典型案例】

钟某与被告徐某股东损害公司债权人利益责任纠纷案①

癸兵公司股东为卯文公司、官某兵、官某林、徐某，癸兵公司注册资本为 1000 万元，徐某出资 150 万元。徐某系卫国经营部的经营人。2013 年 1 月 29 日，癸兵公司汇入卫国经营部账户 200 万元，同日，卫国经营部通过支票汇入官某兵账户 200 万元，转账支票上载明用途为借款。2013 年 1 月 30 日，癸兵公司汇入徐某账户 160900 元。

2014 年 8 月 29 日，该市江干区劳动人事争议仲裁委员会裁决癸兵公司支付钟某 2011 年 4 月 1 日至 2013 年 12 月 18 日期间的工资差额××元，后钟某就上述裁决向法院申请执行，法院执行过程中因未发现癸兵公司有可供执行的财产，于 2014 年 10 月 21 日裁定终结执行。

另外，徐某所举多份证据欲证明钟某挪用癸兵公司资金、变卖

---

① 审理法院：浙江省杭州市江干区人民法院，案号：（2015）杭江商初字第 2378 号。

癸兵公司资产占为己有，法院认为，上述证据与本案徐某抽逃出资的事实没有关联性，若徐某认为钟某的行为侵害了癸兵公司或股东利益，可以另行主张。

【法理解读】

本案中，徐某为癸兵公司股东，公司与股东之间的交易或转账属于关联交易，癸宾公司及徐某应负更高的谨慎义务，其共从癸兵公司转出资金××元，构成抽逃出资，根据《最高人民法院关于适用〈中华人民共和国公司法〉若干问题的规定》，应当在抽逃出资本息范围内，对公司债务不能清偿的部分承担补充赔偿责任。因此，徐某对于癸兵公司未付清的工资款，应当承担补充责任。

【适用亮点】

本条为《民法总则》新增条文，规定了营利法人关联方利用关联关系，给法人造成损害的，应当承担赔偿责任。

在适用上，如关联方进行关联交易给法人造成损害的，除可依据本条文外，还可依据《公司法》第 20 条，向法院提起诉讼，要求相关关联方承担赔偿责任。

第八十五条　【立法主旨】出资人决议撤销

【法条对比】

民法总则	第八十五条　营利法人的权力机构、执行机构作出决议的会议召集程序、表决方式违反法律、行政法规、法人章程，或者决议内容违反法人章程的，营利法人的出资人可以请求人民法院撤销该决议，但是营利法人依据该决议与善意相对人形成的民事法律关系不受影响。
民法通则	无
民通意见	无

【条文释解】

（一）出资人对瑕疵决议的撤销权

指营利法人的权力机构、执行机构作出决议的会议召集程序、表决方式违反法律、行政法规、法人章程，或者决议内容违反法人章程的，营利法人的出资人可以请求法院撤销该决议的权利。出资人可自决议作出之日起60日内，请求法院撤销。

（二）出资人行使撤销权需符合法定要件

首先，决议具有程序瑕疵或内容瑕疵的情形；其次，权利行使主体为营利法人的出资人。如出资人向法院提起撤销之诉，决议被法院撤销的，该决议自始无效。

本条为《民法总则》新增条文，借鉴于《公司法》第22条修改而成。本条规定了出资人认为营利法人的权力机构、执行机构作出决议的会议召集程序、表决方式违反法律、行政法规、法人章程，或者决议内容违反法人章程的，可以请求法院撤销该决议。法条在原有基础上增加了对善意相对人的信赖利益保护的规定。

【典型案例】

鑫福矿业集团有限公司诉市商业银行股份有限公司决议撤销纠纷案①

原告鑫福矿业集团系被告该市商业银行股东，持有被告16.56%的股份。2015年7月21日被告召开的第五届董事会2015年第五次临时会议和2015年8月11日召开的2015年第一次临时股东大会，审议通过了《市商业银行股份有限公司章程修正案》，在该修正案中已明确将章程第128条第7款的条款内容修改为："在股东大会授权范围内，决定本行日常经营业务、对外投资、收购出售置换资产、对外担保、资产抵押、委托理财、金融租赁、关

① 审理法院：四川省泸州市江阳区人民法院，案号：（2016）川0502民初3667号。

联交易等重大事项。”该市工商行政管理局已于2015年9月11日审查同意被告提交的章程备案申请。

2016年7月29日上午9点被告召开了2016年第三次临时股东大会，出席本次临时股东大会的股东及股东代理人共17人，持有被告股份××万股，占被告股份的94.59%。会议对《市商业银行股份有限公司股东大会对董事会授权方案》进行了审议和表决，该授权方案第四条规定：决定本行单个项目金额不超过本行上一年度期末净资产值的10%的固定资产购置业务的权利；第五条规定：决定本行单个项目金额不超过本行上一年度期末净资产值的10%的不良资产处置和核销业务的权利。在本次会议上《市商业银行股份有限公司股东大会对董事会授权方案》获得通过并形成决议。原告公司的委派人也参加了本次会议并在决议上签字确认。

【法理解读】

本案中，原告鑫福矿业集团认为被告召开的第五次临时董事会会议所审议通过的《市商业银行股份有限公司股东大会与董事会授权方案》的第四条、第五条规定违反了被告章程第一百二十八条第七款所规定的，关于董事会在固定资产购置和不良资产处置额度的规定，依法应予撤销。

根据《公司法》第22条第2款的规定：“股东会或者股东大会、董事会的会议召集程序、表决方式违反法律、行政法规或者公司章程，或者决议内容违反公司章程的，股东可以自决议作出之日起六十日内，请求人民法院撤销。”原告可向法院提起撤销之诉。只是由于被告提起诉讼之日与决议形成之日相差72日，已超过法律规定的60日，故对其主张才不予支持。

【适用亮点】

本条为《民法总则》新增条文，规定了出资人认为营利法人权力机构、执行机构形成的决议有瑕疵，可向法院提起撤销之诉，但善意相对人的利益仍然受到保护。

因此，营利法人的出资人可根据本条，对有程序瑕疵或内容瑕疵的决议提起撤销之诉；同时，已依据决议而形成民事权利义务关系的善意相对人的信赖利益不受撤销决议的影响。

第八十六条 【立法主旨】营利法人社会责任

【法条对比】

民法总则	第八十六条 营利法人从事经营活动，应当遵守商业道德，维护交易安全，接受政府和社会的监督，承担社会责任。
民法通则	无
民通意见	无

【条文释解】

遵守商业道德，要求营利法人在从事经营活动时，应当为人民服务，对人民负责，文明经商，遵纪守法，货真价实，诚实无欺等。营利法人应当遵守商业道德，提高自己的道德水准，树立正确的商业道德价值取向，拥有良好的商业信誉。

维护交易安全是指营利法人在从事经营活动时，必须诚实信用，须做到平等互利、严格遵守法律法规相关规定，保障和维护正常的交易秩序，减少和消除交易活动中的不安全因素，促进交易的有序、公平开展。

接受政府和社会的监督是指营利法人在经营活动中，一方面要接受政府的监督，政府作为社会活动的监督者和管理者，有权对营利法人的经营活动进行监督；另一方面要接受社会的监督，包括各种社会团体及消费者对营利法人的监督。营利法人对于上述监督具有接受的义务，对于提出的监督意见，应当对照检查，及时予以整改。

承担社会责任是指营利法人在进行经营活动的同时，还要承担对消费者、社区、社会的责任，要求营利法人除了把利润作为目标的基础上，还应将对人的价值的关注、对社会、对消费者、对环境的贡献作为其价值追求。

本条为《民法总则》新增条文，借鉴于《公司法》第5条修改而成。强调营利法人除享有法律赋的权利外，还有一定的责任，负有一定的义务。

【典型案例】

甲子生态旅游开发有限公司等与杨树湾村民委员会合同纠纷上诉案①

某区大地村北的大地北沟水库是由原人民公社时期1976年组织各村摊派义务工修建，修建的目的是为了保证农田灌溉和人畜饮水，属于村集体自建小型水库。2007年3月，杨树湾村将该水库、水面及山场出租给甲子旅游公司进行经营。

因当年干旱，灌溉用水产生问题，相邻大地村村民与甲子旅游公司产生了争议，旅游公司拒不放水，大地村村民集体上访。2007年7月27日，大地村委会与甲子旅游公司、杨树湾村委会达成“关于杨树湾村所属大地北沟水库的使用协议”，该协议内容为，“鉴于甲方（杨树湾村委会）于2007年4月16日将所属水库及周边地域租赁给丙方（甲子旅游公司）经营用于鲟鱼养殖和旅游开发，合同在履行中涉及大地村民人畜饮水及大庙村以上至水库坝下土地灌溉问题产生矛盾，经该区社会矛盾调处中心调解并经三方一致同意达成如下协议：一、土地灌溉问题，三方一致同意确定水位线为坝头库底至水面13米以上可以保证以上所说土地的灌溉（如遇特殊情况需由乡政府协商解决），灌溉的条件是在保证节约用水的条件下使用管灌，并且每年浇灌次数为两次，浇地时需三方同意并各派一名代表监管。二、浇地管道的安装由大地村委会负责，并于2007年10月1日前安装完成。三、如遇特殊年景，甲方（杨树

① 审理法院：北京市第三中级人民法院，案号：（2016）京03民终13173号。

湾村委会)、丙方（甲子旅游公司）必须保证大地村村民的人、畜饮水，以及需要泄洪时按照上级指示进行。四、达成协议后甲、乙双方必须保证丙方道路的畅通。五、该协议一式四份，甲乙丙三方及乡政府各执一份。六、本协议三方签字后生效。”协议签订后，乡政府为大地村委会安装了输水管道。

【法理解读】

本案中，甲子旅游公司未按约定履行放水义务，导致农作物产量受损，依法应承担赔偿责任。需要说明的是，在现代市场经济时期，法治已成为现代社会治理和公民生活的基本准则，各方当事人均应遵守并强化契约精神，秉持公平、透明、可操作性原则，明确、合理地安排各自的权利义务关系，避免今后类似纠纷的发生。

此外，目前企业社会责任日益深入人心，并已内化为企业持续、长远、健康发展的关键因素，我国《公司法》第5条、《合伙企业法》第7条都彰显了企业社会责任的重要性。故而，法院提示甲子旅游公司在合法经营的同时，应努力平衡协调好营利性和社会责任之间的辩证关系，以此来增强自身的长久竞争力。

【适用亮点】

本条为《民法总则》新增条文，规定了营利法人从事经营活动，应当遵守商业道德，维护交易安全，接受政府和社会的监督，承担社会责任。

所以营利法人在生产经营中，不得损害国家、集体或第三人的利益，破坏社会经济秩序，应当自觉维护交易安全和交易秩序的稳定，最大程度地关怀所有社会利益。

第三节　非营利法人

第八十七条　【立法主旨】非营利法人概念分类

【法条对比】

民法总则	第八十七条　为公益目的或者其他非营利目的成立，不向出资人、设立人或者会员分配所取得利润的法人，为非营利法人。 　　非营利法人包括事业单位、社会团体、基金会、社会服务机构等。
民法通则	无
民通意见	无

【条文解释】

本条是《民法通则》以及以前司法解释中没有的内容。

公益目的也常称为“以公共利益为目的”，意味着为了整体的需要，超越个人或小集体的利益，超越一定区域或空间的利益，超越短期或眼前的利益，以谋求广泛的、不特定的大多数人的利益为目的而行动，一般而言具有非经济性的目的。

社会服务机构，是指自然人、法人或者其他组织为了提供社会服务，主要利用非国有资产设立的非营利法人。本法将社会服务机构纳入非营利法人的范畴，明确了社会服务机构的本质属性定位，这部分在《慈善法》中已有所体现。[①]

---

① 《慈善法》第8条：本法所称慈善组织，是指依法成立，以开展慈善活动为宗旨的基金会、社会团体、社会服务机构等非营利组织。

【典型案例】

卯士基（中国）航运有限公司及其戊门分公司与寅海实业发展有限公司、戊门外轮代理有限公司国际海上货运代理经营权损害赔偿纠纷案①

寅海公司与戊门外代先后于2003年10月31日、2005年3月15日两次签订《集装箱运输合作协议》，其中2003年10月31日签订的协议，因双方无异议而自动延长一年至2004年12月31日终止：双方于2005年3月15日签订的新协议约定，戊门外代原则上准许寅海公司提取集装箱，同时特别约定“在箱主或租箱人明确表示不同意将设备交给寅海公司使用的情况除外”。

寅海公司明知戊门外代为卯士基公司的集装箱代理人与其签订上述两份协议，上述两份协议直接约束寅海公司和卯士基公司。卯士基公司于2005年3月3日通知戊门外代停止向寅海公司提供集装箱及其铅封时，卯士基公司与寅海公司已不受原协议的约束。自2005年3月15日起，按照新协议的约定，卯士基公司可以不向寅海公司提供集装箱。

【法理解读】

本案的班轮船期公告为要约邀请。在通常集装箱海运业务中，承运人接受托运人或其货运代理人订舱托运的要约后，承托双方成立海上货物运输合同关系，随后承运人准许托运人向其或其集装箱代理人提取空集装箱装货，即承托双方开始履行运输特定一个或者若干个集装箱货物的合同。承运人准许托运人提取集装箱，作为履行运输合同的行为，可以印证承托双方已订立了运输合同。但承运人不准许托运人提取集装箱，并不表明双方开始履行运输合同，不

① 一审法院：福建省厦门海事法院，案号：（2005）厦海法事初字第48号；二审法院：福建省高级人民法院，案号：（2008）闽民终字第381号；再审法院：最高人民法院，案号：（2010）民提字第213号。

能以此说明双方已事先成立了运输合同关系。本案中卯士基公司从2005年3月3日起准许寅海公司提取集装箱，但双方当事人之间既没有达成运输集装箱的合意，也无实际运输的事实。所以卯士基公司拒绝向寅海公司提供集装箱及其铅封，并没有违反双方合同的约定，无须承担违约责任。

而卯士基公司从事的国际班轮运输，不属于我国《合同法》第289条规定的公共运输，寅海公司主张卯士基公司负有强制缔约义务，没有法律依据。卯士基公司拒绝与寅海公司交易，属于卯士基公司享有的订立合同的自由。寅海公司主张卯士基公司拒绝与其交易，违反了《联合国班轮公会行动守则公约》的规定，没有法律与事实依据。

【适用亮点】

公共运输履行着为社会公众提供运输服务的社会职能，具有公益性、垄断性等特征。为维护社会公众利益，《合同法》第289条对从事公共运输的承运人作出了规定。国际海上集装箱班轮运输是服务于国际贸易的商事经营活动，不属于公用事业，不具有公益性，也不具有垄断性，故不属于公共运输。

所以案涉托运人或者其货运代理人请求从事国际海上集装箱班轮运输的承运人须承担强制缔约义务，没有法律依据，应予驳回。

第八十八条　【立法主旨】事业单位法人资格

【法条对比】

民法总则	第八十八条　具备法人条件，为适应经济社会发展需要，提供公益服务设立的事业单位，经依法登记成立，取得事业单位法人资格；依法不需要办理法人登记的，从成立之日起，具有事业单位法人资格。

民法通则	第五十条第二款 具备法人条件的事业单位、社会团体，依法不需要办理法人登记的，从成立之日起，具有法人资格；依法需要办理法人登记的，经核准登记，取得法人资格。
民通意见	无

【条文解释】

按照《事业单位登记管理暂行条例》第2条第1款的规定："本条例所称事业单位，是指国家为了社会公益目的，由国家机关举办或者其他组织利用国有资产举办的，从事教育、科技、文化、卫生等活动的社会服务组织。"它们的独立经费主要来源于国家的财政拨款，也可以通过集资等方式取得。我国多数事业单位，是以政府规定或行政命令设立的，从成立之时起，具备法人条件的，便具有法人资格。部分事业单位，准由自愿组建，经核准登记，才取得法人资格，如民办学校。①

本条前半段规定了事业单位法人应当依法进行登记方取得法人资格。事业单位法人的设立事关公共服务事业，因此，需要由有关机关对其资金、组织机构、场所、审批机关批准文件等登记内容进行审查，以保证符合从事公共服务的条件和能力。本条下半段规定了依法不需要办理法人登记的事业单位自成立之日起取得法人资格。这些事业单位法人无须办理事业单位法人登记而由有关主管机关按照分级登记管理的规定向登记机关备案。②

体现在《事业单位登记管理暂行条例》第11条的规定中。

本条源于《民法通则》第50条第2款的规定。此条对《民法通则》第50条第2款中的事业单位法人和社会团体法人作了区分，

---

① 龙卫球著：《民法总论》（第2版），中国法制出版社2002年版，第343页。

② 张新宝著：《〈中华人民共和国民法总则〉释义》，中国人民大学出版社2017年版，第166页。

体现了立法的细致与精准。

【典型案例】

郭某堃诉该市红桥区教育局主体不适格被驳回起诉案①

郭某堃原系北竹林村小学教员，在该小学工作期间于 1964 年被该市公安局红桥分局劳动教养三年。庭审中郭某堃称其人事档案在入职北竹林村小学至劳动教养之前一直保存在北竹林村小学，其解教后曾回到北竹林村小学要求复职，被告知其人事档案已在其劳动教养期间被转入该市红桥区教育局保管。后郭某堃多次找到该市红桥区教育局要求查找人事档案并解决复职及申请困难补助等问题，均未果。

后郭某堃向该市红桥区教育局提交《天津市政府信息依申请公开信息申请表》一份，要求该市红桥区教育局公开郭某堃的人事档案。随后，该市红桥区教育局向郭某堃送达编号为 0501 号的《信息不存在告知书》一份，回复郭某堃“申请的政府信息不存在”。

于是郭某堃向红桥区劳动人事仲裁委员会申请仲裁，仲裁请求为：一、依法判令该市红桥区教育局没有保存人事档案违法；二、判令该市红桥区教育局归还人事档案。该委于同日以劳动者已到达法定退休年龄为由决定不予受理，并作出劳仲不字（2016）第 86 号不予受理案件通知书。通知书送达后，郭某堃不服，诉至法院。

【法理解读】

本案中北竹林村小学合并入该市红桥区西站小学，该市红桥区西站小学系独立的事业单位法人，满足事业单位法人取得的一切条件。其为独立的法人组织，能够承担独立的责任。郭某堃的理由无

---

① 一审法院：天津市红桥区人民法院，案号：（2016）津 0106 民初 6891 号；二审法院：天津市第一中级人民法院，案号：（2017）津 01 民终 2436 号。

论是实体上，还是程序上都有错误。

现在西站小学继受了北竹林村小学的财产和档案，可以看出当事人郭某堃的人事关系以及档案关系均在西站小学存放，作为西站小学是有独立的财产和独立的人格的，虽然其业务受到教育局的领导，但是其法律属性仍然是一个独立的法人，具有法人的一切资格，承担法人的全部义务和责任。故本案当事人状告教育局没有任何法律上的依据。

【适用亮点】

事业单位法人是独立的法人，是非营利法人中的重要组成部分，具有法人的一切属性，承担独立的法律责任。由于事业单位法人具有独立的人事任免权。并且从本案可以看出，事业单位的任务是要完成政府所希望的，而又不必由政府直接解决的公共或行政事宜；故可以说，我国的事业单位法人具有公共性，表明其是一种公共机构，既是由政府出资成立，但又不是政府行政机关的公共机构，既要完成政府赋予的任务，还不能成为政府部门的附属。[①]

第八十九条　【立法主旨】事业单位的法人组织机构及其法定代表人

【法条对比】

民法总则	第八十九条　事业单位法人设理事会的，除法律另有规定外，理事会为其决策机构。事业单位法人的法定代表人依照法律、行政法规或者法人章程的规定产生。
民法通则	无
民通意见	无

① 参见徐强胜：《我国事业单位法人制度改革的法律思考》，载《河南省政法管理干部学院学报》2006 年第 5 期。

【条文解释】

本条较《民法通则》及司法解释为新增的内容。事业单位法人的理事会是事业单位的决策机构，依照法律法规、国家有关政策和事业单位法人的章程开展工作。理事会主要负责事业单位法人的发展规划、财务预决算、重大业务、章程拟定和修订等重大决策事项，按照有关规定履行人事管理方面的职责，并监督本单位的运行。①

根据《关于建立和完善事业单位法人治理机构的意见》（以下简称《意见》）（国办发〔2011〕37 号）第 3 条第 1 款的规定，决策监督机构的主要组织形式是董事会，也可探索董事会、管委会等多种形式。理事会作为事业单位的决策和监督机构，依照法律法规、国家有关政策和本单位章程开展工作，接受政府监管和社会监督。理事会负责本单位的发展规划、财务预决算、重大业务、章程拟订和修订等决策事项，按照有关规定履行人事管理方面的职责，并监督本单位的运行。理事会一般由政府有关部门、举办单位、事业单位、服务对象和其他有关方面的代表组成。并且，《意见》还鼓励探索单独设立监事会，负责监管事业单位财务和理事、管理层人员履行职责的情况。

法定代表人对外实施民事法律行为时，因其执行职务的行为所产生的一切法律后果，均由法人承担。这无疑是其的权限职责所在。

【典型案例】

苗某红与申酉理工大学劳动争议纠纷案②

原告苗某红系申酉理工大学职工，2006 年 6 月 12 日原告向被告递交了申酉理工大学自愿退养审批表，2006 年 10 月 12 日，原告的

---

① 张新宝著：《〈中华人民共和国民法总则〉释义》，中国人民大学出版社 2017 年版，第 167 页。

② 审理法院：辽宁省沈阳市中级人民法院，案号：（2016）辽 01 民终 1072 号。

申请经过了被告同意。2006年8月30日《申酉理工大学人员聘用制实施方案》经申酉理工大学教职工代表大会四届五次会议第二次全体会议讨论通过，并公布实施，此文件规定了被告的岗位设置及岗位聘任实施方法及原则、岗位聘任条件及聘用的组织机构及聘期内的考核与管理，同时规定了未聘待岗人员的分流形式：①提前退休。②离岗待退：符合（省政办发〔2003〕83号）中提前退休条件的未聘人员，本人自愿提出退居二线申请的，经学校批准后，可离岗待退，享受国家基本工资和津补贴及福利待遇，不享受校内岗位津贴，享受200元/月的校内补贴，直至办理正式退休手续为止。③辞职。④应聘临时岗位。⑤待岗。其中，后勤处服务岗位编制核定为153人。因原告未参加岗位聘任，根据原告填写的《申酉理工大学自愿退养审批表》，学校根据离岗待退人员确定了其待遇。

2014年9月24日，原告给被告人事处写信件，信件载明“学校能否参照以前在职职工‘岗位津贴’与内退职工的‘生活补贴’的50%的比例政策，每月给包括原告在内的内退职工发放一些校内补助。考虑事情已过去数年，我们不想给学校领导增加太多麻烦；另外，我们绝大多数同志没几年就退了。莫不如不计前数，按70%比例，从2014年1月发放，一直到退休”。被告单位研究决定，从2015年1月开始给内退同志每月增加500元奖励绩效和60元公积金，此方案原告签字确认并从2015年1月始另收到了500元的岗位津贴。原告认为根据工人（2000）42号文及当时人事处处长崔某兴的谈话，内退人员与在岗人员待遇什么都不差，故原告与被告关于发放岗位津贴不能达成一致意见。从而提起诉讼。

【法理解读】

《高等教育法》第43条和教育部2011年《学校教职工代表大会规定》明确了学校教职工代表大会的地位和作用，学校教职工代表大会作为高等学校的一类组织，是教职工依法参与学校民主管理和监督的基本形式，其作用在于依法保障教职工参与民主管理和监督，维护教职工合法权益。

本案中，《申西理工大学人员聘用制实施方案》经申西理工大学教职工代表大会四届五次会议第二次全体会议讨论通过，并公布实施，这一实施方案的通过正是教职工代表大会行使第四项职权——“讨论通过学校提出的与教职工利益直接相关的福利、校内分配实施方案以及相应的教职工聘任、考核、奖惩办法”而实现的。

但学校教职工代表大会并不是决策机构和执行机构，其作用在于依法保障教职工参与民主管理和监督，维护教职工合法权益。原告根据该实施方案办理内退并享受相应的内退人员待遇，该待遇明确规定“不享受校内岗位津贴”，而原告在之后的福利待遇，并未因教职工代表大会以外组织的会议或决议而降低。说明学校教职工代表大会依法保障教职工参与民主管理和监督，维护教职工合法权益的作用与意义业已充分体现。

【适用亮点】

2009 年 11 月 17 日中共申西理工大学第一届委员会常委会，研究决定该校离岗待退人员校内补贴调整方案，该方案也必须经过教职工代表大会的讨论通过，还有《关于在人事制度改革中实行“内部提前退岗休养”制度的通知》等文件，也是关于学校提出的与教职工利益直接相关的福利待遇问题，教职工代表大会在其中所承担的角色不能缺位。

但是，事业单位法人的理事会等才是事业单位的决策机构，依照法律法规、国家有关政策和事业单位法人的章程开展工作。理事会等主要负责事业单位法人的发展规划、财务预决算、重大业务、章程拟定和修订等重大决策事项，按照有关规定履行人事管理方面的职责，并监督本单位的运行。所以，如果案涉纠纷在程序上符合相应的要求，原告对于自己待遇的提高就不存在合理正当的理由，本案对事实认定和法律适用自是正确的。

原告如果在待遇上对于相关规定本身有不同的意见，可以提请教职工代表大会向学校有关部门提出修改建议。

第九十条 【立法主旨】社会团体法人资格

【法条对比】

民法总则	第九十条 具备法人条件，基于会员共同意愿，为公益目的或者会员共同利益等非营利目的设立的社会团体，经依法登记成立，取得社会团体法人资格；依法不需要办理法人登记的，从成立之日起，具有社会团体法人资格。
民法通则	第五十条第二款 具备法人条件的事业单位、社会团体，依法不需要办理法人登记的，从成立之日起，具有法人资格；依法需要办理法人登记的，经核准登记，取得法人资格。
民通意见	无

【条文解释】

本条源于《民法通则》第 50 条第 2 款的规定。该条对《民法通则》第 50 条第 2 款中的事业单位法人和社会团体法人作了区分，体现了立法的细致与精准。

《社会团体登记管理条例》第 2 条规定了社会团体的组成及定位。第 10 条规定了成立社会团体应当具备的条件。

社会团体法人登记，发起人应当向登记管理机关提交下列文件：（一）登记申请书；（二）业务主管单位的批准文件；（三）验资报告、场所使用权证明；（四）发起人和拟任负责人的基本情况、身份证明；（五）章程草案。

社会团体法人可分为：学术性社会团体法人、行业性社会团体法人、专业性社会团体法人以及联合性社会团体法人。社会团体法人通常仅能在实现其章程所定目的所必需的范围内进行民事活动，超出这一范围，社会团体法人即无权利能力。社会团体法人采取由参加成员出资或由国家资助的办法建立团体财产和活动基金，除依法规定的特别基金外，应以此对其债务负清偿责任。[①]

【典型案例】

胡某与某省辰巳大学校友会人格权纠纷上诉案[②]

某省辰巳大学校友会根据《辰巳大学校友会章程》作出将胡某从该省辰巳大学校友会中除名的决定，而胡某则认为省辰巳大学校友会应为指称胡某非辰巳大学校友之事，消除影响，恢复名誉，赔礼道歉；并按照2016年1月23日的《会议纪要》决议恢复胡某校友会秘书长身份、法定代表人身份；诉讼费由省辰巳大学校友会承担。

【法理解读】

社会团体法人是基于会员的共同意愿，为实现公益目的或者会员共同利益等非营利目的而设立的非营利法人。本案意义在于对社会团体法人的资格的认定，两次审理，均认定该省辰巳大学校友会是为了该省校友的共同利益而设立，故其应该作为社会团体法人，认定准确。

辰巳大学校友会作为社会团体法人，根据《辰巳大学校友会章程》作出将胡某从该省辰巳大学校友会中除名的决定，系该省辰巳大学校友会依职权对其会员作出的处理决定，而依《最高人民法院关于审理名誉权案件若干问题的解释》解答四："国家机关、社会团体、企事业单位等部门对其管理的人员作出的结论或者处理决定，当事人以其侵害名誉权向人民法院提起诉讼的，人民法院不予受理。"的规定，本案显然不属人民法院受理的范围。

---

① 王利明主编：《民法》（第5版），中国人民大学出版社2010年版，第73页。

② 一审法院：湖北省武汉市江夏区人民法院，案号：（2016）鄂0115民初2651号；二审法院：湖北省武汉市中级人民法院，案号：（2017）鄂01民终1270号。

【适用亮点】

社会团体法人是独立的法人，是非营利法人中的重要组成部分，具有法人的一切属性，享有相应的权利，承担独立的责任。本案中，辰巳大学校友会作为社会团体法人，根据《辰巳大学校友会章程》作出将胡某从该省辰巳大学校友会中除名的决定，系该校友会依职权对其会员作出的处理决定，其有章程与法律上的依据，合法可行。

第九十一条　【立法主旨】社会法人团体法人治理结构

【法条对比】

民法总则	第九十一条　设立社会团体法人应当依法制定法人章程。 社会团体法人应当设会员大会或者会员代表大会等权力机构。 社会团体法人应当设理事会等执行机构。理事长或者会长等负责人按照法人章程的规定担任法定代表人。
民法通则	无
民通意见	无

【条文解释】

本条是《民法通则》及司法解释中没有的内容。

根据《社会团体登记管理条例》第 14 条规定了社会团体的章程应当包括的事项，从中可以看出社会团体法人的章程是法人的行为准则，是规范法人的活动范围、组织机构以及内部成员之间权利义务等内容的制度载体。

社会团体法人的权力机构是会员大会或者会员代表大会，会员大会或者会员代表大会通过多数表决的方式汇集个体意思并形成法人共同意志，对全体会员有约束力。

【典型案例】

娄某与某市水产批发行业协会垄断纠纷上诉案

2011 年 9 月 29 日，某市民政局为“某市水产批发行业协会”颁发了《社会团体法人登记证书》。该社会团体法人的业务范围是开展水产批发行业的政策宣传、行业自律、行业协调等。该协会共登记有 31 名单位会员，其中包括京深渔隆海鲜行经营者娄某。刘某兰与娄某系夫妻关系，娄某委托刘某兰代为处理与水产批发协会有关的一切事务。

《某市水产批发行业协会手册》（以下简称手册）经 2011 年 2 月 26 日第一届会员大会表决通过，自登记管理机关核准之日起生效。该手册“奖罚规定”第一条规定：“禁止会员不正当竞争，不按协会规定的销售价格折价销售扇贝”。第二条规定：“禁止会员向本协会会员所在的市场向非会员销售整件扇贝”。同时，水产批发协会 2011 年（11）月份财务报表显示“每斤补 1 元”项目下各成员分别补一定金额作为返利，合计 564850 元。而“收方”项目下刘某兰因违规被罚款 2000 元。娄某不服处罚，遂成诉。

一审法院认为，《某市水产批发行业协会手册》中“奖罚规定”之第一条和第二条均系固定商品价格的规定，违反《反垄断法》第十三条第（一）项的强制性规定，应认定为无效。水产批发协会不服一审判决，向该市高级人民法院提起上诉。

二审法院认为，案涉水产批发协会以上述规定不属于章程、以及“奖惩规定”未实施等为由，主张原审判决有关“奖罚规定”第一条、第二条属于固定商品价格垄断协议的认定结论错误，没有事实与法律依据，故维持原判。

【法理解读】

根据《反垄断法》的相关规定，法律禁止具有竞争关系的经营者达成固定或者变更商品价格的垄断协议。这里所谓垄断协议是指排除、限制竞争的协议、决定或者其他协同行为。

本案中，案涉手册可视为该协会制定的规范会员行为的章程的上位规定，其“奖罚规定”部分与协会章程处于平级地位，对协会会员具有普遍约束力。该“奖罚规定”第一条规定虽然本身违法性很难界定，但在实践操作中，该水产批发协会登记成立之后，水产批发协会多次组织会议对不同种类的扇贝产品确定销售价格，同时禁止不按规定价格折价销售以及相对应处罚等事宜进行讨论并作出了相应的决定，旨在通过固定和变更价格减少甚至消除会员之间的竞争，并尽可能的提高销售利润，从而获得獐子岛公司的销售返利，这本身在一定程度上会减弱或消除市场竞争，产生排除或限制竞争的效果，最终损害消费者的利益。

该“奖罚规定”第二条规定“禁止会员向本协会会员所在的市场向非会员销售整件扇贝”。换言之，如果允许整件对外销售，则势必会引起非会员之间或会员与非会员之间的价格竞争，从而使得会员之间的价格协议形同虚设，因此该规定本质上具有排除、限制竞争的效果。故此，《某市水产批发行业协会手册》中“奖罚规定”之第一条和第二条构成了垄断协议。

【适用亮点】

设立社会团体法人应当依法制定法人章程。法人章程的内容必须符合法律的规定，否则归于无效。案涉《某市水产批发行业协会手册》在性质上既属受法律制度约束的协会文件，是由会员大会或者会员代表大会通过多数表决的方式，汇集个体意思而形成了法人共同意志，对社团法人的全体成员自然就具有拘束力。所以应该为一种从协会章程外延至所有对协会会员而具有普遍约束力的内部规定。

第九十二条 【立法主旨】捐助法人资格取得

【法条对比】

民法总则	第九十二条 具备法人条件，为公益目的以捐助财产设立的基金会、社会服务机构等，经依法登记成立，取得捐助法人资格。 依法设立的宗教活动场所，具备法人条件的，可以申请法人登记，取得捐助法人资格。法律、行政法规对宗教活动场所有规定的，依照其规定。
民法通则	无
民通意见	无

【条文解释】

本条相对于《民法通则》及司法解释是新增加的内容。

（一）捐助法人即传统民法中的财团法人

学者认为财团法人在西方法律中，与社团法人对称，是指以实现一定的公益目的，以捐助财产为基础设立的法人。[①] 一般认为，凡是以人的集合为基础成立的法人为社团法人，而以财产为基础成立的法人为财团法人。[②]

（二）宗教组织须依法办理登记

本条对于宗教组织的规定来源于《宗教事务条例》第 6 条、第 34 条的规定。

（三）法人捐助财产的法律性质

捐助财产是捐助法人完全、独立所有的财产。捐助人履行捐助行为后即与捐助财产完全脱离了关系，捐助人不因放弃财务所有权

---

① 赵旭东：《论捐助法人在民法中的地位》，载《法学》1991 年第 6 期。

② 江平主编：《民法学》（第 2 版），中国政法大学出版社 2011 年版，第 97 页。

而获得相应的利润分配请求权或者财产管理权限，只是依法享有对捐助财产使用的监督权；

捐助法人对其所享有的财产具有独立的物权。捐助法人的管理机构及工作人员应当依照法律、章程以及捐助协议规定，在法人的公益性宗旨范围内占有、管理和使用捐助财产，而不得以任何方式对其进行分配。①

【典型案例】

石某与癸山市南海区西樵山宝峰寺劳务合同纠纷案②

原告石某于2014年1月3日进入被告癸山市南海区西樵山宝峰寺（以下简称宝峰寺）从事佛教教务工作，法名释心智，每月薪水3400元/月，双方没有签订劳动合同。同年5月23日，被告以原告不在宿舍就寝为由辞退原告。其间，被告在2014年2~4月均向原告发放了3400元的薪资，在2014年1月仅向原告发放了400元补贴，5月没有支付薪资。请求判令被告向原告补发2014年1月和5月薪资6400元、赔偿2014年1月到5月双倍薪资17000元，并承担本案诉讼费。被告宝峰寺辩称：

1. 宝峰寺不构成劳动法中的劳动用工主体；

2. 石某与宗教活动场所之间的关系属于宗教内部事务；

3. 石某是以僧人身份到宝峰寺挂单修行的；

4. 石某离开宝峰寺的主要原因是其违反了宝峰寺寺规即所谓不共住；

5. 宗教场所（宝峰寺）与僧人之间不存在发放工资的行为。

---

① ［美］哈罗德·J. 伯尔曼著：《法律与革命》，贺卫方等译，中国大百科全书出版社1993年版，第429页。

② 一审法院：广东省佛山市南海区人民法院，案号：（2014）佛南法樵民一初字第149号；二审法院：广东省佛山市中级人民法院，案号：（2015）佛中法民一终字第101号。

【法理解读】

根据《民法总则》第 2 条的规定，原告石某主张被告宝峰寺支付劳务报酬不符合上述民法调整范围，其理由如下：原告是获颁戒牒的僧人，其自愿到被告宝峰寺挂单修行，作为被告宝峰寺，只是为原告提供修行的场所和必要的生活补助，原、被告之间不属于雇佣关系；我国实行“自治、自养、自传”的宗教政策，各宗教应坚持独立自主自办的原则，对寺院内部纠纷，应遵循寺院相关规定和佛教教义、习俗等处理；寺院财产来源于捐赠或其他合法收入，具有公共性质，应用于与佛教教义相符的宗教活动，并按照“利和同均”的分配制度，使僧人在基本生活需要得到保障的情况下专心修行。寺院的僧人“依戒律共住，依戒律作为处事及行为标准”，追求共同修行的精神性目的，而非带有财产性目的。从上述寺院物的因素和人的因素来看，被告不可能成为内部纠纷的民事诉讼主体。

因此，本案纠纷不应上升至法律关系层面并加以司法干预，宜由双方遵循教义教规和内部习俗处理。

【适用亮点】

本案的关键在于寺庙为捐助法人。本案中宝峰寺作为佛教寺庙，接受僧人挂单，为僧侣修行提供必要场所及便利条件，而非为他人提供劳动就业机会；石财某作为出家僧人，持戒牒至宝峰寺自愿挂单，目的乃为佛学修行，而非赚取劳务报酬；何况挂单之初，双方均未对劳动薪金或劳务报酬进行过任何约定。因此，双方之间不构成劳动或劳务合同等法律关系。

第九十三条 【立法主旨】捐助法人机构

【法条对比】

民法总则	第九十三条 设立捐助法人应当依法制定法人章程。 捐助法人应当设理事会、民主管理组织等决策机构，并设执行机构。理事长等负责人按照法人章程的规定担任法定代表人。 捐助法人应当设监事会等监督机构。
民法通则	无
民通意见	无

【条文解释】

本条相对于《民法通则》及司法解释是新增加的内容。

（一）捐助法人的章程应该规定捐助法人设立的宗旨和活动范围等

章程应经过理事会表决同意后才生效。由于财团法人没有意思机关而仅有执行机关，而执行机关的行为依照章程，故无章程的财团法人就难以存在。[①]

最典型的捐助法人是基金会法人，而基金会法人应当设立理事会。此次《民法总则》中对捐助法人的理事会的规定与《基金会管理条例》相关联。

（二）捐助法人的机关

捐助法人的决策机构即其最高权力机关或者意思机关。

捐助法人的理事会是法人的决策机构，依法行使法人章程规定，理事会理事依照法律和法人章程规定选任。理事会、民主管理

---

① 江平主编：《民法学》（第2版），中国政法大学2011年版，第98页。

组织作为捐助法人的决策机构，其法人的“意思”就形成于这一机关。理事会、民主管理组织是捐助法人的决策机构。捐助法人的理事会是法人的决策机构，依法行使法人章程规定。理事会理事依照法律和法人章程规定选任。

【典型案例】

某西山老年公寓等上诉申某丁等请求变更公司登记纠纷案[①]

某西山老年公寓于2008年11月28日经该区民政局批准登记成立，性质为非营利法人，法定代表人为韩某霞，开办资金为100万元（登记出资人为韩某霞）。

申某丁等五人与某西山老年公寓出资人权益确认纠纷经该区人民法院判决确认：申某丁等五人是某西山老年公寓的出资人，每人占总出资的14.285%；2012年11月19日，该市第二中级人民法院维持该一审判决，该一审判决已经生效。之后，申某丁等五人多次要求某西山老年公寓、韩某霞执行上述生效判决，协助进行变更登记，登记管理机关也多次要求韩某霞配合变更登记，但韩某霞均予以拒绝，至今变更登记未果。

2013年4月11日，申某丁等五人依法按程序通知韩某霞、杨某军于2013年4月25日参加某西山老年公寓理事、监事会议；会议议题：1. 换届推举理事、监事；2. 选举理事长、副理事长；3. 研究决定单位公章、财务管理问题。

2013年4月25日会议如期召开，申某丁等五人全部参加了会议，韩某霞、杨某军缺席，到会率71.4%，超过规定半数要求，会议合法有效。会议以无记名投票的方式五票推举申某丁、刘某、迟某明、冯某存、韩某霞为理事；李某、杨某军为监事。迟某明五

---

① 一审法院：北京市丰台区人民法院，案号：（2014）丰民（商）初字第18180号，二审法院：北京市第二中级人民法院，案号：（2016）京02民终3812号。

票当选理事长；冯某存、申某丁各五票当选副理事长。会议决定落实执行会计法，会计、出纳分开；责成韩某霞立即交出财务账目和公章，停止侵权行为等。

会后，申某丁等五人要求韩某霞配合办理变更手续，被拒绝，至今未果。故起诉要求：

1. 依法将西山老年公寓举办者、出资人变更为申某丁、刘某、迟某明、冯某存、李某、韩某霞、杨某军七人共同举办；并确认每人的出资金额及比例。

2. 依法将某西山老年公寓理事长（法定代表人）变更为迟某明，理事变更为申某丁、刘某、迟某明、冯某存、韩某霞，监事变更为李某、杨某军。

【法理研究】

根据《民办非企业单位登记管理暂行条例》第 6 条第 3 款、第 7 条、第 9 条、第 11 条、第 12 条第 1 款、第 14 条、第 15 条之规定，民办非企业单位无论是登记事项的变更还是章程的修改，其前提均是由民办非企业单位先向业务主管单位提交登记事项变更申请、章程修改申请及相关文件材料，在获得业务主管单位审查同意的文件后，再向登记管理机关提交登记事项变更申请、章程修改申请及相关文件材料。行政机关对民办非企业单位登记事项变更进行审查、对民办非企业单位章程修改进行审查和核准，是行政机关法定的权力，属于行政许可或行政审批的范围，不属于人民法院民事诉讼程序解决的范围。但民办非企业单位是否向业务主管单位、登记管理机关提交登记事项变更申请、章程修改申请，系由民办非企业单位根据法律法规和章程规定，按照内部决策程序自行决定。故某西山老年公寓、韩某霞、杨某军的主张不能成立。

而某西山老年公寓、韩某霞、杨某军提出西山某老年公寓 2013 年 8 月职工代表大会选举产生第二届理事会理事和监事，并对章程进行相应修改，已经过该区民政局审查同意并核准，迟某明已不是某西山老年公寓理事的上诉主张，不能成立。

【适用亮点】

本案中，某西山老年公寓属于非营利性的民办非企业单位，非营利性的民办非企业单位即为《民法总则》以及《慈善法》中的社会服务机构，作为非营利法人应当按照法律规定制定法人章程，规定理事会、监事会等法人机构，按照法人章程约定的要求召开相关的会议，遵循法人章程进行重大事项的表决。

第九十四条　【立法主旨】捐助人权利

【法条对比】

民法总则	第九十四条　捐助人有权向捐助法人查询捐助财产的使用、管理情况，并提出意见和建议，捐助法人应当及时、如实答复。 捐助法人的决策机构、执行机构或者法定代表人作出决定的程序违反法律、行政法规、法人章程，或者决定内容违反法人章程的，捐助人等利害关系人或者主管机关可以请求人民法院撤销该决定，但是捐助法人依据该决定与善意相对人形成的民事法律关系不受影响。
民法通则	无
民通意见	无

【条文解释】

（一）捐助人

捐助人是指为了特定公益目的，通过捐助行为（包括生前捐助和遗嘱捐助）向基金会、社会服务机构等捐助法人捐助目的财产的自然人、法人或者其他组织。捐助人有两类，第一类是捐助法人的设立人，通过捐助行为设立捐助法人；第二类是向已成立的捐助法人捐赠财产的自然人、法人或者其他组织。

（二）捐助行为是一种无偿的转移占有的要式法律行为

财团法人的捐助人必须捐助财产，制定财团的根本规则，并将其用书面形式记载，这些行为统称为“捐助行为”。[①]

“由于财团法人没有成员，其设立人不可以作为法人成员，也不直接参与或决定法人事务。”[②] 捐助人的捐助行为是一种无偿的、转移占有的无偿的要式行为。根据法人人格的独立性，财产一旦脱离捐助人，其就没有了所有权。

（三）捐助法人的信息公开义务

捐助法人应当在登记管理机关指定的媒体或法人网站等其他便于查询的媒体或者法人网站等其他便于查询的媒体上向社会公布如下信息：捐助法人的基本信息；财产的来源和使用信息；重要人事变动及重要业务活动情况；其他法定需要公开的信息。

诸如年度工作报告、年检结果等。

【典型案例】

蒋某丽诉陈某烈、戊己家庭教育导报社返还公益捐赠纠纷案[③]

原告蒋某丽系壬癸市墩头镇育才学校学生，因家庭困难，通过《壬癸日报》向社会各界求援，请求帮助其完成学业。在被告《戊己家庭教育导报》及社会各界的帮助下，原告蒋某丽收到捐赠款，该捐款全部存在校长陈某烈的名下。

被告《戊己家庭教育导报》社分别与该省女记者协会、省会新世纪外国语学校、省会天地实验小学签订捐赠协议，约定：受赠人为《戊己家庭教育导报》社，捐款用于蒋某丽，可由受赠人指定专人保管，捐赠人有权监督捐款的使用。协议还约定：若蒋某丽不继续就学，捐款由受赠人转给其他贫困儿童就学用或协商转交其他失学儿童。

---

① ［日］山本敬三著：《民法讲义》，解亘译，北京大学出版社2004年版，第302页。

② 葛云松：《中国的财团法人制度展望》，载《北大法律评论》2002年第1期。

③ 案件来源：《中华人民共和国最高人民法院公报》2003年第4期。

【法理解读】

公民和法人为公益事业进行的捐助行为，应属于赠与行为，无论是捐款人的赠与权利，还是受赠人接受捐款的权利，均应依法受到保护。根据法律的规定，捐款人在行使赠与权利时，有权决定捐款的使用方法，包括签订捐赠协议，对捐助对象附加条件或者义务。受赠人在接受捐款时，有义务遵守赠与人为捐款特别设定的条件。

本案中，该省女记者协会、省会新世纪外国语学校、省会天地实验小学在捐款的同时，与被告《戊己家庭教育导报》社分别签订了捐赠协议，协议的内容符合法律的有关规定，应视为有效。

【适用亮点】

本案的捐助财产虽然并未设立一个捐助法人，亦为赠与严格意义上的捐助法人组织，而是明确由受赠人指定专人保管，本质上只能算一个非法人组织，但依然适用了捐助法人的捐助人对捐助财产的权利义务的规定。

捐助人的权利包括查询捐助财产的使用情况，捐助人向捐助法人提供捐助财产以后，虽然丧失了对于捐助财产的所有权，但捐助人基于自己的捐助行为，对捐助法人适用和管理捐助财产的情况有权进行查询，捐助法人对此负有义务，应当及时、如实答复。捐助人的捐助行为是一种无偿的、转移占有的无偿的要式行为。

第九十五条　【立法主旨】非营利法人终止时剩余财产分配

【法条对比】

民法总则	第九十五条　为公益目的成立的非营利法人终止时，不得向出资人、设立人或者会员分配剩余财产。剩余财产应当按照法人章程的规定或者权力机构的决议用于公益目的；无法按照法人章程的规定或者权力机构的决议处理的，由主管机关主持转给宗旨相同或者相近的法人，并向社会公告。

民法通则	无
民通意见	无

【条文解释】

本条规定的是公益性非营利法人的财产归属及终止后的分配。相对于《民法通则》及司法解释为新加内容。《基金会管理条例》也体现了相关内容。①

这里所谓剩余财产是指法人依法解散或者破产时，依照法律规定，经过清算，在清偿法人相关债务和费用、结清税费之后剩余的法人财产。在法人为非营利法人的情况下，剩余财产不得用于向法人的成员进行分配。否则，如允许分配剩余财产，那么设立人很可能抓住这一制度漏洞，以非营利之名行营利之实，在非营利法人终止时通过分配剩余财产间接实现营利目的。

需要注意的是：非营利法人分为以公益为目的的公益法人，以及不以营利为目的、但也不以从事社会公益为目的的中间法人。本条只表明：公益法人终止时，不得向出资人、设立人或者会员分配剩余财产。但对于中间法人，这条并不适用。这种区分是有道理的。②

【典型案例】

李某博诉申口区艺术合子美术进修学校合同纠纷案③

2011 年 7 月 12 日，由陶某明、乐某、李某博等五人签署形成

---

① 《基金会管理条例》第 33 条规定："基金会注销后的剩余财产应当按照章程的规定用于公益目的；无法按照章程规定处理的，由登记管理机关组织捐赠给与该基金会性质、宗旨相同的社会公益组织，并向社会公告。"

② 龙卫球、刘保玉主编：《中华人民共和国民法总则释义与适用指导》，中国法制出版社 2017 年版，第 237 页。

③ 案件来源：《中华人民共和国最高人民法院公报》2016 年第 9 期。

经申口区艺术合子美术进修学校（以下简称合子学校）第一届董事会第一次会议通过的董事会决议，其内容为：通过合子学校章程，通过举办者代表陶某明、乐某、李某博和校长代表周某、教职工代表刘某梁五人为第一届董事会成员等。经该次董事会通过的合子学校《章程》载明：学校董事会讨论聘任和解聘校长、修改学校章程、制订发展规划等重大事项的，必须得到全体董事2/3以上同意方可通过等。

2014年7月8日，被告法定代表人陶某明无故解除了原告在被告处的董事和副校长职务，导致原告无法行使董事和实际出资人暨举办者的权利。故诉至法院要求确认原告为被告的出资人暨举办者，出资比例为35%。

【法理解读】

根据《民办教育促进法》第3条、第9条、第11条、第12条、第13条、第54条的规定可见，对于确认或否定民办学校举办者身份的问题，审批机关即政府教育行政部门对民办学校举办者身份审查属于实质审查，体现了相关行政机关的意志。

因此，确认或否定民办学校举办者身份属于政府教育行政部门行政权限范畴，包含了行政许可内容。据此，确认或否定举办者纠纷不属于人民法院民事诉讼受理范围，应当由政府教育行政主管部门解决。

综上所述，民办非企业单位的举办者具有身份权，确认或否认民办学校举办者身份，是我国法律赋予有关行政主管部门的特有的权力，属行政许可内容，不能通过民事诉讼程序予以解决。

【适用亮点】

对于教育部门许可并通过民政部门登记设立的民办学校，当事人以其系该民办学校实际出资人为由诉请确认其出资份额的，因该民办学校系公益性组织，对该类学校的出资本质上属于向社会的捐赠，民办学校对已投入的资产享有独立的法人财产权，且投入的财产终极归属于社会而非归属于出资人，故出资人对学校财产不具有财产收益，其要求确认出资份额的诉请没有法律上的财产权依据。

故此，对于此种没有法律上的权利基础的事实确认，不能作为独立的诉讼请求。当事人诉请要求确认没有法律权利基础的某项事实的，法院应裁定不予受理或驳回起诉。

第四节　特别法人

第九十六条　【立法主旨】特别法人类型

【法条对比】

民法总则	第九十六条　本节规定的机关法人、农村集体经济组织法人、城镇农村的合作经济组织法人、基层群众性自治组织法人，为特别法人。
民法通则	无
民通意见	无

【条文解释】

本条相对于《民法通则》及司法解释为新增加的内容。在比较法上，本条的特别法人主要对应的是公法人。该法条很好地体现了社会的需求，是对我国基层特别是农村地区法人现实需要的一次重大确权——不是一般的权利确认，而是一种系统的主体地位确权。其中农村集体经济组织和城乡合作社尤其重要，自从小岗村开启农村经济体制改革以来，农村经济在三十余年的改革中取得了长足进步，不仅群众的财产日益增长，集体经济组织形式也得到了极大发展。法律如果不能回应农村集体经济现状的话，将会阻碍农村经济发展以及国家深化农民财产权改革的大政方针。[①]

---

① 龙卫球、刘保玉主编：《中华人民共和国民法总则释义与适用指导》，中国法制出版社 2017 年版，第 329 页。

【典型案例】

劳某传与巳辰港市金盈实业发展总公司、中共巳辰港市直属机关工作委员会合同纠纷案①

未宁铁路运输中级人民法院（以下简称执行法院）在执行劳某传与巳辰港市金盈实业发展总公司（以下简称金盈公司）、中共巳辰港市直属机关工作委员会（以下简称机关工委）联营合同纠纷一案中，在2015年5月6日作出（2005）未铁中执字第15、17-11号执行裁定，驳回劳某传提出追加巳辰港市人民政府为本案被执行人及查封巳辰港市人民政府财产的请求。

劳某传不服该裁定，于2015年6月1日向执行法院提出书面异议，称被执行人机关工委具有独立机关法人资格的事实发生在（1999）桂经终字第176、178号民事判决生效后，而本案诉讼开始至终审判决作出时，机关工委没有单独的组织编制，没有独立经费，属于巳辰港市委下设的工作机构，要求依法追加巳辰港市人民政府为被执行人，纠正（2005）未铁中执字第15、17-11号执行裁定。

【法理解读】

首先，被执行人机关工委自1993年成立就有单独的编制，主管部门为中共巳辰港市委员会，经费由巳辰港市人大会议审查批准后由防城港市财政全额拨付，有独立经费，以上事实有巳辰港市财政局出具的《关于市直属机关工委经费保障方式的证明》、1995年机关工委机构编制证、1993年12月3日由防城港市机构编制委员会作出的《关于防城港市级党政群机构设置和编制名额的通知》等证据予以证明。

---

① 一审法院：广西壮族自治区南宁市铁路运输中级人民法院，案号：（2015）宁铁中执异字第1号；二审法院：广西壮族自治区高级人民法院，案号：（2015）桂执复字第29号。

机关工委属于机关法人，依法独立享有民事权利和承担民事义务。机关工委提交的2011年8月18日机关单位机构编制证和2013年组织机构代码证都是根据国家法规及政策对机关单位管理不断规范化之后办理的，申请执行人劳某传据此认为机关工委是在本案生效判决进入执行程序之后，才具有机关法人资格的主张没有事实依据。

【适用亮点】

本案虽然是按照《民法通则》第50条第1款进行的认定。机关工委形式上是政府和有关部门，是按照公法组成的单位，但是其在行使民事权利时，具有独立的民事行为能力，能承担独立的法律责任。

第九十七条　【立法主旨】机关法人资格取得

【法条对比】

民法总则	第九十七条　有独立经费的机关和承担行政职能的法定机构从成立之日起，具有机关法人资格，可以从事为履行职能所需要的民事活动。
民法通则	第五十条第一款　有独立经费的机关从成立之日起，具有法人资格。
民通意见	无

【条文解释】

这条是从《民法通则》第50条第1款演变来的。

（一）机关法人有权力机关、行政机关、司法机关和军事机关之分

机关法人是指依法享有行政权力，并因此行使职权的需要而享有相应的民事权利能力和民事行为能力的国家机关。在法律允许的范围内，国家也可以作为特殊的民事主体，从事为履行职能所需要

的民事活动。[①] 其具有独立的财政预算经费、从事国家管理职能或者社会公共管理职能。[②]

（二）机关法人和事业单位法人、社会团体法人的主要区别

1. 法人的类型不同。机关法人属于特别法人，而事业单位法人和社会团体法人属于非营利法人。

2. 登记要求不同。机关法人一般不需要办理登记手续，但事业单位法人和社会团体法人一般都需要办理登记手续。

（三）法人的人格仅限于市民社会生活而不及于国家政治生活方面

机关法人是在民法中存在的概念，而行政法学上人们通常称为行政主体。正如江平先生说的："法人制度的根本价值在于确定经济活动中团体作为交易主体的法律地位，解决财产权利之归属与财产义务之负担。"[③] 法人的人格仅限于市民社会生活而不及于国家政治生活，所谓的"公法人"只有在参与民事法律关系时才成为法人，而在公法领域，它们就不是以法人身份出现了。[④]

【典型案例】

张某诉乙桥区丙渚镇人民政府等生命权、健康权、身体权纠纷案[⑤]

2015年1月29日晚，张某在回家路上跌伤，经路人发现后送医治疗，现为植物人状态，已花去医疗费近70万元。经鉴定构成一级伤残；一级护理依赖；误工期、护理期、营养期均为伤后至评

---

① 龙卫球、刘保玉主编：《中华人民共和国民法总则释义与适用指导》，中国法制出版社2017年版，第333页。

② 魏振瀛主编：《民法》（第3版），北京大学出版社2000年版，第75页。

③ 江平主编：《法人制度论》，中国政法大学1997年版，第22页。

④ 龙卫球著：《民法总论》，中国法制出版社2002年版，第335页。

⑤ 审理法院：浙江省绍兴市柯桥区人民法院，案号：（2016）浙0603民初8501号。

残前一日止，其中护理期结束后转为一级护理依赖。

经查，事发路段位于丙渚镇政府门口，事发时三盏路灯不亮，道路东侧排水沟部分未按规定铺上石板，致张某损害结果发生。该路段及路灯归被告丙渚镇政府管理，故其应承担相应的赔偿责任。

丁排水公司系该污水管网改造工程的建设单位，戊州设计院系该工程设计单位，已通水务公司系该工程施工单位，华庚公司系该工程监理单位。根据丁排水公司提供的变更联系单，丙渚镇政府、丁排水公司、戊州设计院、已通水务公司在没有合法依据的情况下，违法变更工程设计内容，且在变更后仍将肇事排水沟按原样修复，且未将道路填平，致张某摔伤，华庚公司未尽监理职责。

原告要求五被告连带赔偿原告张某医疗费等合计××元的损失。

【法理解读】

公民的合法权益应依法受到保护。窨井等地下设施致人损害属于公有公共设施致害的范畴。在我国，公有公共设施一般是指由行政机关或者其特许的公务法人基于公众利益的需要，为增进人民福祉，设置或管理供公众使用各类有体物或附属物的相关设施，包括公路、桥梁、码头、堤防、下水道、公有行道树等。政府一旦向社会公众提供这些公有公共设施，政府及其设置的管理人就有义务保障社会公众使用的安全，因公有公共设施造成损害，管理人就必须承担相应的赔偿责任。

本案中，肇事的排水沟为明沟，与道路存在一定落差，对于通行的人员或者车辆会造成一定的妨碍，这是导致张某途经此处时摔倒受伤的原因之一。丙渚镇政府作为该地的属地管理单位，对排水沟未作一定的安全防范措施，应对张某由此产生的损失承担相应的赔偿责任。根据《侵权责任法》第26条的规定，结合本案事实，张某作为完全民事行为能力人，在事发前大量饮酒导致其走路时都未能确保自身安全而摔伤，其自己对于损害结果的发生和扩大无疑存在重大过错，故应负主要的责任。

【适用亮点】

本案例清晰表明机关法人负有的法定义务，政府机关法人组织须为自己的财产承担一定的民事责任。机关法人的民事责任不仅包括合法的民事法律行为的后果，还包括非法侵权所导致的民事赔偿责任。

第九十八条 【立法主旨】机关法人终止后的责任承担

【法条对比】

民法总则	第九十八条　机关法人被撤销的，法人终止，其民事权利和义务由继任的机关法人享有和承担；没有继任的机关法人的，由作出撤销决定的机关法人享有和承担。
民法通则	无
民通意见	无

【条文解释】

本条规定的是机关法人撤销后的民事责任承担。

（一）机关法人的终止具有其一定的特殊性

首先，其终止的原因具有特殊性，机关法人终止不能基于约定理由，现行法律法规中也基本上没有机关法人终止的条款。机关法人的终止要根据国家的政策、行政命令，抑或是特别法律的规定。例如，国务院在国家机构改革中，出于精简机构的目的，申请将卫生部和人口计生委合并，最终经全国人大批准卫计委成立，卫生部和人口计生委不再保留。

其次，机关法人终止不存在破产和清算。一般法人终止之后，都需要根据相关的法律法规进行清算；如果存在资不抵债的情况，还可以申请破产。但是，机关法人作为行使国家管理职权的机构，不能进行清算或者破产程序。

最后，机关法人终止后，相关机关法人继续承继其民事权利义务。除了在法人合并存在一个法人终止后另一个法人承继其民事民事权利义务，一般情形下法人终止后，其权利义务随之终止。机关法人较为特殊，因其终止不存在一般意义上的清算程序，法律只能规定其民事权利义务由继任机关或者作出撤销决定的机关承继，以周全地保护其他民事主体的利益。①

（二）机关法人的责任应不受经费支出项目限制以其全部独立经费负责

机关法人的民事责任包括机关法人的法定代表人或者其工作人员在执行公务中致他人财产、人身损害时产生的赔偿（补偿）性质的民事责任，也包括机关法人在民事活动中依法或者依合同约定应当由其履行的义务。机关法人承担责任时，应当以其全部独立经费负责，而不应受经费支出项目的限制。②

【典型案例】

街道丁村社区居民委员会与庚辛区人民武装部合同纠纷执行案③

1993年11月3日，原戊己市郊区人民法院作出（1992）郊经初字第194号民事判决：判令庚辛区人民武装部（以下简称庚辛人武部）下属单位新武综合经营部应付戊己市广益袜厂欠款62000元。该判决执行过程中，因新武综合经营部已歇业，在庚辛人武部支付了3200元后，该案中止执行。

戊己市广益袜厂已于1997年3月31日注销，其开办单位系戊己市郊区广益乡丁村实业总公司。该公司未办理工商登记（现已撤销），其主管单位系丁村社居委。2014年7月，原戊己市广益袜

① 龙卫球、刘保玉主编：《中华人民共和国民法总则释义与适用指导》，中国法制出版社2017年版，第337页。

② 张新宝著：《〈中华人民共和国民法总则〉释义》，中国人民大学出版社2017年版，第190页。

③ 审理法院：江苏省无锡市中级人民法院，案号：（2015）锡执复字第00019号。

厂的委托代理人向法院提交恢复执行申请书，要求恢复对庚辛人武部结欠款项的执行。

法院于2015年2月4日作出（1994）郊执登字第366号执行限期履行债务通知书，要求其在三天内履行上述付款义务。2015年2月12日，因庚辛人武部未履行付款义务，法院出具（1994）郊执登字第366号执行决定书，决定将庚辛人武部纳入失信被执行人名单。为此，该人武部向市中级人民法院提起复议，请求撤销上述裁定和决定。

审理法院认为，本案系普通的合同纠纷执行案件，申请执行应当由当事人依法提出申请。原戊己市广益袜厂代理人虽于2014年7月向法院提交了恢复执行申请书，但其未向法院提供原戊己市广益袜厂权利义务承继人的相关法律证明文件和合法的委托手续，故其向法院提出的恢复申请执行系无权代理，本案应等原戊己市广益袜厂的权利义务承继人确认并提出恢复执行申请后，才能依法恢复执行。故案涉法院认为原戊己市广益袜厂代理人的申请恢复本案的执行不妥，所作出的执行裁定与执行决定不当，应予以纠正。同时，依照《最高人民法院关于人民法院办理执行异议和复议案件若干问题的规定》第23条第1款第2项之规定以及《最高人民法院关于审理军队、武警部队、政法机关移交、撤销企业和与党政机关脱钩企业相关纠纷案件若干问题的规定》第15条之规定，撤销案涉法院有关执行裁定和决定。

【法理解读】

本案中，执行程序业已开始，作为债务人的机关法人却被撤销的，理应追加、变更继续行使其职权的机关为被执行人。2007年，经案涉某军区报经总参谋部批准，撤销了庚辛人武部，庚辛人武部体制编制不作调整，继续行使其职权，故法院变更、追加继续行使其职权的庚辛人武部为被执行人并无不妥。

终审法院认为原属地方政府的庚辛人武部所开办的企业注销后，其债权债务的清理，依法应由相应主体负责，现法院直接将现属军队编制的人武部作为原庚辛人武部权利义务承受人，缺乏法律依据。同时其依据《最高人民法院关于审理军队、武警部队、政法机关移交、撤销企业和与党政机关脱钩企业相关纠纷案件若干问题的规定》第十五条[①]之规定，撤销法院有关执行裁定也并未违悖当时的立法宗旨。

我国《民法通则》并未规定机关法人的终止及其权利义务承担，故实践中很难将破产清算制度适用到机关法人中，无法周全地保护其他民事权利主体的合法利益。

【适用亮点】

机关法人的终止，往往基于国家政策或行政命令。同时，我国的机关法人属于公法人，其不具备破产能力，不能适用破产法。《民法总则》颁布前，机关法人所负担的民事责任不能适用破产清偿程序，导致相关债权人的权益不受保护、政府信用缺失。《民法总则》通过该条规定让政府对撤销后的机关法人之民事责任进行兜底，保护了债权人的利益，也有利于提升政府信用、保护国家权威。

第九十九条　【立法主旨】农村集体经济组织法人资格的取得

【法条对比】

民法总则	第九十九条　农村集体经济组织依法取得法人资格。 法律、行政法规对农村集体经济组织有规定的，依照其规定。
民法通则	无

---

① 《最高人民法院关于审理军队、武警部队、政法机关移交、撤销企业和与党政机关脱钩企业相关纠纷案件若干问题的规定》第十五条：“人民法院在审理有关移交、撤销、脱钩的企业的案件时，认定开办单位应当承担民事责任的，不得对开办单位的国库款、军费、财政经费账户、办公用房、车辆等其他办公必需品采取查封、扣押、冻结、拍卖等保全和执行措施。”

民通意见	无

【条文解释】

本条相对于《民法通则》是新增加的内容。《宪法》、《物权法》、《农业法》以《地承包法》等法律中有相关规定。

农村集体经济组织肇始于新中国成立之初成立的互助组，互助组是农民自愿结成的互助互利的生产小组，将各家的劳动力、农具和耕畜等生产要素结合起来，共同进行农业生产。后来，从互助社形成了初级合作社、高级合作社。这些合作社大大地促进了生产力的发展，继而在社会改造推动下形成了人民公社，人民公社是以财产公有、集中劳动、集中分配为特征的，集行政性与经济性为一体的社会主义组织形式。由于人民公社化与当时社会生产力发展水平不相适应，自 1978 年开始实行家庭联产承包责任制，并在此基础上逐步实行政社分离。

此次《民法总则》将集体经济组织明确为特别法人，解决了农村集体组织的法律地位，为厘清村委会和集体经济组织间的关系打下了基础，也为集体财产的保护，明确集体成员的权利义务，深化国家的改革方针奠定了坚实的法律基础。①

第 2 款为兜底性条款，由于农村集体经济组织具有经济性与社区服务管理的双重职能属性，尤其是当村委会和集体经济组织合二为一时该特征更为明显。

现有的农村集体经济组织形式多样，有村经济合作社、村股份经济合作社、自然村经济实体等。在最新的农村集体经济组织中，还有农民专业合作社、专业农场以及其他合伙经营企业等。②

---

① 龙卫球、刘保玉主编：《中华人民共和国民法总则释义与适用指导》，中国法制出版社 2017 年版，第 341 页。

② 杨立新主编：《中华人民共和国民法总则要义与案例解读》，中国法制出版社 2017 年版，第 368 页。

【典型案例】

陈某诉申洋村一组、申洋村村委会征地补偿款分配纠纷案①

1996年1月5日，原告陈某代表全家四口人，以被告申洋村一组村民（户别为农业户口）的身份，与申洋村一组签订农业承包合同，承包了该组村民所有的旱地1.16亩、水田0.38亩，共计1.54亩。

1998年12月31日，戌安区人民政府给陈某发放证号66277的《土地承包经营权证》，确认了陈某一家与申洋村一组之间的农业承包合同关系。2002年1月21日，陈某一家迁往戌安区大同镇碧岳村岳口居住，户别也转为非农业户。陈某一家迁出后，申洋村一组就将陈某一家原来承包的土地调整给其他村民。

2002年7月23日，如意食品公司与被告申洋村村委会签订《土地征用协议》，征用了包括陈某一家原来承包的1.16亩土地在内的旱地69.8亩，支付了土地补偿款、安置款及青苗补偿款。申洋村村委会和申洋村一组按比例将补偿款分发给被征用土地的各户村民，但未分给陈某一家，因此引起纠纷。2002年7月24日，陈某将全家户口从大同镇碧岳村岳口迁回申洋村，户口类别仍为非农业户。

【法理解读】

2002年1月21日以前，上诉人陈某及其家人居住在申洋村，是被上诉人申洋村村委会和申洋村一组的村民。在承包期内，陈某一家的土地承包经营权，依法应当受到保护。2002年1月22日至7月24日期间，陈某一家的户口虽然迁离申洋村并转为非农业户，但其不是迁往设区的市，而是小城镇。在此期间，陈某一家在申洋村承包的土地，应当按照其意愿保留土地承包经营权，或者允许其依法进行土地承包经营权的流转。

申洋村村委会和申洋村一组没有证据证明陈某承包的旱地已经

① 案例来源：2005年第10期最高人民法院公报案例。

在征用前被调整给其他村民，即使能证明此事属实，这种作法也由于不符合《土地管理法》第 14 条第 2 款和《土地承包法》第 26 条第 1 款、第 2 款的规定，不能受到法律保护。

【适用亮点】

农村集体经济组织作为农村集体资产经营管理的主体，依法代表农民集体行使农村集体资产所有权，承担经营管理事务，明确其民事主体地位有利于其从事民事活动，也有利于完善农村集体经济的实现形式和运行机制，增强农村集体经济的发展动力。

农村集体经济组织作为对土地拥有所有权的经济组织，在自然乡村范围内，由农民自愿联合，将其各自所有的生产资料投入集体所有，由集体组织农业生产经营，农民进行集体劳动，各尽所能、按劳分配的农业社会主义经济组织，是我国农村集体经济制度的主要组织形式。村民委员会，为村民选举产生的群众性自治组织，是村民自我管理、自我教育、自我服务的基层群众性自治组织。通俗来讲，村民委员会的职能带有“政治”的色彩，而集体经济组织则偏向于“经济”。

第一百条　【立法主旨】合作经济组织法人资格

【法条对比】

民法总则	第一百条　城镇农村的合作经济组织依法取得法人资格。 法律、行政法规对城镇农村的合作经济组织有规定的，依照其规定。
民法通则	无
民通意见	无

【条文解释】

本条较《民法通则》为新加的内容。其实在《宪法》中已有概括性的规定。

合作经济组织也称合作社，故合作经济组织法人是指城市居民或者农民等小生产者，为了维护和改善各自的生产和生活条件，在自愿互助和平等互利的基础上，遵守合作社的法律和规章制度，联合从事特定经济活动所组成的具有企业性质的特别法人。事实上，城镇、农村的合作经济组织法人，就是合作社法人。合作经济组织是指同类产品或产业的生产经营者或生产经营服务的提供者、利用者，在自愿联合的基础上，通过互助合作、民主管理共同实现成员利益的互助性经济组织。

【典型案例】

刘某清诉怀寅区汤河口镇庄户沟门村股份合作社等农业承包合同案①

1998 年 1 月 1 日，原告刘某清作为户主与原怀寅县汤河口镇庄户沟门村经济合作社签订口粮田承包合同。原告取得位于庄户沟门村河口 1.61 亩、北河套 1.73 亩土地的承包经营权，承包期限自 1998 年 1 月 1 日至 2027 年 12 月 31 日。2002 年 4 月，原告整户由农业户口转为怀柔区汤河口镇小城镇户口，户籍性质变为非农业。随后，庄户沟门村将原告上述承包土地收回。

后 2009 年原告找到被告要求返还土地，未果。故原告诉至法院要求被告及第三人返还土地并赔偿损失。另查明，2007 年，第三人刘某库租赁庄户沟门村 93 亩土地进行观光果园项目开发，本案诉争土地位于刘某库租赁范围之内。

【法理解读】

国家保护集体土地所有者的合法权益，保护承包方的土地承包经营权，任何组织和个人不得侵犯。本案中，刘某清作为承包经营

---

① 审理法院：北京市怀柔区人民法院，案号：（2010）怀民初字第 01895 号。

户主与庄户沟门村经济合作社签订的土地承包经营合同，系其作为本集体经济组织的农户代表与集体经济组织签订的，属合法有效，非依法不得随意变更、解除。

后刘某清虽由农业户口转为非农业户口，但归属小城镇户籍管理范围，并不必然丧失土地承包经营权。庄户沟门村集体在原告未明确表示自愿放弃土地承包经营权的情况下，收回原告的承包土地，并交给第三人刘某库使用，属无权处分行为。

故原告主张退还土地要求成立，第三人刘某库亦应将其占用的原告3.34亩土地予以返还。

【适用亮点】

本案中庄户沟门村经济合作社依法成立，属于独立的法人组织，有独立的民事行为能力与民事权利能力，能够承担民事责任。对于村民的生活起到了重要的作用。

第一百零一条　【立法主旨】基层群众性自治组织资格

【法条对比】

民法总则	第一百零一条　居民委员会、村民委员会具有基层群众性自治组织法人资格，可以从事为履行职能所需要的民事活动。 　　未设立村集体经济组织的，村民委员会可以依法代行村集体经济组织的职能。
民法通则	无
民通意见	无

【条文解释】

本条相较《民法通则》为新加的条文，在《城市居民委员会组织法》、《村民委员会组织法》中也有规定。

居民委员会、村民委员会是群众性自治组织，只能从事履行职能所需的民事活动，与其履职不相关的活动要受到限制。

居民委员会、村民委员会的任务，是办理本居住地区的公共事务和公益事业，调解民间纠纷，协助维护社会治安，并且向政府反映人民群众的意见、要求和提出建议。人民群众通过居民委员会和村民委员会，以及下设的各种委员会管理社会事务，办理公共福利和其他事业，解决生活学习，文娱体育和卫生等方面的问题，保护和改善本区域的环境，宣传遵纪守法，自我教育；同时，居民委员会和村民委员会还要协助政府与犯罪分子的破坏活动作斗争，排解人民内部矛盾，调解一般民事和轻微刑事纠纷，保持良好的社会秩序，保护群众的权益和利益。

【典型案例】

美庚好公司诉午鑫梓公司、辛枣园居委会租赁合同纠纷案①

辛枣园居委会先后与午鑫梓公司签订《合同书》、《补充协议书》，约定辛枣园居委会提供土地，午鑫梓公司提供资金，双方共同兴建位于该市长风东街半山某号的房屋。

随后，辛枣园居委会向美庚好公司出具《承诺函》，同意午鑫梓公司与美庚好公司签订《房屋租赁合同》，并承诺对午鑫梓公司在《租赁合同》项下的全部责任和义务承担连带责任。己和盛公司与午鑫梓公司共同向美庚好公司出具《委托担保确认函》确认：午鑫梓公司同意委托己和盛公司与美庚好公司签订《房屋租赁合同》，将午鑫梓公司、己和盛公司、辛枣园居委会共同开发建设经营的，位于该市长风东街半山某号的房屋出租给美庚好公司。同时，己和盛公司与午鑫梓公司同意对与美庚好公司签订的《房屋租赁合同》项下出租人的全部合同义务承担连带担保责任。

【法理解读】

根据《最高人民法院关于审理城镇房屋租赁合同纠纷案件具

---

①　审理法院：山西省太原市中级人民法院，案号：（2014）并民初字第583号。

体应用法律若干问题的解释》第 2 条的规定，涉案该市长风东街半山某号的在建房屋至今未取得建设工程规划许可证或者经主管部门批准建设，故涉案《房屋租赁合同》及其《补充协议》无效。己和盛公司应当返还美庚好公司依合同交付的 4000 万元，并支付占用该资金期间的利息。

关于午鑫梓公司是否应当承担连带还款责任的问题，根据己和盛公司和午鑫梓公司共同向美庚好公司出具《委托担保确认函》的承诺，午鑫梓公司应当与己和盛公司对上述债权承担连带还款责任。关于辛枣园居委会是否应当对上述债权承担连带还款责任的问题，本案中，辛枣园居委会虽承诺在租赁房屋所有权证登记至午鑫梓公司名下之前，对午鑫梓公司在《房屋租赁合同》项下的全部责任和义务承担连带保证责任，但因《房屋租赁合同》无效，该合同约定的责任义务亦无效。

由于辛枣园居委会对《房屋租赁合同》项下的责任义务承担连带保证责任的承诺无效，鉴于居民委员会属于基层群众自治组织，其任务是办理本居住区居民的公共事务，不具有担保主体资格，所以其提供的担保一般无效。

【适用亮点】

本案基于基层群众自治组织的法律地位和权能，从反面证明了其不能超越职能，否则其权力就会受到限制，导致其行为违法，承担不利后果。

鉴于居民委员会属于基层群众自治组织，其任务是办理本居住区居民的公共事务，不具有担保主体资格，其所提供的担保一般应为无效，故美庚好公司要求辛枣园居委会对案涉债权承担连带还款责任的主张，并无法律依据，不能得到法院的支持。

第四章　非法人组织

第一百零二条　【立法主旨】非法人组织概念分类

【法条对比】

民法总则	第一百零二条　非法人组织是不具有法人资格，但是能够依法以自己的名义从事民事活动的组织。 非法人组织包括个人独资企业、合伙企业、不具有法人资格的专业服务机构等。
民法通则	无
民通意见	无

【条文解释】

本条是对非法人组织和概念种类的规定。[①]

非法人组织是民法总则中新加入的内容。而以前在《合同法》和《民事诉讼法》中规定的都是其他机构，为了解决《合同法》、《民事诉讼法》与《民法通则》的矛盾，故而规定了除法人、自然人以外的第三类民事主体。

个人独资企业的规定还体现在《个人独资企业法》第 2 条，合伙企业的规定体现在《合伙企业法》第 2 条。其特征是：1. 依法成立；2. 不能完全、独立地承担民事责任；3. 有自己独立的名

① 王利明主编：《中华人民共和国民法总则详解》，中国法制出版社 2017 年版，第 413 页。

义；4. 有自己特定的民事活动目的。

专业服务机构：指应用某方面的专业技能和专业知识，按照服务对象的需求和要求，在相应专业知识领域内提供特殊服务的社会组织。

【典型案例】

中国生物多样性保护与绿色发展基金会诉宁夏瑞泰科技股份有限公司环境污染公益诉讼案[①]

2015年8月13日，中国环境保护与绿色发展基金会（以下简称绿发会）向宁夏回族自治区中卫市中级人民法院提起诉讼称：宁夏瑞泰科技股份有限公司（以下简称瑞泰公司）在生产过程中违规将超标废水直接排入蒸发池，造成腾格里沙漠严重污染，截至起诉时仍然没有整改完毕。请求判令瑞泰公司：（一）停止非法污染环境行为；（二）对造成环境污染的危险予以消除；（三）恢复生态环境或者成立沙漠环境修复专项基金并委托具有资质的第三方进行修复……在全国性媒体上公开赔礼道歉等。

绿发会提交的2010年至2014年度检查证明材料，显示其在提起本案公益诉讼前五年年检合格。绿发会亦提交了五年内未因从事业务活动违反法律、法规的规定而受到行政、刑事处罚的无违法记录声明。此外，绿发会章程规定，其宗旨为“广泛动员全社会关心和支持生物多样性保护和绿色发展事业，保护国家战略资源，促进生态文明建设和人与自然和谐，构建人类美好家园”。

【法理解读】

《民事诉讼法》第55条规定了环境民事公益诉讼制度，明确

① 一审法院：宁夏回族自治区中卫市中级人民法院，案号：（2015）卫民公立字第6号；二审法院：宁夏回族自治区高级人民法院，案号：（2015）宁民公立终字第6号；再审法院：最高人民法院，案号：（2016）最高法民再47号。

法律规定的机关和有关组织可以提起环境公益诉讼。《最高人民法院关于审理环境民事公益诉讼案件适用法律若干问题的解释》第 4 条进一步明确了对于社会组织“专门从事环境保护公益活动”的判断标准，即“社会组织章程确定的宗旨和主要业务范围是维护社会公共利益，且从事环境保护公益活动的，可以认定为《环境保护法》第 58 条规定的‘专门从事环境保护公益活动’。社会组织提起的诉讼所涉及的社会公共利益，应与其宗旨和业务范围具有关联性”。有关本案绿发会是否可以作为“专门从事环境保护公益活动”的社会组织提起本案诉讼，应重点从其宗旨和业务范围是否包含维护环境公共利益，是否实际从事环境保护公益活动，以及所维护的环境公共利益是否与其宗旨和业务范围具有关联性等三个方面进行审查。

【适用亮点】

本案中绿发会作为非法人组织依据法律规定成立，依法享有一定的权利以及履行一定的义务，依照《民事诉讼法》提起诉讼，很好地阐释了该法条。

第一百零三条 【立法主旨】非法人组织登记

【法条对比】

民法总则	第一百零三条　非法人组织应当依照法律的规定登记。 设立非法人组织，法律、行政法规规定须经有关机关批准的，依照其规定。
民法通则	第三十三条　个人合伙可以起字号，依法经核准登记，在核准登记的经营范围内从事经营。
民通意见	无

【法条解释】

本条是对《民法通则》第 33 条规定“个人合伙可以起字号，

依法经核准登记，在核准登记的经营范围内从事经营”的法律概括与抽象。《个人独资企业法》、《合伙企业法》中也有关于非法人团体的规定。故而在民法典的编纂过程中，对于这些特定经济领域的各种法律临时应急措施，给予统一的概括规定。

非法人组织设立应当依照法律的规定进行登记。这里所谓非法人组织登记是指，符合法定非法人组织条件的主体，依法到相应主管登记机关登记成立，从而取得能够以自己的名义开展民事活动的主体资格。根据我国相关法律，对某些特种行业的非法人组织采用许可主义，符合法定条件的非法人组织应在登记前获得相关业务主管部门的批准。

【典型案例】

辰巳电视武林会走进三酉组委会
与该市壬癸广告公司合同纠纷案①

电视武林大会走进三酉市组委会与三酉市壬癸广告公司发生合同纠纷。一审法院认为该组织委员会是电视武林大会走进三酉市赛事活动的临时组织机构，虽经三酉市文体局审批设立，但没有个人或者法人投入必要的财产或者经费，也没有经常的办事机构和相对固定的经营场所，既未依法登记领取营业执照，也未经民政部门核准登记领取社会团体登记证，不属于《民事诉讼法意见》第 40 条规定的其他组织的范畴，不具备适格的民事诉讼主体资格，故驳回了电视武林大会组委会的起诉。该组委会不服一审判决，提起上诉。

【法理解读】

本案涉及的法律问题是非法人组织应当依照法律的规定登记，未经登记则不能作为民事主体和诉讼主体以自己名义从事民事

① 审理法院：海南省高级人民法院，案号：民事裁定书（2015）琼立一终字第 86 号。

活动。

登记是确权的重要方式，也是规范和强化市场监管，维护正常市场秩序，维护交易相对人合法权益的手段之一。法人与非法人组织作为法律拟制人格，通过登记可确认其合法性，同时便于政府的监督与管理。现行法中，作为非法人组织典型代表的个人独资企业与合伙企业的设立均需通过登记，因此，在非法人组织的主体资格确立后，将登记这一要求上升为对非法人组织整体的要求，作为非法人组织以自己的名义参与民事活动的要件之一也是大势所趋。而《民事诉讼法解释》第 52 条规定中列举的 7 种不具备法人资格的组织，其中个人独资企业、合伙企业、中外合作经营企业、外资企业、乡镇企业、街道企业必须“依法登记领取营业执照”，可见登记也是非法人组织成为诉讼主体的必然要求。

【适用亮点】

本案中，电视武林大会走进三酉组织委员会主张其作为三酉市文体局批准成立的机构，同时也是三酉市政府指定运作电视武林大会赛事的机构，是由人民政府批准设立的临时机构，并不是公民发起设立的机构，本身就不需要办理营业执照或者办理民政部门的相关登记手续。但在法律上，只要未予登记，该组委会即不具有合法独立的名义，此时若出现名称相同的已登记组织，该组委会参与的民事活动无疑将产生极大的风险。只有通过登记才能将名称、组织机构等民事主体的要件确定下来，从而使该组委会作为一个独立的民事主体和诉讼主体参与民事活动，承担民事责任，而且这也是对交易方的一种法律保护。

第一百零四条 【立法主旨】非法人组织债务承担

【法条对比】

民法总则	第一百零四条　非法人组织的财产不足以清偿债务的，其出资人或者设立人承担无限责任。法律另有规定的，依照其规定。
民法通则	第三十五条　合伙的债务，由合伙人按照出资比例或者协议的约定，以各自的财产承担清偿责任。 　　合伙人对合伙的债务承担连带责任，法律另有规定的除外。偿还合伙债务超过自己应当承担数额的合伙人，有权向其他合伙人追偿。
民通意见	无

【条文解释】

本条是对《民法通则》第35条的修改。《个人独资企业法》、《合伙企业法》对此均有过规定。

与法人承担有限责任完全不同，非法人组织的责任是无限连带责任。承担非法人组织债务的主体，就是出资人或者设立人。非法人组织在设立时，毋庸置疑都会有自己的出资人或者设立人。

非法人组织承担债务的财产范围包括两部分：首先是非法人组织自己的财产；其次才是出资人或者设立人个人的财产。由于其与合伙企业一起承担无限连带责任，所以，他们的财产也是承担非法人组织债务的财产。而《民法总则》后段对法律另有规定的情形的规定，说明有限合伙人还是仅承担的有限合伙的责任。

【典型案例】

陈某强与周某、壬安市科比瑞五金厂加工合同纠纷案[1]

从2012年开始，原告陈某强就与被告周某建立加工合同关系，为被告周某提供线切割加工服务。后被告周某与陈某权、潘某、叶某林签订一份《合作协议》，约定合伙经营五金锁具制造、销售。随后，壬安市科比瑞五金厂注册成立，企业类型为个人独资企业，名义投资人为周某。被告周某与陈某权、潘某、叶某林签订一份《公司股权转让协议》，约定被告周某将其在壬安市科比瑞五金厂所占的25%份额转让给陈某权、潘某、叶某林。

而后，壬安市科比瑞五金厂的名义投资人变更为舒某国。从2012年开始至2014年1月12日止，原告陈某强一直与上述不同主体存在线切割加工业务关系，其中2013年6月端午节前被告周某结欠原告加工费5168元，2013年端午节后至2013年8月20日前为被告周某加工产生加工费4430元，2013年8月20日至2014年1月12日为合伙人及壬安市科比瑞五金厂加工产生加工费43949元。

其间，被告壬安市科比瑞五金厂于2013年9月17日偿付15000元；于2014年1月14日偿付20000元。2014年1月14日出具的《领款凭证》上载明：总计金额38547元，付现金20000元，周某及叶某林均作出“同意”的审批意见并署名。

【法理解读】

本案的焦点为被告壬安市科比瑞五金厂与周某，是否应当承担案涉偿还责任。因为壬安市科比瑞五金厂为个人独资企业，是一个典型的非法人组织，可以自己的名义享受民事权利和负担民事义务，也可以自己的名义进行必要的民事活动，但其不具有完全的民

---

① 审理法院：浙江省瑞安市人民法院，案号：（2016）浙0381民初7312号。

事责任能力。

故当其财产不足以清偿债务时，出资人周某即要承担补充清偿责任。虽然其后壬安市科比瑞五金厂的名义投资人变更为舒某国，但周某既是壬安市科比瑞五金厂的原始投资人，就应当对壬安市科比瑞五金厂投资人变更前产生的债务承担补充清偿责任。且周某不得以投资人变更及退出企业经营为理由，对外抗辩债权人。

【适用亮点】

非法人组织和自然人、法人并列为民事主体之一，其具有相应的民事权利能力与民事行为能力，但不具有法人资格。可以自己的名义享受民事权利和负担民事义务，也可以自己的名义进行必要的民事活动，但其不具有完全的民事责任能力。故当其财产不足以清偿债务时，出资人仍须承担补充清偿责任。

第一百零五条　【立法主旨】非法人组织代表

【法条对比】

民法总则	第一百零五条　非法人组织可以确定一人或者数人代表该组织从事民事活动。
民法通则	第三十四条第二款　合伙人可以推举负责人。合伙负责人和其他人员的经营活动，由全体合伙人承担民事责任。
民通意见	无

【条文解释】

本条是由《民法通则》第 34 条第 2 款规定："合伙人可以推举负责人。合伙负责人和其他人员的经营活动，由全体合伙人承担民事责任。"修改而来。《合伙企业法》中也有类似规定。非法人组织的代表人是指按照非法人组织成员协议或者共同决定，被委托对外代表非法人组织开展民事活动的人。代表人在非法人组织的业务范围内代表非法人组织与第三人所为的行为直接对组织及组织成员发生效力。

各单行法律针对具体类型的非法人组织，由于其组织形态不同，就其代表人也有不同的称谓，并且就代表人的选任、职责等作出了不尽相同的规定。[①]

【典型案例】

国电戊汉燃料有限公司与渝己区黄庚煤矿、秦某春合同纠纷案[②]

国电公司、黄庚煤矿、鑫然公司系业务往来单位。黄庚煤矿为个人独资企业，秦某春系黄庚煤矿的投资人。国电公司（甲方）与黄庚煤矿（乙方）、鑫然公司（丙方）先后签订《煤炭买卖合同》、《合作协议书》、《煤炭销售协议》、《冬储煤协议》、《煤炭购销合同》、《煤炭购销三方框架协议》。

后甲方向乙、丙双方支付款项计 3265 万元。随后三方签订《煤炭预付款清收及偿还协议》，协议约定：乙、丙方对甲方在《科目汇总表》上载明的煤炭预付款数额共同确认。并且乙方、丙方认可该预付款数额为共同债务。协议由甲方加盖合同专用章，乙方加盖行政章，丙方加盖了合同专用章，秦某春加盖个人印章。

协议附件为甲方科目汇总表，科目汇总表加盖了乙方行政章和丙方合同专用章，科目汇总表显示：乙丙双方合计欠款 21534837.98 元。乙丙双方未履行还款义务。丙方后被当地政府关闭。

【法理解读】

甲、乙、丙签订的《煤炭买卖合同》、《合作协议书》等协议系当事人各方的真实意思表示，内容合法，应受法律保护，当事人

---

① 龙卫球、刘保玉主编：《中华人民共和国民法总则释义与适用指导》，中国法制出版社 2017 年版，第 337 页。

② 审理法院：湖北省高级人民法院，案号：（2016）鄂民终 195 号。

各方应当严格遵守执行。

从交易整体来看，签《合作协议书》以及《冬储煤协议》属甲方稳定货源，保障煤炭供应的经营措施，《合作协议书》、《冬储煤协议》以及相关协议作为整体，使三方成为了买卖合同关系主体，因此，乙、丙称三方属合作经营关系并要求甲方承担亏损的辩称理由不能成立。

《煤炭预付款清收及偿还协议》系各方自愿签订，其内容并不违法，乙、丙承诺不提出质疑，其加盖合同印章也符合法律规定，协议不具有《合同法》第52条规定的情形，故乙、丙关于协议无效的辩称理由不能成立。

【适用亮点】

本案中黄庚煤矿是个人独资企业，是典型的非法人组织，其由自然人对外代表权利。本案中秦某春对外加盖个人印章的行为就可以说明。

第一百零六条　【立法主旨】非法人组织解散情形

【法条对比】

民法总则	第一百零六条　有下列情形之一的，非法人组织解散： （一）章程规定的存续期间届满或者章程规定的其他解散事由出现； （二）出资人或者设立人决定解散； （三）法律规定的其他情形。
民法通则	无
民通意见	无

【条文解释】

本条相较于《民法通则》为新加入的条款。但实际上在《合伙企业法》、《个人独资企业法》已有相关规定。

原则上而言，非法人组织解散的理由有三种情形：章程规定的存续期间届满或者章程规定的其他解散事由出现；只要约定的事项不违背公序良俗的原则，我们认为就可以解散。出资人或者设立人决定解散；这体现了非法人组织中的投资人意思自治原则，但应由全体出资人或者设立人协商一致。

法律规定的其他情形。这就包括了很多种情形，根据《合伙企业法》第14条的规定，设立合伙企业，应当具备下列条件：有二个以上合伙人。合伙人为自然人的，应当具有完全民事行为能力。如果一个合伙人出现了意外，变成了限制行为能力人，即就符合解散的条件。第一种属于既定原因，第二种属于临时起意，他们都属于成员的意志决定；但是本条还规定了第三种情况，即其他法律规定的原因。

【典型案例】

胡某诉常某辰附义务赠与合同纠纷案①

2010年11月17日，胡某与常某辰签订“赠与协议书”。协议载明：“常某辰在为本人医病过程中彰显了高超的医术和高尚的医德，为了表示感激同时也为了弘扬光大常大夫的华医药理念和技艺，本人决定赠与常大夫人民币40万元用于开办×××医药中医诊所。该诊所是赠与人参股的股份公司。如受赠人将此款项转赠他人时，不得影响赠与人与受赠人的合作关系。交割时间：2010年11月20日前；交割定点：北京；交割方式：胡某直接将肆拾万元人民币汇入常某辰指定的个人账户。以上协议具有法律效力，出现争议双方协商解决。赠与人：胡某；受赠人：常某辰。”

同日，常某辰与案外人常某良（常某辰之子）签订“转赠协

---

① 一审法院：北京市昌平区人民法院，案号：（2012）昌民初字第11039号；二审法院：北京市第一中级人民法院，案号：（2013）一中民终字第05206号。

议书”，常某辰将受赠的40万元转赠常某良，转赠方式为由胡某直接将款汇入常某良账号。胡某书面表示同意转赠，现胡某要求撤销赠与协议，并要求常某辰返还赠与款项，双方涉讼。

【法理研究】

本案中，双方签订的赠与协议书中明确要求赠与金额40万元用于开办双方合伙组建的诊所，而双方签订的合作协议书中亦明确表述筹建诊所为常某辰所在的甲方的义务，应认定为双方签订的赠与协议书为附义务的赠与合同。且“专款专用”为常某辰接受赠与同时所附的义务。但该份赠与协议书中对于40万元赠与款项如何投入、何时投入完毕、如何监管及违反约定时，承担何种违约责任缺乏明确的约定。常某辰实际上已经参与诊所经营，其申请的企业名称获得了工商行政管理部门的预先核准，而且在双方合伙过程中常某辰所在的甲方也实际投入了一部分资金。

综上，可见常某辰并未违反赠与协议书所附义务。另外，综合赠与协议书、转赠协议书和合作协议书三份协议应一并予以理解，胡某赠与常某辰的40万元与常某辰筹建诊所互为前提条件，缺一不可。这一点又有别于一般的附义务赠与合同。

【适用亮点】

本案中涉及的是合伙解散后利润分配的问题，合伙企业的解散应满足条文中的规定，本案例从另一个角度说明了合伙企业在出资人同意解散的情况下进行解散。

第一百零七条　【立法主旨】非法人组织清算

【法条对比】

民法总则	第一百零七条　非法人组织解散的，应当依法进行清算。
民法通则	无
司法解释	无

【条文解释】

本条相较于《民法通则》为新加入的条款。非法人组织的解散，也称为非法人组织的终止，指因出现法定原因或非法人组织成员约定原因而使得非法人组织成员关系消灭。非法人组织一旦解散，其作为民事主体将不复存在。如果是合伙企业，其解散就是散伙。

非法人组织解散后应当进行清算，以终结非法人组织现存的各种法律关系，依法清理非法人组织的债权债务。①

本条规定了非法人组织终止的一个前置程序，即非法人组织解散，必须依法完成清算程序。否则，不得注销登记；而且相关负责经由清算而终止义务的人，需要承担违反程序职责的责任。② 本条规定的依法清算只是一种概括要求，具体应当结合特别法的具体规定来进行。

【典型案例】

郭某军与张某刚合同纠纷案③

原告郭某军与被告张某刚系合伙人。原、被告共同承包由曹某平、付某戊、边某转包的棋盘井庚川惠泽酒店装修工程，并于2012年7月签订《单项施工合同》一份，原、被告在乙方（施工责任方）处共同签字确认。

被告张某刚于2013年2月4日向原告郭某军出具欠条一份，

---

① 杨立新主编：《中华人民共和国民法总则要义与案例解读》，中国法制出版社2017年版，第398页。

② 龙卫球、刘保玉主编：《中华人民共和国民法总则释义与适用指导》，中国法制出版社2017年版，第383页。

③ 一审法院：内蒙古自治区乌海市海勃湾区人民法院，案号：（2013）乌勃民一初字第01919号；二审法院：内蒙古自治区乌海市中级人民法院，案号：（2014）乌中民一终字第186号。

内容为：今欠到工人垫付 13646 元、材料款 18109 元，共计 31755 元。被告张某刚于同日向原告郭某军出具欠条一份，内容为：今欠到大老虎材料款 3438 元；被告于 2013 年 10 月 8 日在同一欠条上备注：2013 年 10 月 8 日付 2000 元。原告与被告就返还垫付款发生纠纷。

【法理解读】

合伙是由二人（包括自然人和法人）以上根据共同协议而组成的营利性非法人组织，合伙人共同出资、共同经营、共享收益、共担风险，并对合伙组织承担连带无限责任。原、被告系合伙关系，本案原告依据被告向其出具的两张垫付工人工资、材料款的欠条要求被告支付款项实为合伙一方在合伙未经清算的情况下，请求退回出资的法律纠纷。

原告诉称其与被告达成口头退伙协议，但被告予以否认，原告不能进一步提供其他有效证据予以佐证，故对其已经退伙的事实不能认定。合伙解散必须依法进行清算，只有进行清算，才能根据清算结果，以处理合伙财产所得价款清偿债务后仍有剩余财产的，合伙人有权请求返还出资。未经合伙清算，不能确定盈利或亏损或平本的情况，合伙人不能直接诉请返还出资，原告的诉讼请求无法律依据和事实依据。

【适用亮点】

本案中，法院根据《民法通则》第 30 条、第 35 条的规定，认为合伙解散只有在清算后，方能确定在合伙期间是否盈利、亏损或者平本，更无法确定各合伙人的出资清偿合伙债务后仍有剩余，否则要求退货并退还出资是缺少事实和法律依据的；《民法总则》这条规定很好地解决了问题，为审判提供了新思路。

第一百零八条　【立法主旨】非法人组织有关法律的参照适用

【法条对比】

民法总则	第一百零八条　非法人组织除适用本章规定外，参照适用本法第三章第一节的有关规定。
民法通则	第五十一条　企业之间或者企业、事业单位之间联营，组成新的经济实体，独立承担民事责任、具备法人条件的，经主管机关核准登记，取得法人资格。 第五十二条　企业之间或者企业、事业单位之间联营，共同经营、不具备法人条件的，由联营各方按照出资比例或者协议的约定，以各自所有的或者经营管理的财产承担民事责任。依照法律的规定或者协议的约定负连带责任的，承担连带责任。 第五十三条　企业之间或者企业、事业单位之间联营，按照合同的约定各自独立经营的，它的权利和义务由合同约定，各自承担民事责任。
民通意见	无

【条文解释】

对于非法人组织的具体规则准用内容，包括非法人组织的民事权利能力和民事行为能力；非法人组织的成立；非法人组织代表人的职责和责任；非法人组织的住所；非法人组织的登记；非法人组织解散的清算；非法人组织解散的后果；非法人组织在设立和清算期间的民事权利能力和民事行为能力，等等。[①] 本条规定可以被理解为：关于法人的一般规定，应当视为即非法人组织的一般规定予以参照。

---

① 杨立新主编：《中华人民共和国民法总则要义与案例解读》，中国法制出版社 2017 年版，第 401 页。

【典型案例】

陈某银与西城建设集团有限公司、西城建设集团有限公司湖北戌亥分公司买卖合同纠纷案[①]

原告陈某银系经营电工电料、五金批发销售的个体工商户。自2015年1月起，被告西城戌亥分公司向原告购买电工电料、五金产品。2016年4月17日，原告和被告西城戌亥分公司对账后确认，2015年度被告西城戌亥分公司欠原告货款69742.00元。

2016年4月25日，原告与被告西城戌亥分公司对账后确认2016年度被告西城戌亥分公司欠原告货款22，525.00元。被告西城戌亥分公司欠原告货款共计92267.00元。经多次索要无果，原告主张西天城建设集团有限公司、西城建设集团有限公司戌亥分公司应承担连带责任。

【法理解读】

当事人应当按照约定全面履行自己的义务。被告西城戌亥分公司系被告西城公司设立的分公司，其作为其他组织，可以依据《民事诉讼法》第48条和《最高人民法院关于适用〈中华人民共和国民事诉讼法〉的解释》第52条第5项之规定，作为本案的当事人参加本案的诉讼。

同时，其他组织也即非法人组织，虽然能够以自己名义从事民事活动，具有一定民事权利能力和民事行为能力，但因其仅能在其支配、使用的财产或经费范围内承担民事责任，故其承担的民事责任是相对独立的民事责任，当其财产或经费不足以清偿债务时，应由设立人承担补充清偿责任，也即最终的全部民事责任则是由设立人来承担。

因此，作为设立西城戌亥分公司的被告西城公司应当在被告西

---

① 审理法院：湖北省兴山县人民法院，案号：（2016）鄂0526民初452号。

城戌亥分公司不能足额清偿涉案债务时，承担对涉案债务的补充清偿责任。

【适用亮点】

本案中被告西城戌亥分公司系被告西城公司设立的分公司，其作为其他组织，可以依据《民事诉讼法》第 48 条第 1 款的规定："公民、法人和其他组织可以作为民事诉讼的当事人。"和《最高人民法院关于适用〈中华人民共和国民事诉讼法〉的解释》第 52 条第 5 项规定的民事诉讼法第 48 条规定的其他组织是指合法成立、有一定的组织机构和财产，但又不具备法人资格的组织，包括：（五）依法设立并领取营业执照的法人分支机构。作为本案的当事人参加本案的诉讼，总公司设立的分公司，虽然在诉讼中出于方便给了其应诉的资格，但其是典型的非法人组织，一旦其有债务不能承担时，总公司的担责规定在《公司法》等法律中有所规定，故《民法总则》本条只是规定准用性规范，体现了立法的完整性。

第五章　民事权利

第一百零九条　【立法主旨】人身自由、人格尊严保护

【法条对比】

民法总则	第一百零九条　自然人的人身自由、人格尊严受法律保护。
民法通则	第一百零一条　公民、法人享有名誉权，公民的人格尊严受法律保护，禁止用侮辱、诽谤等方式损害公民、法人的名誉。
民通意见	无

【条文释解】

本条较之前的《民法通则》第101条作适当修改，将人身自由、人格尊严置于民事权利之首，充分体现人格权保护至上的立法理念。

本条规定的“人格尊严”，为一般人格权。一般人格权是指民事主体享有的，概括人格独立、人格自由、人格尊严全部内容的一般人格利益，并由此产生和规定具体人格权，并对具体人格权不能保护的人格利益进行保护的抽象人格权。有的学者认为，“自然人的人格尊严、人格独立、人格自由受法律保护，任何人不得侵害”。[①] 其所理解的人格尊严、人格自由等，为“一般人格权”或者抽象人格权。是具体人格权的“母权利”和渊源性的权利，同

---

① 杨立新、扈艳：《〈中华人民共和国人格权法〉建议稿及立法理由书》，载《财经法学》2016年第6期。

时对具体人格权不能予以保护的其他人格利益起到补充和兜底的作用。[①] 司法实践中，当人们遇到自己的人格利益受到侵害，而这种人格利益在具体的人格权中没有规定时，可以通过一般人格权来寻求救济。一般人格权为补充和完善具体人格权提供了法律依据，具有补充具体人格权的功能。[②] 一般人格权的性质是抽象人格权。与自我决定权和公开权一道，构成抽象人格权体系。它更为抽象和具有概括性，不同于人格权本身，也不同于各项具体人格权，而是个人的基本权利。其范围极其广泛，在内容上概括而言就是人格独立、人格自由和人格尊严三项基本内容，这也是一般人格权客体的三大法益，可以概括一般人格权的所有内容。[③]

【典型案例】

罗某耕等与陈某监护权纠纷上诉案[④]

罗某耕、谢某如系夫妻，罗某系两人之子。罗某与陈某于 2007 年结婚，双方均系再婚。婚后，通过购买他人卵子，并由罗某提供精子，出资委托其他女性代孕，于 2011 年生育一对异卵双胞胎。两名孩子出生后随罗某、陈某共同生活，2014 年罗某因病去世后则随陈某共同生活至今。经司法鉴定，不排除罗某耕、谢某如与两名孩子之间存在祖孙亲缘关系，排除陈某为两名孩子的生物学母亲。

罗某耕、谢某如诉称：代孕行为违法，陈某与两名孩子之间未形成拟制血亲关系；罗某耕、谢某如作为祖父母，在孩子生父去世、生母不明的情况下，应由其作为监护人并抚养两名孩子。同时

---

① 张新宝著：《〈中华人民共和国民法总则〉释义》，中国人民大学出版社 2017 年，第 215 页。

② 中国审判研究会民商事专业委员会编著：《〈民法总则〉条文理解与司法适用》，法律出版社 2017 年版，第 194 页。

③ 杨立新主编：《中华人民共和国民法总则释义与案例解读》，中国法制出版社 2017 年版，第 405 页。

④ 载《人民司法·案例》2017 年第 2 期。

罗某耕、谢某如提供了其在美国的女儿女婿出具的同意代为抚养孩子的承诺书。陈某辩称，采用代孕方式生育子女系经夫妻双方同意，孩子出生后亦由其夫妻实际抚养，认定陈某与孩子已形成事实收养关系。

【法理解读】

代孕子女是否可视为婚生子女亦是双方当事人的争议焦点之一，本案基于所面临的社会现状及司法调节社会矛盾之职责考虑。目前的社会现状是，虽然代孕被禁止，但由于潜在的社会需求，且人工生殖技术已发展至可实现代孕的程度，这种现象在现实中仍相当程度存在，且有不断增加之趋势，在法律尚未对此作出明确规定的情况下，司法实践不应缺位，而应起到调节社会矛盾之平衡器作用。代孕子女的存在已是客观事实，代孕行为的违法性并不导致孩子丧失应有的法律权利，无论代孕这一社会现象合法与否，对代孕子女的亲子关系及其法律地位作出认定，进而解决代孕子女之抚养、监护、财产继承等问题，是保护代孕子女合法利益之必须。

【适用亮点】

我国民法中的人格尊严原则应理解为自我决定、禁止人的物化、人工化以及人体商业化；人格尊严尤其应适用于医疗卫生法、生物伦理法等直接涉及人体的领域，确立人体的不得处分原则，禁止人体组织和器官的商业化转让，禁止有偿代孕。[①] 这充分体现了民法典从古典时期“空洞的人”向现代“具体的人”的转变。本案中涉及的代孕行为实则是对人格尊严的侵害，虽本案为监护权纠纷案件，但其中亦涉及对代孕子女人格尊严的保护，人格尊严强调的是对作为人类成员的个人最起码的尊重。其享有高于其他的民事权利和自由的地位，当其他权利自由与尊严这一原则发生冲突时，不能牺牲尊严原则，只能让后者服从于前者。代孕行为虽违法，但

---

① 吴亚东、杨长平：《“代孕合同”有违公序良俗被判无效》，载《法制日报》2012 年 11 月 1 日第 8 版。

代孕子女的一系列合法权益必须得到法律合理的保护。

第一百一十条　【立法主旨】自然人、法人和非法人组织权利

【法条对比】

民法总则	第一百一十条　自然人享生命权、身体权、健康权、姓名权、肖像权、名誉权、荣誉权、隐私权、婚姻自主权等权利。 法人、非法人组织享有名称权、名誉权、荣誉权等权利。
民法通则	第九十八条　公民享有生命健康权。 第九十九条　公民享有姓名权，有权决定、使用和依照规定改变自己的姓名，禁止他人干涉、盗用、假冒。 法人、个体工商户、个人合伙享有名称权。企业法人、个体工商户、个人合伙有权使用、依法转让自己的名称。 第一百条　公民享有肖像权，未经本人同意，不得以营利为目的使用公民的肖像。 第一百零一条　公民、法人享有名誉权，公民的人格尊严受法律保护，禁止用侮辱、诽谤等方式损害公民、法人的名誉。 第一百零二条　公民、法人享有荣誉权，禁止非法剥夺公民、法人的荣誉称号。 第一百零三条　公民享有婚姻自主权，禁止买卖、包办婚姻和其他干涉婚姻自由的行为。
民通意见	无

【条文释解】

本条较之前的《民法通则》作适当修改，并延续《民法通则》第五章“民事权利”第四节“人身权”部分的规定。明确把人格权分为一般人格权（第108条）和具体人格权（本条），弥补了我国原来人格权利益保护的部分不足。

生命权是自然人享有的以其生命安全利益为内容的人格权或者说物质性的具体人格权。是自然人维持其生命存在，以保证其生命

安全利益为基本内容的具体人格权。生命权以生命安全与生命维持为客体，以维持生命活动为基本内容。[①] 生命权是最基本、最重要的民事权利。其内容包括生命享有权、生命利益的有限支配权和生命权请求权。除了受民法保护外，还受到宪法、刑法等的保护。

健康权是指自然人享有的以其健康为客体，以维持正常的健康状况为基本内容的物质性具体人格权。[②] 其客体是健康，是指维持人体生命活动的生理机能的正常运作和功能的完善发挥。健康有两个要素：生理机能的正常运作；生理功能的完善发挥。且健康权的客体只包括生理健康，不包括心理健康。[③]

姓名权指自然人决定、使用和依照规定改变自己姓名，和维护其姓名利益的具体人格权。全国人大常委会有关姓名权的立法解释规定，公民依法享有姓名权。公民行使姓名权属于民事活动，应当尊重社会公德，不得损害社会公共利益。公民原则上随父姓或者随母姓。有下列情形之一的，可以在父姓或者母姓之外选取姓氏：（一）选取其他直系长辈血亲的姓氏；（二）因由法定扶养人以外的人的扶养而选取扶养人姓氏；（三）有不违公序良俗的其他正当理由。少数民族公民姓氏可以从本民族的文化传统和风俗习惯。姓名权的内容包括命名权、使用权和改名权。

名称权指法人和非法人组织依法享有的，决定、使用、改变自己的名称，依照法律规定转让名称，并排除他人非法干涉、盗用或者冒用的具体人格权。名称是指法人和非法人组织在社会活动中，用以确定和代表自身，并区别于他人的文字符号和标记。

肖像权是自然人以其肖像为客体，享有制作、使用、许可等方

---

① 王利明等著：《民法学》（第4版），复旦大学出版社2015年版，第187页。

② 张新宝著：《〈中华人民共和国民法总则〉释义》，中国人民大学出版社2017年版，第216页。

③ 杨立新主编：《中华人民共和国民法总则释义与案例解读》，中国法制出版社2017年版，第409页。

面的非物质性人格权。也是自然人对在自己的肖像上所体现的精神利益和财产利益为内容所享有的具体人格权。其内容包括制作专有权、使用专有权、使用转让权和肖像请求权。理解这一概念，要区分肖像和肖像载体的区别。①

名誉权指自然人、法人、非法人组织就其自身属性和价值所获得的社会评价，享有的保护和维护的具体人格权。客体名誉指人们对自然人或法人的品德、才能及其他素质的社会综合评价。其内容包括名誉利益保有权、名誉利益支配权、名誉利益维护权。② 名誉权包括得到客观公正的社会评价以及维持这种评价两方面的内容。③

荣誉权指自然人、法人和非法人组织对其获得的荣誉及及其利益所享有的保持支配的具体人格权。其客体是荣誉，指特定自然人、法人和非法人组织在社会生产、社会活动中有突出表现或者突出贡献，政府、团体或其他组织给予积极的、肯定的正式评价。内容包括荣誉保持权、荣誉利益支配权、物质利益获得权、物质利益支配权。

隐私权是自然人享有的对其个人与公共利益无关的私人信息、私人活动和个人空间等私人生活安宁利益自助进行支配和控制，他人不得侵扰的具体人格权。隐私权的客体是隐私，是指自然人与公共利益、群体利益无关的，当事人不愿他人知道或他人不方便知道的信息，当事人不愿他人干涉或他人不方便干涉的个人私事，以及当事人不愿他人侵入或他人不方便侵入的个人领域。

婚姻自主权是自然人按照法律规定，自己做主就婚姻的缔结和

---

① 王利明著：《人格权法》，中国人民大学出版社 2005 年版，第 446 页。

② 杨立新主编：《中华人民共和国民法总则释义与案例解读》，中国法制出版社 2017 年版，第 410 页。

③ 张新宝著：《〈中华人民共和国民法总则〉释义》，中国人民大学出版社 2017 年版，第 217 页。

解除，不受其他任何人强迫或干涉的具体人格权。其权利内容包括订婚自主权、结婚自主权、离婚自主权。

【典型案例】

渝州出版社与唐某希肖像权纠纷案①

唐某希（原告、被上诉人）原系某艺考美术培训学校学生。2012年7月，唐某希应指导老师邀请，到该艺考美术培训学校充当模特进行拍照。2012年8月始，渝州出版社未经原告同意，在其出版的书籍《素描风暴-素描头像（照片·写生）》，使用原告的肖像图片两幅（两张底稿）；在《速写风暴-人物速写（照片·写生）》使用原告的肖像图片9幅（7张底稿）；《速写风暴-人物速写·全攻略》使用原告的肖像图片4幅（3张底稿），并将该类书籍在全国范围公开发行销售。唐某希认为渝州出版社的行为侵犯了其肖像权，要求其停止侵权、赔礼道歉、归还唐某希肖像图片原稿，并赔偿精神损失费。

【法理解读】

肖像权是肖像权人专有的身份权，公民依法享有肖像权，未经本人同意，不得以营利为目的使用公民的肖像。本案中，渝州出版社在书籍中刊登使用了唐某希的照片，且不能提供相应的证据证明其使用原告的照片经过了原告的同意，且该书籍出版后向社会公众公开销售，应认定为具有营利性质。渝州出版社在肖像权使用方面应更具谨慎态度，对其侵权行为依法应承担相应的民事责任。唐某希的诉讼请求应当得到支持。

【适用亮点】

本案中，依据之前《民法通则》第100条的规定进行判决，

---

① 审理法院：一审法院：重庆市渝中区人民法院，案号：（2014）中区民初字第00945号；二审法院：重庆市第五中级人民法院，案号：（2014）渝五中法民终字第03397号。

不得以营利为目的使用公民的肖像。营利性的认定成为本案中认定侵权行为的关键因素。这也契合了这种人格权具有排他的专属性，不直接包含财产利益但是通过许可他人使用可能带来财产利益特征。

【典型案例】

杨某彦、卢某等与张某胜、钟某芳等隐私权纠纷案[①]

张某胜、钟某芳、张某系本市临汾路×××弄×××号×××室的房屋产权人，杨某彦、卢某、杨某系同号201室的房屋产权人，双方系上下楼邻居关系。杨某彦、卢某、杨某于2013年10月29日在201室客厅阳台的顶部安装一只朝向室外的摄像头，该行为引起张某胜、钟某芳、张某的不满，张某胜、钟某芳、张某遂报110，民警到场处理纠纷。后经居委会调解未成，张某胜、钟某芳、张某遂诉至原审法院，要求杨某彦、卢某、杨某拆除安装在阳台顶部的探头，并赔偿精神损害抚慰金人民币5000元。另查明，临汾路×××弄×××号×××室房屋朝南的入户花园为该室房屋的日常通道，该幢房屋地下室另有一通道可通至101室房屋的地下室；临汾路×××弄×××号×××室朝南阳台顶部安装有摄像头一只，该摄像头所指方向可调节，可指向阳台外部，也可指向阳台内部，摄像头指向阳台外部时可朝向楼下101室的上述日常入户通道。张某胜等认为杨某彦等的行为侵犯其隐私权，遂提起诉讼。

【法理解读】

隐私权是公民享有的对自己的个人秘密和生活进行支配并排除他人干涉的权利，包括个人生活不受窥视、个人住宅不受非法监视等。杨某彦等人在其阳台顶部安装摄像头，朝向张某胜等人房屋的

---

① 一审法院：上海市闸北区人民法院，案号：（2013）闸民一（民）初字第5854号；二审法院：上海市第二中级人民法院，案号：（2014）沪二中民一（民）终字第335号。

进出通道，无论杨某彦等人在其主观上是否存有窥视他人活动的故意，但在客观上都形成了对他人隐私权的威胁。杨某彦等人所持为观察其晾晒衣被而安装该摄像头的抗辩理由，不够充分。张某胜等人要求其拆除该摄像头的诉讼请求于法有据，应予支持。但结合该侵权行为的持续时间以及本案具体情况综合考量，杨某彦等人的行为尚不足以对张某胜等人的精神造成伤害，故对张某胜等人关于精神损害抚慰金的主张，难以支持。

【适用亮点】

隐私权是公民享有的对自己的个人秘密和生活进行支配并排除他人干涉的权利，包括个人生活不受窥视、个人住宅不受非法监视等。隐私的构成要件有两个，一是“私”，二是“隐”，前者指纯粹是个人的，与公共利益、群体利益无关的事情，后者并非描述某个事情、某个信息不为人知的状态，包括：当事人不愿这种个人私事被他人知晓；不愿或不便被他人干涉；等等。隐私的内容包括私人活动、私人信息和私人领域。

第一百一十一条　【立法主旨】个人信息受法律保护

【法条对比】

民法总则	第一百一十一条　自然人的个人信息受法律保护。任何组织和个人需要获取他人个人信息的，应当依法取得并确保信息安全，不得非法收集、使用、加工、传输他人个人信息，不得非法买卖、提供或者公开他人个人信息。
民法通则	无
民通意见	无

【条文释解】

本条是关于个人信息权的规定，是《民法总则》的重大修改。个人信息，也称为个人数据。《网络安全法》第76条第5项对个人信息的概念进行了立法界定。个人信息权是指信息主体依法对其个人信息所享有的支配、控制、并排除他人侵害的权利，其具有人格利益和财产利益双重属性，是人格权派生的权利，是一项独立的权利。[①] 其权利内容具体包括信息决定权、信息保护权、信息查询权、信息更正权、信息封锁权、信息删除权和报酬请求权。个人信息具有可识别性，体现了人格特征，个人信息不同于隐私权，应该作为一种具体人格权加以保护。[②] 个人信息具有识别性，承载着信息主体的人格利益。在现代信息技术之下，互联网、移动智能终端、可穿戴设备等使得个人生活的方方面面都有可能被记录，个人信息不仅仅包括个人的基本身份信息，还包括位置信息、行为数据等，个人信息成为信息主体人格的象征。保护个人信息对于维护信息主体的人格尊严、人格自由具有重要价值。[③]

依法取得个人信息的任何组织和个人，具体包括：依法取得个人信息的网络服务提供者、其他企事业单位、国家机关及工作人员、其他任何组织或者个人。凡是依法取得自然人个人信息的任何法人和自然人，都负有确保自然人个人信息安全，防止信息泄露的义务。

依法取得个人信息的任何组织和个人侵害个人信息权的主要表现为：一、非法出售自然人个人信息；二、非法向他人提供自然人个人信息；三、非法泄露自然人个人信息；四、非法篡改自然人个人信息；五、非法毁损自然人个人信息；六、丢失自然人个人信息；七、对泄露自然人个人信息未及时采取补救措。[④]

---

① 齐爱民主编：《个人资料保护法原理及其跨国流通法律问题研究》，武汉大学出版社 2004 年版，第 109-110 页。

② 王利明：《论个人信息权在人格权法中的地位》，载《苏州大学学报》2012 年第 6 期。

③ 张新宝著：《〈中华人民共和国民法总则〉释义》，中国人民大学出版社 2017 年版，第 220 页。

④ 杨立新主编：《中华人民共和国民法总则释义与案例解读》，中国法制出版社 2017 年版，第 416-417 页。

【典型案例】

刘某诉北京某银行等隐私权纠纷案

——银行未经法定程序不能向他人提供储户个人信息

原告刘某与第二被告杨某（杨某系某银行总行职员）于2008年经法院判决双方解除婚姻关系。诉讼中，杨某向受理法院出具原告名下某银行卡的交易明细。原告刘某认为第一被告某银行未经原告许可，在原告与第二被告离婚诉讼期间擅自为第二被告杨某提供原告的储户信息及银行卡账号存款明细，侵害了个人隐私权，给其造成极大的精神负担和经济损失。故要求法院判令第一被告某银行赔偿原告刘某精神损失费、登报道歉并承担诉讼费。

【法理解读】

隐私权是指自然人享有的私人生活安宁与私人信息秘密依法受到保护，不被他人非法侵扰、知悉、收集、利用和公开的一种人格权，而且权利主体对他人在何种程度上可以介入自己的私生活，对自己是否向他人公开隐私以及公开的范围和程度等具有决定权。当事人在银行处办理业务，和银行之间形成储蓄合同关系，银行未经当事人授权不能向他人提供储户个人信息。

【适用亮点】

通过本案，区分个人信息与隐私权就显得十分必要。个人信息与隐私权联系紧密，许多个人信息均具有一定程度的私密性，个人不愿对外公布；侵害个人信息常常会导致对个人隐私的侵害。但个人信息不完全属于隐私权的范畴，主要表现为：二者性质不同，个人信息同时包含精神利益和财产利益，对其利用和保护应当并重。隐私权通常为被动的人格权；客体范围不同。隐私权的客体主要是私密信息，凡是个人不愿公开的信息且不涉及公共利益都可以成为个人隐私，个人信息虽可能与隐私权部分重合，但其都以信息形式表现出来，且有些内容不一定私密[1]；内容不同。个人信息主要是对个人信息的控制，隐私权主要是维护个人的私生活；除此之外二者在侵害方式、保护方式等方面均存在差异。

第一百一十二条　【立法主旨】婚姻家庭产生人身权利保护

【法条对比】

民法总则	第一百一十二条　自然人婚姻、家庭关系等产生的人身权利受法律保护。
民法通则	第一百零四条　婚姻、家庭、老人、母亲和儿童受法律保护。 　　残疾人的合法权益受法律保护。 第一百零五条　妇女享有同男子平等的民事权利。
民通意见	无

【条文释解】

本条源于《民法通则》第104条的规定，并作出适当调整。

身份权是指自然人基于特定的身份关系产生，并由其专属享有，一起体现的身份利益为客体，为维护该种关系所必需的权利，换言之，身份权就是有亲属身份关系发生的权利。[2] 其具体包括配偶权、亲权、亲属权。

配偶权有广狭义之分，狭义的配偶权，仅[illegible]指夫妻之间在身份上的权利和义务，广义的配偶权仅包括夫妻之[illegible]在身份上的权利义务，而且包括在财产方面的权利义务。配偶权也称配偶身份权。[3]

---

① 王利明主编：《中华人民共和国民法总则详解》（上册），中国法制出版社2017年版，第459页。

② 林菊枝著：《亲属法新论》，台湾五南图书出版公司2006年版，第16页。

③ 杨大文主编：《婚姻家庭法》，中国人民大学出版社2012年版，第106页。

其中涉及的夫妻人身关系包括配偶姓名确定权，子女姓名确定权，夫妻人身自由与同居权，婚姻住所决定权，家事代理权以及双方的忠实和相互尊重等。

亲权是指父母对未成年子女在人身和财产方面的管教和保护的权利与义务。[①] 共同侵权原则是当代亲属法规定的亲权基本原则，是指亲权的共同行使，即亲权内容的行使均应由父母共同的意思决定，并对外共同代理子女。[②]

亲属权也称其他亲属权。[③] 是指除配偶外、成年子女与父母以外的其他近亲属之间的基本身份权，表明这些亲属之间互为亲属的身份利益为其专属享有和支配，其他任何人均负不得侵犯的义务。对亲属权的具体内容及亲属权的派生身份权，婚姻法规定得比较简单，归纳起来，均为扶养权，根据不同的亲属权主体，分为抚养权，赡养权和扶养权。[④]

【典型案例】

沈某芹与涟水帝豪置业有限公司、上海三菱电梯有限公司一般人格权纠纷案[⑤]

沈某芹与朱某生于 1991 年 10 月结婚，1992 年生儿子朱某伟，2015 年补领结婚证。2013 年 1 月 23 日 10 时左右，沈某芹丈夫朱

---

① 李志敏主编《比较家庭法》，北京大学出版社 2002 年版，第 227-228 页。

② 林菊枝著：《亲属法专题研究》，五南图书出版公司 1985 年版，第 143 页。

③ 官玉琴著：《亲属身份权理论与实务》，厦门大学出版社 2007 年版，第 214 页。

④ 杨立新主编：《中华人民共和国民法总则释义与案例解读》，中国法制出版社 2017 年版，第 423 页。

⑤ 一审法院：涟水县人民法院，案号：（2015）涟民初字第 02108 号。二审法院：江苏省淮安市中级人民法院，案号：（2016）苏 08 民终 202 号。

某生与他人一同到帝豪置业开发建设的府前御景园9号楼盘看房，在察看三楼房屋时从没有安全防护栏也没有安全警示标志的电梯井口跌落致伤。南京东南司法鉴定中心作出司法鉴定意见书，载述："被鉴定人朱某生构成人体损伤二级伤残，目前遗留双下肢完全瘫痪，日常生活不能完全自理，床上活动、穿衣、洗澡、大小便等长期需要他人帮助完成。"中级人民法院民事判决最终确认，帝豪置业、上海三菱互负连带责任，各赔偿朱某生若干经济损失。沈某芹认为现因丈夫身体瘫痪，无法过夫妻生活，严重侵犯了沈某芹的配偶权。

【法理解读】

行为人因过错侵害他人民事权益的，应当承担侵权责任，被侵权人对损害的发生也有过错的，可以减轻侵权人责任。朱某生因帝豪置业、上海三菱的过错致二级伤残，下肢全瘫，对沈某芹行使配偶权造成了损害，所以帝豪置业、上海三菱应就自己的过错对沈某芹造成的伤害承担赔偿责任。夫妻的性生活权利是一个整体，由于朱某生受伤，导致沈某芹的夫妻性生活权利受到损害，沈某芹有权提起损害赔偿诉讼。且沈某芹主张的是其正常夫妻性生活权利受到损害的赔偿，与朱某生的人身损害赔偿是不同的损害赔偿主张。同时，由于夫妻之间的性生活是间断的，也是持续的，朱某生受伤后，沈某芹过正常夫妻性生活的权利受到损害的状态是一直持续的，因此，不存在超过诉讼时效的问题。

【适用亮点】

配偶权是指男女双方因结婚而产生的亲属关系，它具体包括忠实义务、日常事务代理权、相互扶养、扶助权等，当然也包括一定的权利，如本案中涉及的夫妻之间性生活的权利。这里的夫妻之间的忠实，家庭成员之间的互相帮助，除了情感方面的忠实和经济方面的帮助外，亦不应排除危急时刻力所能及的救助。夫妻之间性生活的权利亦是配偶权的重要组成部分，对此权利造成侵害的，应当承担相应的损害赔偿责任。同时配偶权属于一般人格权的范畴，对此权利人可以据此主张精神损害赔偿。

第一百一十三条 【立法主旨】财产权利平等保护

【法条对比】

民法总则	第一百一十三条　民事主体的财产权利受法律平等保护
民法通则	第七十三条第二款　国家财产神圣不可侵犯，禁止任何组织或者个人侵占、哄抢、私分、截留、破坏。 第七十四条第三款　集体所有的财产受法律保护，禁止任何组织或者个人侵占、哄抢、私分、破坏或者非法查封、扣押、冻结、没收。 第七十五条　公民的个人财产，包括公民的合法收入、房屋、储蓄、生活用品、文物、图书资料、林木、牲畜和法律允许公民所有的生产资料以及其他合法财产。 　　公民的合法财产受法律保护，禁止任何组织或者个人侵占、哄抢、破坏或者非法查封、扣押、冻结、没收。 第七十七条　社会团体包括宗教团体的合法财产受法律保护。
民通意见	无

【条文释解】

本条是《民法总则》的新增条款，体现了民法中平等保护的基本原则。与该法第3条关于“民事主体的人身权利、财产权利以及其他合法权益受法律保护，任何组织或者个人不得侵犯”的规定相呼应。第3条强调的是所有的民事主体的民事权利都受到法律保护，具有私权神圣的意义。但是本条强调的是，法律对财产权利予以平等保护，有更重要的价值。①

平等保护原则，是指物权的主体在法律地位上是平等的，其享

① 杨立新主编：《中华人民共和国民法总则释义与案例解读》，中国法制出版社2017年版，第425页。

有的财产权在受到侵害以后，应当受到平等保护。[①] 它包括两层含义，一是各种财产权的主体，法律地位平等，无论该财产权的主体是国家、集体还是私人，也无论该财产权的类型是所有权还是用益物权或者担保物权。二是各种财产权在受到侵害后，受到法律的平等保护，适用同样的救济规则。本条规定的财产权，指物权性质的财产权利，同时也包括债权以及知识产权中财产权利及投资性财产权利。[②]

民事主体的财产权利是一个大的权利概念，涵括的是所有的财产权利。《民法总则》通过对财产权利平等保护的条款，就确立了财产权利的体系。并且在这个权利的下面，展开规定物权、债权等财产权利类型，对构建我国民法财产权利体系有积极的促进作用。

【典型案例】

连某贤诉臧某林排除妨害纠纷案[③]

上海市浦东新区某房屋原系被告臧某林房屋拆迁后以补偿安置款购得的，2008 年 8 月，系争房屋的权利核准登记至被告名下，房屋由被告及家人居住使用。2011 年 8 月，案外人李某以被告代理人的身份与案外人谢某忠就系争房屋签订《上海市房地产买卖合同》，约定房地产转让价款为 80 万元，并向相关部门递交了房产转移登记申请书，后系争房屋权利登记至案外人谢某忠名下。2011 年 10 月，原告连某贤与案外人谢某忠就该争议房屋签订了买卖合同，约定房地产转让价款为 110 万元，2012 年 4 月，系争房屋权利核准登记至原告名下。

2012 年 7 月原告起诉案外人谢某忠要求其将系争房屋交付原

---

① 王利明：《平等保护原则：中国物权法的鲜明特色》，载《法学家》2007 年第 1 期。

② 张新宝著：《〈中华人民共和国民法总则〉释义》，中国人民大出版社 2017 年版，第 223 页。

③ 《最高人民法院公报》2015 年第 10 期（总第 228 期）。

告，被告作为第三人申请参与诉讼，后法院判决，确认以被告名义与案外人谢某忠就系争房屋订立的《上海市房地产买卖合同》无效；驳回原告要求案外人谢某忠将系争房屋交付原告的诉求；驳回被告要求确认原告与案外人谢某忠就系争房屋的买卖关系无效的诉求。原告以其已合法取得系争房屋，现被告仍居住在系争房屋中，严重侵犯了原告作为物权人对物权正常权利的行使为由诉至法院，要求被告立即迁出房屋。

【法理解读】

本案的争议焦点在于，当所有权与占有权能发生分离的情况下，买受人是否可以其为房屋所有权人基于返还原物请求权要求房屋内的实际占有人迁出。生效判决已确认案外人李某以被告臧某林代理人身份与案外人谢某忠就系争房屋所签订的买卖合同无效，即第一手的房屋买卖并非原始产权人臧某林之真实意思表示，该买卖合同对臧某林自始不发生法律效力，其从 2008 年 8 月起居住在系争房屋内，并占有、使用该房屋至今具有合法依据，故产权人连某贤在其从未从出售方谢某忠处获得房屋实际控制权的情况下，径行要求实际占用人臧某林迁出，不应予以支持。

【适用亮点】

签订房屋买卖合同后出卖方应向买受人履行权利与实物的双重交付，在买受方已取得房屋产权而未实际占有的情况下，其仅仅基于物权请求权要求有权占有人迁出，应作慎重审查。若占有人对房屋的占有具有合法性、正当性，买受方应以合同相对方为被告提起债权给付之诉，要求对方履行交付房屋的义务或在房屋客观上无法交付的情况下承担相应的违约责任。

第一百一十四条　【立法主旨】物权的定义和构成

【法条对比】

民法总则	第一百一十四条　民事主体依法享有物权。 　　物权是权利人依法对特定的物享有直接支配和排他的权利，包括所有权、用益物权和担保物权。
民法通则	无
民通意见	无

【条文释解】

本条源于《物权法》第 2 条第 3 款的规定。《民法总则》确认和保护物权，奠定了我国市场经济发展的基础，有利于鼓励社会创造财富，实现民富国强。[①]

物权，是指民事主体在法律规定的范围内直接支配特定的物，享有利益并排除他人非法干涉的权利，是人与人之间对于物的归属和利用关系在法律上的体现。[②] 物权主要包括所有权、用益物权、担保物权。所有权又称为自物权，是物权的基础和最主要形式，用益物权和担保物权都是从所有权派生出来的。所有权是最为完整和法律效力最强的物权，恒久无期限，且具有回复效力。[③] 用益物权，是指非物权所有人对他人所有之物所享有的占有、使用、收益的他无权。其包括土地承包经营权、建设用地使用权、宅基地使用

---

① 王利明主编：《中华人民共和国民法总则详解》（上册），中国法制出版社 2017 年版，第 467 页。

② 杨立新主编：《中华人民共和国民法总则释义与案例解读》，中国法制出版社 2017 年版，第 428 页。

③ 张新宝著：《〈中华人民共和国民法总则〉释义》，中国人民大出版社 2017 年版，第 226 页。

权、地役权等。[1]

担保物权是指为了确保债权实现，债务人或者第三人以自己所有的物或者权利为标的所设定的限制物权。[2] 担保物权包括抵押权、质权和留置权，以及所有权保留、优先权和让与担保。抵押权是指债务人或者第三人不转移财产的占有，将该财产作为债权的担保，债务人不履行债务时，债权人依照法律规定的程序，就该财产优先受偿的权利。质权是债务人或债务人提供的第三人的动产和权利移交给债权人占有，当债务人不履行债务时，债权人有权将该财产价款优先受偿的权利。留置权是指当债务人不履行到期债务时，债权人可以留置已经合法占有的债务人的财产，并享有该动产优先受偿的权利。

【典型案例】

卢某某与张某乙、杨某某、张某甲房屋物权纠纷案[3]

张某乙、杨某某系张某甲父母；张某甲与卢某某原系夫妻关系，二人于2004年登记结婚，后于2013年离婚。2005年8月，张某乙、张某甲共同就诉争房屋与该市宇升房地产开发有限责任公司签订商品房买卖合同，该房已于2004年一次性交清房款，并由宇升房地产开发有限责任公司出具了收据一张。2010交齐了诉争房屋各种税费，税费票据记载纳税人为张某乙；张某乙、杨某某、张某甲于同年10月27日共同出具说明，申请办理共同产权证，同日，办理了诉争房屋产权证，产权证共有人一栏记载为张某乙、张某甲。2011年，张某甲因贷款需要，与卢某某、张某乙、杨某某共同出具说明，四人一致同意将诉争房屋所有权人更名为张某甲一

---

① 杨立新主编：《中华人民共和国民法总则释义与案例解读》，中国法制出版社2017年版，第428页。

② 王利明主编：《民法学》，复旦大学出版社2004年版，第367页。

③ 审理法院：吉林省辽源市中级人民法院，案号：（2015）辽民一终字第145号。

人，并于同日在房屋产权管理中心办理了变更登记。2013年张某甲、卢某某协议离婚，离婚协议约定将诉争房屋归卢某某所有，并于同月将诉争房屋所有权人张某甲变更为卢某某独自所有。张某乙、杨某某认为其对房屋享有共同的所有权，并非张某甲单独所有，卢某某不享有诉争房屋的所有权，故向法院提起诉讼，请求确认其二人的房屋所有权，并请求张某甲支付相应房屋所有权的对价。

【法理解读】

诉争房屋买方为张某乙、杨某某，出卖方案涉宇升房地产开发有限责任公司也已收取了房款，该合同成立。张某乙、杨某某与张某甲为同一个家庭成员，在共同生活期间家庭共同出资购买的诉争房屋，无论以家庭成员中谁的名义购买，也无论登记在家庭成员中谁的名下，都只能认定是全体家庭成员的代表，该房屋都应是家庭共同共有的财产；交付房款时卢某某不是家庭成员，也未出资，故其对诉争房屋不享有共同所有权。诉争房屋过户到张某甲名下，并非赠与。卢某某取得诉争房屋不构成善意取得。根据物权法善意取得法定要件之受让时善意，支付合理对价，卢某某取得诉争房屋所有权是基于离婚协议，并未支付对价。

张某甲与卢某某离婚时，未经其他共有人即张某乙、杨某某同意，擅自将诉争房屋处分给卢某某，该处分行为不具有法律效力。现共有人张某乙、杨某某要求将诉争的共同共有的房屋进行分割，请求合法合理；对共有财产分割的原则，有协议的，按协议处理；没有协议的，应当根据等分原则处理，诉争房屋最终确认归张某甲所有，张某甲应返给张某乙、杨某某2/3份额的房屋价款。

【适用亮点】

本案争议的房屋应属张某甲与卢某某结婚前的财产，《最高人民法院关于适用〈中华人民共和国婚姻法〉若干问题的解释（一）》第19条规定："婚姻法第十八条规定为夫妻一方所有的财产，不因婚姻关系的延续而转化为夫妻共同财产。但当事人另有约定的除外。”财产共有人应为张某乙、杨某某、张某甲，卢某某不享有该财产份额。2013 年张某甲与卢某某协议离婚将该门市房分割给卢某某，并办理了产权过户手续。该行为已经构成对张某乙和杨某某的财产侵权行为，对此分割行为应当认定无效。

第一百一十五条　【立法主旨】物的分类

【法条对比】

民法总则	第一百一十五条　物包括不动产和动产。法律规定权利作为物权客体的，依照其规定。
民法通则	无
民通意见	无

【条文释解】

本条源于《物权法》第 2 条第 2 款的规定。

物的概念界定多种多样。物是指具有实用价值、能满足人的某种需要并能为人所控制和支配的物质对象。[①] 广义的物包括有体物、无体物（权利），也包括智力成果、工商业标记等无形财产；从狭义上说，物则仅指作为物权客体的物，原则上为有体物。随着社会的发展，也承认无体物，认为有体物者，谓能与人官骸相触者，若不能与人官骸相触，虽可视可听可嗅，不得谓有体物；因官体所不能触者，遂别为无体物。[②]

从物的种类来看，将物区分为不动产和动产。不动产是指在空间上占有固定位置，移动后会影响其经济价值的物。包括土地、土

① 刘凯湘著：《民法总论》（第 2 版），北京大学出版社 2006 年版，第 59 页。

② 严献章、匡一、王运震编：《民法总则》（下册），湖北法证编辑社 1905 年版，第 4 页。

地定着物，与土地尚未脱离的生成物、因自然或者人力添附于土地并且不能分离的其他物。凡是能在空间上移动而不会损害其经济价值的物，均为动产。[①] 在法律上各种可以支配的自然力，也属于动产。货币和有价证券，为特别动产。区分不动产和动产有重要的法律意义：第一，二者的公式方法不同，不动产一般以登记为公示方法，动产以占有为公示方法；第二，二者权利变动依据不同，不动产物权的变动通常以登记为依据，动产通常以交付为物权变动的根据；第三，物权设定种类不同，如担保物权的质权，只能设立在动产和权利上，虽然抵押权也可以设定在动产上，但较多设定在不动产上；第四，法律管辖不同，因不动产提起的诉讼采取属地主义管辖，而动产采用属人主义管辖。需要说明的是，随着社会的发展，电、热、声、光、无线频谱等渐入物的调整范畴。[②]

【典型案例】

天津物华矿业有限公司（物华公司）与陈某坤、天津市津缆集团有限公司（津缆集团）股权质权纠纷案[③]

陈某坤系津缆集团的股东之一。2013 年 4 月，陈某坤（乙方）与物华公司（甲方）签订《股权质押协议》一份，载明鉴于乙方依法拥有在天津市滨海新区津缆塑胶有限公司（现津缆集团）中的 12%股权，为保证乙方对甲方叁仟伍佰零玖万元信用证到期还款，乙方拟将其全部股权质押予甲方，甲方同意上述质押。并办理了股权出质登记。后物华公司（甲方，股权质权人）与陈某坤（乙方，即股权出质人）、津缆集团、常某章、李某新签订《股权

---

① 王利明主编：《民法》，中国人民大学出版社 2000 年版，第 91 页。

② 中国审判研究会民商事专业委员会编著：《〈民法总则〉条文理解与司法适用》，法律出版社 2017 年版，第 206 页。

③ 一审法院：天津市河北区人民法院，案号：（2016）津 0105 民初 3518 号；二审法院：天津市第一中级人民法院，案号：（2017）津 01 民终 863 号。

质押担保协议书》一份，约定李某新、常某章、陈某坤愿以其在津缆集团的全部股权出质质押予甲方进行附加连带担保，以保证津缆科技公司对甲方信用证到期还款，期限自2013年9月3日至甲方按《合作协议》开出信用证到期前，津缆科技公司如约还清欠款，无违约情况出现为止。双方未就该协议到工商部门办理股权出质设立登记手续。

2015年，物华公司曾向市中级人民法院提起诉讼，要求津缆科技公司支付尚欠货款，同时要求陈某坤等人承担质押担保责任和连带保证责任。法院驳回了物华公司要求陈某坤等人承担质押担保责任的诉讼请求，理由为该公司提交的登记机关出具的出质人陈某坤等人的三份股权出质设立登记通知书日期为2013年4月8日，在其与津缆科技公司签订《合作协议》时间即2014年2月24日之前，故上述三份股权出质设立登记通知书并非针对涉诉的《合作协议》及与之对应的《买卖合同》，该判决已生效。

陈某坤要求解除物华公司与陈某坤签订的《股权质押协议》，物华公司协助陈某坤办理撤销股权质押登记手续。该协议所担保的主合同并未成立。

【法理解读】

本案的争议焦点为物华公司是否对陈某坤所持涉案股权享有质权。陈某坤与物华公司签订的《股权质押协议》内容不违反法律的禁止性规定，且依法办理了股权出质设立登记手续，故已依法成立。根据该协议的约定，陈某坤将其拥有的津缆集团12%的股权质押给物华公司，作为津缆集团对物华公司欠款的还款保证，该协议系就津缆集团与物华公司之间形成债权的担保协议，是附属于津缆集团与物华公司交易合同的从合同。因津缆集团与物华公司未签订过交易合同，亦不存在业务关系，故作为从合同的《股权质押协议》不产生权利担保的效力。

另，《股权质押协议》担保内容未涉及物华公司与案外人津缆科技公司之间的《合作协议》所产生的债权债务，且已有判决书确认涉案股权出质并非为物华公司与案外人津缆科技公司之间业务提供的担保，物华公司的主张不应得到支持。

【适用亮点】

由于从合同要依赖主合同的存在而存在，所以从合同又被称为“附属合同”。从合同的主要特点在于其附属性，即它不能独立存在，必须以主合同的存在并生效为前提。主、从合同是相对而言的，没有主合同就没有从合同，没有从合同，也就无所谓主合同。尽管主合同的存在并生效将直接影响到从合同的成立及效力，但从合同不成立或失效，一般并不影响到主合同的效力。

第一百一十六条 【立法主旨】物权法定

【法条对比】

民法总则	第一百一十六条　物权的种类和内容，由法律规定。
民法通则	第七十一条　财产所有权是指所有人依法对自己的财产享有占有、使用、收益和处分的权利。 第七十二条　财产所有权的取得，不得违反法律规定。 按照合同或者其他合法方式取得财产的，财产所有权从财产交付时起转移，法律另有规定或者当事人另有约定的除外。
民通意见	无

【条文释解】

本条源于《物权法》第5条的规定：“物权的种类和内容，由法律规定。”

物权法定原则是物权法最重要的基本原则，它是指物权的种类和内容必须有法律规定，而不能由民事主体随意创设。物权法定原则又称为物权法定主义，是指物权只能依据法律设定，禁止当事人自由创设物权，也不得变更物权的种类、内容、效力和公示方法。

物权法定原则，主要包括两个方面的内容：首先，种类法定，也就是说哪些权利属于物权，哪些不属于物权，要有物权法和其他法律规定。其次，内容法定。内容法定又包括两个方面，一方面，物权的内容必须要有法律规定，当事人不得创设与法定物权内容不符的物权，也不得基于其合意自由决定物权的内容。[①] 另一方面，内容法定就是强调当事人不得作出与物权法关于物权内容的强行性规定不符的约定。

物权法定是为了维护国家的基本经济制度，保护公民的基本权利，物权制度关系到基本经济制度，无论是从制度层面还是从价值层面，法律对该原则的规定都显得非常重要。[②] 物权具有排他性，是民事权利中效力最强的权利，所以必须是社会公认的权利，而不是人们私自约定的权利。[③] 物权又是一种支配性的权力具有强烈的排他性，直接关系到第三人的利益和交易安全，因此不能允许当事人通过合同自由创设。为了给社会的交易行为提供统一的法律基础，就必须采纳物权法定原则。[④]

【典型案例】

李某与大坪大理石矿采矿权纠纷案[⑤]

大坪矿是在某县工商行政管理局注册成立的一家联营企业，取得某市国土资源局颁发的《采矿许可证》，被许可的有效期限为9

① 梁慧星主编：《中国物权法研究》，法律出版社1998年版；孙献忠著：《德国当代物权法》，法律出版社1997年版，第79页。

② 王利明主编：《民法》（第5版），中国人民大学出版社2010年版，第158页。

③ 张新宝著：《〈中华人民共和国民法总则〉释义》，中国人民大学出版社2017年版，第230页。

④ 中国民法典立法研究课题组：《中国民法典草案建议稿附理由——物权编》，法律出版社2004年版，第9页。

⑤ 一审法院：四川省雅安市中级人民法院，案号：（2012）雅民初字第99号；二审法院：四川省高级人民法院，案号：（2014）川民终字第833号。

年。经营范围为：大理石荒料开采、销售；大理石板材加工、销售。该企业共有四名股东，包括三名自然人和一名事业法人。

2009年1月，大坪矿作为甲方与作为乙方的李某签订《承诺书》，约定大坪矿将其享有的部分矿权交李某开采，合作期间，大坪矿负责办理矿山所需的一切手续，并承担费用；李某负责协助大坪矿整理和办理矿山所需的资料和文件。该《承诺书》签订后，李某即按照约定到矿点开采，并进行前期投资。9月，大坪矿并形成《会议纪要》，主旨是妥善处理本矿与李某的合作问题。根据该《会议纪要》，大坪矿作为甲方与作为乙方的李某签订《协议书》，（注：2009年3月1日承诺书和给李某的任命书失效）。其中详细约定双方的权利义务。11月，大坪矿向李某出具加盖其公章的《委托书》，特委托李某负责大坪矿与她合作开采矿山范围内的生产、安全、销售等经营管理活动。李某经营管理《协议书》约定的矿点期间，对外行为均以大坪矿名义实施。

【法理解读】

大坪矿与李某签订的《协议书》的性质和效力问题。《最高人民法院关于适用〈合同法〉若干问题的解释（二）》第14条规定，人民法院确认因“违反法律、行政法规的强制性规定”而无效的，只限于效力性强制性规定，而从《探矿权采矿权转让管理办法》第15条的规定来看，其法律后果是承担行政处罚责任，不属于效力性强制性规定。因此《协议书》系双方当事人的真实意思表示，不违反法律、行政法规的强制性规定，应为有效。对此，2017年《最高人民法院关于审理矿业权纠纷案件适用法律若干问题的解释》对这一情况有了更明确具体的规定。

【适用亮点】

本案虽然最终认定涉案协议书的性质是采矿权承包合同，而非采矿权转让合同。但从中我们可以看出，采矿权从权利分类上来看，属于物权中的一类，依照物权法定原则。承包，是生产经营管理的一种方式，按照所有权和经营权相分离的原则，确定发包人与承包人的责、权、利，实现资产的保值增值。法律法规禁止的只是以承包形式进行的非法矿权转让，真正的承包应属于合法的经营行为。采矿权的承包主要包括劳务承包和经营承包，但都不发生采矿权主体的变更，这是与采矿权转让的根本区别。采矿权人与承包人签订承包合同，但并未退出矿山管理，亦继续履行经营义务、承担法律责任的，只要不违反效力性、强制性规定，就应当认定采矿权承包合同合法有效。

第一百一十七条 【立法主旨】征收征用补偿

【法条对比】

民法总则	第一百一十七条　为了公共利益的需要，依照法律规定的权限和程序征收、征用不动产或者动产的，应当给予公平、合理的补偿。
民法通则	无
民通意见	无

【条文释解】

本条较《民法通则》作出适当的修改。征收、征用行为的本质是国家行使公权力强制性的取得，或者临时占用民事主体的不动产或者动产，这是一种不以民事主体的意志为转移的物权变动行为。为了公共利益的实现赋予国家征收、征用权是必不可少的，同时，应当对这种公权力进行限制。对征收、征用行为从范围、程序、补偿三个方面予以规范，是世界各国征收、征用立法的通例。

从本条法律的规定来看，征收是政府为了公共利益的需要，依照法定的权限和程序将集体所有或者个人所有的财产变为国家所有的行为。征收行为必须符合三个条件：第一，必须符合为了公共利益需要的目的。第二，征收必须依照法律规定的权限和程序进行。

第三，征收必须给予权利人公平合理的补偿。[①] 所谓公平合理补偿，是指补偿的财产数额在公众看来是公平合理的，通常应当参照相同或相似的财产之市场价格作为计算补偿的依据。[②] 征收是一种典型的行政行为，它具有强制性，是国家公权力在公共利益情形下对物权行使的重大限制，而且征收的标的仅限于不动产，包括土地房屋以及其他不动产。

【典型案例】

乙亚市住房和城乡建设局等诉陈某锋等征收补偿协议纠纷案[③]

2015 年 9 月，乙亚市政府作出乙府（2015）193 号《征收决定》，将包括乙亚市邮电局宿舍楼第三栋 702 房在内的共约 185240 平方米房屋予以征收。10 月，征收实施单位乙亚市住建局与孙某爱签订《征收协议》，将该房屋的补偿权利给予孙某爱。

涉案房屋系陈某锋参加其所在单位集资所建房屋，2008 年 9 月 5 日，陈某锋与孙某爱签订一份《协议书》，其主要内容有：孙某爱借给陈某锋 18 万元，陈某锋将现有单位住房抵偿给孙某爱作为还款金额；并享受该房屋权证规定的所有权益（包括以后房屋拆迁重建或国家征用土地造成房屋被破坏的赔偿或其他因素造成的赔偿等）。根据乙府办（2015）266 号《关于印发原武装部片区棚户区改造项目房屋征收补偿安置方案的通知》，该方案明确被征收人为房屋及其他建筑物、地面附着物的合法产权人。并确定相应补偿款。后征收实施单位乙亚市住建局与孙某爱签订《征收协议》，将涉案房屋征收补偿权利给予孙某爱。陈某锋以其系该被征收房屋

---

① 杨立新主编：《中华人民共和国民法总则释义与案例解读》，中国法制出版社 2017 年版，第 438 页。

② 张新宝著：《〈中华人民共和国民法总则〉释义》，中国人民大学出版社 2017 年版，第 231 页。

③ 一审法院：海南省三亚市中级人民法院，案号：（2016）琼 02 行初 311 号；二审法院：海南省高级人民法院，案号：（2016）琼行终 530 号。

产权人为由，对《征收协议》不服，提起诉讼，请求确认《征收协议》无效；并要求乙亚市政府和乙亚市住建局履行补偿义务。

【法理解读】

本案的争议焦点在于乙亚市住建局与孙某爱签订《征收协议》的行为是否违法以及乙亚市政府、乙亚市住建局是否负有向陈某锋作出房屋征收安置补偿义务的问题。涉案房屋原为陈某锋的单位集资房，直至被征收前，该房屋产权仍登记在陈某锋名下。然而，陈某锋与孙某爱签订的《协议书》中已经明确约定，涉案房屋如被国家征收，所获补偿权益由孙某爱享有。该协议系双方真实有效的约定，应受法律保护，协议双方均应按照诚实信用的原则，依法予以履行。此外，涉案房屋征收补偿安置方案关于被征收人的主体资格并未仅限定为登记的房屋所有权人。因此，孙某爱虽然没有通过办理不动产变更登记取得涉案房屋的所有权，但根据其与陈某锋达成的协议约定，孙某爱有权取得包括房屋征收补偿受益权在内的相关权益。在此情况下，具有事实根据，也符合房屋征收补偿安置方案的规定，并未违反法律规定。

【适用亮点】

本案涉及的《征收协议》，是否混淆了合同效力和不动产物权效力的关系，违背了物权保护的基本原则和不动产征收补偿制度。本案的《协议书》虽然不产生物权变动的效力，但是根据《合同法》的规定，是双方的真实意思表示，具有法律效力。没有违反法律的强制性规定，对陈某锋具有约束力。从协议内容来看，孙某爱有权获得涉案房屋的所有权益，包括房屋的赔偿款等，乙亚市住建局在认定涉案房屋的所有权益归孙某爱的前提下才与其签订《征收协议》，具有事实和法律依据。因此并未违背不动产征收补偿制度。

第一百一十八条　【立法主旨】债权概念

【法条对比】

民法总则	第一百一十八条　民事主体依法享有债权。 债权是因合同、侵权行为、无因管理、不当得利以及法律的其他规定，权利人请求特定义务人为或者不为一定行为的权利。
民法通则	第八十四条　债是按照合同的约定或者依照法律的规定，在当事人之间产生的特定的权利和义务关系，享有权利的人是债权人，负有义务的人是债务人。 债权人有权要求债务人按照合同的约定或者依照法律的规定履行义务。
民通意见	无

【条文释解】

本条源于《民法通则》第84条的规定，较之作出适当的修改。

民法上债的概念，源自罗马法。《法学总论》中解释为：“债是法律关系，基于这种关系，我们受到约束而必须依照我们国家的法律给付某物的义务。”① 法律上的债，是指特定当事人之间请求为特定行为的法律关系。② 债作为一种法律关系，包括主体、内容与客体三要素。债的主体即债的当事人，包括债权人与债务人，债权人是指在债的关系中享有权利的一方当事人，债务人是指在债务关系中负有义务的一方当事人。债的内容是指为债的主体双方间的

① ［罗马］查士丁尼著：《法学总论——法学阶梯》，张企泰译，商务印书馆1989年版，第158页。

② 王利明主编：《民法》（第5版），中国人民大学出版社2010年版，第300页。

权利与义务，即债权人享有的权利和债务人履行的义务。债的客体是指债权债务共同指向的对象，即债务人的履行行为。① 这种行为，也称为“给付”② 或者“给付行为”。债“是以人的行为为客体的权利（债权）”。③。

债权具有以下特征：（1）债权为请求权。即为特定的当事人间得请求为特定行为的关系，债权即为债权人得向债务人请求其为特定行为的权利。（2）债权为相对权。（3）债权的设立具有任意性。债依其发生的原因有意定之债和法定之债之分。（4）债权具有平等性。数个债权人对同一债务人先后发生数个债权时，各个债权具有同等效力。（5）债权无排他性。债权人只能请求债务人为特定行为，而不能直接支配债务人的行为与标的物。

【典型案例】

孙某与百川面粉有限公司不当得利纠纷案④

2004 年，孙某开始担任百川公司仓库保管员。2011 年，百川公司发现孙某与核算员杨某军、生产车间班长张某根等人有共同侵占单位面粉及麸皮嫌疑，但单位找孙某谈话时其拒绝承认。百川公司遂委托省中正同仁会计事务所有限公司，对百川公司 2008 年 5 月至 2010 年 12 月期间库存产成品保管情况及与之相关的企业内控、财务管理等情况实施了专项审计工作。孙某承担审计费 20000 元。审计结果出来后，孙某、杨某军、张某根等人承认了非法侵占公司财产的事实，由孙某等人向百川公司退赔 400463.92 元。孙某通过其亲戚邵某兰，分两次共向百川公司账户打款 400 463.92 元，

---

① 王利明主编：《民法学》，复旦大学出版社 2015 年版，第 407 页。

② 课题组负责人梁慧星：《中国民法典草案建议稿附理由书 · 债权总则编》，法律出版社 2013 年版，第 7 页。

③ ［法］雅克 · 盖斯坦等著：《法国民法总论》，陈鹏等译，法律出版社 2004 年版，第 168 页。

④ 《最高人民法院公报》2015 年第 7 期（总第 225 期）。

该款中包括杨某军、张某根二人所退款10万元。

2013年，对于孙某等人的侵占行为，县人民法院作出刑事判决书，认定孙某在担任百川公司仓库保管员期间，利用职务之便，将积余的面粉及麸皮私自以市场价让他人代为销售，得款人民币2万元，占为己有。孙某、杨某军、张某根在清点面粉及麸皮入库数量的过程中，采取少计入库数量的手段，得款人民币8万元。其3人按4：4：2的比例分掉赃款人民币8万元。孙某、杨某军、张某根三人侵占直接所得赃款固定为10万元。

孙某诉称：百川公司与其经过协商同意以40万元内部解决，不追究刑事责任。但仍被追究刑事责任。2013年，法院刑事判决书认定，孙某共侵占单位财物10万元。故而，孙某多退款项应为百川公司的不当得利。请求法院判令百川公司返还不当得利及利息。

【法理解读】

本案争议焦点为刑事判决认定的赃款数额能否等同于民事案件认定损失数额的依据。通常情况下，犯罪行为给受害人造成直接和间接损失的范围要大于作案人所直接获得的赃款。在处理刑事案件造成的民事损失赔偿纠纷时，赔偿所立足的依据是受害人的损失，而不是作案人所直接获得的赃款。随着时代的快速发展，民事证明标准已从刑事证明标准中脱离出来，建立了自己独立的体系，人们不应将刑事证明思维完全带入民事证明之中。刑事案件强调犯罪事实清楚，证据确凿充分，民事案件采行高度盖然性规则，可在一定证据基础上，根据日常生活经验综合判断“推定”。本案中，按照高度盖然性标准，相关事实足以证明，孙某担任仓库保管员期间不能合理解释的损失远高于口头协议赔偿额。因此，本案中原告的诉讼请求不应得到支持。

【适用亮点】

本案虽为不当得利纠纷，实则是涉及不当得利数额确认标准的问题。刑事判决认定的赃款数额并非等同于作案造成损失的范围，不能简单依据刑事判决认定赃款的数额确定损失范围。刑事案件与民事案件的证明标准不同，不应以刑事案件的高标准取代民事证明标准。

第一百一十九条　【立法主旨】合同的约束力

【法条对比】

民法总则	第一百一十九条　依法成立的合同，对当事人具有法律约束力。
民法通则	第八十五条　合同是当事人之间设立、变更、终止民事关系的协议。依法成立的合同，受法律保护。
民通意见	无

【条文释解】

本条源于《合同法》第 8 条的规定，与《民法通则》第 85 条、第 88 条第 1 款、第 106 条第 1 款的规定一脉相承。较《民法通则》之规定，作适当修改。

合同之债又称为意定之债，债的内容和形式等，均依照当事人的自由意志来确定。民法的自愿原则在合同法上体现为“意思自治”或者“契约自由”。合同之债是当事人通过民事法律行为设定的。民事法律行为的成立、生效、撤销等，对合同当事人的民事权利义务之变动，具有决定性的影响。[①] 合同之债的内容一般为财产性的请求权。调整合同之债的法律规范，往往是“任意性规范”，当事人可以选择适用也可以协议排除其适用。合同法的有关规定是对当事人订立合同时真实意思的补充。合同之债是当事人在平等自愿的基础上设定的，它是民事主体主动参与民事活动，积极开展各种经济交往的法律表现。

---

① 张新宝著:《〈中华人民共和国民法总则〉释义》，中国人民大学出版社 2017 年版，第 236 页。

合同的约束力不仅体现为对签订双方当事人的约束力，亦体现为对合同以外第三人的约束力。我们称之为合同效力范围的扩张。在各国立法和判例中，主要表现为以下几个方面，即确认第三人利益的合同、确立债权保全制度、承租权物权化、债权不可侵犯性以及附保护第三人作用的合同等。依法成立的合同所具有的效力，也包括排斥第三人非法干预和侵害的效力。[①]

【典型案例】

张某忠与覃某雷土地租赁合同纠纷案[②]

张某忠与覃某雷于2005年签订《租用稻田协议》，协议载明：租用期限为八年（八年以后张某忠需要场地建房，覃某雷要退一部分场地给张某忠，若八年以后需要改变此协议，张某忠、覃某雷、公证人三方可另行协商）；每年租金为稻谷一千四百斤；若遇国家建设需腾此场地，张某忠可享受占用面积的土地补偿款，其砌块厂建设的附着物及对租用地投资等损失补偿费归覃某雷所有；协议的期限等。在合同履行的过程中，2006年张某忠要求覃某雷支付了3000元的土地恢复（押金）资金，并出具了收条。合同期限届满覃某雷不想再续租，便介绍赵某承租该砖厂。张某忠将该砖厂租赁给赵某，口头约定年租金为6000元，赵某也将当年租金交给了张某忠，同时覃某雷将相关制砖设备以22000元的价格一并转让给了赵某。张某忠收到赵某缴纳的承租款时，并未提出要求覃某雷恢复稻田，赵某经营一段时间后，因生意不景气便不再经营砖厂，并将机械设备再次出售给覃某雷。覃某雷见有利可图，就收购了赵新的设备，准备再次与张某忠协商重新签订租赁合同，双方协商未

---

① 王利明主编：《中华人民共和国民法总则详解》（上册），中国法制出版社2017年版，第497页。

② 一审法院：湖南省张家界市永定区人民法院，案号：（2015）张定民一初字第231号；二审法院：湖南省张家界市中级人民法院，案号：（2015）张中民一终字第126号。

果，后砖厂因无人经营而荒废，稻田也无人恢复。覃某雷准备拆走机械设备时张某忠以其未恢复稻田为由阻止覃某雷拖走设备，覃某雷以其租赁时已经支付稻田恢复金及张某忠已将场地另行租给他人为由拒绝给张某忠恢复稻田，双方未能协商一致。张某忠遂向法院提起诉讼要求依据双方租赁合同责令覃某雷恢复其开办砖厂占用的稻田。

【法理解读】

依法成立的合同对当事人双方具有约束力，当事人应该按照约定履行自己的义务，不得擅自变更或者解除合同。张某忠与覃某雷于2005年签订的《租用稻田协议》，系双方当事人的真实意思表示。在合同履行过程中，张某忠要求覃某雷缴纳稻田恢复押金3000元，应当视为双方对稻田恢复方式变更补充的约定。而且在合同期满后，张某忠并未要求覃某雷恢复稻田，也未返还覃某雷稻田恢复押金。相反，张某忠又将土地另行租赁给案外人赵某并收取了土地租金6000元，张某忠与案外人赵某已经形成了新的土地租赁合同关系。由此可见，当张某忠以每年6000元租金的价格重新将土地租赁给赵某并收取租金之日起，应当视为对覃某雷合同期满后返还土地的默认，此时，张某忠与覃某雷之间的租赁合同已经履行完毕，双方之间不存在相应的权利义务关系。而覃某雷购买赵某机器设备的行为是独立的买卖关系，与各方之间的租赁关系无关，这也充分遵循了合同的相对性原理。依照《合同法》之规定，张某忠要求覃某雷恢复稻田的理由不能成立。

【适用亮点】

合同成立后，缔约当事人成为合同之债的债权债务关系当事人，享有权利的一方为债权人，负有债务的一方为债务人，合同的约束力及于且仅及于合同双方当事人。这体现了合同对各方当事人的约束力，也体现了合同的相对性。在合同履行过程中，当事人应该按照约定履行自己的义务，不得擅自变更或者解除合同。

第一百二十条 【立法主旨】侵权责任的承担

【法条对比】

民法总则	第一百二十条 民事权益受到侵害的，被侵权人有权请求侵权人承担其侵权责任。
民法通则	第一百零六条第二款、第三款 公民、法人由于过错侵害国家的、集体的财产，侵害他人财产、人身的，应当承担民事责任。 没有过错，但法律规定应当承担民事责任的，应当承担民事责任。
民通意见	无

【条文释解】

本条源于《民法通则》第106条第2款、第3款以及《侵权责任法》第2条第1款的规定与《民法通则》的规定相比基本相同，但其表述直接与《侵权责任法》对侵权责任的规定更为相似。

侵权行为是指不法地侵害他人的合法权益应负民事责任的行为。在民事活动中民事主体的合法权益受法律保护，任何人都负有不得非法侵害义务，行为人不法侵害他人的财产权利或者人身权利的，应依法承担民事责任。[①] 侵权行为有广义与狭义之分，狭义的侵权行为仅指行为人实施的侵害他人民事权益的行为，包括过错侵权行为和依法按照无过错责任原则应当承担侵权责任的行为。广义的侵权行为，除了包括狭义侵权行为外，还包括准侵权行为。[②] 因侵权行为的实施在受害人与侵害人间，形成债权债务关系，侵权行

---

① 王利明主编：《民法》（第5版），中国人民大学出版社2010年版，第306页。

② 张新宝著：《〈中华人民共和国民法总则〉释义》，中国人民大学出版社2017年版，第237页。

为也是债的发生原因，因侵权行为而发生的债成为侵权行为之债，也有的称为损害赔偿之债。

侵权责任和违约责任是民事责任的两种类型，二者具有相似性，在发生违约责任和侵权责任竞合的情况下，允许受害人选择一种责任提起诉讼，之所以允许受害人选择，是因为受害人选择任何一种责任都是加害人所应当承担的。同时也是因为侵权责任和违约责任在归责原则、举证责任、免责条件等方面存在不同，选择不同的责任对受害人的保护也不同。①

【典型案例】

荣某英诉王某、永诚财产保险股份有限公司支公司机动车交通事故责任纠纷案②

2012年2月10日14时45分许，王某驾驶号牌为苏MT×××8的轿车，沿江苏省无锡市滨湖区某路口人行横道线时，碰擦行人荣某英致其受伤。2月11日，滨湖交警大队作出《道路交通事故认定书》。荣某英申请并经司法鉴定所鉴定，结论为：荣某英左桡骨远端骨折的伤残等级评定为十级；左下肢损伤的伤残等级评定为九级。损伤参与度评定为75%，其个人体质的因素占25%。

荣某英诉称：该事故经滨湖交警大队认定，王某负事故的全部责任，荣某英无责。遂请求永诚财产保险股份有限公司当地支公司（以下简称永诚保险公司）、王某赔偿相关费用。永诚保险公司辩称：愿意在交强险限额范围内予以赔偿；因鉴定意见结论中载明“损伤参与度评定为75%，其个人体质的因素占25%”，故确定残疾赔偿金应当乘以损伤参与度系数0.75。

---

① 王利明主编：《中华人民共和国民法总则详解》（上册），中国法制出版社2017年版，第506页。

② 《最高人民法院公报》2014年第8期（总第214期）。

【法理解读】

依据《侵权责任法》第 26 条的规定，以及《道路交通安全法》第 76 条第 1 款第 2 项的规定，机动车与非机动车驾驶人、行人之间发生交通事故，非机动车驾驶人、行人没有过错的，由机动车一方承担赔偿责任；有证据证明非机动车驾驶人、行人有过错的，根据过错程度适当减轻机动车一方的赔偿责任。因此，机动车发生交通事故造成人身伤亡、财产损失的，由保险公司在机动车第三者责任强制保险责任限额范围内予以赔偿。而我国交强险立法并未规定在确定交强险责任时应依据受害人体质状况对损害后果的影响作相应扣减，保险公司的免责事由也仅限于受害人故意造成交通事故的情形，即便是投保机动车无责，保险公司也应在交强险无责限额内予以赔偿。因此，保险责任为适法有责，故对于受害人符合法律规定的赔偿项目和标准的损失，均属交强险的赔偿范围，参照“损伤参与度”确定损害赔偿责任和交强险责任均没有法律依据。

【适用亮点】

根据我国《道路交通安全法》第 76 条的相关规定，以及《侵权责任法》第 26 条的规定，被侵权人对损害的发生也有过错的，可以减轻侵权人的责任。交通事故中，被侵权人对事故的发生及损害后果的造成均无过错，其个人体质对于损害的发生或者扩大也无过错的，不存在减轻或者免除侵权人赔偿责任的情况。同时，我国交强险立法也并未规定在确定交强险责任时应依据受害人体质状况对损害后果的影响作相应扣减。因此，对于被侵权人符合法律规定的赔偿项目和标准的损失，均属于交强险的约定赔偿范围，机动车一方应当承担事故引发的全部赔偿责任。

第一百二十一条 【立法主旨】无因管理

【法条对比】

民法总则	第一百二十一条　没有法定的或者约定的义务，为避免他人利益受损失而进行管理的人，有权请求受益人偿还由此支出的必要费用。
民法通则	第九十三条　没有法定的或者约定的义务，为避免他人利益受损失进行管理或者服务的，有权要求受益人偿还由此而支付的必要费用。
民通意见	无

【条文释解】

本条源于《民法通则》第93条的规定，与《民法通则》的规定相比，将“进行管理或者服务”修改为“进行管理”，用词更加概括。无因管理是指没有法定或者约定的义务，为避免他人利益受损而对他人的事物进行管理和服务的行为。无因管理是一种事实行为，是债的发生原因之一，无因管理之债也是法定之债的一种。

无因管理的构成要件主要有四个方面：第一，无因性。管理人没有法定的义务，也没有约定的义务管理他人的事物。管理自己的事务，或者管理近亲属等有利害关系人的事物，不属于无因管理的行为。没有法定或者约定的义务主要是指管理行为开始时没有此等义务，行为实施过程中也没有此等义务；管理行为所涉内容的种类和数量超过了无因管理人的义务范围；此等义务消灭后，仍然进行管理；在此等义务产生之前进行管理。第二，可管理性。管理他人事务，包括实施民事法律行为和实施特定的事实行为，但是违法事项、单纯宗教、伦理和习惯事项、具有强烈人身意义不能由别人管理的事项，不能进行管理，不构成无因管理。第三，利他性。管理人为了避免被管理人利益受到损失而进行管理，管理人需要有管理的意思，即为他人利益，常表现为避免他人受到损失。第四，无偿性。无因管理为无偿行为，管理人不得主张报酬。

【典型案例】

伍某友与东山街道中前社区居民委员会无因管理纠纷案①

伍某友系东虹园某幢507室的房屋所有权人。东虹园小区某幢楼化粪池存在漫溢现象多年。2014年4月，中前社区在东虹园小区内张贴公示，内容为："东虹园某幢住户：因下水道损坏导致化粪池漫溢，严重影响居民出行，急需改造，由于城开物业面临解散，至今未能解决这一直以来存在的问题，而该小区也未成立业主委员会。经对该楼栋下水道工程进行预算，预算价为85474.53元。已到房管局查过该幢楼没有维修基金，某幢共有46户住户，经核算每户均摊人民币1800元。"同时还公示了计价表。当日，中前社区工作人员上门征求东虹园某幢住户的意见，大部分住户同意维修，但认为维修费用太高，伍某友不同意维修。后中前社区就东虹园排污管道及混凝土硬化工程发包给当地苏超建筑安装工程队施工，已施工完毕，中前社区为此共支付改造工程款92350.55元。因伍某友逾期未交，中前社区提起诉讼。认为其履行了无因管理的行为，伍某友有义务向其偿付该费用。伍某友辩称，中前社区要求其支付维修款没有法律依据，中前社区是为了执行任务才进行化粪池改造的。

【法理解读】

本案争议焦点为：中前社区的行为是否构成无因管理。

没有法定的或者约定的义务，为避免他人利益受损失进行管理或者服务的，有权要求受益人偿付由此而支付的必要费用。业主对

---

① 一审法院：江苏省南京市江宁区人民法院，案号：（2014）江宁民初字第3863号；二审法院：江苏省南京市中级人民法院，案号：（2015）宁民终字第1940号。

建筑物专有部分以外的共有部分，享有权利，承担义务；不得以放弃权利而不履行义务。本案中，因东虹园某幢楼化粪池漫溢现象严重，为了该楼全体业主的利益，中前社区组织人员对该楼排污管道及混凝土硬化工程进行施工，并垫付了工程款，该楼全体业主享受了该工程的利益，上述维修行为并非中前社区法定的或者约定的义务，因此，中前社区有权要求该楼全体业主偿付其为此支付的必要费用。某幢楼的化粪池及其上路面均属建筑物共有部分，由该楼的全体业主享受权利、承担义务，伍某友作为该楼的业主之一，应当分摊相应的维修费用。

【适用亮点】

无因管理是指当事人没有法定的或者约定的义务，为避免他人利益受损失而进行管理或者服务的法律事实。这里的损失即包括自己的也包括他人的，或者仅为他人。无因管理是事实行为，在管理他人事务时是否兼顾自己的利益，在所不问。不当得利是指没有合法根据，或事后丧失了合法根据而被确认为是因致他人遭受损失而获得的利益。无权代理是指在没有代理权的情况下以他人名义实施的民事行为的现象。一方无法定或者约定的义务兼顾自己利益管理他人事务，双方虽无意思表示，但只要该行为系有利于他人、有利于公益的合法行为，均应构成无因管理。

第一百二十二条　【立法主旨】不当得利

【法条对比】

民法总则	第一百二十二条　因他人没有法律根据，取得不当利益，受损失的人有权请求其返还不当利益。
民法通则	第九十二条　没有合法根据，取得不当利益，造成他人损失的，应当将取得的不当利益返还受损失的人。

民通意见	第一百三十一条　返还的不当利益，应当包括原物和原物所生的孳息。利用不当得利所取得的其他利益，扣除劳务管理费用后，应当予以收缴。

【条文释解】

本条源于《民法通则》第92条的规定，与《民法通则》的规定相比，本条将“没有合法根据”改为“没有法律根据”，作了适当调整。

不当得利，是指没有合法根据使他人受损，而使自己获得利益。因为不当得利没有法律上的根据，虽属既存事实也不受法律保护，故不当得利之受益人应当将其所得利益返还给受损失的人。由此产生的不当得利返还的权利义务关系，就属于不当得利之债。

不当得利的构成要件有以下四个方面：第一，一方获得利益。一方获得利益是不当得利的必要条件，没有一方利益的取得也就不会发生不当得利的问题。一方获得利益是指因一定的事实结果，使当事人在财产上获得利益，至于当事人取得财产的原因和方法则无关紧要，这里的利益既包括财产的积极增加，也包括财产的消极增加。积极增加，是指当事人的财产总额增加，即财产权利的增强和财产义务的消灭。消极增加，是指当事人的财产本应减少而没有减少。第二，他方受到损失，他方受到损失是构成不当得利的另一必要条件。虽一方获得利益，而无他方损失则不构成不当得利。他方受到损失是指因有一定事实，而使其财产总额减少，该损失表现形式既可以是现有财产的减少，也可以是财产本应增加而未增加。第三，获得利益与受到损失之间有因果关系，所谓获得利益与受到损失之间有因果关系，也就是说他人的损失是因一方获得利益而造成的，至于损失和利益范围是否相同、损失和利益的表现形式是否一致、损失和利益发生的时期是否相同在所不问。[①] 第四，没有合法根据。即造成他人损失，而自己获得利益，之所以构成不当得利，须没有合法根据，此为构成不当得利的重要条件。只要获得利益没有合法根据，并不要求取得权利或财产业务合法根据。如加工工人取得加工物的所有权是有合法根据的，但他取得的该项利益却无合法根据，就应按不当得利制度返还该项利益。不当得利的除外情况可包括：履行道德上的义务而为的给付，如养子女对生父母的赡养；为履行未到期债务而交付的财产；明知无交付财产的义务而交付财产；因不法原因而交付的财产。

【典型案例】

李某与杨某不当得利纠纷案[②]

原告李某与丈夫宋某于1998年4月10日登记结婚，婚后共同创办公司并经营。2011年5月，宋某通过朋友介绍与被告杨某发展为情人关系，原告李某一直蒙在鼓里。2011年11月8日，宋某为履行对杨某的承诺，通过招商银行将66万转账到杨某账号上，原告李某发现后，多次找杨某索要未果，故向法院起诉。原告李某起诉认为，其丈夫宋某背着自己私自将66万元钱支付给与其有不正当关系的被告杨某，不仅违反了相关法律规定，也违背了公序良俗和社会道德，被告杨某应返还其取得的财产并承担本案的诉讼费用。法院最终支持了李某的诉讼请求。

【法理解读】

不当得利是指没有法律上的原因而获得利益，并使他人遭受损失的事实。夫或妻在处理夫妻共同财产上的权利是平等的。因日常

---

① 马俊驹、余延满著，《民法原论》（第4版），法律出版社2010年版，第771页。

② 最高人民法院公布49起婚姻家庭纠纷典型案例，载北大法宝，http://www.pkulaw.cn/case。

生活需要而处理夫妻共同财产的，任何一方均有权决定。夫或妻非因日常生活需要对夫妻共同财产作重要处理决定，夫妻双方应当平等协商，取得一致意见。本案中，杨某接受宋某赠与的财产并没有付出相应的对价，因此不属于有偿取得，不能适用善意取得制度。另外因该66万元数额巨大，且并非日常生活需要，宋某无权单独处理，其无偿赠与杨某的行为损害了李某的合法权益，有违公平原则。并且原告丈夫与情人的关系与我国提倡的社会主义道德是相违背的，违反了公序良俗，是不受法律保护的。因此，宋某的赠与行为应认定为无效，李某作为财产所有人和利害关系人有权要求杨某全部返还。

【适用亮点】

本案是因婚外情导致的不当得利纠纷，法律明确规定，夫或妻非因日常生活需要对夫妻共同财产作重要处理决定，夫妻双方应当平等协商，取得一致意见。他人有理由相信其为夫妻双方共同意思表示的，另一方不得以不同意或不知道为由对抗善意第三人。宋某背着妻子将66万元现金支付给情人，显然违背了公序良俗和社会道德，也违反了《婚姻法》的规定，其行为应认定为无效，杨某所得款项没有合法依据，属不当得利，依法应予返还。但如本案不涉及家庭共有财产给付、因婚外情等进行的给付，违背社会公序良俗的，亦不受法律保护。只是传统大陆法系一般认为，违背善良风俗的不法原因给付，给付方不得请求返还，除非不法原因仅在受领一方。

第一百二十三条 【立法主旨】知识产权概念类型

【法条对比】

民法总则	第一百二十三条 民事主体依法享有知识产权。 知识产权是权利人依法就下列客体享有的专有的权利： （一）作品； （二）发明、实用新型、外观设计； （三）商标； （四）地理标志； （五）商业秘密； （六）集成电路布图设计； （七）植物新品种； （八）法律规定的其他客体。
民法通则	第九十四条 公民、法人享有著作权（版权），依法有署名、发表、出版、获得报酬等权利。 第九十五条 公民、法人依法取得的专利权受法律保护。 第九十六条 法人、个体工商户、个人合伙依法取得商标专用权受法律保护。
民通意见	无

【条文释解】

本条源于《民法通则》第五章“民事权利”第三节“知识产权”中规定的著作权（版权）、专利权、商标专用权等内容。与《民法通则》的规定相比，本条并没有列举发现权。

本条是对知识产权概念的立法界定。知识产权的概念也可以表述为：知识产权是以智力成果为客体的具有专属性和支配性的民事权利。[①] 知识产权是一组权利的集合，一般认为包括文艺创作、技

① 江平主编：《民法学》，中国政法大学出版社 2007 年版，第 38 页。

术创新、市场秩序维护这三种类型的权利，具体包括著作权、专利权、集成电路布图设计权、植物新品种权、商标专用权以及反不正当竞争法所保护的商业秘密权利等。①

知识产权最主要的特点，其权利内容包括两大方面：一是人身权利，也称为精神权利，是指权利同取得智力成果的人身不可分离，是人身关系在法律上的反应。二是财产权利，也称为经济权利，是指智力成果被法律承认以后，权利人可以利用这些智力成果取得报酬或者得到奖励的权利。知识产权主要包括：著作权，也称为版权，是指作者或者其他权利人对其作品享有的人身权和财产权的总和。包括发表署名、修改、保护作品完整性、复制、发行、出租、展览、表演、放映、广播、信息网络传播、改编、翻译、汇编等方面的权利。

【典型案例】

美国礼来公司、礼来（中国）研发有限公司与黄某炜行为保全纠纷申请案②

被申请人黄某炜于2012年5月入职礼来中国公司，双方签订了《保密协议》。2013年1月，被申请人从礼来中国公司的服务器上下载了48个申请人美国礼来公司、礼来（中国）研发有限公司所拥有的文件（申请人宣称其中21个为其核心机密商业文件），并将上述文件私自存储至被申请人所拥有的设备中。经交涉，被申请人签署同意函，承认下载了33个属于公司的保密文件，并承诺允许申请人指定的人员检查和删除上述文件。此后，申请人曾数次派员联系被申请人，但被申请人拒绝履行同意函约定的事项。申请人于2013年2月27日致信被申请人宣布解除双方劳动关系。2013

---

① 易继明，《知识产权的概念：类型化及法律适用》，载《法学研究》2005年第3期。

② 《最高人民法院公布八起知识产权司法保护典型案例》，载《最高人民法院公报》2014年第5期（总第211期）。

年7月，美国礼来公司、礼来中国公司以黄某炜侵害技术秘密为由诉至上海市第一中级人民法院，同时提出行为保全的申请，请求法院责令被申请人黄某炜不得披露、使用或者允许他人使用从申请人处盗取的21个商业秘密文件。为此，申请人向法院提供了涉案21个商业秘密文件的名称及内容、承诺书等证据材料，并就上述申请提供了担保金。

【法理解读】

申请人提交的证据能够初步证明被申请人获取并掌握了申请人的商业秘密文件，由于被申请人未履行允许检查和删除上述文件的承诺，致使申请人所主张的商业秘密存在被披露、使用或者外泄的危险，可能对申请人造成无法弥补的损害，符合行为保全的条件。2013年7月，该院作出民事裁定，禁止被申请人黄某炜披露、使用或允许他人使用申请人美国礼来公司、礼来中国公司主张作为商业秘密保护的21个文件。

修改后的民事诉讼法增加规定了行为保全制度，将其适用范围扩大到全部民事案件领域。行为保全措施是权利人在紧急情况下保护其权利的有效手段。法院根据当事人申请积极合理采取知识产权保全措施，可以充分利用保全制度的时效性，提高知识产权司法救济的及时性、便利性和有效性，对于加大知识产权保护力度具有重要促进意义。本案系我国首例依据修改后的民事诉讼法在商业秘密侵权诉讼中适用行为保全措施的案件，凸显了人民法院顺应社会需求，依法加强知识产权司法保护的实践努力。

【适用亮点】

依据2012年修正的《民事诉讼法》第100条的规定，法院对于可能因当事人一方的行为或者其他原因，使判决难以执行或者造成当事人其他损害的案件，根据对方当事人的申请，可以裁定对其财产进行保全、责令其作出一定行为或者禁止其作出一定行为；当事人没有提出申请的，法院在必要时也可以裁定采取保全措施。此即关于行为禁令的法律依据。法院在适用行为禁令时，需考虑胜诉的实质可能性、如不发布禁令是否将遭受无可挽回的损失、发布禁令是否违反公共利益等因素，且应当庭告知被申请人法律义务，以增强禁令执行力。

第一百二十四条 【立法主旨】继承权

【法条对比】

民法总则	第一百二十四条 自然人依法享有继承权。 自然人合法的私有财产，可以依法继承。
民法通则	第七十六条 公民依法享有财产继承权。
民通意见	无

【条文释解】

本条源于《民法通则》第76条的规定，与《民法通则》的规定相比。本条将“公民”修改为“自然人”，拓宽了继承权的主体。

继承权，又称财产继承权，是继承人依法享有的、能够无偿取得的被继承人遗产的权利。

继承权作为一种财产权利具有以下特征：首先，继承权以一定的身份关系为基础，继承人是与被继承人有特定身份关系的自然人，离开了这种关系，就不会有继承权的发生，即使承受若干遗产，也不是基于继承权而取得的。其次，继承权的取得以他人的财产所有权为基础，继承权是基于他人的财产所得权而取得，即继受取得而非原始取得。继承权的实现，即财产所有权的转移。最后，继承权的实现与一定的法律事实相联系。继承权的实现必须以被继承人死亡和留有遗产等法律事实为前提。离开了被继承人死亡这一事实，继承权将永远是一种期待性质的利益；离开了被继承人留有遗产这一事实，继承权就无法形成支配性的财产权利。①

我国继承制度的基本原则有：保护公民私有财产继承权的原则；继承权男女平等的原则；养老、育幼经济互助的原则；互谅互让，和睦团结的原则；权利义务相一致的原则。保护自然人私有财产继承权原则主要表现在以下几个方面：（1）凡自然人死亡时遗留的个人合法财产，都为遗产，继承人可以依法继承。（2）被继承人的遗产一般不收归国家，尽可能由继承人或受遗赠人取得。（3）自然人的继承权不得非法剥夺。继承人只有在具有法定事由的情况下，才丧失继承权。（4）保障继承人的继承权和受遗赠人的受遗赠权的实现。（5）自然人依其继承权应当继承的财产受到非法侵害时，在法律规定的期间内可以通过诉讼程序请求人民法院依法予以保护。②

【典型案例】

薛某田诉区政府土地行政登记案③

1954年11月11日，薛某田父亲薛某明与母亲于某鱼结婚，双方均系再婚。双方婚前各有宅院一处，于某鱼的宅院系与前夫离婚时分割而得，薛某明的宅院为继承而来。双方结婚时，薛某明与前妻生二子一女，长子薛大某（2008年10月21日去世），次子薛玉某（1995年9月17日去世），女儿薛某英（结婚另过，已申请放弃参加诉讼）。婚后薛某明的长子薛大某与次子薛玉某、女儿薛某英居住在薛某明的祖遗宅院内。1964年薛某田父母薛某明、于某鱼共同拆建了原薛某明祖遗宅院的房屋，并由薛大某、薛玉某、

---

① 王利明主编：《民法》（第5版），中国人民大学出版社2010年版，第526页。

② 马俊驹、余延满著，《民法原论》（第4版），法律出版社2010年版，第891页。

③ 审理法院：山西省忻州市中级人民法院，案号：（2012）忻中行终字第31号民事判决书。

薛某英居住。1964 年 5 月 14 日，薛某田出生，其与父母在于某鱼的宅院内居住生活。1992 年，该市政府对全市农村居民个人建房用地进行了调查勘丈、审批。1992 年 10 月 10 日，市政府作出《集体土地建设用地使用证》，将薛大某、薛玉某共同居住的争议宅院颁证于薛大某名下。2005 年 8 月 25 日，薛某明去世，于某鱼和薛某田搬迁至该争议宅院居住生活。2011 年 1 月 21 日，薛某田诉至法院，请求依法判令撤销区政府为薛大某颁发的忻集建《集体土地建设用地使用证》。2011 年 5 月 18 日，于某鱼去世。

【法理解读】

宅基地使用权应该按照当地省级人民政府规定的面积标准，依法确认给本农民集体成员。非本农民集体的农民，因地质灾害防治、新农村建设、移民安置等集中迁建，在符合当地规划的前提下，经本农民集体大多数成员同意并经有权机关批准异地建房的，可按规定确权登记发证。《国土资源部、中央农村工作领导小组办公室、财政部、农业部关于农村集体土地确权登记发证的若干意见》第 6 条的规定：已拥有一处宅基地的本农民集体成员、非本农民集体成员的农村或城镇居民，因继承房屋占用农村宅基地的，可按规定登记发证，在《集体土地使用证》记事栏应注记“该权利人为本农民集体原成员住宅的合法继承人”。本案中，薛某田作为薛某明、于某鱼二人的儿子，对涉及薛某明、于某鱼二人合法财产具有继承权。虽然薛某田是城镇户籍人口，但不能据此丧失对集体土地性质的宅基地使用权的继承权。故薛某田对本案诉争宅基地使用权拥有继承权。

【适用亮点】

宅基地是农村的农户或个人用作住宅基地而占有、利用本集体所有的土地。包括建了房屋、建过房屋或者决定用于建造房屋的土地，建了房屋的土地、建过房屋但已无上盖物或不能居住的土地以及准备建房用的规划地三种类型。宅基地的所有权属于农村集体经济组织。根据相关规定，已拥有一处宅基地的本农民集体成员、非本农民集体成员的农村或城镇居民，因继承房屋占用农村宅基地的，可按规定登记发证，在《集体土地使用证》记事栏应注记“该权利人为本农民集体原成员住宅的合法继承人”。因此，城镇户籍人口能依法取得对集体土地性质的宅基地使用权的继承权。

第一百二十五条 【立法主旨】投资性权利

【法条对比】

民法总则	第一百二十五条　民事主体依法享有股权和其他投资性权利。
民法通则	无
民通意见	无

【条文释解】

本条属于新增条款，《民法通则》对此未作规定，明确规定了股权为一种民事权利，还增加规定了“其他投资性权利”。

股权是基于股东地位而产生的对公司进行主张的权利。股权可以分为自益权和公益权，单独股东权和少数股东权，普通股东权和特别股东权。① 股权即股东权，是“社员权”之一种。某一社团法人的成员在该社团法人内所享有的民事权利及为社员权或者成员权。此等权利往往具有综合性，系具有人身性质的内容，也具有财产性质的内容。② 其他投资性权利，是指股权以外的，自然人，法人或者非法人组织作为出资人或者开办人，基于其向非公司性的营利法人或者非法人组织出资而获得的出资人或者开办人的身份，以及基于该身份而享有的经营收益权，这些其他投资性权利也属于民

---

① 中国审判研究会民商事专业委员会编著：《〈民法总则〉条文理解与司法适用》，法律出版社 2017 年版，第 225 页。

② 张新宝著：《〈中华人民共和国民法总则〉释义》，中国人民大出版社 2017 年版，第 246 页。

事权利，与股权类似，民法予以保护。[①]

股东的财产权利主要是指投资的财产以及依据投资财产而取得收益的权利，即分红权，但股东基于身份而享有的权利，主要有股东大会的召集权、提案权、股份优先认购权等，同时也负有禁止股权滥用、禁止进行损害公司利益的关联交易等义务。对于股权的保护主要包括以下几个方面：一是股东内部的股权保护；主要体现为禁止股东权利的滥用。二是股东外部的保护；主要表现为避免股权受到董事、经理的侵害，保证股东出资安全。三是股东以及董事、经理以外的其他人对股权的侵害。

【典型案例】

程某琦诉董某明等股权确认纠纷案[②]

2009年7月，董某明、王某生、程某琦、许某奇等共同筹资，收购金秋房地产有限公司，工商登记的股东为王某生占30%，董某明占70%（其中董某明出资30%、程某琦出资20%、许某奇出资20%。程某琦与许某奇的股份登记在董某明名下），注册资本800万元。2013年7月，公司召开股东会，讨论退还部分股东的本息事宜，程某琦作为股东参会。2013年11月，董某明、程某琦、许某奇讨论决定股东股份分配和投资成本，确立董某明占30%的股份，程某琦与许某奇各占20%的股份，因双方均未对公司财务申请司法鉴定，具体入资情况不详。工商登记在董某明名下的金秋公司70%的股权，系由董某明、程某琦及其他案外人共同筹资收购的，对于出资份额，各方未签署任何书面协议，但在2010年9月，金秋公司向交款人发放了股权证，按交纳股金数额确定了占股比例，并且部分出资人的股权证由程某琦签领。金秋公司收购成功

---

① 杨立新主编：《中华人民共和国民法总则释义与案例解读》，中国法制出版社2017年版，第465页。

② 审理法院：江西省高级人民法院，案号：（2016）赣民再100号。

后，除董某明外，其他出资人陆续收到退回的股金及财务占用费，其中：2009 年 12 月，程某琦收到退还投资金秋公司资金 50 万元。董某明通过自己的账户或其指定人的账户退回部分出资人的股金及财务占用费用。董某明以程某琦已退资为由不承认其股份，程某琦故向法院提起确认之诉。

【法理解读】

本案中，诉争焦点系董某明在金秋公司 70%股权中的 2/7 股权的归属问题。根据 2014 年修正的《最高人民法院关于适用〈中华人民共和国公司法〉若干问题的规定（三）》第 22 条的规定："当事人之间对股权归属发生争议，一方请求人民法院确认其享有股权的，应当证明以下事实之一：（一）已经依法向公司出资或者认缴出资，且不违反法律法规强制性规定；（二）已经受让或者以其他形式继受公司股权，且不违反法律法规强制性规定。"具体到本案，根据程某琦签字确认的金秋公司股权证发放表记载，程某琦分三次交纳股金 14 万元，但在收购金秋公司时实际出资了 50 万元。由于程某琦于 2009 年 12 月已收到退还投资金秋公司资金 50 万元，故程某琦实际没有向金秋公司出资。双方签订的《金秋房地产有限公司股份分配和投资成本》是对双方 2009 年共同收购金秋公司行为的认可，但未提供充分证据支持自己的主张，程某琦已于 2009 年 12 月收回了出资款，且又没有证据证明其以其他方式受让或继受了本案诉争的金秋公司相应股权，故其诉讼请求无法得到支持。

【适用亮点】

股东资格又称股东地位，是指各民事主体作为公司股东的一种身份和地位。具有股东资格，就意味着股东享有包括自益权和共益权在内的各项权利；同时，也意味着需要承担股东应当承担的相应义务，主要是指在出资范围内对公司债务承担责任。因此股东资格的确认是股东行使权利的前提和基础。股权包括自益权和共益权，自益权是专为股东自己的利益而行使的权利，如红利分配请求权、新股优先认购权等；共益权是为了股东的利益兼为公司的利益而行使的权利，如表决权、账簿查阅请求权等。[①]

第一百二十六条　【立法主旨】其他权利

【法条对比】

民法总则	第一百二十六条　民事主体享有法律规定的其他民事权利和利益。
民法通则	无
民通意见	无

【条文释解】

《民法通则》未规定其他民事权利和利益，本条较民法通则是新增条款。

广义的民事利益，包括民事权利所保护的利益和尚未成为民事权利，包括受到民法或者民事司法保护的人身和财产利益，狭义的民事利益则仅指后者，也可简称为“法益”。将民事权利与狭义的民事利益合并表达，即为“民事权益”（或者“合法权益”）。[②]有些民事利益可能上升为民事权利，如隐私，曾经是作为民事利益存在的。到2009年《侵权责任法》则上升为权利。有些利益不能上升为民事权利，但是可能受到司法解释、判例等的保护，如在我国死者的名誉、隐私等就曾是通过司法解释来保护，[③]却迟迟未上升为民事权利。

---

① 王利明主编：《中华人民共和国民法总则详解》（上册），中国法制出版社2017年版，第536页。

② 张新宝著：《〈中华人民共和国民法总则〉释义》，中国人民大学出版社2017年版，第248页。

③ 参见最高人民法院法释〔2001〕7号第2条第2款。

其他权利和法益是否必须规定在民法总则部分，多数学者在论述权利与法益相区别保护的时候，一般都从侵权法保护的意义上来论述的，且主张分别保护。但有的学者也主张应当规定在民法总则部分，因为法益也涉及法律关系问题，也属于民法规范调整对象；[①] 法益不能仅仅规定在侵权法中，因为有些合法利益不仅仅具有消极的保护功能，还有积极的处分功能。[②]

【典型案例】

冯某某与林某某生命权、健康权、身体权纠纷案[③]

2012 年 1 月 24 日，林某某冒充是市民政局的副局长，以调查低保收入的名义进入乌坵塘村冯某亮的家中，其间林某某借口要去一六镇拿钱骗冯某亮外出。后林某某甩掉冯某亮，独自回到冯某亮家中，将冯某某带回林某某家中多次实施强奸，直至同年 2 月公安机关前往林某某家解救。10 月，冯某某生育一男孩冯某强，冯某强出生孕周为 36 周。冯某某在医院妇产科住院治疗，花费 207 元。11 月，冯某强因病在医院治疗，花费 146 元。几个月后，冯某强生病死亡。冯某强死亡后并未留下毛发、血液等可供进行 DNA 检测的检材。另经司法鉴定，冯某某患有轻度精神发育迟滞，对本次鉴定应评定为限定性自我防卫能力。

法院于 2015 年 8 月作出裁定，林某某被判处无期徒刑，剥夺政治权利终身。

遂冯某某诉称：林某某违背冯某某意志实施强奸并导致怀孕，已经对冯某某身心健康造成极大伤害，并造成经济损失，请求法院

---

① 王利明主编：《中华人民共和国民法总则详解》，中国法制出版社 2017 年版，第 541 页。

② 李永军：《民法总则民事权利章评述》，载《法学家》2016 年第 5 期。

③ 审理法院：广东省韶关市中级人民法院，案号：（2015）韶中法民一终字第 1166 号。

判令林某某支付经济损失以及精神损害抚慰金。

【法理解读】

根据《侵权责任法》第 3 条及第 4 条的规定，林某某对其行为除了要承担刑事责任以外，还应承担侵权责任。因为刑事责任的承担是国家公权力行使的结果，是国家对犯罪人的追诉，而侵权责任是私法的个人权利行使的结果，源于行为人违反了民事义务——不得损害他人财产与人身的一般保护义务，而依法应当承担的责任。结合本案的事实，虽无证据可以证实冯某强与林某某有血缘关系，但是结合刑事判决书认定的事实，强奸对于冯某某身体受到侵犯的事实可能无法判断，亦不知道身体受到侵犯以后会引发何种后果，要求一个智力发育不健全的限制民事行为能力人保留、收集证据可谓是强人所难。林某某强奸冯某某的事实是客观存在的，原因行为就已经是违法犯罪行为了，姑且不论是否造成了损害后果，造成了什么样的损害后果，林某某都应对其违法的原因行为承担刑事责任及侵权责任。承担刑事责任不能成为免除林某某侵权责任的依据，故也应当承担侵权损害的赔偿责任。

【适用亮点】

强奸行为本身就已经违背了妇女的意志，侵犯了妇女的性自主权，危害了妇女的身心健康，行为人就应对被侵害的妇女承担赔偿责任。本案涉及的性自主权虽在民事权利中未明确进行列举，但依然是自然人保持其性纯洁的良好品行，依照自己的意志支配性利益的具体人格权，受法律保护，任何人不得侵犯，尤其是强奸行为，这种行为严重侵犯了妇女的性自主权，危害程度远远高于性骚扰，在此情况下，更应当维护妇女的合法权益。

第一百二十七条 【立法主旨】虚拟财产保护

【法条对比】

民法总则	第一百二十七条 法律对数据、网络虚拟财产的保护有规定的，依照其规定。
民法通则	无
民通意见	无

【条文释解】

本条较《民法通则》是新增条文。

数据是指表示客观事物的未经加工的原始素材，是信息的表现形式和载体。[①] 我国《网络安全法》第76条第4项规定：“网络数据，是指通过网络收集、存储、传输、处理和产生的各种电子数据。”数据具有两个重要的特点：一是依赖载体而存在；二是通过应用代码和程序自然显出信息。[②]

网络虚拟财产，是指在网络环境下，以0/1位元的数字化形式存在且能为人力所支配的信息资源。在既有的研究中，网络虚拟财产存在广义和狭义之分：广义的网络虚拟财产包括虚拟的网络本身以及存在于网络上的具有财产性的电磁记录，[③] 诸如网友账号和装备、电子邮箱、虚拟货币等新生财产样态均被视为网络虚拟财产；

---

① 张新宝著：《〈中华人民共和国民法总则〉释义》，中国人民大学出版社2017年版，第248页。

② 梅夏英：《数据的法律属性及其民法定位》，载《中国社会科学》2016年第9期。

③ 杨立新、王中合：《论网络虚拟财产的物权属性及其基本规则》，载《国家检察官学院学报》2004年第6期。

狭义的网络虚拟财产仅限于网络游戏中能够为玩家所支配的游戏资源。①

本条作为新增条款，实质上是一个指引性条款，本条自身没有对数据、网络虚拟财产的概念、范围、分类等作出规定，也没有对其他保护设定专门的方法和救济，而是指向其他法律规定。基于我国现有的保护数据、网络虚拟财产的法律较少，司法实践也刚刚起步，这样指引性的规定为未来相关法律制定和完善提供了基本法上的依据。

【典型案例】

刘某辰与王某阳网络购物合同纠纷案②

王某阳在淘宝网上的会员名为 tb_7507185，刘某辰在淘宝网上的会员名为 lemon_ltc。2012 年 2 月 6 日，双方通过阿里旺旺聊天，王某阳向刘某辰购买游戏账号及装备。淘宝网的订单信息显示宝贝为剑侠 2 免费区一元金子、装备、通用链接……单价：1 元，数量 4000，商品总价 4000 元（虚拟物品），实付款 4000 元。该 4000 元是王某阳通过支付宝向刘某辰支付的。王某阳称交易的标的物是账号为 15666667676 的游戏账号（角色名是“云开辰泽”），及该账号下附带的所有的装备。王某阳支付该 4000 元后，刘某辰将账号、角色名、密码告知王某阳，王某阳登录该账号玩游戏、买装备，然后进行手机、邮箱的绑定和修改。王某阳的登录时间是 2 月 6 日至 5 月 7 日，之后刘某辰将此账号冻结。5 月 7 日，刘某辰向网站运营商提交刘某辰的原始身份证及注册信息，将账号找回。王某阳在正常登录 15666667676 的游戏账号期间，还购买了其他人的部分装

① 刘慧英著：《虚拟财产法律保护体系的构建》，法律出版社 2008 年版；钱明星、张帆：《网络虚拟财产民法问题探析》，载《福建师范大学学报》（哲学社会科学版）2008 年第 5 期。

② 审理法院：山东省济南市中级人民法院，案号：（2013）济商终字第 616 号。

备，支出部分费用10712元。账号为15666667676的游戏账号注册地为金山网游《剑侠情缘网络版2》免费区，运营商为成都金山数字娱乐科技有限公司。王某阳遂诉至法院，请求将账号为15666667676的游戏账号及该账号下附带的装备过户到王某阳名下。刘某辰抗辩称不能确定交易的标的物。

【法理解读】

虚拟财产是指在网络空间上存在的数字化、非物化的财产形式。虚拟财产包含了网络游戏中的虚拟财产，具有价值性。首先，从网络游戏虚拟财产的获得途径来看，该财产的获得是通过个人的劳动和实际财产的投入获得的。其次，网络游戏虚拟财产与真实财产之间存在着换算机制。故王某阳通过支付4000元的对价获得游戏账号，及该账号下附带的所有的装备应予保护。刘某辰抗辩称不能确定交易的标的物，从双方交易聊天记录、聊天记录所附链接内容、淘宝网的订单信息、王某阳通过支付宝付款数额、时间及王某阳实际登录该账号玩游戏来看，双方交易的就是游戏账号，及该账号下附带的所有的装备。同时依照《合同法》第107条、第135条的规定，王某阳的诉讼请求应当得到支持。

【适用亮点】

在网络游戏的虚拟环境中产生的虚拟财产，虽然以数据形式存在于特定空间，但由于其具有一定的价值，满足人们的需求，具有合法性，能够为人所掌控，属于在一定条件下可以进行交易的特殊财产，故而其具有财产利益的属性，应当予以保护。虚拟财产保护是互联网时代新兴的权利保护内容，但同时也是重要内容。对虚拟财产的保护必须贯彻多种多样的保护方式，不限于民事法律保护，还应衔接刑法、行政法等领域展开保护。[1]

---

① 王利明主编：《中华人民共和国民法总则详解》，中国法制出版社2017年版，第54页。

第一百二十八条 【立法主旨】特别保护规定

【法条对比】

民法总则	第一百二十八条 法律对未成年人、老年人、残疾人、妇女、消费者等的民事权利保护有特别规定的，依照其规定。
民法通则	第一百零四条 婚姻、家庭、老人、母亲和儿童受法律保护。 残疾人的合法权益受法律保护。 第一百零五条 妇女享有同男子平等的民事权利。
民通意见	无

【条文释解】

本条源于《民法通则》第104条以及第105条的规定，并作出适当修改。

《未成年人保护法》是为了保护未成年人身心健康，保障未成年人合法权益，促进未成年人在品德、智力、体质等方面全面发展，培养有理想、有道德、有文化、有纪律的社会主义建设者和接班人而制定的法律。《老年人权益保障法》是以中国的根本大法《宪法》为依据的，是中国第一部保护老年人合法权益和发展老龄事业相结合的专门法律。是保障老年人合法权益，发展老龄事业，弘扬中华民族敬老、养老、助老的美德而制定的法律。《残疾人保障法》是为了维护残疾人的合法权益，发展残疾人事业，保障残疾人平等充分地参与社会生活，共享社会物质文化成果，根据宪法而制定的法规。《妇女权益保障法》是为了保障妇女的合法权益，促进男女平等，充分发挥妇女在社会主义现代化建设中的作用，根据宪法和我国的实际情况而制定的。《消费者权益保护法》是维护全体公民消费权益的法律规范的总称，是为了保护消费者的合法权益，维护社会经济秩序稳定，促进社会主义市场经济健康发展而制定的一部法律。

以上这些法律的制定和实施充分体现了民法中的平等原则，身份平等原则是指当事人在民事活动中享有平等的法律资格，身份平等要求当事人双方人格独立，互不隶属，不存在人身依附关系，任何一方都不能命令他方服从自己，把自己的意志强加给他人。民法上的平等是竞赛机会的平等，而不是竞赛结果的平等。①

【典型案例】

狄某霞诉被告李某明、李某刚、李某强、李某杰赡养纠纷案②

原告与四被告系母子、母女关系。原告丈夫于2012年去世，2013年11月21日前原告一直与长子李某明一同生活，后与女儿李某杰一同生活。由于原告丧失了劳动能力，生活需要照料，原告要求四被告每人每月支付150元的赡养费。2014年4月至2014年5月原告就医共花医疗费5985.73元，除去医保报销的费用，剩余2985.73元四被告每人应承担746元。另查明，原告狄某霞在桦川县桦树村民委员会有承包田0.27垧，每月有农村低保工资55元。还查明，被告李某强在原告狄某霞住院期间支付了医药费500元。

【法理解读】

赡养老人是每个子女应尽的义务，四被告对其母亲均有赡养义务，原告要求四被告每人每月给付赡养费150元，符合农村居民的年生活费支出的标准，要求四被告共同承担前期治疗除去医疗保险报销后剩余的医药费亦符合法律规定，应当得到支持。这些要求符合《老年人权益保护法》以及《婚姻法》的规定，法院对此予以支持，充分体现了对老年人合法权益的公开保护。而对于原告主张其今后发生的医疗费用，应由四被告按份负担的请求，因原告主张

---

① 中国审判研究会民商事专业委员会编著：《〈民法总则〉条文理解与司法适用》，法律出版社2017年版，第229页。

② 《最高人民法院公布49起婚姻家庭纠纷典型案例》，载北大法宝，http://www.pkulaw.cn/case。

的医疗费用尚未发生，待实际发生时再行支付，因此未得到法院的支持。

【适用亮点】

尊老敬老是中华民族的传统美德，我国《婚姻法》也明确规定，子女对父母有赡养扶助的义务，《老年人权益保护法》也规定，赡养人应当履行对老年人经济上供养、生活上照料和精神上慰藉的义务。农村中部分赡养人的法治意识和道德观念较差，无视甚至不履行对老人的赡养义务。因此，有必要对这一传统美德大力弘扬，形成敬老养老的良好道德风尚，彻底铲除滋生不赡养老人现象的土壤。

第一百二十九条 【立法主旨】民事权利取得

【法条对比】

民法总则	第一百二十九条　民事权利可以依据民事法律行为、事实行为、法律规定的事件或者法律规定的其他方式取得。
民法通则	无
民通意见	无

【条文释解】

本条较之前的民法通则是新增条款。将民事权利的取得方式以条文形式明确加以规定。

民事法律事实，是指由民事法律规范规定的能够引起民事法律关系产生、变更或者消灭的客观情况。[①] 法律事实包括行为和事件，行为包括以意思表示为核心的民事法律行为和事实行为（非

① 马俊驹、余延满著：《民法原论》，法律出版社2010年版，第73页。

法律行为)。[1] 事实行为是指不具有民事法律行为的本质特征(以意思表示为核心)、不包含行为实施者的真实意思或者法律在确定其效力时不考虑行为实施者的真实意思的行为。[2] 事实行为,发生民法上的效力包括引起民事权利的产生、变更和消灭,并非取决于行为人的意志,而是直接受制于法律的规定。[3] 事实行为有合法与不合法之分,前者如无因管理,后者如侵权行为。事件,也是法律事实的一种,又称为自然事实,是指与人的意志无关,能够引起民事法律后果的客观现象。[4] 本条还规定"法律规定的其他方式"也是民事权利取得的依据之一。但对于其他方式法律尚未明确。

【典型案例】

港鑫化工公司诉江南农村商业银行确认抵押权消灭纠纷案[5]

1999年12月1日,港鑫化工公司、港鑫自行车厂与郊区信用社签订《最高额抵押担保借款合同》一份,约定港鑫化工公司为抵押人、港鑫自行车厂为借款人、郊区信用社为贷款人,约定自1999年12月1日起至2001年12月1日止,向借款人发放最高贷款限额不超过人民币75万元的贷款,在此期限和最高贷款限额内,不再逐笔办理抵押担保手续;每笔贷款的金额、用途、期限、利率以借款借据为准;抵押人愿以本人有权处分的财产,经评估后价值127.5万元作为抵押物,为借款人提供担保,抵押担保期间自设定

---

① 江平主编:《民法学》,中国政法大学出版社2007年版,第143页。

② 张新宝著:《〈中华人民共和国民法总则〉释义》,中国人民大学出版社2017年版,第253页。

③ 常鹏翱著:《事实行为的基础理论研究》,北京大学出版社2016年版,第1~6页。

④ 王利明著:《民法总则研究》(第2版),中国人民大学出版社2012年版,第182页。

⑤ 二审法院:江苏省常州市中级人民法院,案号:(2015)常商终字第0404号。

抵押之日起至担保范围内全部债务清偿完毕止。1999 年 12 月 13 日，原告就其提供的抵押物抵押登记手续，并注明：根据担保法，该房屋占用范围内的土地使用权同时抵押。

2001 年 7 月，港鑫自行车厂向郊区信用社借款 50 万元，郊区信用社向其出具借款借据一份，载明借款金额为 50 万元，借款期限自 7 月 26 日至 11 月 30 日。次日，港鑫自行车厂又向郊区信用社借款 25 万元，借款期限自 7 月 27 日至 11 月 30 日。后郊区信用社更名为市区信用社（后被某农村商业银行合并吸收）。上述借款到期后，港鑫自行车厂并未履行还款责任。遂港鑫化工公司起诉主张抵押权诉讼时效已经经过，请求确认抵押权消灭。江南农村商业银行则主张抵押权人不在诉讼时效内行使抵押权，法院将不予保护，并非意味着抵押权就此消失，抵押权是一种物权，物权的设立和消灭应以法律规定为准，以此来反驳港鑫化工公司观点。

【法理解读】

本案中所涉房屋及土地的抵押权因未在主债权诉讼时效期间行使而归于消灭。诉讼时效一般只适用于债权请求权，而抵押权属于担保物权，不宜适用诉讼时效制度。《物权法》第 177 条规定了担保物权消灭的四种情形，其中第 4 项规定为兜底条款，即“法律规定担保物权消灭的其他情形”；抵押权人应当在主债权诉讼时效期间行使抵押权；未行使的，人民法院不予保护。抵押担保设立的目的主要在于保障债权的实现，但物尽其用、提高担保物的使用效率以及维护交易秩序的稳定同样也是法律的价值追求之一，因此，在保护债权人合法权利的同时，也不能忽视对担保人利益的保护。本案所涉抵押显然时间久远，且抵押人明确拒绝抵押权行使，抵押权人已经无法实际行使抵押权。在此情形下，若继续维持抵押登记，则将使抵押物的权利状态永不确定，对抵押人而言，势必影响抵押物的正常使用和流转，妨害抵押人对抵押物的利用，产生“一次抵押、终身受限”的后果，对抵押人而言过于苛刻。相反，在抵押权人已经实际不可能行使抵押权的情况下，确认抵押权消灭，并不损害抵押权人的合法权益，且有利于抵押物的有效利用。因此最终认定抵押权消灭符合法理与情理。

【适用亮点】

时间的经过作为“事件”这一民事权利取得方式的具体表现形式之一，能够达到引起民事法律关系产生、变更和消灭的法律后果。《物权法》第202条的规定旨在明确抵押权的行使期限，督促抵押权人及时行使抵押权，防止抵押权长期存续影响抵押物的效用。据此，抵押权人未在主债权诉讼时效期间届满前行使抵押权，主债权诉讼时效届满后，抵押人起诉要求确认抵押权消灭并要求注销抵押登记的，人民法院应予支持。

第一百三十条　【立法主旨】依法行使权利

【法条对比】

民法总则	第一百三十条　民事主体按照自己的意愿依法行使民事权利，不受干涉。
民法通则	无
民通意见	无

【条文释解】

本条较之前的民法通则是新增条款，是为了落实本法第5条规定的自愿原则和第3条规定的民事权利自愿行使的基本原则。

民事权利的行使，是指民事权利主体具体实施构成民事权利内容的行为，实现其受法律保护的合法民事权益。[①] 其行使主要有三层含义：首先，民事主体按照自己的意志行使民事权利，体现了民

① 江平主编：《民法学》，中国政法大学出版社2000年版，第84页。

法自愿原则。其次，民事主体应当依法行使民事权利。[①] 某些权利本身是当事人不得主动放弃的，如生命权；不得违反公序良俗，公序良俗是指法律以外的规则和社会所普遍接受的道德规范，对民事权利的处分，不得违背公序良俗的要求。[②] 最后，民事主体行使权利，不受其他任何个人和组织的干涉。对于民事权利保护，只能以法律许可的方式在法律允许的限度内保护自己的权利。对于民事权利的限制，也必须由法律作出规定，而不能由行政机关通过规章甚至红头文件对民事主体的财产权任意作出限制。[③] 更不能通过具体的行政行为违法剥夺、限制民事主体的民事权利。即使是为了公共利益的需要，也应当按照法律规定的限制和程序征收、征用不动产或者动产，也应当予以公平、合理的补偿。[④]

【典型案例】

重庆建工集团股份有限公司
与中铁十九局集团有限公司建设工程合同纠纷案[⑤]

2003 年 8 月 22 日，金凯公司（后改制为土储中心）作为重庆市北部新区经开园金山大道西延段建设项目业主单位和监管单位，与重庆建工集团签订《金山大道西延段道路工程建设工程施工合同》，将金山大道（后更名为金渝大道）西延段道路工程发包给重庆建工集团承包。在《金山大道西延段道路工程工程造价计价原

---

① 王利明主编：《中华人民共和国民法总则详解》（上册），中国法制出版社 2017 年版，第 557 页。

② 许中缘：《禁止性规范对民事法律效力的影响》，载《法学》2010 年第 5 期。

③ 王利明等著：《民法学》（第 4 版），复旦大学出版社 2015 年版，第 31 页。

④ 张新宝著：《〈中华人民共和国民法总则〉释义》，中国人民大学出版社 2017 年版，第 256 页。

⑤ 《最高人民法院公报》2014 年第 4 期（总第 210 期）。

则》中，双方对未定价的材料、立交桥专用材料、路灯未计价材料价格的确定方式约定为“金凯公司、经开区监审局审定后纳入工程结算”。中铁十九局经金凯公司确认为岚峰隧道工程分包商，并于11月与重庆建工集团签订分包合同，主要约定，重庆建工集团将金山大道西延段岚峰隧道工程分包给中铁十九局，合同价暂定××元（最终结算价按照业主审计为准），之后，中铁十九局按照合同约定施工。2005年，金山大道西延段道路工程竣工，同年12月通过验收并于2006年取得建竣备字〔2006〕024号。西恒公司对上述工程进行竣工结算审核。并出具审核报告，重庆建工集团与中铁十九局据此于对中铁十九局分包的工程进行结算，确认中铁十九局图纸范围内结算金额为××元。2008年，重庆市审计局以土储中心为被审计单位，对金渝大道（原金山大道）道路工程竣工决算进行审计，并出具渝审报〔2008〕142号审计报告，同年12月，重庆市审计局以渝审决〔2008〕111号，责令土储中心核减该工程结算价款，调整有关账目。2009年，土储中心向重庆建工集团发出渝新土储函〔2009〕5号，要求其将审减金额再退还土储中心。重庆建工集团已经扣还了部分款项。

【法理解读】

本案争议焦点为如何确定重庆建工集团与中铁十九局之间结算工程款的依据。

根据审计法的规定及其立法宗旨，法律规定审计机关对政府投资和以政府投资为主的建设项目的预算执行情况和决算进行审计监督，目的在于维护国家财政经济秩序，提高财政资金使用效益，防止建设项目中出现违规行为。重庆建工集团与中铁十九局之间关于案涉工程款的结算，属于平等民事主体之间的民事法律关系。因此，无论案涉工程是否依法须经国家审计机关审计，均不能认为国家审计机关的审计结论可以成为确定本案双方当事人之间结算的当然依据，对案涉工程的结算依据问题，应当按照双方当事人的约定与履行等情况确定。

本案涉及分包合同中对合同最终结算价约定按照业主审计为准，系因该合同属于分包合同，其工程量与工程款的最终确定，需依赖合同之外的第三人即业主的最终确认。因此，工程最终结算价须通过专业的审查途径或方式，确定结算工程款的真实合理性，该结果须经业主认可。根据审计法的规定，国家审计机关的审计系对工程建设单位的一种行政监督行为，审计人与被审计人之间因国家审计发生的法律关系与本案当事人之间的民事法律关系性质不同，因此，重庆建工集团所持分包合同约定了以国家审计机关的审计结论作为结算依据的主张，缺乏事实和法律依据。

【适用亮点】

当事人自愿原则是民事法律关系中的一项基本原则。当事人可以根据自己的判断，去从事民事活动，国家一般不干预当事人的自由意志，充分尊重当事人的选择。审计机关的审计行为属于一种行政监督行为，通常情况下不能干预当事人之间正常的民事行为，除非建设工程合同的当事人在协议中另有约定，不能对工程价款结算产生影响。建设工程合同的工程价款结算，如当事人已通过协议进行了约定，应以当事人的约定为依据，审计机关所作出的审计报告并不能影响结算结果。

第一百三十一条　【立法主旨】权利义务一致

【法条对比】

民法总则	第一百三十一条　民事主体行使权利时，应当履行法律规定的和当事人约定的义务。
民法通则	无
民通意见	无

【条文释解】

本条较之前的《民法通则》是新增条款，规定了民事权利与民事义务相一致原则。

民事义务是民事法律关系的当事人一方为了满足他方的利益所应实施的行为依据。[①] 其可能是积极义务，也可能是消极义务。民事权利与民事义务相一致原则，是指民事权利和民事义务相辅相成，民事权利与民事义务相对应，民事主体在行使民事权利时，必须履行民事义务的民法基本准则。[②] 一方面，民事权利的实现有赖于民事义务的履行，另一方面，民事主体之间的地位是平等的，没有任何一个民事主体可以只享有权利而不履行义务。意味着虽然民法高度尊重当事人自由意志之表达，但如果当事人之间的权利义务配置发生严重偏差，那么法律就可以有条件地介入当事人的意思自治领域，对当事人之间的权利义务进行重新分配。[③] 典型的如民法中对显失公平的民事法律行为法律效果的否定。司法实践中对过高违约金或过高约定利息的调整等，都属于这一原则的具体体现。[④]

不履行或者不适当履行民事义务，将导致民事责任。这是法律以强制力保证民事主体履行民事义务的必然要求。本法第 8 章详细规定了民事责任。一般而言，为了达到民事主体履行民事义务的目的，因不履行或者不适当履行民事义务所导致的民事责任的不利益，应当大于原民事义务的不利益。[⑤]

---

① 张俊浩主编：《民法学原理》（上册），中国政法大学出版社 2000 年版，第 79 页。

② 杨立新主编：《中华人民共和国民法总则要义与案例解读》，中国法制出版社 2017 年版，第 488 页。

③ 中国审判研究会民商事专业委员会编著：《〈民法总则〉条文理解与司法适用》，法律出版社 2017 年版，第 234 页。

④ 赵万一：《民法基本原则：民法总则中如何准确表达?》，载《中国政法大学学报》2016 年第 6 期。

⑤ 张新宝著：《〈中华人民共和国民法总则〉释义》，中国人民大学出版社 2017 年版，第 259 页。

【典型案例】

汤某、刘某龙、马某太、王某刚诉彦海房地产开发有限公司商品房买卖合同纠纷案[①]

汤某、刘某龙、马某太、王某刚与彦海公司于2013年先后签订多份借款合同，通过实际出借并接受他人债权转让，取得对彦海公司合计2.6亿元借款的债权。为担保该借款合同履行，4人与彦海公司分别签订多份商品房预售合同，并向当地房屋产权交易管理中心办理了备案登记。该债权陆续到期后，因彦海公司未偿还借款本息，双方经对账，确认彦海公司尚欠4人借款本息××元。双方随后重新签订商品房买卖合同，约定彦海公司将其名下房屋出售给4人，上述欠款本息转为已付购房款，剩余购房款××元，待办理完毕全部标的物产权转移登记后一次性支付给彦海公司。汤某等4人提交的与彦海公司的对账表显示，双方之间的借款利息系分别按照月利率3%和4%、逾期利率10%计算，并计算复利。

汤某、刘某龙、马某太、王某刚诉称：彦海公司拒不履行房屋交付义务。故请求彦海公司向汤某、刘某龙、马某太、王某刚支付违约金并承担其主张权利过程中的损失费用。彦海公司辩称：双方签订的商品房买卖合同存在显失公平、乘人之危的情况。

【法理解读】

本案争议的商品房买卖合同签订前，彦海公司与汤某等4人之间确实存在借款合同关系，且为履行借款合同，双方签订了相应的商品房预售合同，并办理了预购商品房预告登记。但双方系争商品房买卖合同是在彦海公司未偿还借款本息的情况下，经重新协商并对账，将借款合同关系转变为商品房买卖合同关系，将借款本息转为已付购房款，并对房屋交付、尾款支付、违约责任等权利义务作出了约定。民事法律关系的产生、变更、消灭，除基于法律特别规

---

① 审理法院：最高人民法院，案号：（2015）民一终字第180号。

定，需要通过法律关系参与主体的意思表示一致形成。民事交易活动中，当事人意思表示发生变化并不鲜见，该意思表示的变化，除为法律特别规定所禁止外，均应予以准许。彦海公司所持本案商品房买卖合同无效的主张缺乏法律依据。

但在确认商品房买卖合同合法有效的情况下，由于双方当事人均认可该合同项下已付购房款系由原借款本息转来，且彦海公司提出该欠款数额包含高额利息。双方之间借款利息的计算方法，已经超出法律规定的民间借贷利率保护上限。彦海公司未按照约定时间交付房屋，不应视为违约。

【适用亮点】

借款合同双方当事人经协商一致，终止借款合同关系，建立商品房买卖合同关系，将借款本金及利息转化为已付购房款并经对账清算的，被学界称之为“后让与担保”，不属于《物权法》第186条规定禁止的情形，该商品房买卖合同的订立目的，亦不属于民间借贷司法解释第24条规定的“作为民间借贷合同的担保”。在不存在《合同法》第52条规定情形的情况下，该商品房买卖合同具有法律效力。但对转化为已付购房款的借款本金及利息数额，法院应结合借款合同等证据予以审查，以防止当事人将超出法律规定保护限额的高额利息转化为已付购房款。

第一百三十二条　【立法主旨】不得滥用权力

【法条对比】

民法总则	第一百三十二条　民事主体不得滥用民事权利损害国家利益、社会公共利益和他人合法权益。
民法通则	无
民通意见	无

【条文释解】

本条较《民法通则》是新增条款，规定了禁止权利滥用原则。

滥用权利，也称为滥用民事权利或者权利滥用，是指民事主体以损害他人为目的行使民事权利或者行使民事权利所得利益微小而使他人遭受损害。[①] 我国法律一方面鼓励权利人行使民事权利，获得民事权益，但另一方面禁止权利滥用，为权利的行使划清具体的边界，防止因行使权利而损害社会公共利益或者他人的民事权益。为了协调和平衡个体之间、个体与社会之间的利益冲突，并提高整个社会对资源的利用效率，有必要对民事权利的行使予以适度的限制。[②]。

关于民事权利滥用的构成要件，主要有故意损害说、缺乏正当利益说、选择有害方式行使权利说、损害大于获取的利益说、不顾权利存在的目的说、违反侵权行为法的一般原则说等。[③] 从比较法的角度来看，禁止权力滥用一般作为民法的基本原则，大致有以下四方面的功能：（1）作为侵权行为的判断标准；（2）明晰民事权利的边界；（3）缩小某些民事权利的范围；（4）作为调停权利人与他人利益冲突的依据。[④]

权利滥用与侵权行为存在区别，侵权行为是民事主体违反民事义务，侵害他人合法权益，依法承担民事法律责任的行为，可以说

---

① 课题组负责人梁慧星：《中国民法典草案建议稿附理由·总则篇》，法律出版社 2013 年版，第 21 页。

② 中国审判研究会民商事专业委员会编著：《〈民法总则〉条文理解与司法适用》，法律出版社 2017 年版，第 236 页。

③ 梁慧星、王利明著：《经济法的理论问题》，中国政法大学出版社 1986 年版，第 193 页。

④ 课题组负责人梁慧星：《中国民法典草案建议稿附理由·总则篇》，法律出版社 2013 年版，第 23-24 页。

权利滥用的客观表现形式亦构成侵权行为，两内渊处延不同。[①]

【典型案例】

王某永诉深圳歌力思服饰股份有限公司、杭州银泰世纪百货有限公司侵害商标权纠纷案[②]

深圳歌力思服装股份有限公司成立于1999年。2008年，该公司通过受让方式取得第1348583号“歌力思”商标，该商标核定使用于第25类的服装等商品之上，核准注册于1999年12月。2009年11月19日，该商标经核准续展注册，有效期自2009年12月28日至2019年12月27日。深圳歌力思服装股份有限公司还是第4225104号“ELLASSAY”的商标注册人。该商标核定使用商品为第18类的（动物）皮；钱包；伞；手杖等。注册有效期限为10年。

自2011年9月起，王某永先后在杭州、南京、上海、福州等地的“ELLASSAY”专柜，通过公证程序购买了带有“品牌中文名：歌力思，品牌英文名：ELLASSAY”字样吊牌的皮包。2012年3月7日，王某永以歌力思公司及杭州银泰世纪百货有限公司（以下简称杭州银泰公司）生产、销售上述皮包的行为构成对王某永拥有的“歌力思”商标、“歌力思及图”商标权的侵害为由，提起诉讼。

【法理解读】

当事人违反诚实信用原则，损害他人合法权益，扰乱市场正当竞争秩序，恶意取得、行使商标权并主张他人侵权的，法院应当以

① 王利明主编：《中华人民共和国民法总则详解》（上册），中国法制出版社2017年版，第569页。

② 一审法院：杭州市中级人民法院，案号：（2012）浙杭知初字第362号；二审法院：浙江省高级人民法院，案号：（2013）浙知终字第222号；再审法院：最高人民法院，案号：（2014）民提字第24号。

构成权利滥用为由，判决对其诉讼请求不予支持。本案中，第4157840号“歌力思及图”商标迄今为止尚未被核准注册，王某永无权据此对他人提起侵害商标权之诉。对于歌力思公司、杭州银泰公司的行为是否侵害王某永的第7925873号“歌力思”商标权的问题，首先，歌力思公司拥有合法的在先权利基础。其次，歌力思公司在本案中的使用行为系基于合法的权利基础，使用方式和行为性质均具有正当性。最后，王某永取得和行使“歌力思”商标权的行为难谓正当。王某永以非善意取得的商标权对歌力思公司的正当使用行为提起的侵权之诉，构成权利滥用。

【适用亮点】

诚实信用原则是一切市场活动参与者所应遵循的基本准则。一方面，它鼓励和支持人们通过诚实劳动积累社会财富和创造社会价值，并保护在此基础上形成的财产性权益，以及基于合法、正当的目的支配该财产性权益的自由和权利；另一方面，它又要求人们在市场活动中讲究信用、诚实不欺，在不损害他人合法利益、社会公共利益和市场秩序的前提下追求自己的利益。民事诉讼活动同样应当遵循诚实信用原则。一方面，它保障当事人有权在法律规定的范围内行使和处分自己的民事权利和诉讼权利；另一方面，它又要求当事人在不损害他人和社会公共利益的前提下，善意、审慎地行使自己的权利。任何违背法律目的和精神，以损害他人正当权益为目的，恶意取得并行使权利、扰乱市场正当竞争秩序的行为均属于权利滥用，其相关权利主张不应得到法律的保护和支持。

第六章 民事法律行为

第一节 一般规定

第一百三十三条 【立法主旨】民事法律行为概念

【法条对比】

民法总则	第一百三十三条 民事法律行为是民事主体通过意思表示设立、变更、终止民事法律关系的行为。
民法通则	第五十四条 民事法律行为是公民或者法人设立、变更、终止民事权利和民事义务的合法行为。
民通意见	无

【条文释解】

本条是关于民事法律行为的概念的规定。

民事法律行为制度是民法总则甚至是整个民法的核心制度之一，也是民法典体系化的核心支柱。民事法律行为就是民事主体以自己的意思进行的使民事权利与义务关系发生变动的行为。这一概念的核心就在于民事主体的意思表示，也就是民事主体意图发生一定法律效果而通过行为（包括语言、书面、举动等）表现出来的意思。现实中凡能引起民事法律关系变化的事实都是民事法律事实，但民事法律行为只是其中一部分，即民事主体可以按照自己意思创造具体的法律关系的那一部分，对应无限丰富的社会生活类型。这一个概念使得很多具体的、形形色色的行为都可以纳入民事法律行为的范畴来加以规范。[①]

民事法律行为是表示行为的一种，具有表意性和目的性，其上位概念是民事行为，排除了事实行为；同时只要以意思表示为要素，能引起民事法律关系变动的行为都属于民事法律行为，不以适法性为特征，包括合法民事行为，也包括无效民事行为、可撤销、效力待定民事行为。

本条源于《民法通则》第54条的规定。与《民法通则》的规定相比，本条将“公民、法人”修改为“民事主体”，强调了要适应中国特色社会主义的发展要求，增加了“通过意思表示设立”、强调了民事法律行为构成要件中的核心要素，删去了合法性要求，不再对民事法律行为的“合法性”事先评价，明确了关于民事法律行为概念内涵和外延，解决了有效行为、效力不确定行为、可撤销行为间的逻辑矛盾，消除了我国民法一般规则和特别法具体规则（如合同法关于合同效力的规定）的法律冲突，同时解除了我国民法学对外交流的诸多障碍。[②] 这样正本求源既尊重民事主体的意愿，也强调对自己的行为负责，有利于提升民事主体的规则意识和责任意识。

【典型案例】

杨某诉刘某某离婚纠纷案[③]

2010年12月，原告杨某与被告刘某某经人介绍登记结婚，结婚时间较短且未生育子女。婚后双方因家务琐事经常发生矛盾，难

---

① 王利明主编：《民法》（第5版），中国人民大学出版社2006年版，第103页。

② 董安生著：《民事法律行为》，中国人民大学出版社2002年版，第73页。

③ 审理法院：山东省滨州市滨城区人民法院，案例来源：《最高人民法院公布10起婚姻家庭纠纷典型案例（山东）》，发布时间：2015年11月20日，北大法宝引证码：CLI. C. 7997481。

以共同生活，杨某两次向法院起诉离婚，刘某某表示同意离婚。婚前，刘某某购买了商品房一套，别克凯越轿车一辆。婚后二人签订了一份“保婚”协议，约定上述房子和车辆为夫妻共同财产，并注明若杨某提出离婚，协议无效。协议签订一年后，杨某起诉离婚，要求分割夫妻共同财产。

法院经审理认为，原、被告双方夫妻感情确已破裂，准予双方离婚。诉讼双方约定涉案房产、车辆为共同财产，系双方当事人真实意思表示，不违反法律规定，应予支持。对杨某、刘某某婚后的共同财产，法院依法予以分割。

【法理解读】

这是一起涉及婚内财产协议效力的案件。本案涉及的杨某和刘某某婚后签订的“保婚”协议，为双方根据自己的意思表示作出的调整二人之间财产关系的行为，属于民事法律行为。双方当事人就刘某某婚前所购买的商品房和轿车为夫妻共同财产达成意思表示的一致，该“保婚”协议成立。

本案中的“保婚”协议的签订双方具有完全民事行为能力。协议由当事人双方签字认可，且有见证人签字，协议书签署后双方共同生活一年以上，刘某某无相反证据证实杨某存在欺诈、胁迫的情形，故该协议书内容应视为双方真实意思表示。且该协议中“约定上述房子和车辆为夫妻共同财产”的内容，不违反法律、行政法规的效力性强制规定，不违背公序良俗。因此，该“保婚”协议中“约定上述房子和车辆为夫妻共同财产”的条款符合民事法律行为的一般生效要件，自成立起生效。但杨某一旦提出离婚协议即无效的约定，违反了法律规定，不能产生当事人预期的法律后果。

【适用亮点】

民事法律行为是民事主体通过意思表示设立、变更、终止民事法律关系的行为。只要是当事人真实意思表示，且不违反法律、行政法规的禁止性规定都应合法有效。“保婚”协议依法成立，其关于财产归属的内容合法有效，但因“保婚”内容限制他人离婚自由，违反法律规定和公序良俗而无效，无法达到“保婚”目的。

第一百三十四条　【立法主旨】民事法律行为的成立

【法条对比】

民法总则	第一百三十四条　民事法律行为可以基于双方或者多方的意思表示一致成立，也可以基于单方的意思表示成立。 法人、非法人组织依照法律或者章程规定的议事方式和表决程序作出决议的，该决议行为成立。
民法通则	无
民通意见	无

【条文释解】

本条是按照意思表示的数量分类民事法律行为的规定，为新增规定。

意思表示是民事主体希望产生法律效果的内心意愿的外在表达，是构成民事法律行为的基础。意思表示可以是单方作出，也可以是双方或多方主体协商一致作出。民事法律行为的成立是指民事法律行为在客观上已经存在。法律行为的一般成立要件有三：（1）当事人；（2）标的；（3）意思表示。

以民事行为的成立所需要的意思表示的数量为标准，可以把民事法律行为区分为单方民事法律行为、双方法律行为、共同法律行为、决议行为。单方法律行为指根据当事人一方的意思表示就可以成立，而且是只要有一方当事人的意思表示就可以生效的民事法律行为。[①] 在实践中，单方民事法律行为包括同意、撤销、抵消、非

① 王利明主编：《中华人民共和国民法总则详解》，中国法制出版社2017年版，第579页。

婚生子女的自愿认领、债务免除以及遗嘱等。双方法律行为，即双方当事人在意思表示一致的基础上才能产生法律后果的法律行为。双方民事法律行为，包括合同行为、遗赠抚养协议、委托监护协议、收养协议等。其中，合同行为是典型的双方民事法律行为。共同法律行为是指多方当事人平行的意思表示一致而成立的行为。共同法律行为最大的特点，是所有的当事人都是为了同样的目的。共同法律行为在形式上类似于合同，但在实质上却与单方行为接近。[①] 如两个以上的合伙人订立合伙合同的行为。决议行为是指法人、非法人组织按照法律或者章程规定的议事方式和表决程序作出决议的行为。如股份有限公司的股东代表大会、股份有限公司的董事会等作出的决议。

【典型案例】

李某仁等诉李某子共有纠纷案[②]

被告李某子及妻刘某伟属独立生活具有困难，需他人照顾的人，其兄李某朝有4个女儿，没有儿子，2003年经人介绍说和，李某仁（赵某朝）、杨某盘到李某朝家生活。后于2003年5月15日原告李某仁、杨某盘与被告之兄李某朝签订《遗赠扶养协议》，协议载明“遗赠人：李某朝、张某香，扶养人：赵某朝、杨某盘，赵某朝、杨某盘将户口迁入城关镇寨湾村李某朝、张某香家，伺候李某朝、张某香及为弟弟、弟媳养老送终；赵某朝、杨某盘在尽义务后李某朝、张某香及其弟弟、弟媳的全部家产及房产由赵某朝、杨某盘继承，李某朝的4个女儿不得继承。2003.5.15”，原告赵某朝夫妇迁往李家与其共同生活，“赵某朝”改名换姓为“李某仁”。李某朝、李某子的土地由李某仁、杨某盘负责耕种。2006年被告

① 张俊浩主编：《民法学原理》，中国政法大学出版社2000年版，第231页。

② 审理法院：河南省新安县人民法院，案号：（2016）豫0323民初1485号。

李某子的妻子病故，被告李某子被照顾到新安县城关镇敬老院生活至今。2008 年原告李某仁夫妇在被告土地上种植桃树，后随着新安县的经济发展，寨湾村部分土地被纳入征地范围，被告被征的土地补偿款为 74156 元，树木补偿款为 72772 元，共计 146928 元。原告李某仁从村委取走补偿款 17909 元，被告李某子亲属以被告李某子名义从村委取走补偿款 67113 元，余 61906 元在第三人寨湾居委会保管。原告认为该笔补偿款应归原告所有，遂诉至法院，请求依法判令：存放于城关镇寨湾村的 6 万余元占地及附属物补偿款归原告所有。另原告李某仁与养父李某朝因征地补偿款发生纠纷，李某朝、张某英，第三人李某子以李某仁不尽赡养义务为由诉至县法院，要求解除《遗赠扶养协议》。

【法理解读】

本案涉及双方法律行为效力的问题。遗赠抚养协议是遗赠人和扶养人之间关于扶养人承担遗赠人的生养死葬的义务，遗赠人的财产在其死后转归扶养人所有的协议。基于双方意思表示一致而成立，属于双方民事法律行为。

2003 年 5 月 15 日原告李某仁、杨某盘与被告之兄李某朝签订《遗赠扶养协议》，属双方真实意思表示，不违反法律的强制性规定，双方均应按照协议内容履行各自的义务。被告李某子名下的土地补偿款及附属物补偿款是政府考虑到被告一家的生活所需所给予的补偿，土地补偿款及附属物补偿款应为家庭共有，用于家庭共同生活。被告李某子属于独立生活具有困难、需要他人帮助的人，不具备完全民事行为能力，原告李某仁、杨某盘应为被告的法定监护人，应对被告尽好扶养义务，双方和睦相处。为此该补偿款应由原告李某仁、杨某盘掌管支出，用于家庭共同生活。第三人县城关镇寨湾社区居民委员会应将 61906 元支付给原告李某仁、杨某盘。因被告李某子属于五保户，按照相关政策，可以免费入住敬老院。鉴于李某仁、杨某盘夫妇并未违反遗赠扶养协议约定。因此该《遗赠抚养协议》有效且需双方继续履行。

【适用亮点】

双方法律行为需双方意思表示真实一致即可成立，遗赠抚养协议为双方法律行为，且属双方真实意思表示，不违反法律的强制性规定，合法有效。故双方均应按照协议内容履行各自的义务。

第一百三十五条　【立法主旨】民事法律行为形式

【法条对比】

民法总则	第一百三十五条　民事法律行为可以采用书面形式、口头形式或者其他形式；法律、行政法规规定或者当事人约定采用特定形式的，应当采用特定形式。
民法通则	第五十六条　民事法律行为可以采取书面形式、口头形式或者其他形式。法律规定用特定形式的，应当依照法律规定。
民通意见	无

【条文释解】

本条是对民事法律行为的形式要件的规定。

民事法律行为是贯彻落实民法意思自治原则的基本工具，因此，民法原则上对于民事法律行为的形式不作特别要求，当事人可以自由地选择适当的方式来实施民事法律行为，包括：书面形式、口头形式或者其他形式。

（1）书面形式是指以文字符号为表达内心意思而成立的民事法律行为。书面形式的优点是通过文字符号将行为人所实施民事法律行为的内容客观地记载于一定的载体上，成为确定当事人权利和义务的依据，有利于防止民事活动中的异议和便于民事纠纷的处理。

（2）口头形式是行为人通过言语表达其内心意思而成立的民事法律行为，诸如当事人之间当面交谈、电话联系等。口头形式优点是快捷、迅速，但因其缺乏客观记载，在发生纠纷时难以取证。

所以口头形式大多用于即时清结的小额交易行为。

（3）其他形式具体可表现为视听资料形式和须经特定主管机关履行特定手续的特殊书面形式，诸如公证、审核批准、登记等。

法律、行政法规规定或者当事人约定采用特定形式的，应当采用特定形式。法律、行政法规出于外形信赖、交易安全等目的，会要求当事人实施某些民事法律行为应当采取特定的形式，这种民事法律行为被称为法定要式民事法律行为。当事人约定民事法律行为采用特定形式的，被称为意定要式民事法律行为，主要发生在双方法律行为中。

本条源于《民法通则》第56条的规定，与《民法通则》的规定相比，《民法总则》明确了特定形式不仅法律可以规定，行政法规也可以直接规定，而且当事人也可以约定，扩大了规定特定形式的法律规范的范围，并增加了当事人约定特定形式的情况。

【典型案例】

汇丰银行上海分行与景轩酒店（深圳）、万轩置业公司金融借款合同纠纷案[①]

1997年4月23日，香港上海汇丰银行有限公司深圳分行（以下简称汇丰深圳分行）与万轩置业签署银行授信函，约定由汇丰深圳分行向万轩置业提供定期贷款最高不超过港币150 000 000元及透支额度港币45000000元的授信。银行授信函签署后汇丰深圳分行按约发放了相应贷款。但万轩置业始终未根据相关贷款函的约定及时还款。汇丰深圳分行与景轩公司分别于1998年5月20日签订经深圳市公证处公证的《房产抵押合同》：（一）于1998年9月25日签订经深圳市公证处公证的《房产抵押合同》。（二）及于2002年11月15日签订经深圳市公证处公证的《房产抵押确认合同》，约定由景轩公司就上述贷款进行抵押担保，担保物为景轩公

① 审理法院：最高人民法院，案号：（2010）民四终字第12号。

司所有的景轩酒店的 1 层至 11 层、13 层至 30 层。上述抵押合同已由深圳市国土资源和房产管理局进行抵押登记，并由国家外汇管理局深圳市分局对该对外担保进行登记。根据以上事实，万轩置业拖欠贷款拒不返还已构成违约，应承担相应责任，景轩公司作为担保人亦应承担相应的担保责任。

【法理解读】

本案所涉担保是景轩公司为万轩置业向汇丰上海分行的借款提供抵押担保，该担保属于《境内机构对外担保管理办法》第 2 条规定的对外担保。由于景轩公司系外商独资企业，根据国家外汇管理局颁布的《境内机构对外担保管理办法实施细则》第 8 条第 2 款的规定，外商独资企业可以自行提供对外担保，无须得到外汇局逐笔批准。但《境内机构对外担保管理办法》第 14 条第 1 款明确规定："担保人提供对外担保后，应当到所在地的外汇局办理担保登记手续。"《最高人民法院关于适用〈中华人民共和国担保法〉若干问题的解释》第 6 条第 1 项明确规定，未经国家有关主管部门批准或者登记对外担保的，对外担保合同无效。按照上述规定，外商独资企业提供的对外担保虽然无须逐笔审批，但仍然需要进行登记。未登记的，根据担保法的相关规定，担保合同仍应认定无效。

【适用亮点】

法律、行政法规规定或者当事人约定采用特定形式的，应当采用特定形式。未经国家有关主管部门批准或者登记对外担保的，对外担保合同无效。因此，登记作为法律规定的特定形式，未采用的，合同无效。

第一百三十六条　【立法主旨】民事法律行为效力

【法条对比】

民法总则	第一百三十六条　民事法律行为自成立时生效，但是法律另有规定或者当事人另有约定的除外。 　　行为人非依法律规定或者未经对方同意，不得擅自变更或者解除民事法律行为。
民法通则	第五十七条　民事法律行为从成立时起具有法律约束力。行为人非依法律规定或者取得对方同意，不得擅自变更或者解除。
民通意见	无

【条文释解】

本条是对民事法律行为的效力的规定。

民事法律行为自成立时生效，但是法律另有规定或者当事人另有约定的除外。民事法律行为的成立是指民事法律行为在客观上已经存在。民事行为的成立要件揭示了民事行为的事实构成，是民事行为生效判断的前提。民事行为的生效，即一个民事行为能否被评价为一个具有合法性的民事法律行为，属于价值判断问题。

民事法律行为一般自成立时生效。例如，依法成立的民事法律行为，具备法律行为生效要件的，即时生效。但是法律另有规定或者当事人另有约定的除外。在某些情况下，民事法律行为的成立与生效是不同时间。“法律另有规定”包括两种情形：一是民事法律行为欠缺一般的生效条件；二是民事法律行为已经正常成立，但是欠缺特别生效条件。“当事人另有约定”导致民事法律行为成立但尚不生效主要包括附生效条件和附生效期限的民事法律行为。[①] 另

① 张新宝著：《中华人民共和国民法总则释义》，中国人民大学出版社2017年版，第272页。

外还有法律行为成立但不生效的情形，包括无效的行为，自始无效；可撤销的行为，一经撤销自始无效；效力待定的行为，一旦被拒绝追认或者被善意相对人撤销的，也是自始无效。[①]

本条源于《民法通则》第57条的规定，与《民法通则》的规定相比，《民法总则》增加规定了法律另有规定或当事人另有约定的情况，并将“取得对方同意”修改为“经对方同意”，显得更为妥帖。

【典型案例】

李某、郭某阳诉郭某和、童某某继承纠纷案[②]

1998年3月3日，原告李某与郭某顺登记结婚。2002年，郭某顺以自己的名义购买了涉案建筑面积为45.08平方米的306室房屋，并办理了房屋产权登记。2004年1月30日，李某和郭某顺共同与某军区总医院生殖遗传中心签订了人工授精协议书，对李某实施了人工授精，后李某怀孕。2004年4月，郭某顺因病住院，其在得知自己患了癌症后，向李某表示不要这个孩子，但李某不同意人工流产，坚持要生下孩子。5月20日，郭某顺在医院立下自书遗嘱，在遗嘱中声明他不要这个人工授精生下的孩子，并将306室房屋赠与其父母郭某和、童某某。郭某顺于5月23日病故。李某于当年10月22日产下一子，取名郭某阳。原告李某无业，每月领取最低生活保障金，另有不固定的打工收入，并持有夫妻关系存续期间的共同存款18705.4元。

---

① 王利明主编：《中华人民共和国民法总则详解》，中国法制出版社2017年版，第592页。

② 审理法院：江苏省南京市秦淮区人民法院，指导案例来源：最高人民法院关于发布第十批指导性案例的通知，指导案例编号50号，发布日期：2015年04月15日。

【法理解读】

本案争议焦点是郭某阳是否为郭某顺和李某的婚生子女。《最高人民法院关于夫妻离婚后人工授精所生子女的法律地位如何确定的复函》中指出："在夫妻关系存续期间，双方一致同意进行人工授精，所生子女应视为夫妻双方的婚生子女，父母子女之间权利义务关系适用《婚姻法》的有关规定。"郭某顺签字同意人工授精，具有通过人工授精方法获得其与李某共同子女的意思表示。不得擅自变更或者解除民事法律行为。因此，郭某顺在遗嘱中否认其与李某所怀胎儿的亲子关系，是无效民事行为，应当认定郭某阳是郭某顺和李某的婚生子女。

【适用亮点】

在夫妻关系存续期间，双方一致同意进行人工授精，所生子女应视为夫妻双方的婚生子女。行为人非依法律规定或者未经对方同意，不得擅自变更或者解除民事法律行为。因此，夫妻关系存续期间，双方一致同意利用他人的精子进行人工授精并使女方受孕后，男方反悔，而女方坚持生出该子女的，该子女属于夫妻双方的婚生子女。

第二节 意思表示

第一百三十七条 【立法主旨】意思表示生效时间

【法条对比】

民法总则	第一百三十七条　以对话方式作出的意思表示，相对人知道其内容时生效。 以非对话方式作出的意思表示，到达相对人时生效。以非对话方式作出的采用数据电文形式的意思表示，相对人指定特定系统接收数据电文的，该数据电文进入该特定系统时生效；未指定特定系统的，相对人知道或者应当知道该数据电文进入其系统时生效。当事人对采用数据电文形式的意思表示的生效时间另有约定的，按照其约定。

民法通则	无
民通意见	无

【条文释解】

本条是对有相对人的意思表示的生效时间的规定。意思表示的生效即意思表示效力的发生，通常仅产生形式上的拘束力。例如，生效要约的约束力主要是使承诺人取得承诺的资格，而不能发生要约人所预期的法律效果。有相对人的意思表示生效，是最常见的情形，也是最复杂的情形。有相对人的意思表示大致可以分为以下几种：

（一）以对话方式作出的意思表示

对话方式，就是表意人通过对话向相对人发布意思表示。[①] 采用对话方式作出的意思表示的生效采用知道主义，即表意人作出意思表示以后，相对人必须是知道了这意思表示，才发生意思表示的效力。但当对一个对话方式作出的意思表示相对人认为自己尚不知道时，应当承担举证责任。[②]

（二）以非对话方式作出的意思表示

以非对话方式作出的意思表示，其生效采取到达主义，即表意人的意思表示在到达相对人的时候，该意思表示才生效。意思表示到达的具体判断标准，通常是以交易上的通常方式进入受领人的支配范围，如到达受领人的住宅、营业场所、门前的邮箱等。

（三）以非对话方式作出的采用数据电文形式的意思表示

以非对话方式作出的意思表示生效采取到达主义，但是具体情形分为两种：

第一，对于相对人指定特定系统接收的，自该数据电文进入该

① 郑玉波著：《民法总则》，中国政法大学出版社2003年版，第335页。

② 史尚宽著：《民法总论》，台北三民书局1980年版，第410页。

特定系统时生效；

第二，对于未指定特定系统的，自相对人知道或者应当知道该数据电文进入其系统时生效。与《合同法》第16条的规定相比，《民法总则》采用了更为灵活的生效规则，即一般情形下，相关数据电文到达相对人的任何一个系统，即被推定为相对人应当知道，除非相对人举证证明其不应当知道。[①] 但是，这里还规定了一个除外条款，即当事人对采用数据电文形式的意思表示的生效时间另有约定的，就按照其约定的时间，为该意思表示生效的时间。[②]

本条借鉴《合同法》第16条的规定修改而成。对于有相对人的意思表示的生效时间采用知道主义和到达主义。

【典型案例】

钟某诉途牛国际旅行社有限公司侵权责任纠纷案[③]

2015年8月7日13时37分，原告在被告网站上预订了2015年8月28日至8月30日入住南昌云鹏大酒店高级标间两间，于同日13时54分由支付宝付款612元外加原先该网站上100元的现金券，合计付款人民币712元，被告称付款成功后，将在1小时内短信通知原告确认结果。原告等到15时40分许仍未收到被告确认信息，后又两次致电，仍未有消息。17时30许再次致电问询，被告客服人员称再核实一下给答复，17时35分回电称因该酒店涨价，还需额外支付差价才能完成订单，原告没有同意。被告以满房原因取消了该订单，但是原告抱着息事宁人的态度，要求被告退还原告已支付的612元现金以及100元现金券（当时的现金券因订房原

---

① 王利明主编：《中华人民共和国民法总则详解》，中国法制出版社2017年版，第595页。

② 杨立新主编：《中华人民共和国民法总则要义与案例解读》，中国法制出版社2017年版，第511页。

③ 审理法院：江苏省南京市玄武区人民法院，案号：（2015）玄商初字第1817号。

因，被告说必须转成旅游券才可使用）恢复原状的要求，遭被告拒绝。原告认为，被告存在价格欺诈，低价诱导消费者，之后再抬价。因此诉至法院，请求判决被告途牛国际旅行社有限公司赔偿原告违约金等共计人民币 4935 元。

【法理解读】

本案涉及有相对人的意思表示的生效时间的问题。依法成立的合同，对当事人具有法律约束力，当事人应当按照约定履行自己的义务。当事人一方不履行合同义务或者履行合同义务不符合约定的，应当承担继续履行、采取补救措施或者赔偿损失等违约责任。被告在自己的网站登出酒店预订信息，并明确标注价格，是一种有效要约，原告钟某通过该网站进行酒店预订并全额支付房款的行为是一种承诺，承诺到达时，合同成立。被告要求原告在全额支付房款后再告知原告是否预订成功的条款属于格式条款，对消费者显失公平。采用数据电文形式订立合同，收件人未指定特定系统的，以该数据电文进入收件人的任何系统的首次时间，视为到达时间。被告所附条件“于 1 小时内通知确认结果”，事实上被告于近 4 个小时后才向原告发送短信告知，原告于当日下午 17 时 40 分收到被告短信通知。

为此，被告存在违约和不当情形，故被告应对原告因未能预订成功而另行预订江西财经大学招待所房间所多支出的房款 568 元承担赔偿责任。

【适用亮点】

根据采用数据电文形式订立合同，收件人未指定特定系统的，以该数据电文进入收件人的任何系统的首次时间，视为到达时间。原告于当日 13 时 54 分支付成功，于当日 4 小时后接到被告短信通知“未能预订成功”，从而证明其违反了其所附条件“1 小时内短信通知您确认结果”，显系违约行为。

第一百三十八条 【立法主旨】无相对人时的生效时间

【法条对比】

民法总则	第一百三十八条　无相对人的意思表示，表示完成时生效。法律另有规定的，依照其规定。
民法通则	无
民通意见	无

【条文释解】

本条是对无相对人的意思表示的生效时间的规定。无相对人的意思表示，是指不需要相对人受领，只要表意人完成表示行为就认为意思表示已经发出并且生效的意思表示。无相对人的意思表示一般存在于单方民事法律行为中，如单方允诺、抛弃、遗嘱等。在无相对人的单方民事法律行为中，意思表示无须相对人受领而自表示完成时生效。如放弃所有权的意思表示为无相对人的意思表示，但是放弃抵押权的意思表示则为有相对人的意思表示。①

无相对人的意思表示，表示完成时即生效。需要注意表示可以分为明示和默示两种。除法律明确规定必须以明示作出意思表示的外，明示的意思表示与默示的意思表示具有同等的效力。②“法律另有规定的，依照其规定”主要是指立遗嘱的行为。立遗嘱的意思表示自被继承人死亡时生效。

本条为新增条款。在《民法通则》和《合同法》中，规定意思表示的生效都是针对有相对人的意思表示，没有规定无相对人的

---

① 张新宝著：《〈中华人民共和国民法总则〉释义》，中国人民大学出版社 2017 年版，第 278 页。

② 刘得宽著：《民法总则》（增订 4 版），中国政法大学出版社 2006 年版，第 211 页。

意思表示生效规则。《民法总则》根据实际情况，规定了无相对人的意思表示生效的规则，从体系上使意思表示的生效规则更加完整和严谨。

【典型案例】

陈某与张某甲遗嘱继承纠纷案①

被继承人张某丙于2016年在医院因病死亡。原告与被继承人张某丙登记结婚，婚后未生育。张某丙与前妻王某乙于1964年离婚。被告是张某丙与前妻王某乙的婚生女儿。现在被告下落不明。张某丙父母早亡，无其他子女或养子女。被继承人张某丙与原告婚姻存续期间，于1992年向某市人民检察院购买了越华路301房。2015年8月6日被继承人张某丙自书《遗嘱》一份，遗嘱确认与妻子陈某共同向检察院购买房改房越华路301房，待其身故后将该房的产权全部给予妻子陈某所有；另其名下的银行存款全部给予妻子所有，使她安度晚年等。原告据此要求继承取得被继承人张某丙所占房屋的1/2份额所有权。

【法理解读】

本案涉及无相对人的意思表示的生效的问题。遗嘱是一种无相对人的意思表示，其效力按照法律规定自被继承人死亡后开始生效。

《继承法》第5条、第16条、第17条规定，继承开始后，按照法定继承办理；有遗嘱的，按照遗嘱继承或者遗赠办理；有遗赠扶养协议的，按照协议办理。涉案房屋为被继承人张某丙与原告婚姻关系存续期间所购买的房产，在双方未对该房屋进行特别约定的情况下，该房屋应作为双方的夫妻共同财产由两人各占1/2份额所有权。因此，被继承人张某丙名下所占的1/2份额所有权可作为其遗产依法分配。本案中，原告主张被继承人张某丙生前立下遗嘱，

---

① 审理法院：广东省广州市越秀区人民法院，案号：（2016）粤0104民初42431号。

自愿将其名下的财产指定由原告一人继承，并提交了相应的证据加以证实。审查原告提交的证据，其中《遗嘱》均为手写，内容连贯且没有错漏或者可疑之处，在落款处有“张某丙”字样的手写签名及日期，符合法律规定自书遗嘱的成立要件。原告据此要求继承取得被继承人张某丙所占房屋的1/2份额所有权，于法有据。

【适用亮点】

无相对人的意思表示，表示完成时即生效，但法律另有规定的，依照其规定。遗嘱为无相对人的意思表示，其效力不自表示作出时生效，而是当被继承人死亡后生效。本案中，被继承人死亡后，依其生效遗嘱的内容，其妻子有权获得被继承人房屋1/2份额所有权。

第一百三十九条　【立法主旨】公告生效时间

【法条对比】

民法总则	第一百三十九条　以公告方式作出的意思表示，公告发布时生效。
民法通则	无
民通意见	无

【条文释解】

本条是对以公告方式作出的意思表示的生效时间的规定。公告方式的意思表示，主要指表意人找不到相对人或者相对人是不确定的多数人，不得已只能通过公告的方式传递意思表示。公告，是指向公众发出的通告。公告既可以在公告栏或其他公共区域张贴，也可以在报纸、信息网络等媒体上刊登。公告的核心在于使得不特定多数人获得知悉的可能。

以公告方式作出的意思表示有两种类型。一是民事法律行为人需要对找不到或难以确定具体的相对人发出意思表示的行为，如公司协议解散时，可能部分债权人、债务人难以直接通知或已下落不明，只能采取公告的方式让其知晓和参与。二是民事法律行为需要不特定多数人知晓，如悬赏广告、遗失物招领广告、特定事项的招标通告等。[①] 公告形式发布的意思表示的媒体是公开的，其受众是不确定的。在理论上说，任何人都有接近这些媒体的可能性。因此，当一个意思表示通过这些媒介发布时，应从发布时起生效。如果发生公告的内容与公告发出人本来意思不一致，应当以公告内容为准，以保护公示信赖人的利益。

本条为新增条款增加了意思表示的形式类型，更加适应社会变化。

【典型案例】

古丽尼萨汗·艾某某拉等与新疆高荣房地产开发有限公司悬赏广告纠纷案[②]

2015 年 9 月，原告购买了被告开发的江南商贸城的两套商品房。2015 年 11 月 27 日，被告公司下发文件《关于江南商贸城“感恩回馈老业主”活动政策》，文件载明：“老客户带新客户购买商铺回款达到 5 万元，同时，A 区一层、二层成交价不低于原总价的 4.2 折，B 区一层二层、C 区一层二层成交价不低于原总价 5.6 折，给予老客户每平方米 300 元奖励；如低于上述成交价，则给予老客户每套商铺 3800 元奖励”。回馈活动资格界定：1. 老客户必须亲自陪同；2. 新客户为首次上门看房（如之前有过来访并距上次来访时间未超过 7 天，则不符合此政策）；3. 填写《感恩回馈老业主》；4. 新客户在介绍后缴纳 5 万元以上每间定金。2015 年 12

① 中国审判理论研究会民商事专业委员会编著：《〈民法总则〉条文理解与司法适用》，法律出版社 2017 年版，第 251 页。

② 审理法院：新疆维吾尔自治区阿克苏市人民法院，案号：（2016）新 2901 民初 2396 号。

月22日，经原告介绍亚某某在江南商贸城商铺购买了两套商铺，每套面积62.14平方米，每套商铺原总价647250.2元，成交价254774元。原告介绍售出两套商铺后，现被告以房子价格已经上涨为理由，拒绝给付奖励，原告遂诉至本院。

【法理解读】

本案涉及以公告方式作出的意思表示的效力问题。发布悬赏广告是一种民事法律行为，即广告人以广告的方式发布声明，承诺对任何按照声明的条件完成指定事项的人给予约定的报酬。任何人按照广告公布的条件，完成了广告所指定的行为，即对广告人享有报酬请求权。发出悬赏广告的人，则应该按照所发布广告的约定，向完成广告指定行为的人支付承诺的报酬。

【适用亮点】

以公告方式作出的意思表示，自公告发布时生效。悬赏广告是悬赏人以公开方式声明对完成一定行为的人支付报酬的意思表示，属于以公告方式作出的意思表示。

第一百四十条　【立法主旨】意思表示方式的作出方式

【法条对比】

民法总则	第一百四十条　行为人可以明示或者默示作出意思表示。 沉默只有在有法律规定、当事人约定或者符合当事人之间的交易习惯时，才可以视为意思表示。
民法通则	无
民通意见	第六十六条　一方当事人向对方当事人提出民事权利的要求，对方未用语言或者文字明确表示意见，但其行为表明已接受的，可以认定为默示。不作为的默示只有在法律有规定或者当事人双方有约定的情况下，才可以视为意思表示。

【条文释解】

本条是对意思表示的形式之规定。

意思表示既可以明示作出，也可以默示作出。法律对于意思表示的形式不加严格限制，而是赋予当事人极大的选择权。这是民法意思自治原则的一种体现。根据意思表示的外在表现方式不同所作的分类。(1) 明示的意思表示。也就是当事人以明白确切的方式直接表达自己内心的意思，包括口头明示和书面明示等。(2) 默示的意思表示。指行为人虽然没有明白确切地表示自己的内心意思，但是法律通过他的某种作为或者某种不作为的行为，来间接判定他的内心意图。在民事法律行为的形式要件中，默示方式在理论上有两种情况。(1) 推定行为。所谓推定行为就是指根据行为人的某种有目的、有意义的作为来判定他的内心的意思表示。比如，在房屋出租合同法律关系中间，如果房屋租赁期限已经届满，这个时候承租人又想继续租赁房屋时，只要出租人接受了承租人缴纳的租金，就推定其接受租金的行为是表示继续维持租赁关系。(2) 沉默。也是默示行为的另一种类型，尤其是单纯的不作为。但沉默只有在有法律规定、当事人约定或者符合当事人之间的交易习惯时，才可以视为意思表示。

【典型案例】

中静实业（集团）有限公司诉某电力实业有限公司等股权转让纠纷案①

原告中静公司诉称：其和被告电力公司为第三人新能源公司股东，两公司分别持股38.2%、61.8%。2012年6月1日，电力公司未经中静公司同意擅自将其持有的股份在产交所挂牌交易，中静公司于7月2日向第三人产交所提出异议，明确表示保留优先购买

① 《中静实业（集团）有限公司诉上海电力实业有限公司等股权转让纠纷案》，载《最高人民法院公报》2016年第5期（总第235期）。

权，要求暂停交易重新进行信息披露，但电力公司为避免中静公司行使优先购买权，在被告水利公司未缴纳保证金的情况下于7月3日与水利公司签订了产权交易合同，而且整个交易是在中静公司异议审查期间完成的，产交所于7月6日才向中静公司送达交易未予中止决定通知书。中静公司认为，电力公司擅自转让股份侵害了其股东优先购买权，故请求判令：中静公司对电力公司与水利公司转让的新能源公司的61.8%股权享有优先购买权，并以转让价人民币××元行使该优先购买权。

【法理解读】

本案涉及默示的意思表示的效力的问题。本案争议焦点为：被上诉人中静公司是否已经丧失了涉案股权的股东优先购买权。首先，《公司法》仅在第73条规定了法院强制执行程序中，优先购买权股东被通知后法定期间内不行权，视为其放弃优先购买权，公司法及民通意见并未规定其他情形的失权程序；其次，根据《民通意见》的规定，默示只有在法律有规定或者当事人双方有约定的情况下，才可视为意思表示；最后，产交所作为依法设立的产权交易平台，法律并未赋予其判断交易标的是否存在权属争议和交易一方是否丧失优先购买权这类法律事项的权利。因此，优先购买权的放弃需要明示，故不能当然地认定中静公司已经放弃或者丧失了股东优先购买权。

【适用亮点】

沉默只有在有法律规定、当事人约定或者符合当事人之间的交易习惯时，才可以视为意思表示。权利的放弃需要明示，故不能认为中静公司已经放弃或者丧失了股东优先购买权。

第一百四十一条 【立法主旨】意思表示的撤回

【法条对比】

民法总则	第一百四十一条 行为人可以撤回意思表示。撤回意思表示的通知应当在意思表示到达相对人前或者与意思表示同时到达相对人。
民法通则	无
民通意见	无

【条文释解】

本条是对意思表示的撤回的规定。意思表示撤回，是指意思表示人发出意思表示之后，表示生效之前，宣告收回发出的意思表示，取消其效力的行为。本条源于《合同法》第 14 条、第 17 条、第 21 条、第 27 条中要约和承诺的撤回的相关规定。与《合同法》将要约的撤回和承诺的撤回分别规定相比，本条对意思表示的撤回作了统一的规定，适用范围更广。

本条规定，撤回意思表示的通知，应当在意思表示到达相对人前或者与意思表示同时到达相对人。这是因为能够撤回的意思表示只能是生效之前的、有相对人的、以非对话方式作出的意思表示，这类意思表示在到达相对人时生效。因此，撤回的通知必须在原意思表示生效前到达，或者二者同时生效（同时到达），才能产生撤回的效果。①

① 张新宝著：《中华人民共和国民法总则释义》，中国人民大学出版社 2017 年版，第 283 页。

【典型案例】

孙某燕与湖南橘郡城镇置业有限公司商品房预售合同纠纷案[①]

孙某燕意欲购买橘郡公司开发的橘郡小区商品房，于 2015 年 9 月 3 日与橘郡公司签订了《商品房买卖合同》（以下简称买卖合同），约定由孙某燕购买橘郡小区 C16 幢 1 层 107 号房屋。同日，孙某燕向橘郡公司刷卡支付 290000 元，橘郡公司开具收据（NO2033541）载明：今收到 C19-102 孙某燕交来房款 340000 元。原告认为，橘郡公司置业顾问明知其和配偶不符合贷款条件，仍承诺可以协助骗取贷款，诱使孙某燕交纳购房款，且其在橘郡公司尚未加盖公章确认时，已向橘郡公司提出解除合同请求，橘郡公司也向其返还仅有其签名的买卖合同一份，说明买卖合同尚未成立。即使合同成立，因橘郡公司存在欺诈行为，该合同也属于无效合同，应予解除。故提起诉讼，请求判令橘郡公司返还孙某燕 350000 元及利息。

【法理解读】

本案涉及意思表示的撤回问题。本案争议焦点为孙某燕联系橘郡公司要求撤回要约的时间是否符合意思表示到达相对人前或者与意思表示同时到达相对人的规定。

首先，孙某燕提交的置业顾问名片、置业计划表、证人证言等不能完整证明孙某燕在洽谈购房事宜时受到橘郡公司工作人员的诱骗。其次，买卖合同文本内容符合交易惯例，且孙某燕单方签署一份以上买卖合同交由橘郡公司盖章确认，并在当日交纳购房款，其已完成对合同的确认义务，则该合同在橘郡公司盖章确认时生效，并对双方产生约束力。孙某燕提出撤回要约的要求是其在买卖合同上签字后交由橘郡公司盖章确认，并支付购房款后发生的，不符合

---

① 审理法院：湖南省长沙市中级人民法院，案号：（2016）湘 01 民终 1247 号。

撤回意思表示的通知应当在意思表示到达相对人前或者与意思表示同时到达相对人，不发生效力。孙某燕要求解除合同，合同因无法履行而解除，橘郡公司应返还孙某燕向橘郡公司交纳的房款340000元。孙某燕无正当理由解除合同，属于违约方，应承担一定的违约责任。

【适用亮点】

行为人可以撤回意思表示。撤回意思表示的通知应当在意思表示到达相对人前或者与意思表示同时到达相对人，方可生效，否则无效。合同成立后，不可撤回要约，只能解除合同。

第一百四十二条　【立法主旨】意思表示的解释

【法条对比】

民法总则	第一百四十二条　有相对人的意思表示的解释，应当按照所使用的词句，结合相关条款、行为的性质和目的、习惯以及诚信原则，确定意思表示的含义。 　　无相对人的意思表示的解释，不能完全拘泥于所使用的词句，而应当结合相关条款、行为的性质和目的、习惯以及诚信原则，确定行为人的真实意思。
民法通则	无
民通意见	无

【条文释解】

本条是对意思表示的解释的规定。意思表示的解释，是指在意思表示不清楚、不明确而发生争议的情况下，法院或者仲裁机构对意思表示进行的解释。

意思表示包含表意人的（内在）效果意思于表示的（外在）形式中被体现出来。当意思表示的内在意思和外在表示不一致时，意思表示是按照内在意思还是按照外在表示发生法律效果，乃意思表示解释的核心问题。《民法总则》确定了对意思表示解释的新方法，具体分为两种情形：

第一，对有相对人的意思表示的解释，应当按照所使用的词句，结合相关条款、行为的性质和目的、习惯以及诚实信用原则，确定意思表示的含义。这是采表示主义方法进行解释。从意思表示受领人的利益出发进行解释，则意思表示的内容以表意人外在表示的规范内容（它无须与表意人的内心真意一致）为准，此时优先受到保护的是意思表示受领人的合理信赖。[①]

第二，对无相对人的意思表示的解释，不能拘泥于所使用的词句，而应当结合相关条款、行为的性质和目的、习惯以及诚实信用原则，确定行为人的真实意思。这是采取意思主义方法进行解释。[②] 从表意人的利益出发进行解释，则意思表示的内容以表意人的内心真意为准，此时优先受到保护的是表意人的意思自治。

本条是借鉴《合同法》的第125条修改而成。《民法总则》采“温和表示主义”的解释规则。分不同情形，根据特定情形下应当优先保护的利益，采用不同的解释方法。

【典型案例】

杲某与中煤地邢台分公司、泉水湾公司民间借贷纠纷案[③]

2013年6月7日和9月12日，原告为出借人与被告借款人泉水湾公司和被告担保人中煤地邢台分公司签订协议。一、约定原告于2013年6月7日至2013年12月6日，向被告泉水湾公司提供借款166万元，借款利率月息3%。二、约定原告于2013年9月12日至2013年12月12日，向被告泉水湾公司提供借款153万元，

---

① 朱庆育著：《民法总论》，北京大学出版社2015年版，第215页。

② 杨立新主编：《中华人民共和国民法总则要义与案例解读》，中国法制出版社2017年版，第525页。

③ 审理法院：河北省邢台市中级人民法院，案号：（2015）邢民三终字第320号。

借款利率3%，按季付息。上述两份协议均未约定还款期限，被告中煤地邢台分公司为该两笔借款承担连带保证责任。协议签订后，原告分别于2013年6月7日和2013年9月12日向泉水湾公司转入借款166万元和153万元。被告泉水湾公司向原告出具了两张借据。后被告泉水湾公司归还部分欠款，仍欠原告杲某本金269万元及相应利息，被告中煤地邢台分公司也未对该借款承担保证责任。

【法理解读】

本案涉及对意思表示的解释问题。合同双方对合同条款的理解存在争议，上诉人主张该合同期间为借款期限，被上诉人杲某主张该合同期间为履行出借义务的期间。当事人对合同条款的理解有争议的，应当按照合同所使用的词句、合同的有关条款、合同的目的、交易习惯以及诚实信用原则，确定该条款的真实意思。案涉借款合同第一条约定“自/年/月/日至/年/月日，由出借方提供借款方借款计人民币/元”，第二条约定“出借方应按期、按金额向借款方提供贷款”，无论从合同条款所使用的词句，还是结合相关条款，该期间均不包含借款何时到期的意思表示，无法得出该期间为借款期限的结论。上诉人主张该期间为借款期间无证据支持。上诉人所主张的该合同中有“到期”和“出借方在放款期间，如需提前收回借款”的表述，但该表述内容只能说明双方的借款合同对借款期限的约定存在条款上的瑕疵，属于合同条款上不严密和缺失。上诉人以合同中有“到期”字样为由，要求将“出借人提供借款的期间”直接认定为借款人的还款期限无事实和法律依据。

【适用亮点】

对有相对人的意思表示的解释，应当按照所使用的词句，结合相关条款、行为的性质和目的、习惯以及诚实信用原则。“出借方应按期、按金额向借款方提供贷款”，无论从合同条款所使用的词句，还是结合相关条款，该期间均不包含借款何时到期的意思表示，无法得出该期间为借款期限的结论。

第三节　民事法律行为的效力

第一百四十三条　【立法主旨】民事法律行为有效条件

【法条对比】

民法总则	第一百四十三条　具备下列条件的民事法律行为有效： （一）行为人具有相应的民事行为能力； （二）意思表示真实； （三）不违反法律、行政法规的强制性规定，不违背公序良俗。
民法通则	第五十五条　民事法律行为应当具备下列条件： （一）行为人具有相应的民事行为能力； （二）意思表示真实； （三）不违反法律或者社会公共利益。
民通意见	无

【条文释解】

本条是对民事法律行为生效要件的规定。民事法律行为有效，是指民事法律行为满足法律规定的有效要件，发生当事人所意欲发生的法律效果。

本条规定民事法律行为有效所需具备的三个要件。第一，行为人具有相应的民事行为能力。例如，限制民事行为能力人不具有相应的行为能力，实施的法律行为需要经过其法定代理人的同意或者追认。[①] 第二，意思表示真实。当事人必须在意思自由、能够辨认自己行为的法律效果的情况下进行意思表示，不存在胁迫、误解等

---

① 张新宝著：《中华人民共和国民法总则释义》，中国人民大学出版社2017年版，第290页。

情况。第三，不违反法律、行政法规的强制性规定，不违背公序良俗。违反法律、行政法规强制性规定的民事法律行为，是指当事人在订约目的、具体内容，以及在形式上都违反法律和行政法规强制性规定的民事法律行为。公序良俗是公共秩序与善良风俗的简称，被称为法律行为生效的“妥当性要件”，可以弥补禁止性规定的不足。[①]“妥当”要件消极地划出一条“道德红线”，要求法律行为不得具有“反社会性”的内容，阻止法律行为为实施不道德行为提供服务。[②]

本条源于《民法通则》第55条的规定，与《民法通则》的规定相比，《民法总则》将“社会公共利益”修改为“公序良俗”，将“违反法律”修改为“违反法律、行政法规的强制性规定”，更加严谨明确。如果某项强制规定的规范目的在于“直接维持或保护国家利益或社会公共利益”，则该项强制规定即属于效力性强制规定。只要其规定了涉及民事法律行为的效力性强制规定，即不得违反。[③]

【典型案例】

吴某秦诉某省广电网络传媒（集团）股份有限公司捆绑交易纠纷案[④]

2012年5月10日，吴某秦前往某省广电网络传媒（集团）股份有限公司（以下简称广电公司）缴纳数字电视基本收视维护费时得知，该项费用由每月25元调至30元，吴某秦遂缴纳了3个月

---

① 梁慧星著：《民法总论》（第4版），法律出版社2011年版，第51页。

② 易军：《法律行为生效要件体系的重构》，载《中国法学》2012年第3期。

③ 王轶：《强行性规范及其法律适用》，载《南都学坛（人文社会科学学报）》2010年第1期。

④ 审理法院：最高人民法院，案号：（2016）最高法民再98号。

的费用 90 元，其中数字电视基本收视维护费 75 元、数字电视节目费 15 元。之后，吴某秦获悉数字电视节目应由用户自由选择，自愿订购。吴某秦认为，广电公司属于公用企业，在数字电视市场内具有支配地位，其收取数字电视节目费的行为剥夺了自己的自主选择权，构成搭售，故诉至法院，请求判令：确认被告于 2012 年 5 月 10 日收取其数字电视节目费 15 元的行为无效，被告返还原告 15 元。

【法理解读】

本案涉及民事法律行为的效力问题。根据本条规定，违反法律、行政法规的强制性规定的，该民事法律行为无效。

本案中，广电公司在该省境内有线电视传输服务市场上具有市场支配地位，其将数字电视基本收视服务和数字电视付费节目服务捆绑在一起向吴某秦销售，违反了《反垄断法》第 17 条第 1 款第 5 项之规定。《反垄断法》第 17 条第 1 款第 5 项关于禁止具有市场支配地位的经营者从事没有正当理由搭售商品，或者在交易时附加其他不合理的交易条件的滥用市场支配地位行为的规定目的在于“直接维持或保护国家利益或社会公共利益”，属于效力性强制规定。广电公司的捆绑收费行为因违反法律、行政法规的强制性规定而无效。吴某秦关于确认广电公司收取其数字电视节目费 15 元的行为无效和请求判令返还 15 元请求成立。

【适用亮点】

违反法律、行政法规的强制性规定将导致民事法律行为无效。本条中的“强制性规定”原则上是指效力性强制规定。

第一百四十四条 【立法主旨】无民事行为能力人行为效力

【法条对比】

民法总则	第一百四十四条　无民事行为能力人实施的民事法律行为无效。
民法通则	第五十八条　下列民事行为无效： （一）无民事行为能力人实施的； …… 无效的民事行为，从行为开始起就没有法律约束力。
民通意见	无

【条文释解】

本条是对无民事行为能力人实施民事法律行为效力的规定。民事法律行为无效，是指已经成立的民事法律行为，由于缺乏法律要求的有效要件并符合法律规定的无效要件，而自始且当然地不发生效力。两种无民事行为能力人实施的民事法律行为无效。根据本法的规定，无民事行为能力人包括：第一，不满 18 周岁的未成年人；第二，不能辨认自己行为的人。两种满足其一则民事法律行为必然无效。

“无效”指的是该行为不能发生预期的法律效果，而不是不发生任何法律效果；故无民事行为能力人不负任何信赖利益的赔偿责任。[①] 但是，并非无行为能力人单独实施任何法律行为均为无效。一是纯获法律上利益的行为有效。例如，接受赠与、奖励等。依据最高人民法院印发《关于贯彻执行〈中华人民共和国民法通则〉若干问题的意见（试行）》第 6 条的规定，无民事行为能力人接受奖励、赠与、报酬，他人不得以行为人无民事行为能力为由，主

---

① 王泽鉴著：《民法总则》（增订版），中国政法大学出版社 2001 年版，第 318 页。

张以上行为无效。二是日常生活必需的定型化消费行为有效。例如，乘坐公交车和地铁，这些定型化消费行为如果与无民事行为能力人的年龄和智力相符合，应为有效。[①]

本条源于《民法通则》第58条的规定，《民法总则》继续沿用这样的规定，凡是无民事行为能力人实施的民事法律行为一律无效。

【典型案例】

陈某飞等与徐某等合同纠纷上诉案[②]

陈某飞、余某慧系夫妻关系。2015年10月25日，陈某飞与徐某、居间方我爱我家公司签订《房地产经纪服务合同》，约定居间房产为该市江干区新江花园9幢1单元901室。同日，陈某飞与徐某签订《协议》，对双方的房屋交易作出约定。同月29日，陈某飞将首付款44万元打入指定的我爱我家公司账户。之后，双方在办理房屋过户手续时，因房管局的工作人员认为徐某疑似无民事行为能力人，其本人无法单独办理过户手续，故案涉房屋未办理过户手续。之后，在徐某母亲的请求下，区人民法院判决宣告被申请人徐某为无民事行为能力人。2016年1月22日，陈某飞、余某慧诉至法院，请求确认《房屋意向合同》及《城市房屋转让合同》均为无效合同；徐某、我爱我家公司因缔约过失赔偿陈某飞、余某慧各种损失共计20万元等。

【法理解读】

本案涉及无民事行为能力人实施民事法律行为的效力问题。无民事行为能力人实施的行为是绝对无效的法律行为，其行为自始

---

① 王利明著：《民法总则研究》（第2版），中国人民大学出版社2012年版，第238页。

② 审理法院：浙江省杭州市中级人民法院，案号：（2016）浙01民终3218号。

无效。

徐某为无民事行为能力人，其签订的合同为无效合同。故陈某飞、余某慧请求确认的《房屋意向合同》及《城市房屋转让合同》均为无效合同。徐某持有智力残疾的残疾证，其母亲黄某霄明知其智力低下，生活不能自理，无法辨认和控制自己的行为，但是其在陪同徐某签订合同时隐瞒与订立合同有关的这一重要事实，对于合同无效具有过错，依法应当赔偿对方因此遭受的损失。陈某飞、余某慧要求我爱我家赔偿损失 20 万元中的承担意向金 3 万元及首付款 44 万元的利息，法院予以支持。

【适用亮点】

无民事行为能力人实施的民事行为无效。徐某为无民事行为能力人，其签订的合同为无效合同。故本案中《房屋意向合同》及《城市房屋转让合同》均为无效合同，合同被确认为无效后，当事人因该合同取得的财产，应当返还给受损失的一方。

第一百四十五条　【立法主旨】限制民事行为能力人行为效力

【法条对比】

民法总则	第一百四十五条　限制民事行为能力人实施的纯获利益的民事法律行为或者与其年龄、智力、精神健康状况相适应的民事法律行为有效；实施的其他民事法律行为经法定代理人同意或者追认后有效。 　　相对人可以催告法定代理人自收到通知之日起一个月内予以追认。法定代理人未作表示的，视为拒绝追认。民事法律行为被追认前，善意相对人有撤销的权利。撤销应当以通知的方式作出。

民法通则	第五十八条 下列民事行为无效： …… （二）限制民事行为能力人依法不能独立实施的； …… 无效的民事行为，从行为开始起就没有法律约束力。
民通意见	无

【条文释解】

本条是对限制民事行为能力人实施民事法律行为的效力的规定。限制民事行为能力人实施的民事法律行为，原则上需要经法定代理人事前同意或者事后追认，方为有效。

纯获利益的民事法律行为和与其年龄、智力、精神健康状况相适应的民事法律行为不需要同意、追认，即为有效。对于“纯获利益”的判断，在传统大陆法系民法中，为“纯获法律上利益”即限制民事行为能力人仅享有权利、不负担义务，如无附加条件的赠与。另外，判断限制民事行为能力人实施的行为是否与其年龄、智力、精神健康状况相适应，核心在于“是否能辨认自己的行为”。因此，行为在生活中发生的频率、行为所涉金额的大小、行为所需知识的多寡，都是具体的考量因素。①

本条第 2 款规定，相对人催告后，法定代理人未作表示的，视为拒绝追认。这是关于未成年人实施民事法律行为后追认权的规定，它的确立有利于维护交易秩序，平衡限制民事行为能力人和相对人的权利。另外，相对人可以催告法定代理人自收到通知之日起 1 个月内予以追认，同时享有撤销的权利，即民事法律行为被追认前，善意相对人有撤销的权利，撤销应当以通知的方式作出。其表明善意相对人既可以希望与限制民事行为能力人之间的民事法律行

① 张新宝著：《中华人民共和国民法总则释义》，中国人民大学出版社 2017 年版，第 296 页。

为有效，也可以未予催告使其归于无效抑或让限制民事行为能力人的法定代理人自由作出选择。

本条源于《民法通则》第58条第1款第2项的规定，并结合《合同法》第47条修改而成。

【典型案例】

闫某明与孙某房屋买卖合同纠纷案①

2013年11月7日原告闫某明与被告孙某签订《房屋买卖合同》一份、《房屋转让合同》一份，内容均为：原告闫某明将其建筑面积为39.65平方米的房屋一套转让给被告孙某，转让价格为6.5万元。双方履行了合同，2013年11月21日被告孙某取得该房屋的所有权证。2015年12月28日该市心理医院出具司法鉴定意见书，内容为：（1）闫某明为精神分裂症；（2）民事行为能力评定：闫某明目前为限制民事行为能力。现原告闫某明以患有精神分裂症为由诉至法院，要求认定原、被告签订的《房屋买卖合同书》无效，并将本案争议的房屋返还给原告闫某明。

【法理解读】

本案涉及限制民事行为能力人实施民事法律行为的效力问题。限制民事行为能力人实施的民事法律行为，除纯获利益的民事法律行为或者与其年龄、智力、精神健康状况相适应的民事法律行为有效外；其他民事法律行为非经法定代理人同意或者追认无效。

2015年12月28日市心理医院出具司法鉴定意见书结论以及（2015）绿民特字第2号民事判决书结果均为原告闫某明为限制民事行为能力人，且被告在庭审中并未提供出相反证据证明2013年11月7日签订房屋转让合同时，闫某明非处于限制民事行为能力状态，故法院认为原告闫某明在与被告在2013年11月7日签订

---

① 审理法院：长春市绿园区人民法院，案号：（2015）绿民二初字第96号。

《房屋转让合同》时处于精神分裂状态，其为限制民事行为能力人的主张成立。闫某明作为房屋所有人，既享有出卖房屋产生的权利，又须承担出卖房屋行为产生的义务。但原告闫某明作为限制民事行为能力人，不具备相应的民事行为能力，且合同订立后，原告的法定代理人闫某岐未对原告出售房屋的行为予以追认。故原、被告之间的房屋买卖行为无效，原告要求确认原、被告于 2013 年 11 月 7 日签订《房屋转让合同》无效的诉讼请求，法院予以支持。

【适用亮点】

不能完全辨认自己行为的精神病人是限制民事行为能力人，其处于精神分裂状态下实施的民事法律行为原则上未经法定代理人追认的无效。

第一百四十六条　【立法主旨】虚假表示与隐藏行为

【法条对比】

民法总则	第一百四十六条　行为人与相对人以虚假的意思表示实施的民事法律行为无效。 以虚假的意思表示隐藏的民事法律行为的效力，依照有关法律规定处理。
民法通则	第五十八条　下列民事行为无效： …… （六）以合法形式掩盖非法目的的； …… 无效的民事行为，从行为开始起就没有法律约束力。
民通意见	无

【条文释解】

本条是对虚假行为和隐藏行为的效力的规定。以虚假的意思表示实施的民事法律行为，是指表意人与相对人合意，以虚假的意思表示来实施民事法律行为。以虚假的意思表示隐藏的民事法律行为，是指前者所欲掩盖的真实的民事法律行为。

本条第1款“行为人与相对人以虚假的意思表示实施的民事法律行为无效”来源于《民法通则》第58条第4项和《合同法》第52条第2项，即“恶意串通，损害国家集体或者第三人利益”的行为（合同）无效。简言之，行为人与相对人串通以虚假的意思表示实施的民事法律行为会导致国家、集体或者第三人的损害后果，当然归于无效。[①] 本条第2款规定，行为人以虚假的意思表示隐藏的民事法律行为的效力，依照有关法律规定处理。行为人以虚假的意思表示隐藏的民事法律行为性质属于效力待定，并不因当事人虚假的意思表示而必然无效。

本条源于《民法通则》第58条第1款第4项的规定，是对民法通则条文的细化，明确了虚假行为和隐藏行为的效力。

【典型案例】

姬某东与马某玲、沈某、董某房屋买卖合同纠纷案[②]

大坝沟字第0228号房屋系被告马某玲所有，原告姬某东因结婚无钱购买房屋，2009年8月3日与被告马某玲共同与第三人沈某、董某签订《买卖房屋合同》，将房屋以10万元卖给第三人沈某、董某。合同签订后，第三人将10万元给付给原告。姬某东用该款购买另一房屋作为结婚所用。

2013年8月14日，被告马某玲与其各子女签订《赡养老人协议书》，协议书第一条的内容写明：被告马某玲将其名下一房产给原告姬某东，因马某玲名下房产已于2009年出售给沈某，得款10万元给姬某东结婚用，姬某东应先还款付息，否则马某玲名下的房

---

① 王利明主编：《中华人民共和国民法总则详解》，中国法制出版社2017年版，第630页。

② 审理法院：内蒙古自治区科尔沁右翼前旗人民法院，案号：（2016）内2221民初2019号。

产归沈某所有。至2016年5月，原告姬某东付清欠付第三人沈某及董某的10万元。5月30日，被告马某玲与原告姬某东在当地司法所的主持下，达成协议，诉争房产归姬某东所有。原告后要求被告过户，但被告拒不见面，原告遂诉至法院请求被告马某玲协助办理过户手续。

【法理解读】

本案涉及虚假行为和隐藏行为的效力问题。双方虚假行为无效，隐藏行为依照法律规定处理。被告马某玲、原告姬某东在2009年8月3日与第三人沈某、董某签订的《买卖房屋合同》系双方虚假行为，双方真实意思表示实为借贷。原告为结婚而向第三人借款10万元的行为是隐藏行为，双方以虚假的房屋买卖行为隐藏了实际借贷行为，2013年8月14日被告马某玲与其各子女签订的《赡养老人协议书》中的第一条对此予以充分证明。对双方的虚假行为即被告马某玲、原告姬某东与第三人沈某、董某签订的《买卖房屋合同》因系双方意思表示有意不真实而无效，而双方的隐藏行为即实际存在的借贷关系因系双方真实意思表示，且借贷行为未违反法律的禁止性规定，该借贷行为有效。被告马某玲表示当初的赠与是受原告姬某东胁迫所为，原告姬某东对被告马某玲的撤销赠与行为当庭表示同意。

【适用亮点】

本案中，房屋买卖为双方虚假行为，借贷行为是其隐藏行为。故房屋买卖合同无效，借贷行为因不违反法律法规，合法有效。

第一百四十七条 【立法主旨】重大误解行为人的撤销权

【法条对比】

民法总则	第一百四十七条 基于重大误解实施的民事法律行为，行为人有权请求人民法院或者仲裁机构予以撤销。

民法通则	第五十九条　下列民事行为，一方有权请求人民法院或者仲裁机关予以变更或者撤销： （一）行为人对行为内容有重大误解的； （二）显失公平的。 被撤销的民事行为从行为开始起无效。
民通意见	无

【条文释解】

本条是对重大误解及其效力的规定。重大误解，是指行为人对于与民事法律行为有关的重大事项具有错误的认识，并因该错误认识而使自己的表示行为与自己的真实意思不一致的情形。“重大误解”为我国民法所特有之概念。关于重大误解与传统民法中“错误”的概念，我国学者间存在着两种观点：主流观点认为，重大误解既包括表意人方面的错误，也包括接收意思表示的人（受意人）方面的误解。另一种观点则认为，重大误解中“误解”的概念完全等同于传统民法中“错误”的概念。[①] 重大误解的构成要件是：第一，表意人作出了意思表示；第二，表意人的意思与其表示不一致；第三，表意人的意思与表示的不一致是由于表意人的过失造成的；第四，意思与表示的不一致是重大的。[②] 此外，在判断是否构成重大误解时，应当对表面的错误进行解释，如果通过解释，能够得出各方的内心真意一致，则没有必要通过重大误解的途径处理。[③] 当事人由于重大误解而实施的民事法律行为，其法律后果是相对无效，重大误解的一方行为人，有权请求法院或者仲裁机构予

① 张传奇：《论重大误解的可变更效力》，载《中外法学》2014 年第 6 期。

② 隋彭生：《关于合同法中“重大误解”的探讨》，载《中国法学》1999 年第 3 期。

③ 王泽鉴著：《民法总则》（增订版），中国政法大学出版社 2001 年版，第 371 页。

以撤销。

本条源于《民法通则》第59条的规定，并删除了重大误解情形下可以请求“变更”的规定。

【典型案例】

张某等与林某机动车交通事故责任纠纷上诉案[①]

——交通事故调解协议可否认定为误解?

2004年7月，张某与林某发生车辆碰撞，两车受损，张某和赖某均受伤。交警认定，林某操作不当，应承担事故全部责任。在交警主持下，张某、赖某与林某签订事故调解书，约定林某应当向张某、赖某赔偿汽车修理费、医疗费、残疾赔偿金、住院伙食补助费、误工费、护理费、交通费等项目共计人民币22万余元。调解书签订后，林某支付人民币25000元后，未支付剩余的赔偿款。张某、赖某多次追讨未果，遂向法院诉请林某支付剩余的赔偿款19万5千余元及利息。林某提起反诉，主张由于张某、赖某均为教师，事故发生后仍足额领取工资，因此调解书约定的误工费损失53104.64元实际并未发生，其对此存在重大误解，故请求撤销调解书中误工费损失。

一审法院经审理认为，此次交通事故已由交警部门认定林某承担全部责任，双方当事人在交警部门主持下签订的交通事故调解书是双方当事人的真实意思表示。张某、赖某受伤期间确实均领取了工资，故应认定误工费没有实际发生。林某对误工费是否存在的事实有重大误解，据此反诉请求撤销交通事故调解书中约定的有关误工费赔偿款项，理由成立，予以支持。

二审法院则认为，交通事故发生后，达成调解协议，签订调解

---

① 《张某等与林某机动车交通事故责任纠纷上诉案》，载《人民司法·案例》2007年第12期。该案件字号：（2005）深罗法民一初字第1891号；（2005）深中法民一终字第3908号。

书是双方真实的意思表示，不违反法律禁止性规定，合法有效，当事人宜按其内容适当履行。根据最高法院《关于贯彻执行民法通则若干问题的意见》第71条规定，行为人因为对行为的性质、对方当事人、标的物的品种、质量、规格和数量等的错误认识，使行为后果与自己的意思相悖，并造成较大损失的，可以认定为重大误解。案涉双方当事人在交警主持下，经过反复的利益衡量和充分的自由协商，对于赔偿项目和金额均作出一定的让步，最终达成调解协议。案涉调解书系发生交通事故后赔偿义务人自愿给付赔偿权利人的一次性赔偿。

且发生交通事故后，虽然张某、赖某工资均足额领取，单位证实两上诉人身体遭受严重损害，在职务晋升、经济待遇方面受到较大影响，具有相当损失。实难认定林某对于交通事故调解书中的赔偿金额存在错误认识，及构成重大误解。原审判决认定事实清楚，不存在重大误解情形，应当严格遵守，理由成立，予以支持。但适用法律错误，应予纠正，判决撤销原审判决。

【法理解读】

本案争议的焦点是张某、赖某在受伤期间足额领取工资是否构成重大误解。依据《民通意见》第71条规定，行为人因为对行为的性质，对方当事人，标的物的品种、质量、规格和数量等的错误认识，使行为后果与自己的意思相悖，据此，重大误解应具备如下构成要件：首先，误解一般是因受害方的错误认知造成的，源于自己的过失，而非交易对手的故意欺骗等原因，多是由于行为人缺乏必要知识、技能或者经验。如果主要是因为对方隐瞒事实、故意诱骗，则构成民法上的欺诈，而适用欺诈的效力规则。其次，误解必须要对民事行为的内容构成重大影响。作为程度上的标准，轻微或一般误解并无撤销之可能。且重大的标准也要区分情况，具体考虑当事人的交易标的大小、交易习惯等各方面因素。司法实践中，误解是否重大主要参考两个方面：一是对误解的具体对象内容，如对标的物本质或性质的误解可以构成重大误解，而对合同辅助性的条款误解则不构成；二是是否造成当事人的重大不利后果。再次，一旦行为实施就会使误解方的利益受到损害，误解具有直接致损性，直接影响到行为人的权利义务。最后，重大误解与民事法律行为的发生存在因果关系。没有这种误解，当事人将不会作出这样的民事行为。无因果关系的误解，不属于重大误解。

【适用亮点】

本案中，从林某与张某、赖某达成人身损害赔偿协议的过程上分析，交通事故发生后，双方在协商赔偿问题时，一般均会本着平等自愿的原则，根据实际情况互相妥协而达成，谋求纠纷的高效率解决。赔偿协议的具体项目和金额不可能完全参照实际的损失金额（而且人身损害的量化也殊难完全精确），在某些赔偿项目上既可能高于也可能低于法定标准。实际情况中，损害赔偿协议由于受害方亟须资金或寻求迅速解决的需求，往往会做出让步而低于法定标准。这里也存在双方自愿承担差异风险的意图。只要不存在恶意欺瞒、重大误解等情况，所达成的协议均属有效，即具有合同的效力，双方应按照赔偿协议的内容全面、适当地履行义务。鉴于案涉具体赔偿数额的差额属于双方预先能够预料的事项，不存在误解的情况，不属于林某因缺乏必要知识、技能或者经验而产生错误认识的情形。故张某、赖某在受伤期间领取工资的理由不能构成林某所主张的重大误解。

第一百四十八条　【立法主旨】受欺诈方的撤销权

【法条对比】

民法总则	第一百四十八条　一方以欺诈手段，使对方在违背真实意思的情况下实施的民事法律行为，受欺诈方有权请求人民法院或者仲裁机构予以撤销。

民法通则	第五十八条　下列民事行为无效： …… （三）一方以欺诈、胁迫的手段或者乘人之危，使对方在违背真实意思的情况下所为的； …… 无效的民事行为，从行为开始起就没有法律约束力。
民通意见	无

【条文释解】

本条是对当事人一方欺诈行为及其效力的规定。欺诈是指行为人故意实施的，以引起、强化或维持他人的错误认识并使其基于此错误认识而作出意思表示为目的的欺骗行为。欺诈的类型包括主动提供虚假情况的积极欺诈和违反法定或约定义务对相关事实故意不作说明的消极欺诈两种。①

当事人一方欺诈的构成要件是：第一，欺诈的一方须出于故意。第二，欺诈行为人在客观上实施了欺诈的行为。第三，受欺诈一方是在违背真实意思的情况下实施民事法律行为。② 并非一切虚假的陈述都构成欺诈，应当区分事实与意见。构成欺诈的错误性陈述必须是对事实的陈述，仅仅是对自己意见或者见解的错误陈述不构成欺诈。③ 商业社会中，"商业吹嘘"只要其不离开宣传的范畴、不违反广告法的禁止性规定，不构成欺诈。④ 但是，当某人对其陈

① 李永军著：《民法总论》（第3版），中国政法大学出版社2015年版，第217页。

② 杨立新主编：《中华人民共和国民法总则要义与案例解读》，中国法制出版社2017年版，第545页。

③ 李永军著：《民法总论》（第3版），法律出版社2009年版，第540页。

④ 尹田著：《民法总则之理论与立法研究》，法律出版社2010年版，第556页。

述的事实具有专门的知识和技能时，该种“专家意见”应被纳入欺诈的范畴之中。[①] 一方欺诈行为的法律后果是，受欺诈方有权请求人民法院或者仲裁机构予以撤销。

本条源于《民法通则》第58条第1款第3项的规定和《合同法》第52条、第54条第2款的规定，修改规定将受欺诈所实施的民事法律行为定为可撤销的法律行为。

【典型案例】

聂某园与贺某亮房屋租赁合同纠纷上诉案[②]

2011年4月29日，贾某明与贺某亮口头约定将门面房一间出租给贺某亮使用，年租金为18000元，贺某亮于2011年7月14日向贾某明交纳了一年的租金。贺某亮在承租期间，与聂某园签订房屋租赁合同，将其承租的门面房转租给聂某园，双方约定：从2011年1月20日起至2012年1月20日止，年租金24000元，门面房转让费35000元。一年的租期届满后，双方于2012年1月21日再次签订房屋租赁合同，将前述门面房再租用12个月，年租金24000元。2012年11月24日，聂某园将该门面房以71000元的价格转租给刘某兰，在转租过程中，贺某亮以房东身份出面表示同意转租。次日，刘某兰在交付转让费后准备装修时，被贾某明阻挡并将该房屋上锁收回。刘某兰将聂某园诉至西峰区人民法院，要求退还转让费，并承担损失。

【法理解读】

本案涉及当事人一方欺诈行为及其效力问题。承租人贺某亮给聂某园租赁房屋过程中是否存在欺诈，其出租房屋收取聂某园房租费、转让费的行为是否有效，是本案的关键。

---

① 朱广新著：《合同法总论》，中国人民大学出版社2012年版，第245页。

② 审理法院：甘肃省庆阳地区中级人民法院，案号：（2013）庆中民终字第423号。

民事活动应当遵循自愿、公平、等价有偿、诚实信用的原则。贺某亮作为该房屋的承租人，在其租赁期限内，两次签订租赁合同，明确告诉聂某园该房屋为“自有”，在提高租金16000元之外，还向聂某园收取转让费35000元。在聂某园将该房屋给刘某兰转租过程中，贺某亮假冒房东同意转租，从中收取转让费10000元（后退付）。根据最高人民法院《关于贯彻执行〈中华人民共和国民法通则〉若干问题的意见（试行）》第68条规定：“一方当事人故意告知对方虚假情况，或者故意隐瞒真实情况，诱使对方当事人作出错误意思表示的，可以认定欺诈行为。”贺某亮自称其系房东、与聂某园签订房屋租赁合同、收取转让费和提高租赁费的行为，符合民事欺诈行为的法律特征。根据《民法通则》之规定，贺某亮上述行为无效，其应当依法返还聂某园转让费和多收取的房屋租赁费。根据《民法总则》本条之规定，应为可撤销行为。

【适用亮点】

承租人假冒房东身份将其承租的房屋转租，收取租金和转让费，属于一方以欺诈手段，使对方在违背真实意思的情况下实施的民事法律行为，受欺诈方有权请求人民法院或者仲裁机构予以撤销。民事行为被撤销后，当事人因该行为取得的财产，应当返还给受损失的一方。

第一百四十九条　【立法主旨】第三方欺诈时撤销权

【法条对比】

民法总则	第一百四十九条　第三人实施欺诈行为，使一方在违背真实意思的情况下实施的民事法律行为，对方知道或者应当知道该欺诈行为的，受欺诈方有权请求人民法院或者仲裁机构予以撤销。
民法通则	无
民通意见	无

【条文释解】

本条是对第三人实施欺诈行为的效力的规定。第三人欺诈，是指民事法律行为当事人以外的第三人故意实施的，以引起、强化或维持他人的错误认识并使其基于此错误认识而作出意思表示为目的的欺骗行为。在第三人欺诈中，涉及民事法律行为中未被欺诈的当事人是否应当予以保护的问题，对此，法律区分其善意与否，而作出了不同的规定。[①] 即仅当对方知道或者应当知道该欺诈行为的，受欺诈方有权请求人民法院或者仲裁机构予以撤销。

第三人欺诈行为的构成要件是：第一，实施欺诈行为的欺诈行为人，是民事法律行为双方当事人之外的第三人。第二，第三人实施欺诈行为是对民事法律行为当事人的一方进行，而非双方。第三，受欺诈的一方当事人由于受第三人的欺诈，在违背真实意思的情况下，与对方当事人实施了民事法律行为。第三人欺诈中的"第三人"并不是指法律行为当事人之外的任何人，而是指与当事人无任何关系的第三人。

本条为新增规定，进一步完善了我国的民事法律行为的效力规则。可以看出，立法者对民事欺诈行为（以区别构成犯罪者）的态度从无效转变为可撤销，反映了国家干预民事法律关系的逐渐退出，将欺诈行为效力判断的权利交还给当事人自己，更充分地体现了民法的私法性和当事人意思自治的原则。

【典型案例】

重庆市合川区某煤业有限公司诉唐某某劳动合同纠纷案[②]

2011 年 5 月 11 日被告唐某某到重庆市合川区某煤业有限公司

---

① 张新宝著：《中华人民共和国民法总则释义》，中国人民大学出版社 2017 年版，第 307 页。

② 审理法院：重庆市合川区（市）人民法院，案号：（2012）合法民初字第 05755 号。

应聘，公司要求被告唐某某须进行上岗检查合格方可聘用，2011年5月12日公司在第三人处对被告进行上岗前的职业病健康检查，被告被诊断为“双肺纹理增多，抗炎治疗后复查”之结论，第三人在传递该报告书时，却将另一份诊断为“心肺无明显异常发生”的诊断报告书进行传递审核，在审核过程中，第三人未尽到谨慎义务，将虚假的诊断报告书认定为正常，从而得出健康检查合格的结论，导致公司于2011年5月14日与被告签订劳动合同。现原告煤业公司诉至法院请求判令确认该《劳动合同》无效。

【法理解读】

本案涉及第三人实施欺诈行为的效力问题。本案中，被告进行身体检查后，重庆市某区某预防控制中心医生胡某龙根据被告唐某某影像作出诊断报告书，诊断为：双肺纹理增多，请结合临床，抗炎治疗后复查。故被告因身体情况不宜从事接触粉尘的相关工作岗位，对去原告单位从事掘进工作有职业禁忌。但在该报告传递过程中，形成了与被告唐某某影像不符合的“心肺无明显异常发现”且不是检查医生胡某龙签名的虚假报告。该虚假报告装入被告职业健康检查表经第三人重庆市某区某预防控制中心复核后于2011年5月17日由原告单位工作人员拿回，导致煤业公司与被告签订了劳动合同。但是，原告无直接证据证明预防控制中心的欺诈行为，且无证据证明被告唐某某知道或应当知道此欺诈行为，故不能据此认定该劳动合同因第三人欺诈而可撤销。

【适用亮点】

第三人实施欺诈行为，使一方在违背真实意思的情况下实施的民事法律行为，对方知道或者应当知道该欺诈行为的，受欺诈方有权请求人民法院或者仲裁机构予以撤销。但在没有证据表明第三人欺诈或合同相对方不知情的情况下，不得请求撤销合同。

第一百五十条　【立法主旨】受胁迫方撤销权

【法条对比】

民法总则	第一百五十条　一方或者第三人以胁迫手段，使对方在违背真实意思的情况下实施的民事法律行为，受胁迫方有权请求人民法院或者仲裁机构予以撤销。
民法通则	第五十八条　下列民事行为无效： …… （三）一方以欺诈、胁迫的手段或者乘人之危，使对方在违背真实意思的情况下所为的； …… 无效的民事行为，从行为开始起就没有法律约束力。
民通意见	无

【条文释解】

本条是对受胁迫方的撤销权的规定。《民通意见》第69条规定："以给公民及其亲友的生命健康、荣誉、名誉、财产等造成损害，或者以给法人的荣誉、名誉、财产等造成损害为要挟，迫使对方作出违背真实的意思表示的，可以认定为胁迫行为。"与因重大误解、受欺诈而作出意思表示的不同，受胁迫情形下表意人没有发生错误。①

胁迫的构成要件包括：第一，胁迫人有胁迫的故意。第二，胁迫人实施了胁迫的行为。第三，胁迫人因受胁迫而产生恐惧。第四，受胁迫人因恐惧而作出违背真实意愿的意思表示。第三人实施胁迫使表意人违背自己的意志作出意思表示时，表意人有权撤销。

---

① ［德］汉斯·布洛克斯、［德］沃尔夫·迪特里希·瓦尔克著：《德国民法总论》（第33版），张艳译、杨大可校，中国人民大学出版社2012年版，第282页。

从《民法总则》的立法来看，区分第三人欺诈与第三人胁迫。前者以相对人知道或者应当知道作为表意人行使撤销权的条件，而后者则无条件地属于可撤销原因。由此可见，在立法政策上，对于第三人胁迫，我国法律更注重保护表意人的利益。①

本条源于《民法通则》第58条第1款第3项的规定和《合同法》第52条、第54条第2款的规定。本条修正了以上规定，直接将受胁迫所实施的民事法律行为规定为可撤销的法律行为，另增加了关于第三人胁迫的规定。

【典型案例】

方某池与马鞍山市九缘物业管理有限公司物业服务合同纠纷上诉案②

2005年11月22日，九缘物业公司（甲方）与方某池（乙方）签订了物业服务协议，关于甲方义务方面约定：甲方对房屋的共用设施设备进行维护与管理；每年度的第一季度向乙方公布物业共用部位、共用设施设备维修资金和利用共用部位、共用设施和相关场地经营收益的收支账目等。关于物业管理服务费用约定：住宅物业管理服务费按每月每平方米0.60元收取。协议最后乙方签章处载有“本协议被迫签字”。方某池签订案涉协议后，并未向法院或仲裁机构请求撤销。九缘物业公司的服务未完全按照约定，现已退出该小区，现其向方某池主张自2006年11月1日至2016年10月31日物业管理服务费，方某池以九缘物业公司提供的物业服务存在严重瑕疵为由拒绝支付。

---

① 王利明主编：《中华人民共和国民法总则详解》，中国法制出版社2017年版，第654页。

② 审理法院：安徽省马鞍山市中级人民法院，案号：（2017）皖05民终301号。

【法理解读】

本案涉及受胁迫方的撤销权问题。协议写明“本协议被迫签字”，是否属于本条中所指的一方或者第三人以胁迫手段，使对方在违背真实意思的情况下实施的民事法律行为，受胁迫方是否有权请求法院或者仲裁机构予以撤销以及何时请求撤销为本案焦点。

首先，备注系方某池单方面所为，其提供的其他证据不足以证明该主张成立。其次，根据《合同法》第 54 条第 2 款规定，一方以欺诈、胁迫的手段或乘人之危，使对方在违背真实意思的情况下订立的合同，受损害方有权请求人民法院或者仲裁机构变更或撤销；第 55 条规定：具有撤销权的当事人自知道或应当知道撤销事由之日起一年内没有行使撤销权，或明确表示，或以自己的行为放弃撤销权的，撤销权消灭。方某池未在法律规定的期限内行使撤销权，则物业服务协议应为有效，对双方具有约束力。方某池接受了九缘物业公司的物业管理服务，理应缴纳物业费。

【适用亮点】

一方或者第三人以胁迫手段，使对方在违背真实意思的情况下实施的民事法律行为，需要有充分证据表明方可认定；且具有撤销权的当事人自知道或应当知道撤销事由之日起一年内没有行使撤销权，或明确表示，或以自己的行为放弃撤销权的，撤销权消灭。

第一百五十一条　【立法主旨】 显失公平时受损害方的撤销权

【法条对比】

民法总则	第一百五十一条　一方利用对方处于危困状态、缺乏判断能力等情形，致使民事法律行为成立时显失公平的，受损害方有权请求人民法院或者仲裁机构予以撤销。

民法通则	第五十九条　下列民事行为，一方有权请求人民法院或者仲裁机关予以变更或者撤销： …… （二）显失公平的。 ……
民通意见	第七十三条第一款　对于重大误解或者显失公平的民事行为，当事人请求变更的，人民法院应当予以变更；当事人请求撤销的，人民法院可以酌情予以变更或者撤销。

【条文释解】

本条是对显失公平时受损害方撤销权的规定。该条源于大陆法系中暴利行为的规定。《德国民法典》第 138 条第 2 款规定暴利行为无效。是否构成暴利行为，除要考虑给付与对待给付之间明显不对称这一实质性要件外，而且要求主观要件即获得暴利者利用了对方的急迫情势、无经验、欠缺判断力或意志显著薄弱。[①]《民法通则》将暴利行为一分为二：将暴利行为的主观要件规定为“乘人之危”，将暴利行为的客观要件规定为“显失公平”。且在法律效果上，前者属于无效，后者属于可撤销，但乘人之危与显失公平的适用范围发生重叠。《民法总则》舍弃乘人之危，废除了《民法通则》及《合同法》所规范的乘人之危与显失公平分别立法的体例，而代之以单一的显失公平规范，表明显失公平被立法赋予与暴利行为的相同的规范功能。[②] 显失公平的构成要件包括：第一，主观要件，当事人故意利用对方当事人处于困境或者缺乏经验等与之签订合同。第二，客观要件，即在客观上当事人之间的利益不平衡。这种不平衡违反了《民法通则》中的等价公平原则，也违反了当事

① ［德］迪特尔·梅迪库斯著：《德国民法总论》，邵建东译，法律出版社 2000 年版，第 542 页。

② 王利明主编：《中华人民共和国民法总则详解》，中国法制出版社 2017 年版，第 662 页。

人的自主自愿原则。

本条源于《民法通则》第59条的规定，与《民法通则》的规定相比，《民法总则》将“变更”删除，更加尊重当事人意思自治。

【典型案例】

龙某文与中华联合保险公司中山公司、冯某良机动车交通事故责任纠纷案①

2014年4月28日，莫某明饮酒后驾驶两轮普通摩托车载龙某文行驶在单向行驶路段时与由冯某良驾驶迎面直行的小型轿车发生碰撞，造成车辆损坏及莫某明、龙某文受伤。5月13日，双方签订一份交通事故和解协议，由乙方冯某良向甲方莫某明、龙某文支付共20000元，收到该款后双方因本次事故的所有权利义务全部了结，再不追究；甲方保证无论在之后交警出具有交通事故认定书认定中乙方承担多少责任，均放弃在正规医院治疗，也放弃保险赔偿和向任何机关对乙方提出赔偿要求。原告收到冯某良20000元后，该市交通警察支队作出《道路交通事故认定书》：莫某明承担事故主要责任，冯某良承担事故次要责任，龙某文不承担事故责任。现龙某文向法院提起诉讼，请求判令：撤销该《交通事故和解协议书》；请求案涉保险公司支公司在交强险赔偿限额内赔偿损失人民币75509.43元给龙某文，冯某良对超出交强险的损失承担连带赔偿责任。冯某良提出反诉，请求判令：龙某文退还已付20000元和加倍退20000元共40000元。

【法理解读】

本案涉及显失公平时受损害方的撤销权问题。本案中，因龙某文、莫某明与冯某良签订和解协议时未能预见其实际损失，该和解

---

① 审理法院：广东省中山市中级人民法院，案号：（2016）粤20民终字第1259号。

协议继续履行对龙某文明显不公平，龙某文主张撤销该和解协议，理据充分，予以支持，其收取的20000元也应予返还给冯某良。莫某明、龙某文和冯某良所签订之交通事故和解协议，在冯某良的驾驶车辆已投保交强险且龙某文伤情仍未确定的情形下，约定20000元，与龙某文实际损失数额相差超大，此情形符合显失公平民事行为的定义，即一方当事人利用对方没有经验，促使双方权利义务明显违反公平原则。故该调解协议可撤销。

【适用亮点】

一方利用对方处于危困状态、缺乏判断能力等情形，如本案中在龙某文伤情仍未确定，缺乏经验的情形下，与被告约定赔偿20000元显失公平，受损害方有权请求法院或者仲裁机构予以撤销。

第一百五十二条 【立法主旨】撤销权消灭情形

【法条对比】

民法总则	第一百五十二条　有下列情形之一的，撤销权消灭： （一）当事人自知道或者应当知道撤销事由之日起一年内、重大误解的当事人自知道或者应当知道撤销事由之日起三个月内没有行使撤销权； （二）当事人受胁迫，自胁迫行为终止之日起一年内没有行使撤销权； （三）当事人知道撤销事由后明确表示或者以自己的行为表明放弃撤销权。 当事人自民事法律行为发生之日起五年内没有行使撤销权的，撤销权消灭。
民法通则	无
民通意见	无

【条文释解】

本条是对撤销权的除斥期间和消灭事由的规定。撤销权是指享有撤销权的当事人，通过自己单方面的意思表示而使已经成立的民事法律行为的效力归于消灭的权利。撤销权的行使可以使已经成立的民事法律行为自始不发生效力，为形成权。因此撤销权存在除斥期间。中国特色的撤销权消灭制度为：第一，当事人自知道或者应当知道撤销事由之日起1年内、重大误解的当事人自知道或者应当知道撤销事由之日起3个月内没有行使撤销权的；第二，当事人受胁迫，自胁迫行为终止之日起1年内没有行使撤销权的；第三，当事人知道撤销事由后明确表示或者以自己的行为表明放弃撤销权的；第四，当事人自民事法律行为发生之日起5年内没有行使撤销权的。法律作此规定是为了使得民事法律关系不要长久地处于不确定的状态，而尽快稳定下来，否则对于交易安全是一个严重的威胁，也不利于民事活动秩序的维护。①

本条源于《合同法》第55条规定，与之相比而言，更加细致、更加完备；与我国台湾地区“民法典”第93条之规定相比也更加系统和完备。

【典型案例】

雅德咨询公司诉金湖饮食服务公司等
债权人行使撤销权超过法定期间被驳回案②

某市中级人民法院于2002年1月4日作出民事调解书，确认金湖饮食服务公司（以下简称饮服公司）欠中国华融资产管理公司南京办事处（以下简称华融南京办）本金171万元及相应利息。

---

① 张新宝著：《中华人民共和国民法总则释义》，中国人民大学出版社2017年版，第318页。

② 审理法院：江苏省高级人民法院，案号：（2015）苏民再提字第00118号。

饮服公司未按调解书履行义务，华融南京办向法院申请执行，但尚有 1311332.72 元未能执行到位，法院向华融南京办发出债权凭证。2007 年 10 月 12 日，华融南京办将上述债权转让给雅德咨询公司，并通知了债务人饮服公司。雅德咨询公司在向法院申请恢复执行中发现，饮服公司于 2008 年 7 月 7 日将位于金湖县人民路 50 号的 2415.25 平方米的房产无偿转让给信用社。饮服公司该无偿转让房产的行为损害了债权人雅德咨询公司的利益，故于 2011 年 9 月起诉要求撤销饮服公司与信用社之间就金湖县人民路 50 号房产转让的行为。

【法理解读】

本案涉及撤销权的除斥期间和消灭事由问题，争议焦点为雅德咨询公司的撤销权是否消灭。首先，合同法中债权人基于债的保全享有的撤销权是以《合同法》第 74 条规定的撤销事由为前提，但是以债务人的财产处分行为的发生为前提条件，而不是以处分结果为条件。其次，对债务人处分财产而损害债权人的债权行为行使撤销权，应当同时受 1 年期间和 5 年期间的限制。本案中，第一，信用社在 2002 年 12 月 27 日取得涉案房地产的土地使用权证，但直至 2007 年 10 月 12 日，华融南京办在转让该债权时，从未向法院申请撤销该转让协议，已经超过了法律规定的 1 年撤销权期间，撤销权已经消灭。原债权人丧失的撤销权，雅德咨询公司在受让该债权后不得重新享有。第二，从债务人饮服公司就处分案涉财产签订最后一份相关协议的时间，即 2003 年 12 月至雅德咨询公司 2011 年 9 月起诉时，也已经远远超过了 5 年的撤销权期间，撤销权也已消灭。

【适用亮点】

债权人行使撤销权的时间，应当同时受 1 年期间和 5 年期间的限制。换言之，即使债权人行使撤销权的时间是在其知道或者应当知道撤销事由的 1 年之内，但是如果此时自债务人的处分行为发生之日已满 5 年的，则该撤销权依法已消灭。

第一百五十三条　【立法主旨】违反强制性规定和公序良俗的后果

【法条对比】

民法总则	第一百五十三条　违反法律、行政法规的强制性规定的民事法律行为无效，但是该强制性规定不导致该民事法律行为无效的除外。 违背公序良俗的民事法律行为无效。
民法通则	第五十八条　下列民事行为无效： …… （五）违反法律或者社会公共利益的； ……
民通意见	无

【条文释解】

本条是对违反强制性规定和公序良俗的后果的规定。本条第1款前半句虽然规定违反法律、行政法规的强制性规定的民事法律行为无效，但是后半句的但书将不导致该民事法律行为无效的强制性规定排除在外。对于强制性效力性规定的区分方法，王利明教授提出三分法，其中，法律、法规规定违反该规定，将导致合同无效或不成立的，为当然的效力性规定；法律、法规虽然没有规定：违反其规定，将导致合同无效或不成立。但违反该规定若使合同继续有效将损害国家利益和社会公共利益，这也属于效力性规定。

违反公序良俗的行为无效。公序良俗的内容大致包含：第一，国家的政治秩序和制度形态。第二，各地社会善良风俗习惯。第三，自然人人格以及法人、其他组织的声誉等权益的尊重。第四，家庭美德与民族习惯。第五，其他公序良俗。具体包括：性道德、婚姻伦理、家庭伦理、公平竞争等。[1] 规定违背公共秩序或善良风俗的民事法律行为无效，即法律不能允许违反法律本身价值体系（公共秩序）或违反伦理（善良风俗）的行为获得法律上的强制力（正常有效的民事法律行为具有强制力）。[2]

本条源于《民法通则》第58条的规定，与《民法通则》的规定相比，本条将“社会公共利益”修改为“公序良俗”，增加规定了“但是该强制性规定不导致该民事法律行为无效的除外”，使得民事法律行为的效力规则更加完善、合理。

【典型案例】

金核矿业有限公司与新疆临钢资源投资股份有限公司特殊区域合作勘查合同纠纷案[3]

金核公司向法院提起诉讼称：2011年10月10日，临钢公司与其签订《合作勘查开发协议》后，认为双方合作开发的项目位于保护区，违反了协议第6.2.3条“不在冰川保护区、自然保护区、风景区等可能影响矿山开发的区域范围内”的约定，提出解除协议。金核公司请求法院：1. 确认临钢公司解除《合作勘查开发协议》的行为无效；2. 确认《合作勘查开发协议》有效，金核公司无须退还临钢公司已支付的矿权合作补偿价款3500万元。临钢公司向一审法院提起反诉，请求判令：解除双方签订的《合作勘查开发协议》、金核公司向临钢公司返还矿权合作补偿价款3500万元等请求。

---

① 钟秀勇编著：《钟秀勇讲民法之精讲卷》，北京日报出版社2017年版，第114页。

② 王泽鉴著：《民法总则》（增订版），中国政法大学出版社2001年版，第289页。

③ 审理法院：最高人民法院，案号：（2015）民二终字第167号。

【法理解读】

本案涉及违反强制性规定的后果问题。本案争议的焦点在于：临钢公司与金核公司签订的《合作勘查开发协议》是否违反强制性项规定而无效，应否解除。

《合作勘查开发协议》项下的探矿权位于新疆塔什库尔干野生动物自然保护区范围内，该自然保护区设立在先，金核公司的探矿权取得在后，从协议第6.2.3条关于"乙方保证取得的上述探矿证……不在冰川保护区、自然保护区、风景区等可能影响矿山开发的区域范围内"的约定来看，双方当事人均知道或者应当知道在自然保护区内不允许进行矿产资源的勘探和开发。开矿属于《自然保护区条例》第26条明令禁止的行为，因此，双方签订的《合作勘探开发协议》违反了《自然保护区条例》的禁止性规定，违反法律、行政法规的强制性规定的合同无效。无效合同不存在解除问题，故双方诉讼请求均无法得到支持。

【适用亮点】

当事人约定在自然保护区、风景名胜区、重点生态功能区、生态敏感区和脆弱区域内勘查开采矿产资源，只要违反法律、行政法规的强制性规定或者损害环境公共利益的，法院自应认定合同无效。

第一百五十四条　【立法主旨】恶意串通行为的效力

【法条对比】

民法总则	第一百五十四条　行为人与相对人恶意串通，损害他人合法权益的民事法律行为无效。
民法通则	第五十八条　下列民事行为无效： …… （四）恶意串通，损害国家、集体或者第三人利益的； ……

民通意见	无

【条文释解】

本条是对恶意串通行为的效力的规定。恶意串通行为又称恶意通谋行为，是指在买卖活动中，双方以损害他人利益为目的、弄虚作假的违法行为。具体表现为：串通掩盖事实真相，在应价过程中串通一气，有意压价，损害委托人的利益等。

恶意串通损害他人合法权益的民事法律行为的构成要件有三：第一，当事人在主观上具有恶意。恶意是指明知或应知某种行为会造成他人损害，而故意为之，当事人相互之间具有共同的非法目的。第二，当事人间互相串通。串通是指相互串联、勾通，使当事人间在行为的动机、目的、行为以及行为的结果上达成一致，共同实现非法目的。第三，双方当事人串通实施的行为损害他人的合法权益。恶意串通的结果应造成自然人、法人或者非法人组织的合法权益受到损害。从我国司法审判实务来看，恶意串通行为大体可以归结为：双方当事人恶意串通以逃避债务、双方当事人恶意串通欺诈第三人、代理人与第三人恶意串通损害被代理人的利益、代股权或者商标权的双重转让、双方当事人恶意串通规避法律等。[①]

本条源于《民法通则》第58条的规定，与《民法通则》的规定相比，《民法总则》第154条的这规定有比较大的改变：第一，在损害的利益方面，没有说损害国家、集体和第三人的利益，而是笼统地说是损害他人合法权益；第二，对于恶意串通行为的后果，只规定民事法律行为无效，没有规定应当收缴双方取得的财产，也没有规定将追缴双方取得的财产，收归国家、集体所有或者返还第三人。这样的规定，显然只是把恶意串通作为一个普通的无效民事

① 王利明主编：《中华人民共和国民法总则详解》，中国法制出版社2017年版，第676页。

法律行为来规定，而没有在规则上对恶意串通行为赋予更大的责任。①

【典型案例】

欧宝生物科技有限公司诉
特莱维置业发展有限公司企业借贷纠纷案②

2007 年 7 月至 2009 年 3 月，欧宝公司与特莱维公司先后签订 9 份《借款合同》，约定特莱维公司向欧宝公司共借款 8650 万元，约定利息为同年贷款利率的 4 倍。特莱维公司在收到汇款的当日或数日后立即将其中的 6 笔转出，共计转出 7050 万余元。其中 5 笔转往上海翰皇公司，共计 6400 万余元。欧宝公司后又向特莱维公司转款 3 笔，计 360 万元。

欧宝公司法定代表人为宗某光，该公司股东曲某丽持有 73.75%的股权，姜某琪持有 2%的股权，宗某光持有 2%的股权。特莱维公司原法定代表人为王某新，翰皇公司持有该公司 90%的股权，王某持有 10%的股权，2010 年 8 月 16 日法定代表人变更为姜某琪。翰皇公司于 2002 年 3 月 26 日成立，法定代表人为王某新，前身为沪市特莱维化妆品有限公司，王某新持有该公司 67%的股权，曲某丽持有 33%的股权，同年 10 月 28 日，曲某丽将其持有的股权转让给王某。2004 年 10 月 10 日该公司更名为翰皇公司，公司登记等手续委托宗某光办理，2011 年 7 月 5 日该公司注销。王某新与曲某丽系夫妻关系。现欧宝公司起诉，请求法院判令特莱维公司返还借款本金 8650 万元及利息。

【法理解读】

本案涉及恶意串通行为的效力问题。欧宝公司与特莱维公司提

---

① 杨立新主编：《中华人民共和国民法总则要义与案例解读》，中国法制出版社 2017 年版，第 566 页。

② 审理法院：最高人民法院，案号：（2015）民二终字第 324 号。

起本案诉讼是否存在恶意串通损害他人合法权益的问题是本案的核心问题。从案涉判决执行的过程来看，欧宝公司申请执行之后，对查封的房产不同意法院拍卖，而是继续允许该公司销售，特莱维公司每销售一套，欧宝公司即申请法院解封一套。在接受法院当庭询问时，欧宝公司对特莱维公司销售了多少查封房产，偿还了多少债务陈述不清，表明其提起本案诉讼并非为实现债权，而是通过司法程序进行保护性查封以阻止其他债权人对特莱维公司财产的受偿。虚构债权，恶意串通，损害他人合法权益的目的明显。其次，从欧宝公司与特莱维公司人员混同、银行账户同为王某新控制的事实可知，两公司同属一人，均已失去公司法人所具有的独立人格。一审申诉人谢某认为欧宝公司与特莱维公司之间恶意串通提起虚假诉讼损害其合法权益的意见，以及对有关当事人和相关责任人进行制裁的请求，于法有据，应予支持。

【适用亮点】

行为人与相对人恶意串通，损害他人合法权益的民事法律行为自始无效。人民法院保护合法的借贷关系，同时对于恶意串通进行虚假诉讼意图损害他人合法权益的行为，应当依法制裁。

第一百五十五条　【立法主旨】无效或被撤销的民事法律行为

【法条对比】

民法总则	第一百五十五条　无效的或者被撤销的民事法律行为自始没有法律约束力。
民法通则	第五十八条第二款　无效的民事行为，从行为开始起就没有法律约束力。 第五十九条第二款　被撤销的民事行为从行为开始起无效。
民通意见	无

【条文释解】

本条是对无效或被撤销的民事法律行为自始无效的规定。本条所说的“没有法律约束力”，是指不能产生当事人所意欲的法律效果，即当事人不能请求国家机器以国家强制力保证实现其在这一行为中所意欲实现的法律效果。无效法律行为或被撤销法律行为并非在任何情况下均可溯及行为开始之时。对此，应当借鉴法国、德国及日本的立法、判例与学说，对无效法律行为与被撤销法律行为的溯及力予以必要的限制。如继续性合同不溯及自始归于消灭；不得对抗善意第三人；婚姻无效或被撤销的溯及力不及于善意配偶与子女。[①]

本条源于《民法通则》第58条第2款、第59条第2款和《合同法》第56条的规定。《民法总则》整合了既有立法的规定，统一规定“无效的或者被撤销的民事法律行为自始没有法律约束力”。这种对无效或被撤销的民事法律行为效力的规定是一种国家干预私法的结果，应当被社会、国家机关、其他组织和个人尊重，形成一种确定的社会效果，作为一种有效的稳定社会的法律指引。

【典型案例】

朱某庭诉湖干畈村村民委员会租赁合同纠纷案[②]

原告于2003年5月在某县溪滩原牛奶场开办洁具厂。2013年，因防洪建设需要，原告原有的厂房必须拆除。2013年4月，经过原、被告以及镇政府三方进行协商，原告与被告达成一份《厂房到期解决协议》，规定被告在本村溪滩郎小强西侧划出3000平方米土地作为建设新厂房基地。2013年6月，原、被告又签订

---

① 王利明主编：《中华人民共和国民法总则详解》，中国法制出版社2017年版，第680页。

② 审理法院：浙江省武义县人民法院，案号：（2016）浙0723民初3455号。

了一份《溪滩荒地租赁协议》，明确把本村溪滩中部面积约3000平方米作为原告搬迁安置使用。2013年，原告在湖干畈村溪滩中部荒地按照三十年租金期规划投入进行土地平整，并在该荒地上建造厂房。2014年4月，被告向县供电公司出具书面材料，经过桐琴镇政府的同意把原告原厂房的变压器迁移到新厂房。

2014年7月，县国土资源局作出行政处罚决定书，要求原告拆除新建的建筑物以及其他设施，并处60420元罚款。2016年4月和6月，原告新建的厂房和原告新建的配电房等建筑物被武义县有关部门拆除。原告诉请法院判令：解除原告与被告签订的《厂房到期解决协议》和《溪滩荒地租赁协议》；被告赔偿给原告损失××元。

【法理解读】

本案涉及无效的民事法律行为自始无效问题。朱某庭与湖干畈村村委会于2013年4月27日厂房到期解决协议和2013年6月2日签订的溪滩荒地租赁协议，违法了《土地管理法》的强制性规定，《合同法》第52条的禁止性规定，应当确认无效。无效的合同，自始不发生法律约束力。故，行为人因该行为取得的财产，应当予以返还；不能返还或者没有必要返还的，应当折价补偿。由于原告根据该协议修建的建筑物及其他设施于2016年4月19日被县有关部门拆除，原告因该无效协议取得的财产已灭失。

无效行为自始无效，由该行为造成的损失，有过错的一方应当赔偿对方由此所受到的损失；各方都有过错的，应当各自承担相应的责任。法律另有规定的，依照其规定。法院酌定朱某庭承担60%责任、湖干畈村村委会承担40%责任。本案中朱某庭经武义县国土资源局通知责令停建后，仍继续建设，由此所造成的扩大损失应由其本人承担。

【适用亮点】

民事法律行为被确认无效后，自始不发生法律效力，即因该无效行为取得的财产应当返还，因该无效行为造成的损失应当赔偿。

第一百五十六条　【立法主旨】民法行为部分无效

【法条对比】

民法总则	第一百五十六条　民事法律行为部分无效，不影响其他部分效力的，其他部分仍然有效。
民法通则	第六十条　民事行为部分无效，不影响其他部分的效力的，其他部分仍然有效。
民通意见	无

【条文释解】

本条是对民事法律行为部分无效的规定。民事法律行为部分无效，是指无效的原因仅存在于民事法律行为的一部分之中。我国《合同法》第56条规定："……合同部分无效，不影响其他部分效力的，其他部分仍然有效。"

是否具有可分性，即民事法律行为的多个部分能否各自成为独立的民事法律行为，是判断部分无效是否影响其余部分效力的标准。当判定某个民事法律行为"部分无效，但其他部分仍然有效"时，所蕴含的前提条件是，该无效的部分与该有效的部分可以各自作为一个独立的民事法律行为而存在。故本条"部分无效，不影响其他部分效力的"，主要有下述情形：（1）法律行为标的之数量超过法律许可范围。（2）法律行为之标的，由数种不同事项拼合而成，其中一项或数项无效。（3）法律行为非主要条款，因违反法律禁止性规定或公序良俗而无效。[①] 此规范的理论基础贯彻了法律行为的区分原则。

本条源于《民法通则》第60条和《合同法》第56条的规定，

---

① 课题组负责人梁慧星：《中国民法典草案建议稿附理由：总则编》，法律出版社2006年版，第274页。

与《民法通则》的规定相比，本条将“民事行为”修改为“民事法律行为”。

【典型案例】

绿色再生资源回收网络有限责任公司与梁某玉、梁某兰房屋租赁合同纠纷抗诉案①

2009年7月，绿色公司与梁某玉、梁某兰签订厂房出租协议，主要约定：绿色公司租赁梁某玉、梁某兰在某市巴南区某村自建厂房两幢约2200平方米、两幢厂房间空地约1400平方米、办公楼一幢约400平方米；租期9年；厂房、空地及办公室年租金××元；梁某玉、梁某兰保证对出租房屋及土地具有合法权利，如因梁某玉、梁某兰原因导致本协议无效，给绿色公司造成的一切损失，由梁某玉、梁某兰负责赔偿等。协议签订后，绿色公司预付梁某玉、梁某兰2009年9月1日至2010年8月31日期间的房屋租金××元，并入住使用租赁厂房、办公楼等。绿色公司在使用期间，自行出资重新修建厂值班室，将原厂房大门改建为电动门。

因2003年9月梁某玉、梁某兰共同出资在此处修建约2200平方米厂房两幢，至今未办理建设规划相关手续。2010年12月，绿色公司起诉至某市巴南区人民法院，要求认定与梁某玉、梁某兰签订的租赁协议无效，并由梁某玉、梁某兰支付赔偿金××元、建设费用××元，返还垫支的电力设施费用××元，合计××元。梁某玉、梁某兰提起反诉，要求绿色公司支付自2010年9月起至2011年6月27日的房屋租金及占有使用费××元。

【法理解读】

本案涉及民事法律行为部分无效问题。本案所涉租赁房屋中300平方米办公楼已取得乡村建设规划许可证，系经合法批准建造

① 审理法院：重庆市高级人民法院，案号：（2013）渝高法民提字第00153号。

的房屋，而2200平方米的厂房及100平方米的办公楼至今未取得合法报建手续，属违法建筑。当事人双方签订的厂房出租协议中基于违法建筑部分租赁合同无效，不受法律保护。当事人双方签订厂房出租协议中仅涉及违法建筑部分无效，鉴于双方当事人已约定合同无效产生损害赔偿责任由梁某玉、梁某兰承担，故梁某玉、梁某兰应承担厂房出租协议因部分无效造成损失的全部责任。双方当事人签订的厂房出租协议部分无效，不等于绿色公司可无偿使用承租房屋，即绿色公司应按约定的租金标准支付2010年9月起至2011年6月27日期间房屋占有使用费和租金。

【适用亮点】

在一个合同中部分条款因违反法律、行政法规的强制性规定而无效的，在不影响其他条款效力的情况下，其他条款仍然有效。

第一百五十七条　【立法主旨】无效、被撤销法律后果

【法条对比】

民法总则	第一百五十七条　民事法律行为无效、被撤销或者确定不发生效力后，行为人因该行为取得的财产，应当予以返还；不能返还或者没有必要返还的，应当折价补偿。有过错的一方应当赔偿对方由此所受到的损失；各方都有过错的，应当各自承担相应的责任。法律另有规定的，依照其规定。
民法通则	第六十一条　民事行为被确认为无效或者被撤销后，当事人因该行为取得的财产，应当返还给受损失的一方。有过错的一方应当赔偿对方因此所受的损失，双方都有过错的，应当各自承担相应的责任。 双方恶意串通，实施民事行为损害国家的、集体的或者第三人的利益的，应当追缴双方取得的财产，收归国家、集体所有或者返还第三人。
民通意见	无

【条文释解】

本条是对民事法律行为无效、被撤销或者确定不发生效力后的法律后果的规定。因民事法律行为无效或可撤销所导致的原物返还和赔偿责任的根据在理论上有两种观点，一种认为受害方享有不当得利债权，另一种认为一方当事人受领他方给付构成非法占有。在其他大陆法国家中（如德国和法国），通常将无效后的返还赔偿问题列为不当得利或侵权之债规则中。[①] 本条可以分解为五个层次：

第一，民事法律行为无效、被撤销或者确定不发生效力后，行为人因该行为取得的财产，应当予以返还。返还是恢复原状的一种处理方式。财产返还分为原物的返还和价值的返还。返还原物的性质为物上请求权。[②] 价值的返还依赖于不当得利制度，仅具有债权的效力。[③] 第二，民事法律行为无效、被撤销或者确定不发生效力后，行为人因该行为取得的财产不能返还或者没有必要返还的，应当折价补偿。即对于他人的财产，在不能返还或者没有必要返还的情况下，根据该财产的价值以一定的金钱予以补偿。第三，由于该民事法律行为的无效导致损失的一方当事人有权请求有过错的一方当事人赔偿。原则上只有有过错方，才需要就对方的损失予以赔偿。第四，对民事法律行为的无效双方都有过错的，应当各自承担相应的责任。其既包括各方承担按份责任，也包括各方承担连带责任。第五，某些民事法律行为的无效，法律另有规定的依照其规定。这样，当事人不仅承担一般的补偿性民事责任，还有可能承担惩罚性赔偿责任，如欺诈消费者、保险欺诈等方面。

本条源于《民法通则》第 61 条和《合同法》第 58 条的规定，《民法总则》在整合这些规定的基础上作出了统一的规定。

---

① 董安生著：《民事法律行为》，中国人民大学出版社 2002 年版，第 108-109 页。

② 崔建远著：《物权：规范与学说——以中国物权法的解释论为中心》（上），清华大学出版社 2011 年版，第 76 页。

③ 王泽鉴著：《不当得利》，北京大学出版社 2009 年版，第 175 页。

【典型案例】

丁某军诉徐某燕等城镇居民购买农民住宅合同被认定无效判令返还案[①]

2008年8月初，原告丁某军与被告徐某燕及其已故的配偶金某和签订《房屋买卖合同》，被告将自己位于某市云山乡白果树村房屋及土地使用权售予原告。合同约定房价款36万元整。8月中旬原告向被告支付10万元房款后经被告同意对房屋进行了56862元的装修。房屋装修完工后，被告拒绝交付房屋。后原告得知《房屋买卖合同》违反了宅基地使用权转让的法律强制性规定，应属无效合同。原告数次要求被告退还购房款、支付装潢费用，均不被理睬，故诉至法院，请求依法裁决原告与被告签订的买卖合同无效，判决被告返还原告购房款10万元并支付从2008年8月30日起至实际还款之日止按银行同期贷款利率计算的利息、赔偿装潢损失56862元。

【法理解读】

本案涉及民事法律行为无效的法律后果问题。宅基地是农村集体经济组织分配给成员用于建造住宅的土地，根据我国《土地管理法》和《物权法》的规定，宅基地使用权的主体具有特定性，即只能是农村居民，具有社会保障和社会福利性质。本案争议的房屋系农村村民在集体土地上建造的住宅，丁某军作为城镇居民和徐某燕夫妻签订的关于涉案房屋买卖的合同违反了国家法律和政策的规定，该合同为无效合同，故对丁某军要求确认合同无效的诉求依法予以支持。

---

① 审理法院：江苏省连云港市中级人民法院，案号：（2013）连民终字第0453号。

【适用亮点】

城镇居民购买农村居民宅基地上的房屋，因违反我国法律和政策的规定，应认定为无效。购房合同无效后，因该合同取得的财产，应当予以返还，有过错的一方应当赔偿对方因此所遭受的损失，双方都有过错的，应当各自承担相应的责任。

第四节　民事法律行为的附条件和附期限

第一百五十八条　【立法主旨】附条件的民事行为

【法条对比】

民法总则	第一百五十八条　民事法律行为可以附条件，但是按照其性质不得附条件的除外。附生效条件的民事法律行为，自条件成就时生效。附解除条件的民事法律行为，自条件成就时失效。
民法通则	第六十二条　民事法律行为可以附条件，附条件的民事法律行为在符合所附条件时生效。
民通意见	无

【条文释解】

本条是关于可以附条件的民事法律行为的一般规定。

民事法律行为附条件，是指当事人在民事法律行为中约定以特定条件的成就来决定法律行为效力的发生或消灭的法律行为。“条件”应满足以下要求：第一，条件须为将来的事实；第二，条件须为不确定的事实；第三，条件约定的事实须可能发生；第四，条件须为当事人约定的事实，而非法定事实；第五，条件必须合法；第六，条件不得与法律行为的主要内容相矛盾。

然而，并不是每个民事法律行为都是可以附条件来确定其法律效力的，一般来讲，民事法律行为的性质是民事法律行为能否附条件的标准，主要包括以下情形：第一，为维护公共利益不得附条件。[①] 例如，各种票据行为不得附条件。第二，为维护第三人利益，不得附条件。例如，抵销权，承认权、选择权、解除权等在性质上不得附条件。但应注意，如果这些民事法律行为的行使并不会对相对人造成特别不利或者得到相对人同意的话，则仍可以附条件。例如，约定 10 日内不为给付则合同视为当然解除。[②] 第三，登记行为不得附条件。这是因为如果允许登记行为附条件，则会影响不动产登记的公信力。第四，非持续性民事法律行为，一般不得附解除条件。这是由附解除条件的性质决定的。在民事法律行为附有解除条件时，在条件成就前，该民事法律行为一直有效，直到解除条件成就时才失去效力，这就要求该民事法律行为一定是持续性的。此外，还需注意的是条件与附条件的民事法律行为中其他的部分是一个不可分的整体，故当性质上不能附条件的民事法律行为被附条件时，该行为的法律效力应当认定为无效，不能将条件予以剥离而认为其他部分仍然有效，[③]

本条中所称“条件的成就”，是指条件中规定的将来不确定的事项已经得到了实现。需要注意：（1）根据法律规定，附生效条件的民事法律行为，在生效条件成就时，自动生效，当事人无须再作出意思表示，附解除条件的民事法律行为，在解除条件成就时，当然地失效；（2）解除权不同于解除条件，解除权的行使具有溯及力，但解除条件的成就原则上没有溯及力。[④]

本条源于《民法通则》第 62 条规定，与《民法通则》的规定相比，本条规定了附条件民事法律行为并规定了除外情形，将公共

---

① 张新宝著：《〈中华人民共和国民法总则〉释义》，中国人民大学出版社 2017 年版，第 338 页。

② 刘得宽著：《民法总则》（增订 4 版），中国政法大学出版社 2006 年版，第 255 页。

③ 施启杨著：《民法总则》（修订第 8 版），中国法制出版社 2010 年版，第 265 页。

④ 黄立著：《民法总则》，中国政法大学出版社 2002 年版，第 375 页。

利益、第三人利益等除外情形纳入民法保护之中，并且该款条文的表述更加具体、明晰且易于理解。

【典型案例】

原告王某忠与被告陈某、胡某堂股权转让纠纷一案①

2014年5月8日，王某忠与陈某签订《股权转让协议书》，约定由陈某将其持有的某公司100%的股权以3200万元转让给原告。合同签订后，王某忠先后向陈某支付股权转让款300万元整。后由于情势变化，双方协商决定解除《股权转让协议书》，由陈某退还王某忠股权转让款80万元。2014年11月12日，双方签订《解除协议》，并约定3个月内，陈某退还原告30万元。2014年11月17日，胡某堂向王某忠出具承诺书，承诺剩余50万元股权转让款由其代陈某向王某忠退还，约定该款项由胡某堂在第一次贷款出款后支付，具体贷款事宜胡某堂与陈某正在办理中。然而胡某堂承诺的返还款项期限已过，胡某堂并未按承诺向原告返还股权转让款，故王某忠诉至法院，要求被告胡某堂返还50万元。

【法理解读】

本案争议焦点之一为胡某堂承诺的关于其向原告退还50万元属于附条件还是附期限的民事法律行为？其区别在于，条件能否成就具有不确定性，而期限的到来具有确定性。本案中被告承诺的50万元退款约定是以其第一次通过贷款出款为条件的，即被告退还原告50万元的前提是第一次通过贷款出款，但能否通过贷款出款具有不确定性，这并不是必然能够实现，故依照《民法总则》第158条的规定，被告承诺向原告退还50万元属于附条件的民事法律行为。且胡某堂向陈某出具的承诺是其真实意思表示，陈某对该承诺予以接受，即双方就胡某堂所作承诺达成合意，故该承诺对

---

① 审理法院：苏州市虎丘区人民法院，案号：（2016）苏0505民初236号。

胡某堂具有约束力，胡某堂应当按照承诺履行向陈某退还 50 万元的义务。

【适用亮点】

条件和期限一样，都是民事法律行为的附款。法律行为中所附的条件和法律行为中所附的期限虽然都能够直接导致民事法律行为效力的发生与消灭，但条件能否成就具有不确定性，而期限的到来具有确定性。本案中被告承诺向原告退还 50 万元，但其能否通过贷款出款具有不确定性，并不是必然实现的，故其属于附条件的民事法律行为。

第一百五十九条　【立法主旨】附条件民事法律行为阻止和不成就

【法条对比】

民法总则	第一百五十九条　附条件的民事法律行为，当事人为自己的利益不正当地阻止条件成就的，视为条件已成就；不正当地促成条件成就的，视为条件不成就。
民法通则	无
民通意见	无

【条文释解】

本条是关于当事人为自己的利益不正当阻止条件成就和不正当的促成条件成就情况下，认定条件是否成就的规定。

附条件的民事行为是当事人基于意思自治原则，使行为人的动机获得法律表现，继而受到法律保护。在附条件的法律行为成立以后，在条件未成就以前，当事人均不得为了自己的利益，以不正当的行为促成或阻止条件的成就，而只能听任作为条件的事实自然发生。按照法律的要求，作为条件的事实必须是依自然进程发生或不发生的，不能受到任何一方当事人的不当影响，否则，不正当促成或阻止的行为都会对他方当事人产生不公平的结果。[①] 法律之所以要对条件成就与否的法律效力进行认定，目的在于以“拟制”这一法律的技术手段，使得遭到不当干扰或扭曲的事实重新得到纠正，并制裁不法行为人，保护善意当事人一方的合法权益，维护交易秩序，保障民事法律行为的双方当事人的利益平衡。[②]

适用本条规定，需要注意两点：（1）当事人采取行为不正当地阻止条件成就或促成条件成就时，当事人的主观目的是为了自己的利益，而不是为了他人利益或公共利益。（2）当事人采用的手段或方式是不正当的。这里所说的“不正当”行为，主要是指当事人以作为或不作为的方式促成或阻止条件成就且违反法律、道德、诚实信用原则要求的行为。例如，甲乙双方在租赁合同中约定该租赁合同在甲之子从外地回来后解除，那么甲之子从外地回来即属于解除条件，如果乙采取任何不正当的方式阻止甲之子从外地回来，则该条件视为成就，该合同应当解除。

本条源于《合同法》第 45 条第 2 款[③]规定，与《民法通则》的规定相比，该条对条件成就与否的规定有利于保护非恶意的一方当事人的利益。

---

① 王利明著：《民法总则研究》，中国人民大学出版社 2003 年版，第 594 页。

② 王利明主编：《中华人民共和国民法总则详解》，中国法制出版社 2017 年版，第 701 页。

③ 《合同法》第 45 条第 2 款规定：“当事人为自己的利益不正当地阻止条件成就的，视为条件已成就；不正当地促成条件成就的，视为条件不成就。”

【典型案例】

群瑞机械有限公司
与上工机械制造有限公司买卖合同纠纷上诉案①

2009年12月3日，上诉人群瑞公司与被上诉人上工公司签订合同一份，约定上工公司向群瑞公司采购一套数控高速生产线，金额为480000元。双方约定上工公司在合同生效后支付30%定金，生产完毕并验收后支付40%货款，安装调试完成后支付20%货款，设备交付半年时支付5%，余款5%作为质保金在一年到期时支付。此后群瑞公司制造完成设备交付给上工公司。2011年1月，上工公司表示设备多次故障，请求群瑞公司上门维护。此时，上工公司还剩余150100元货款未支付。为此，群瑞公司曾诉至原审法院，请求判上工公司支付剩余货款。原审法院以群瑞公司并未能提交确切的证据证明其提供给上工公司的机器已调试完毕。故按照约定，认定上工公司支付30%余款（144000元）的条件尚未成就。群瑞公司上诉后法院按其撤诉处理。2014年8月20日与9月19日，群瑞公司两次通过EMS方式向上工公司邮寄通知书，要求上工公司确认设备安装调试的时间地点，限期给予回复，逾期视为调试合格。

2015年5月6日，群瑞公司再次诉至原审法院，请求判上工公司向其支付货款144000元及相应利息。原审法院认定上工公司支付剩余货款的条件尚未成就，判决驳回起诉。群瑞公司提起上诉称上工公司已将设备转移另行存放，且不告知调试的时间地点，群瑞公司无法进行调试，且两次EMS方式向上工公司邮寄通知书均被上工公司退回拒收，并非群瑞公司不愿意履行调试义务，而是上工公司不让群瑞公司去安装调试，不愿意继续履行合同，请求二审

---

① 审理法院：浙江省绍兴市中级人民法院，案号：（2016）浙06民终880号。

依法改判。

【法理解读】

本案系买卖合同纠纷，争议焦点在于群瑞公司要求上工公司支付余款 144000 元的条件是否成就。原审判决生效后，群瑞公司积极要求履行调试义务，两次发函要求上工公司确认机器设备的地点和调试的具体时间，但上工公司拒收函件，也未告知群瑞公司具体的调试时间和地点，不配合群瑞公司进行调试。依据我国《民法总则》第 159 条规定，上工公司未按诚实信用原则履行协助义务，将讼争机器设备另行存放又不告知调试的时间和地点的行为，系不正当地阻止付款条件成就，应依法视为条件已成就，故群瑞公司要求其支付余款的诉讼请求，法院应予支持。原判以群瑞公司事实上未履行调试义务为由，认定付款条件不成就，系适用法律错误。

【适用亮点】

按照法律的要求，作为条件的事实不能受一方当事人的不当影响，必须是按照自然进程发展的。法律作此规定，是为了保护交易安全，维护交易秩序。本案中上工公司未按诚实信用原则履行协助义务，将讼争机器设备另行存放又不告知调试的时间和地点的行为，系以自己的行为不正当地阻止付款条件成就，依法应视为条件已成就。

第一百六十条 【立法主旨】附期限民事行为

【法条对比】

民法总则	第一百六十条　民事法律行为可以附期限，但是按照其性质不得附期限的除外。附生效期限的民事法律行为，自期限届至时生效。附终止期限的民事法律行为，自期限届满时失效。
民法通则	无

民通意见	第七十六条　附期限的民事法律行为，在所附期限到来时生效或者解除。

【条文释解】

本条是关于附期限的民事法律行为的规定

附期限法律行为是指当事人在法律行为中约定一定的期限，并将期限的到来作为法律行为效力发生或消灭依据的法律行为。本条所称“期限”，是指当事人以将来客观确定到来的事实，作为决定法律行为效力的附款。[①] 期限与条件不同，任何期限不论长久或短暂，都是确定要到来的，而条件的成就与否具有不确定性。

民事行为所附的期限，可以是期间，也可以是期日。期限具有如下特点：第一，期限是民事法律行为的一种附款，是民事法律行为的组成部分，因此原则上应当由法律行为的当事人自由约定。至于法律所规定的法定期限，如行使撤销权的期限等，不属于附期限的民事行为所称的期限。[②] 第二，期限是限制民事法律行为效力的附款。民事法律行为如果设定了生效期限或终止期限，则民事法律行为的效力会受到期限的限制。第三，期限是以将来确定发生的事实的到来为内容的附款，因为期限是必然会到来的，所以期限到来时，民事法律行为必然生效或终止。[③]

同附条件的民事法律行为一样，民事法律行为同样存在不得附期限的民事法律行为，一般包括：身份行为、形成权的行使（如抵销不得附期限，《合同法》第 99 条）、债务的免除（可以附生效期限，但是不得附终止期限）、非持续性的民事法律行为。当然，

① 王泽鉴著：《民法学说与判例研究（一）》，中国政法大学出版社 2005 年版，第 166 页。

② 王利明著：《民法总则研究》，中国人民大学出版社 2003 年版，第 598 页。

③ 王利明主编：《中华人民共和国民法总则详解》，中国法制出版社 2017 年版，第 6704 页。

法律也不允许对民事法律行为附加不能期限，所谓不能期限是指约定的期限是过于久远，违背常情的。[①]

本条源于《合同法》第46条及《民通意见》第76条“附期限的民事法律行为，在所附期限到来时生效或者解除”规定。

【典型案例】

甲与乙、丙等遗嘱继承纠纷案[②]

被继承人施某于2013年5月30日死亡，黄某系其妻子，两人共生育五个子女分别为甲、乙、丙、丁、戊。被继承人父母均早已死亡。案涉房屋产权现登记在丁、丙两人名下，但已经法院判决书确认房屋产权人恢复为黄某，但是该房屋实际为施某与黄某夫妻共同所有，各占一半份额，现被继承人名下份额为遗产。被继承人于2006年12月17日立有自书遗嘱载明“百年后，我自愿将房产与妻分得50%全部送给甲，今后靠他养老送终”。在2010年6月22日由乙书写的，被继承人及本案其他原被告签名的《家庭协议书》载明“本人黄某与丈夫施某，家住X室，面积50㎡，现住户口除我与丈夫外，另有儿子甲及儿媳与孙女共五个人……趁我们现在还健在，对我们的房产作一份遗嘱协议（内容略）”。现因原告甲、被告乙、被告丙等对遗产处分意见不一，故原告甲诉至法院要求依据被继承人2006年12月17日自书遗嘱由原告甲一人继承被继承人遗产。

【法理解读】

本案的争议焦点之一是《家庭协议书》生效与否。本案中，该协议书是一份附期限的协议，该期限为被继承人死亡时关于房屋

---

① 王利明主编：《民法》（第5版），中国人民大学出版社2010年版，第127页。

② 审理法院：上海市虹口区人民法院，案号：（2015）虹民一（民）初字第5769号。

所有权转移的约定才生效。即若按协议分配争议房屋的权利，必须以被继承人去世这一事实的发生为基础。现被继承人已去世，故协议书中所涉被继承人部分已生效。《家庭协议书》成立、有效且已生效，对所有当事人均具有法律约束力。此外，在遵循意思自治原则前提下，只要协议的内容不违法不属于法定变更或撤销协议的情形，当事人合法权益应受法律保护。施某于协议书上签字的行为就是对协议内容的追认，是以协议内容对之前自书遗嘱内容予以否认，所以该自书遗嘱已被《家庭协议书》所取代。

【适用亮点】

在遵循意思自治原则前提下，只要协议的内容不违反国家强制性规定和公序良俗原则，在不存在无重大误解、显失公平或欺诈胁迫等法定变更或撤销协议的情形下，当事人合法权益应得到法律保护。本案以被继承人死亡作为系争房屋转让协议生效的要件，符合常理和国情。

第七章 代 理

第一节 一般规定

第一百六十一条 【立法主旨】代理的适用范围

【法条对比】

民法总则	第一百六十一条 民事主体可以通过代理人实施民事法律行为。 依照法律规定、当事人约定或者民事法律行为的性质，应当由本人亲自实施的民事法律行为，不得代理。
民法通则	第六十三条第一款 公民、法人可以通过代理人实施民事法律行为。 第三款 依照法律规定或者按照双方当事人约定，应当由本人实施的民事法律行为，不得代理。
民通意见	无

【条文释解】

本条是关于代理及不得代理情形的规定。代理是指被委托人独立实施法律行为，进而使委托人直接或间接承担该法律行为所生法律效果（即民事权利和民事义务）的制度。

代理的主要法律特征在于：（1）代理涉及代理人、本人和相对人三方当事人，产生三种法律关系：一是本人和代理人之间的授权关系，本人对代理人的授权，既可以根据被代理人的授权产生，也可以基于法律的规定和法院等有权机关的指定产生，这种授权关系是代理的基础关系；二是代理人和相对人之间的关系，即代理人依据代理权实施代理行为，以被代理人的名义向相对人为意思表示或接受意思表示，也有学者将此种关系称为“代理行为表示关系”[①]；三是效果承担关系，即代理人在代理权限内，以被代理人的名义同第三人所实施的行为，其法律效果由本人完全承担。[②]（2）代理人必须以被代理人的名义行为，代理人与第三人之间从事的行为既可能是法律行为（如订立合同），也可能是单纯作出意思表示或接受意思表示的行为（如发出要约或者接受要约），但无论实施何种行为，都应当以本人的名义进行。（3）法律行为是代理人独立实施的。代理人在授权范围内，可以独立地进行或接受意思表示，但必须是为了本人的利益。（4）代理人在代理权限范围内所实施的法律行为，其效果直接或间接由被代理人承担，但是代理人从事无权代理（不构成表见代理）或者代理行为违法时，所产生的法律后果不应当完全由本人承担。

不允许代理的行为类型包括以下三种：一是当事人在合同中约定某些事项不得代理的不得适用代理。二是依照法律规定不得代理的行为则不得适用代理，如设立遗嘱、是否结婚、是否离婚的意思表示不得代理。三是根据民事法律行为的性质不得代理的也不能适用代理。与人身相关的，如讲课、演唱、演出合同，须约定的本人亲自实施，不得适用代理的规定。

本条源于《民法通则》第63条第1款及第3款规定，与《民法通则》的规定相比，本条将“公民、法人”修改为“民事主体”，该条所适用的主体更加宽泛。不得代理的情形中除法律规定、当事人约定外，增加了对于与人身相关的因民事法律行为的性质不宜代理的情形。

---

① 江帆著：《代理法律制度研究》，中国法制出版社2000年版，第13页。

② 徐海燕著：《英美代理法研究》，法律出版社2000年版，第5页。

【典型案例】

夏某峰与帝恒管道燃气投资有限公司股东知情权纠纷案[①]

2010年2月2日帝恒公司成立，夏某峰作为股东投资160万元占股6%。2014年5月26日，夏某峰以其为股东，需获知公司真实投资及收益经营情况为由向帝恒公司提出申请，要求查阅公司经营及财务数据。帝恒公司作出《复函》，内容为夏某峰本人可以查阅、复制财务会计报告、查阅会计账簿，但只能阅悉，不能复制(包括复印、拍照等)、摘抄会计账簿。并提供了公司负债表、利润表、现金流量表给原告查阅复印。然而夏某峰认为其作为股东，享有亲自或委托他人查阅复制或摘抄公司经营及财务数据的权利，对此，帝恒公司未予答复。夏某峰诉至法院，请求法院确认夏某峰作为帝恒公司股东之一应享有查看公司一切经营及财务资料的权利。庭审中双方仅夏某峰能否委托有资质的会计机构查阅上述资料发生争议。二审法院认为夏某峰无权委托有资质的会计机构查阅公司账簿，驳回其诉讼请求。夏某峰不服提起再审，主张依据代理的规定，其可以委托他人查阅公司账簿。

【法理解读】

知情权是公司法赋予股东的一种基础性权利，应依法得到保护，但股东行使知情权应当受到一定的限制，因为公司的商业秘密同样需要保护。《公司法》未规定股东可以委托他人进行查阅，但是根据我国《民法总则》第161条第2款规定："依照法律规定、当事人约定或者民事法律行为的性质，应当由本人亲自实施的民事法律行为，不得代理。"故夏某峰的主张不能得到法院的支持。

---

① 审理法院：广西壮族自治区高级人民法院，案号：（2016）桂民申1516号。

【适用亮点】

并非所有民事法律行为都允许代理。根据《民法总则》第161条规定，依照法律规定或者按照双方当事人约定及因民事法律行为的性质不宜代理应当由本人实施的民事法律行为，不得代理。故本案中夏某峰以此为由主张可以委托他人查阅公司账簿依据不足。

第一百六十二条　【立法主旨】代理的法律效力

【法条对比】

民法总则	第一百六十二条　代理人在代理权限内，以被代理人名义实施的民事法律行为，对被代理人发生效力。
民法通则	第六十三条第二款　代理人在代理权限内，以被代理人的名义实施民事法律行为。被代理人对代理人的代理行为，承担民事责任。
民通意见	无

【条文释解】

本条是关于代理权及代理行为效力的一般规定。

代理权是指代理人基于法律的直接规定或其与被代理人的约定而享有的以被代理人的名义实施民事法律行为，并使该民事法律行为的效果直接归属于被代理人的一种权能、资格或地位。[①]

直接代理具有三个特征。第一，代理人具有代理权，代理人没有代理权、超越代理权或在代理权终止后实施的代理行为，原则上不对被代理人发生法律效力；第二，代理人须以被代理人的名义实施法律行为，即代理人在与相对人交易时，须向相对人表明其为代理人并告知其被代理人为何人，只有在相对人明知被代理人的情形

① 张新宝著：《〈中华人民共和国民法总则〉释义》，中国人民大学出版社2017年版，第348页。

下，该法律行为的法律效果直接约束被代理人与相对人才具有合理性，而且对于相对人而言，也有利于保护其信赖预期；第三，代理人实施代理行为时，代理人必须独立形成意思表示，在代理权限范围内独立决定意思表示的内容。在代理中，代理人与被代理人是两个不同的法律人格，处于相应的法律地位。这是代理制度区别于使者、代表、传达等其他行为的特点。

本条源于《民法通则》第63条第2款规定，与《民法通则》的规定相比，本条对代理行为法律后果的规定作出了适当的修改，其并未直接对被代理人的民事责任作出规定，而是对民事行为是否对被代理人发生效力进行了规定。

【典型案例】

原告李某诉被告尹某、被告程某、第三人美家联合不动产有限公司美港分公司房屋买卖合同纠纷案[①]

程某系尹某之女，涉案房屋登记在程某名下。某日，尹某在没有取得程某书面授权的情况下，以程某代理人的身份，与李某、美家不动产公司签订了一份《房屋买卖居间合同》，由美家公司提供居间服务。尹某将程某所有的涉案房屋以总价130万元出卖给李某。双方还约定，卖方应在签订本合同后3个工作日内预约该房屋的提前还贷。合同签订当日，李某向告尹某支付定金3万元，尹某出具收据一份。合同签订后，尹某未依约履行提前还贷事宜。庭审中，程某明确表示其未授权尹某处理其房屋的买卖事宜，对尹某代理的房屋买卖行为不予追认。

【法理解读】

本案中，被告尹某代程某与原告李某及第三人美家不动产公司签订《房屋买卖居间合同》时未提供被告程某的授权，原告李某、

---

① 审理法院：湖北省武汉市黄陂区人民法院，案号：（2017）鄂0116民初51号。

第三人美家不动产公司在签订合同时亦知晓被告尹某签订合同时未提供被告程某的授权，且该房屋买卖行为事后未被程某追认。依照法律规定，未经被代理人追认的法律行为不对被代理人发生效力，由无权代理人承担责任，故被告尹某与原告李某及第三人美家不动产公司签订的《房屋买卖居间合同》对被告程某不产生法律效力，相应责任应由被告尹某承担。

【适用亮点】

代理人在代理权范围内实施的代理行为以对被代理人发生效力为原则，代理权范围外实施的民事法律行为以不对被代理人发生效力为原则。本案中原告在签订合同时知晓被告尹某签订合同时未提供被告程某的授权，且该房屋买卖事宜事后未经被告追认，故《房屋买卖居间合同》对被告程某不产生法律效力，相应责任应由被告尹某承担。

第一百六十三条　【立法主旨】代理的种类

【法条对比】

民法总则	第一百六十三条　代理包括委托代理和法定代理。 委托代理人按照被代理人的委托行使代理权。法定代理人依照法律的规定行使代理权。
民法通则	第六十四条　代理包括委托代理、法定代理和指定代理。 委托代理人按照被代理人的委托行使代理权，法定代理人依照法律的规定行使代理权，指定代理人按照人民法院或者指定单位的指定行使代理权。
民通意见	无

【条文释解】

本条是对于代理的两种类型及代理权行使规则的规定。根据代理权产生的法律基础不同，可以将代理区分为委托代理和法定代理。这是《民法总则》在法律上对代理的新的基本分类。

委托代理又称为意定代理，是指代理人根据被代理人的授权行为的意思表示而设定的代理。由于此种代理是基于被代理人的授权且该授权又是基于委托关系而进行的，因此又称为“委托代理”或“授权代理”。①

法定代理是依据法律规定而直接产生代理权的代理。法定代理权的发生不需要依赖于任何授权行为而直接来源于法律的规定。代理人取得法定代理的资格不需要当事人作出意思表示，一般也不需要取得被代理人的同意。法定代理是为无民事行为能力人和限制民事行为能力人设定的代理。

代理人在代理权的行使过程中应当遵守以下原则：第一，代理人应当为被代理人的利益实施代理行为。第二，代理人必须在代理权限内从事代理行为，即代理人必须严格按照授权的规定行为。第三，代理权限一旦届满，就应当及时告知被代理人，如果代理人不延长期限，代理人应当停止代理活动。第四，代理人必须亲自代理，除非被代理人同意或者有特殊事由的发生，否则不得将代理事务转委托于他人处理。第五，代理人必须正当行使代理权，代理人必须履行谨慎、勤勉义务，忠实依照法律规定和诚信原则正当行使其代理权。

本条源于《民法通则》第64条规定，与《民法通则》的规定相比，本条作出了重大修改，删除原代理种类中关于指定代理的规定，因为从实质上看，法院、遗嘱和其他机构指定法定代理人的权力依然来源于法律的直接规定。因此，指定代理在本质上仍然是一种法定代理。

① 李显冬主编：《民法总则案例重述》，中国政法大学出版社2006年版，第291页。

【典型案例】

屈某与枣庄市道桥工程有限公司等债权转让合同纠纷上诉案[①]

2009年6月4日，A公司、B公司联合向枣庄公司发出《重庆×项目土建工程施工合作单位优选获选通知书》，载明枣庄公司获选为该路段施工合作单位，并要求枣庄公司于2009年6月14日前足额缴纳工程保证金。2009年6月5日，B公司向C公司出具委托书，委托C公司向枣庄公司收取工程保证金467万元。2009年6月9日，枣庄公司与C公司签订该路段保证金协议，约定由枣庄公司向C公司缴纳工程综合保证金。2009年6月12日，枣庄公司对刘某出具《授权委托书》，委托刘某缴纳综合保证金和差额保证金共467万元至C公司账户，同日刘某通过其个人银行账户向该公司的银行账户转账467万元。2012年6月6日，刘某与屈某签订《债权转让合同》，约定刘某将其对枣庄公司享有的上述467万元债权全部转让给屈某。同年6月8日，刘某将债权转让事宜书面通知了枣庄公司和C公司。2013年7月16日，屈某向枣庄公司发出《关于催促履行债务的函》，同年7月25日又向C公司发出《关于连带承担债务的函》。屈某诉请法院判决枣庄公司向其偿还467万元及资金占用损失，C公司对枣庄公司的债务承担连带责任。

【法理解读】

本案中屈某主张其享有对枣庄道桥公司467万元的债权。该主张不能成立。理由如下：第一，本案中枣庄公司向C公司出具的《授权委托书》是枣庄公司单方向第三方作出的意思表示，其实质是代理权授予行为，该代理权授予行为使得刘某享有了委托代理权。第二，委托代理权发生的原因是代理权授予行为，一般而言代

---

① 一审法院：重庆市第一中级人民法院，案号：（2013）渝一中法民初字第01070号；二审法院：重庆市高级人民法院，案号：（2015）渝高法民终字第00072号。

理权授予行为是与某种基础法律关系相联系的，该种基础法律关系可能是委托合同关系、合伙合同关系、劳动合同关系，等等。本案中屈某举示的《授权委托书》仅能证明枣庄公司单方授予刘某委托代理权，并不能进一步证明该代理权授予是基于何种基础法律关系。故枣庄公司授予刘某代理权可能存在委托合同之外的其他基础法律关系。故法院应驳回屈某的诉讼请求。

【适用亮点】

本案的裁判要旨为代理权授予行为本身具有一定的独立性，仅有委托代理权授予行为，并不能证明存在委托合同关系。所以屈某对待证事实的证明尚不能达到具有高度可能性的证明标准，屈某的诉讼请求不能成立。屈某可依据与刘某之间的法律关系，刘某可依据与枣庄道桥公司之间的法律关系主张相应的权利。

第一百六十四条　【立法主旨】代理人的民事责任

【法条对比】

民法总则	第一百六十四条　代理人不履行或者不完全履行职责，造成被代理人损害的，应当承担民事责任。 代理人和相对人恶意串通，损害被代理人合法权益的，代理人和相对人应当承担连带责任。
民法通则	第六十六条第二款　代理人不履行职责而给被代理人造成损害的，应当承担民事责任。 第三款　代理人和第三人串通、损害被代理人的利益的，由代理人和第三人负连带责任。
司法解释	无

【条文释解】

本条是关于代理关系中代理人不当行为的责任承担规定。本条第 1 款规定的是代理人的懈怠行为，[1] 即代理人不履行勤勉义务，疏于处理或者未处理代理事务，使被代理人设定代理的目的落空，并遭受损失，应当承担民事责任。代理人承担民事责任需要满足三个要件：第一，代理人不履行或者不完全履行代理职责；第二，被代理人遭受损害；第三，被代理人的损害与代理人不适当的代理行为之间存在因果关系。

本条所称“损害”包括人身损害和财产损害。在委托代理中，损害的范围主要依据代理人与被代理人在委托关系中的约定以及《合同法》的有关规定；在法定代理中，损害的范围主要依据法律的直接规定及《侵权责任法》的有关规定。[2]

本条第 2 款规定的是代理人与相对人之间恶意串通损害被代理人合法权益的连带责任。代理人承担连带责任需要满足三个要件：第一，代理人与相对人之间存在恶意串通的事实；第二，被代理人的合法权益遭受损害；第三，恶意串通的事实与被代理人的损害之间存在因果关系。

本条源于《民法通则》第 66 条第 2 款规定，总则较通则而言，作出了适当修改。应当注意如下变化：（1）总则增加代理人不完全履行职责，造成被代理人损害，应当承担责任的规定；（2）总则采用相对人而不是第三人的概念；（3）总则规定的代理人和相对人之间是恶意串通，而不是一般的串通；（4）承担连带责任的是代理人和相对人，不是代理人和第三人。

---

① 杨立新主编：《中华人民共和国民法总则要义及案例解读》，中国法制出版社 2017 年版，第 605 页。

② 张新宝著：《〈中华人民共和国民法总则〉释义》，中国人民大学出版社 2017 年版，第 353 页。

【典型案例】

原告五奎律师事务所
与被告河海建设有限公司诉讼代理合同纠纷上诉案[①]

2006年12月5日，原告与被告签订委托代理合同，约定原告接受被告的委托，特别授权林某律师在被告与远光公司工程施工合同纠纷案件的反诉中担任被告代理人，代理费为4万元，合同签订后先付一半，一审庭审结束后全部付清。林某律师先后撰写了民事答辩状、民事反诉状。案件审理中，法院第三次委托司法鉴定结论认定工程款为××万元。被告认为该结论存在少算、误算、漏算、错算费用合计××万元，要求重新审核。鉴定机构作出相应说明，未认可被告意见。后，林某律师与被告法定代表人到庭参加了庭审。林某律师在法庭辩论阶段强调“鉴定结论问题，我方已提出书面意见，还差××万元没有计算”。但其在随后提交的代理词中载明“为了尽快了结此案，代理人认为对双方存在异议的内容先行搁置，暂且按第三次鉴定结论为基本依据，判令双方合同解除……”。之后，法院作出一审判决，对鉴定结论的分析认证认为“被告同意按鉴定结论确定的造价与原告按实计算，本院予以采信”。

2008年1月30日，原、被告再次签订委托代理合同，指派林某律师为二审代理人，代理费2万元，合同签订时一次性付清。林某在上诉状中提出被告对司法鉴定结论中的费用持有异议，一审法院未说明，希望二审一并解决。二审认为被告在原审时对第三次鉴定结论已予以认可，对此不予支持。被告于2008年1月3日支付原告2万元。2009年1月，原告发函要求被告支付尚欠的4万元

① 一审法院：浙江省舟山市定海区人民法院，案号：（2009）舟定民初字第1354号；二审法院浙江省舟山市中级人民法院，案号：（2010）浙舟民终字第54号。

代理费未果，遂诉至法院。

【法理解读】

对于原告的本诉，双方签订的两份委托代理合同均合法有效，双方当事人应当按照约定全面履行自己的义务。原告指派的林某律师在代理被告与远光公司建设工程施工合同纠纷案件过程中，撰写了答辩状、反诉状、上诉状、代理词等，全程参加了一二审的诉讼活动，可认定其在特别授权范围内全面履行了自己的义务。而被告未按约支付代理费，显然已构成违约，应承担违约责任，故对原告要求被告支付代理费 4 万元的诉讼请求，应予支持。被告认为原告指派的律师存在过错，导致被告对××万元工程款丧失诉权。从该代理词的内容看，代理律师选择对双方存在异议的内容先行搁置，暂且按照第三次鉴定结论为基本依据，并不存在过错。况且，被告若确有证据证明鉴定结论有误，该××万元的诉权也并未丧失。所以法院对被告主张应不予采信。

【适用亮点】

近年来，律师事务所与诉讼委托人之间关于委托代理费用及违约赔偿类的纠纷日渐增多，主要源于“代理合同内容约定不明、委托人对律师事务所提供的法律服务不满意、双方缺乏诚信意识、少数律师故意损害当事人利益等”。本案即是一起较为典型的诉讼代理合同纠纷，其诉争焦点是律师在诉讼代理中是否存在违约行为。律师在诉讼代理中，不仅存在一般意义上的合同受托义务，同时还应履行职业从业义务，其相关诉讼行为是否构成违约，应根据合同违约理论，从其各项义务履行层面作综合认定。

第二节　委托代理

第一百六十五条　【立法主旨】委托代理授权

【法条对比】

民法总则	第一百六十五条　委托代理授权采用书面形式的，授权委托书应当载明代理人的姓名或者名称、代理事项、权限和期间，并由被代理人签名或者盖章。
民法通则	第六十五条　民事法律行为的委托代理，可以用书面形式，也可以用口头形式。法律规定用书面形式的，应当用书面形式。 书面委托代理的授权委托书应当载明代理人的姓名或者名称、代理事项、权限和期间，并由委托人签名或盖章。 委托书授权不明的，被代理人应当向第三人承担民事责任，代理人负连带责任。
民通意见	无

【条文释解】

本条是关于委托代理的形式和授权委托书应载事项的规定。

授权委托书，又称为代理证书[①]，它是由被代理人出具的，向相对人证明代理人具有代理权的书面文件。授权委托书在被代理人签名或者盖章后生效。授权委托书应当载明的事项包括：代理人的姓名或者名称、代理事项、权限和期间，并由被代理人签名或者盖章。

---

① 王利明著：《民法总则研究》，中国人民大学出版社 2003 年版，第 632 页。

根据代理事项的不同，可以将代理区分为一般代理和特别代理。[①] 一般代理是指对代理权限没有特别限定的代理。其特点是属于一种概括授权，例如在民事诉讼中，授权委托书仅写全权代理而无具体授权的，即为一般代理，代理人无权代为承认、放弃、变更诉讼请求等。特别代理，即代理权限定于某一特定法律行为的代理，在授予代理权限时应当注明是一般代理还是特别代理。如果要代理特定事项，则不得采用“全权代理”、“总委托”之类的表述，应当准确地说明代理的具体事项。在授权委托书中还必须明确代理的期限，因为不规定具体的期限，将使代理人的代理权不够明确，并产生交易上的不安全。

本条源于《民法通则》第65条规定，总则较通则而言，作出了适当修改。因《民法总则》第135条已对民事法律行为的形式作出规定，故本条删除了《民法通则》第65条第1款关于委托代理的形式规定及第3款关于委托授权责任不明的规定。

【典型案例】

华岳置业有限公司诉董某等民间借贷纠纷[②]

2011年9月18日，蓬莱华岳公司出具授权委托书，委托毕某全权办理蓬莱公司在融资过程中的一切手续。该委托书是复印件，但事后蓬莱公司的法人张某在起诉之后与董某的谈话录像中，认可该委托书中印章的真实性，并与董某协商还款事宜。关于出借款项的支付情况，董某向蓬华岳公司、毕某支付款项共计××元，其中2011年9月18日以后的借款共计××元。毕某归还款项共计××元。截至2011年9月22日，毕某个人尚欠董某借款本金××元。2013年4月23日，毕某为董某出具欠条，确认截至2013年4月23日

① 杨立新主编：《中华人民共和国民法总则要义及案例解读》，中国法制出版社2017年版，第610页。

② 审理法院：最高人民法院，案号：（2014）民申字第1787号。

共计欠董某借款本金××元及利息××元，落款处毕某作为借款人蓬莱公司的授权代表和担保人分别签字。

董某认为2013年4月23日之前，蓬莱公司多次向其借款，截至2013年4月23日，共计欠本金××元，利息××元，毕某对上述借款承担连带还款责任。但蓬莱公司至今未偿还借款，故诉至法院。但蓬莱公司主张其与董某之间不存在借贷关系。

【法理解读】

本案争议焦点之一是蓬莱华岳公司是否应当承担还款责任。蓬莱华岳公司出具授权委托书，委托毕某全权办理公司在融资过程中的一切手续。虽然授权委托书系复印件，不能单独作为认定案件事实之依据，但在录像证据中，蓬莱华岳公司的法定代表人承认存在该授权委托书，从侧面印证了授权的真实性，且存在多笔借款直接汇入蓬莱华岳公司账户的情形，董某提供的证据已经形成完整的证据链，可以证明蓬莱华岳公司出具的授权委托书真实存在。蓬莱华岳公司主张其与董某之间不存在借贷关系。董某提交的授权书虽未明示包含借贷，但借贷作为融资手段之一，应包含在此概括授权范围内。根据《民法总则》第162条与第165条之规定，代理人毕某持此授权与董某所为之民间借贷行为，直接对被代理人蓬莱华岳公司发生效力，蓬莱华岳公司应承担还款责任。

【适用亮点】

蓬莱华岳公司出具授权委托书，委托毕某全权办理蓬莱华岳公司在融资过程中的一切手续。该授权委托书虽然是复印件，但事后得到蓬莱华岳公司法定代表人张某的追认，应认定为合法有效。毕某作为借款人蓬莱华岳公司的投权代表和担保人分别签字，该欠条证明董某与毕某、莲莱华岳公司之间存在事实上的借款关系。

第一百六十六条 【立法主旨】数人共同行使代理权

【法条对比】

民法总则	第一百六十六条　数人为同一代理事项的代理人的，应当共同行使代理权，但是当事人另有约定的除外。
民法通则	无
民通意见	第七十九条第一款　数个委托代理人共同行使代理权的，如果其中一人或者数人未与其他委托代理人协商，所实施的行为侵害被代理人权益的，由实施行为的委托代理人承担民事责任。

【条文释解】

本条是关于同一委托事项数人行使代理权的规定。

共同代理是指代理权由数人共同行使的代理，即两个或者两个以上的代理人共同行使一个代理权的代理。在共同代理中，代理权由数个代理人所享有，只有经全体代理人同意，才能行使代理权，如果只是其中某一个或数个代理人同意而行使代理权的，将构成无权代理，非经本人或其他数个代理人承认，将不发生代理效果。[①]

要注意区分共同代理与数人代理，在数人同为一人的代理人时，表面上看来是数人同时都是在为被代理人服务，实际上每个代理人与被代理人的代理关系都是独立的代理法律关系。[②] 共同代理人中的一人或者数人未与其他代理人协商，所实施的行为侵害了被代理人权益的，由实施行为的代理人对被代理人承担民事责任；如果其他共同代理人知道而未做明确拒绝表示的，应当与实施代理行

① 王利明著：《民法总则研究》，中国人民大学出版社 2003 年版，第 624 页。

② 李显冬主编：《民法总则案例重述》，中国政法大学出版社 2006 年版，第 297 页。

为的共同代理人承担连带责任。[①] 对于共同代理，当事人另有约定的，按照其约定。被代理人与代理人、代理人之间都可以就如何行使代理权、如何承担代理行为的责任等事项进行约定。

《民法通则》对共同代理未予规定，本条源于《民通意见》第79条规定，总则较《民通意见》的规定而言，作出适当修改，强调只要当事人没有作出特别约定，应当由数人共同行使代理权而不是由其中一人行使代理权。

【典型案例】

原告甲公司诉被告乙公司、被告丙公司货运代理合同纠纷案[②]

2012年10月，原告出售一批服装给国外买方，约定从宁波海运至南非德班，指定乙、丙为国外买方的货运代理公司。2013年1月22日，原告根据乙、丙的指示，委托丁公司将第一批服装交付至乙公司指定地点，再经由丙公司将货物交给承运人、以自己的名义将涉案货物报关出运，并向丙公司支付了货代费用第一批服装总计44747件，总货款为115504.28美元。其间，原告多次请求两被告向原告交付正本提单，但一直被两被告拒绝，直至原告得知，货物已被国外买方提走，且原告至今未收到货款。原告认为原告系涉案货物的实际托运人，两被告理应根据原告请求交付提单。两被告行为给原告造成了严重的损失，为维护原告的合法权益，特诉至法院，请求判令两被告共同赔偿原告货款损失人民币717281.58元。案件审理过程中，原告将诉讼请求减少为17895美元。

两被告认为原、被告间不存在海上货运代理合同关系；原告以两被告违反合同约定为由请求被告赔偿货物损失没有法律依据；两被告接受案外人A公司的委托进行海上货运代理业务，涉案货物

---

① 杨立新主编：《中华人民共和国民法总则要义与案例解读》，中国法制出版社2017年版，第614页。

② 审理法院：浙江省宁波海事法院，案号：（2013）甬海法商初字第301号。

的所有权人系A公司，原告与国外买方不存在买卖合同关系，以原告名义报关系满足原告出口退税要求；原告已收到涉案货款；两被告已完成代理事项，在履行合同过程中并无过错。

【法理解读】

原告委托丁公司将货物运至被告乙公司指定地点，再经由被告丙公司将货物交给承运人、以自己的名义将涉案货物报关出运，并向被告丙公司支付了货代费用，其系海上货物运输的实际托运人；被告乙公司完成了订舱、报关等代理事项，被告丙公司向原告交付了报关单，并开具了内容为订舱费、报关费等费用的货代发票，两被告工作人员、办公地点混同，共同完成了涉案海上货运代理事项，系涉案海上货物运输的共同代理人；原、被告双方在履行合同过程中亦进行了长期的沟通，原、被告间的海上货运代理合同关系成立。涉案货物为拼箱货，两被告理应在完成代理事项后分别向不同的托运人交付提单亦确保实际托运人对货物的控制，但两被告在原告要求交付提单的前提下仍仅要求海运承运人出具一份海运提单，并将其交付丁公司，已违反货运代理人应尽的义务，应承担相应的违约责任。

【适用亮点】

在一些代理案件中，鉴于代理事项的复杂性，被代理人往往会委托多个代理人来代理委托事项。本案中原告与两被告签订了委托代理协议，约定由两被告共同完成涉案海上货运代理事项，可以认定两被告系海上货物运输的共同代理人。依据法律规定，数人为同一委托事项的代理人的，应当共同行使代理权，只有取得全体代理人的共同同意，才能行使代理权，所实施的行为是全体代理人的共同行为，两被告在履行代理职责过程中进行了协商分工，符合共同代理的要求。

第一百六十七条 【立法主旨】违法代理及法律后果

【法条对比】

民法总则	第一百六十七条　代理人知道或者应当知道代理事项违法仍然实施代理行为，或者被代理人知道或者应当知道代理人的代理行为违法未作反对表示的，被代理人和代理人应当承担连带责任。
民法通则	第六十七条　代理人知道被委托代理的事项违法仍然进行代理活动的，或者被代理人知道代理人的代理行为违法不表示反对的，由被代理人和代理人负连带责任。
民通意见	无

【条文释解】

本条是关于代理中的违法行为及其责任承担问题的规定。

民法设代理制度旨在使民事主体可以借助于代理制度实现自己的合法权益，法律不允许利用代理制度去侵害他人利益和社会公益，因此，违法行为不得适用代理。[①] 违法行为之法律效果，不由当事人意思决定，而是基于法律规定而直接发生。这里说的违法包括两种情形：一种是被委托代理的事项本身违法；另一种是被委托代理的事项不违法，但代理人的代理行为违法。[②] 在前一种情况下，代理人应当拒绝代理，如果代理人明明知道受托事项是违法的仍然为其代理时，则因此而引起的法律后果，由代理人和被代理人负连带责任。在后一种情形下，被代理人应予以制止，或者取消委托，终止他们之间的代理关系。如果被代理人明明知道代理人在履

---

① 梁慧星著：《民法总论》（第4版），法律出版社2011年版，第232页。

② 穆生秦主编：《民法通则释义》，法律出版社1987年版，第82页。

行代理职责时的行为违法，而不表示反对，则因此引起的法律后果，由被代理人与代理人负连带责任。

违法代理连带责任的构成需要具备四个要件：一是应当具备故意或者过失的要件，连带责任的承担适用过错责任原则。二是代理人或者被代理人对行为方式未作反对表示，即不作为。三是由于该违法的代理事项或者代理行为的实施，造成了代理行为的相对人民事权益损害，主要是财产权益的损害，也可能有人身权益的损害。四是代理人或者被代理人的未作反对表示的不作为行为，与违法的代理事项或者违法的代理行为共同作用，二者是造成代理行为相对人民事权益损害的共同原因。①

本条源于《民法通则》第 67 条规定，总则较通则而言，条文作出适当修改，增加了“代理人应当知道代理的事项违法仍然实施代理行为”和“被代理人应当知道代理人的代理行为违法未作反对表示”的情形，完善了“恶意”的认定标准，扩大了知道代理违法的连带责任的适用范围。

【典型案例】

盖某生、邹某龙与王某委托合同纠纷案②

邹某龙和姐妹邹某萍等因继承房屋遗产发生纠纷，在法院提起诉讼，被告王某先帮助邹某萍打官司，后来与邹某萍发生了矛盾，为了报复邹某萍，就主动找到邹某龙，说可以帮助他打官司，并且不要钱，包赢。2014 年 1 月 14 日，邹某龙委托王某代理邹某龙和邹某萍等遗产纠纷一案，并与王某签订《办事协议》一份，协议约定：“甲方保证一切听从乙方指挥……甲方不许乱表态，不许放弃自己的权利”“甲方保证在二审中不出庭乱发表意见，一切均由

---

① 杨立新主编：《中华人民共和国民法总则要义与案例解读》，中国法制出版社 2017 年版，第 617 页。

② 审理法院：江苏省江阴市人民法院，案号：（2015）澄临商初字第 0090 号。

乙方全权代理出庭”“由邹某龙向王某支付办事费 4 万元，王某保证帮助邹某龙打赢官司；如败诉，王某将 4 万元办事费用全部退还，且交给法院或有关部门的一切费用开支也全部由王某承担”等。后邹某龙支付给王某 3 万元。案件一审结果与王某承诺的不符，王某又称能在二审中改判，如果二审仍未达到其承诺，则二审诉讼费用由其承担，后两原告又与王某签订两份补充协议，由王某继续代理邹某龙向 B 中级法院提起上诉。但协议签订后，王某不再同意继续代理二审案件，二审判决也未出现王某承诺的结果。因王某未能实现承诺，两原告依据与王某签订的协议，要求退还 3 万元办事费用，并承担二审案件的受理费 2050 元，王某拒不支付，诉至法院。

【法理解读】

本案的争议焦点之一为《办事协议》和两份补充协议是否具有法律效力。在本案中，邹某龙委托王某协议约定的多处内容存在严重违法。首先，王某为获得委托人支付的报酬，在明知邹某萍等继承人对遗产房屋享有法定继承权的前提下，仍歪曲真相、否定事实，作了其包打赢官司的承诺，有违诉讼诚信原则，妨碍了法院依法查明案件事实。其次，根据协议约定，王某收取的费用中隐含了疏通关系的费用，对司法公正造成极大危害。最后，王某为报复邹某萍主动找到邹某龙代理诉讼。该行为显然违背了诚实信用原则，也违反了其对原委托人邹某萍负有的保密等后合同义务。综上，被告与原告签订的协议内容存在多处违法，应认定无效。

【适用亮点】

当事人和诉讼代理人在诉讼过程中的行为均应当遵循诚实信用原则，根据事实和法律维护当事人的合法权益。当事人和诉讼代理人之间就公民代理所作的约定存在严重违法内容，扰乱诉讼秩序，妨碍司法公正的，应当认定无效，诉讼代理人已收取的代理费在扣除当事人依法应当承担的相关费用后，应予返还。

第一百六十八条　【立法主旨】代理人的行为限制

【法条对比】

民法总则	第一百六十八条　代理人不得以被代理人的名义与自己实施民事法律行为，但是被代理人同意或者追认的除外。 　　代理人不得以被代理人的名义与自己同时代理的其他人实施民事法律行为，但是被代理的双方同意或者追认的除外。
民法通则	无
民通意见	无

【条文释解】

本条是关于禁止自己代理和双方代理以及例外的规定。

自己代理是指代理人以被代理人名义与自己为法律行为。[①] 自己代理存在两种情况：一种是代理人以自己的名义向被代理人发出要约且代理人以被代理人的名义予以承诺；另一种情况是代理人以被代理人的名义向自己发出要约且以自己的名义进行承诺。法律上之所以禁止自己代理，原因在于这种行为违反了代理人应当负有的忠实义务。按照忠实义务，代理人必须为本人的利益而行为，而不能为了自己的利益而行为，因此，此种行为属于滥用代理权的行为，在法律上应予禁止。

双方代理又称同时代理，是指一个代理人同时代理本人和相对人为同一法律行为的情况。[②] 双方代理的发生，实际上是代理人在代理权行使中违背了善良管理人的义务而滥用代理权的结果。[③] 其

---

① 彭万林主编：《民法学》（第7版），中国政法大学出版社1994年版，第120页。

② 王利明主编：《民法》，中国人民大学出版社2010年版，第135页。

③ 王利明著：《民法总则研究》，中国人民大学出版社2003年版，第648页。

特点是：第一，代理人获得了本人和相对人的授权，如果仅有一方的授权，不构成双方代理。第二，双方授权的内容是相同的，如果双方都对同一个代理人作出了授权，但授权的内容、代理事项不同，也不构成双方代理。如果代理人代理一方获得授权，而代理另一方并没有获得授权，也不构成双方代理。第三，代理人同时代理双方为同一法律行为。

本条两款都规定了自己代理与双方代理行为例外有效的情况：在自己代理行为中，法律另有规定或者被代理人同意追认的，自己代理行为发生法律效力，对被代理人产生代理的法律后果；在双方代理行为中，也规定了法律另有规定或者被代理的双方同意、追认的除外条款，如果双方代理行为有法律规定，或者被代理的双方都同意这一双方代理行为，或者对双方代理行为予以追认，都发生双方代理行为有效的法律后果。①

本条规定系《民法总则》新增条款，《民法通则》未作出关于禁止自己代理和双方代理以及例外的规定。总则条文规定了在一般情况下，如果存在自我代理和同时代理两种情形将导致民事法律行为无效。但同时规定了例外情形，即自我代理情况下被代理人同意或追认时和双方代理情况下被代理的双方同意或追认时，其民事法律行为并非一定是无效的。

【典型案例】

原告郑某诉被告廖某房屋买卖合同纠纷案②

郑某与廖某经人介绍相识。2012 年 2 月，廖某向郑某借款，并向郑某出具了 50 万元借条一张，担保人余某在借条上签了名。同日，原、被告在公证处办理了委托公证，内容主要是：原告全权

---

① 杨立新主编：《中华人民共和国总则要义与案例解读》，中国法制出版社 2017 年版，第 622 页。

② 审理法院：江西省南昌县人民法院，案号：（2013）南民初字第 900 号。

委托被告代为办理坐落在×路×室房产及×室房产还贷、解除抵押登记等一切相关手续。委托期限自即日始至上述事宜办完为止。受托人无转委托权。2013 年 7 月，被告以自己为受让方，代理原告为出让方，签订了上述两套房屋的《南昌县存量房屋买卖合同》两份，将原告上述房产，其中一套 79.51 平方米合同房价为 16 万元、一套 45.16 平方米合同房价为 9 万元，转让过户至自己名下，并替原告还清银行按揭贷款及缴纳各种税费。实际上销售不动产统一发票，一套 79.51 平方米商品房价为 261919 元、一套 45.16 平方米商品房价为 148764 元，合计 410683 元。2013 年 9 月，原告以被告以原告代理人的名义与自己签订的《南昌县存量房屋买卖合同》违背了原告的真实意思，侵害了原告的权益，诉请法院撤销房屋买卖合同，并返还原告所有的房屋。被告辩称是用原告的房产在原告授权范围内，抵偿原告的借款。

【法理解读】

本案中，被告以原告代理人的名义与自己签订《存量房屋买卖合同》，违背了原告的真实意思，事后又未经原告追认，在法律上属自己代理。由于其不履行代理职责显属无效代理行为，应依法撤销。原告诉称被告以原告代理人的名义与自己签订《存量房屋买卖合同》显失公平，并未向法庭举证，法院不予确认。鉴于原、被告之间存在借贷关系，在原告无明确授权情况下，被告将原告房产过户至自己名下，目的是为了抵偿借款，但行为不符合法律规定，属无效民事行为，依法应予撤销。被告在将原告房产过户至自己名下时，替原告归还房屋按揭贷款 131500 元，应由原告返还给被告，缴纳房屋过户税费由被告自己承担。

【适用亮点】

当事人行使权利，履行义务应当遵循诚实信用原则；代理人行使权力必须在授权范围内行使，不得违反法律规定；代理人以被代理人名义和代理人自己设立、变更、终止民事权利和民事义务，从而给被代理人造成损害的，代理人应当承担民事责任。本案中，被告以原告代理人的名义与自己签订合同，违背了原告的真实意思，事后又未经原告追认，在法律上属自己代理，应依法撤销。

第一百六十九条 【立法主旨】转委托代理

【法条对比】

民法总则	第一百六十九条　代理人需要转委托第三人代理的，应当取得被代理人的同意或者追认。 转委托代理经被代理人同意或者追认的，被代理人可以就代理事务直接指示转委托的第三人，代理人仅就第三人的选任以及对第三人的指示承担责任。 转委托代理未经被代理人同意或者追认的，代理人应当对转委托的第三人的行为承担责任，但是在紧急情况下代理人为了维护被代理人的利益需要转委托第三人代理的除外。
民法通则	第六十八条　委托代理人为被代理人的利益需要转托他人代理的，应当事先取得被代理人的同意。事先没有取得被代理人同意的，应当在事后及时告诉被代理人，如果被代理人不同意，由代理人对自己所转托的人的行为负民事责任，但在紧急情况下，为了保护被代理人的利益而转托他人代理的除外。
民通意见	第八十一条　委托代理人转托他人代理的，应当比照民法通则第六十五条规定的条件办理转托手续。因委托代理人转托不明，给第三人造成损失的，第三人可以直接要求被代理人赔偿损失；被代理人承担民事责任后，可以要求委托代理人赔偿损失，转托代理人有过错的，应当负连带责任。

【条文释解】

本条是关于转委托代理及其责任承担的规定。

转委托代理又称为复代理，是指代理人为了实施其代理权限内的行为，以自己的名义选定他人担任被代理人的代理人的代理。①转委托代理的特点主要表现在：第一，代理人以自己的名义为被代理人选定代理人。即复代理人是直接由代理人选定的，而不是由被代理人选定的。第二，复代理人是被代理人的代理人，而不是代理人的代理人。第三，复代理人是代理人基于复任权而选任的。复任权是指选择他人作为复代理人的权利。如果因为选任的过失，造成了被代理人的损害，代理人应当承担选任过错责任。

转委托代理的产生必须符合如下条件：第一，委托代理人为被代理人的利益需要转托他人代理的，只有在代理人因为种种原因，不能亲自执行代理事务，完成预定的代理任务情况下，才能实行转委托。所以转委托必须是为了完成代理事务才选择的一种特殊方式。第二，必须取得本人的同意。即使代理人为了本人利益考虑，有必要将委托的事务全部或部分地委托他人，也必须要事先取得本人的同意。如果没有取得本人的同意，代理人擅自将代理事项委托他人行使，也可以在代理人和第三人之间形成代理关系，但并不是复代理关系。在此情况下，应当由代理人向本人承担责任。第三，法律规定在紧急情况下，可以不需要征得本人的同意。紧急情况下代理人为了维护被代理人的利益，需要转委托第三人作为复代理人代理为除外情形。

本条第 1 款和第 3 款源于《民法通则》第 68 条规定，本条第 2 款系新增条款，是借鉴《合同法》第 400 条修改而成。

---

① 王利民著：《民法总则研究》，中国人民大学出版社 2003 年版，第 625 页。

【典型案例】

嘉宏航运（天津）有限公司等与临沂裕隆食品有限公司货运代理纠纷上诉案[①]

2010年11月4日，原告临沂裕隆食品公司出运一批花生至哥伦比亚。承运人为南美轮船，托运人为原告，收货人为内贸公司。2010年12月，该批货物抵达目的港。因内贸公司拒付货款，原告决定退运该批货物。2011年1月17日，原告向青岛嘉宏发出一份租船订舱委托书，委托其办理上述货物的租船订舱及退运事宜。青岛嘉宏接受其委托后，联系到哥伦比亚当地的代理福瑞公司租船订舱、办理退运，通过邮件业务往来。青岛嘉宏给其代理发送邮件介绍了货物详细情况，代理进行了报价，并于1月17日顺利申请海关延期1个月到2月18日。

2011年1月18日，原告向青岛嘉宏发出一份退运保函，载明其同意货物退运并委托青岛嘉宏代理安排退运事宜，保证退运货物到青岛后承担相关通关、码头、用船产生的一切费用和责任。根据青岛嘉宏提交的邮件可知，2011年2月2日、3日、4日，福瑞公司直接向内贸公司发送邮件联系退运事宜，特别是2月3日的邮件中明确载明向收货人索要办理退运所需的有关文件，其中包含导致退运失败的保函。原告提交的经公证认证的结算清单显示，涉案货物在哥伦比亚产生了需支付给南美轮船费用合计13114美元。

原告临沂裕隆公司诉请两被告天津嘉宏、青岛嘉宏赔偿货值损失32955美元，退还预交的运费人民币80000元及利息损失18000元。被告天津嘉宏、青岛嘉宏共同请求法院驳回原告的诉讼请求。

【法理解读】

本案争议的焦点是双方之间委托事项的具体范围。原告与青岛

---

① 一审法院：青岛海事法院，案号：（2012）青海法海商初字第313号；二审法院：山东省高级人民法院，案号：（2013）鲁民四终字第58号。

嘉宏之间形成了海上货运代理合同关系，原告为委托人，青岛嘉宏为受托人。双方的委托范围应为办理与从海关退运货物及租船订舱相关的事宜，包括通知原告提交与退运相关的单据文件。青岛嘉宏提供其与福瑞公司之间的电子邮件证明福瑞公司仅通知原收货人提交保函，并未通知青岛嘉宏需要保函，其不存有过错。对此涉及青岛嘉宏转委托的福瑞公司的行为效力。原告主张青岛嘉宏转委托福瑞公司未经其同意，因福瑞公司行为导致退运失败，青岛嘉宏应当承担责任。青岛嘉宏抗辩原告实际知道其将退运及租船订舱事宜转委托福瑞公司处理并直接与其有业务联系，应当视为认可转委托效力。对此，青岛嘉宏的转委托事宜未经原告同意，其应当对转委托的福瑞公司的行为承担责任，福瑞公司在办理委托事务中的过错也应当视同为青岛嘉宏的过错。

【适用亮点】

本案就是典型的委托人知道受托人转委托第三人福瑞公司处理退运业务而未表示反对的案例。因为跨国退运的业务，一般需要国外代理公司代为完成。按照《最高人民法院关于审理海上货运代理纠纷案件若干问题的规定》第 5 条的内容，这种情形应直接认定为转委托不成立，而不存在默示同意或者隐名代理下披露第三人、第三人介入后权利义务如何确定等会导致裁判结果不一致的问题。

第一百七十条　【立法主旨】职务代理及限制

【法条对比】

民法总则	第一百七十条　执行法人或者非法人组织工作任务的人员，就其职权范围内的事项，以法人或者非法人组织的名义实施民事法律行为，对法人或者非法人组织发生效力。 法人或者非法人组织对执行其工作任务的人员职权范围的限制，不得对抗善意相对人。

民法通则	第四十三条　企业法人对它的法定代表人和其他工作人员的经营活动，承担民事责任。
民通意见	第五十八条　企业法人的法定代表人和其他工作人员，以法人名义从事的经营活动，给他人造成经济损失的，企业法人应当承担民事责任。

【条文释解】

本条是关于执行法人、非法人组织工作任务的工作人员职权代理行为法律效力的规定。

职务代理是指根据代理人所担任的职务而产生的代理。尽管职务代理也是由非法人组织的委托而产生的代理权，但是这种委托与委托代理的委托是不同的。委托代理是基于委托合同，因被代理人的授权而使代理人产生代理权。职务代理并不是根据委托合同产生代理权，而是基于代理人在法人和非法人组织中的职务，经由法人和非法人组织的授权而产生代理权。由此可见，尽管职务代理也是一种授权代理，但是授权的主体不同，委托代理的授权人是任何民事主体，而职务代理只能是代理人作为组织成员的法人或者非法人组织的授权，授权的主体是法人或者非法人组织。①

本条第 2 款规定了职权范围的对外效力。职务代理人在其职责范围内实施的民事法律行为，性质属于代理行为，因此其自己代理的一切事项都对法人或者非法人组织发生法律效力，其后果按照委托代理的规则都由职务代理人所在的法人或者非法人组织承受，但应当注意法人、非法人组织对工作人员职权范围的限制，属于其内部规制，对善意相对人不产生约束力。

本条源于《民法通则》第 43 条规定，《民法通则》在代理的部分并没有规定职务代理，总则条文对此作出了适当修改。条文内

① 杨立新主编：《中华人民共和国总则要义与案例解读》，中国法制出版社 2017 年版，第 628 页。

容还借鉴了《合同法》第50条及《个人独资企业法》第19条第4款的规定。

【典型案例】

原告吴某与被告史某、第三人三禾能源科技有限公司买卖合同纠纷案①

史某因工程项目需要，在2013年至2014年期间陆续向原告吴某购买水电材料。双方在2014年12月11日就先前欠款形成结算单一份，标题为“大目湾（肖怡）结算单”并标注“三禾公司”，金额为××元，史某在欠款人处签名，但在结算后未支付相应货款，另外，三禾公司于2016年10月17日将法定代表人变更为史某。

原告认为史某向其购买水电材料，应按原告要求支付材料款××元。史某认为其向原告购买材料是职务行为，该笔材料款应当由第三人三禾能源科技有限公司承担，第三人与原告之间一直存在买卖关系，之前的款项也都是由第三人支付。第三人认为史某是公司员工并受公司指派去向原告购买材料，案涉款项的支付应由第三人负担，并向法院提供结算清单一份，用以证明史某欠款××元的事实。史某向法院提供由第三人出具的情况说明一份以及2014年2月至2015年6月的工资单一组，用以证明史某是第三人的员工，向原告购买材料是职务行为的事实。

【法理解读】

本案的争议焦点之一是被告史某向原告购买材料系是否系第三人委派的职务代理行为。根据案件事实，被告史某与原告吴某就尚欠材料款进行结算并以欠款人名义在结算单签字确认，应当认定原、被告之间的买卖合同关系依法成立。被告史某主张其向原告购买材料系受第三人委派的职务代理行为，所产生的法律后果应当归

---

① 审理法院：浙江省象山县人民法院，案号：（2016）浙0225民初5776号。

属于三禾公司，但在货款的结算过程中，被告史某并未明确将其代理人的身份在结算单据上予以体现，而是在“欠款人”处签名确认，即以自己个人的名义对所结算欠款的支付义务予以负担。同时，无论被告还是第三人均未提供证据证明宁波三禾公司曾与原告就案涉货物的购买人、货款的结算方式等有过任何形式的约定或者在买卖关系存续期间曾以该公司名义向原告支付过任何相关款项。故被告史某因未提供证据证明案涉买卖合同关系中其个人行为系直接代理，其应当承担不利的法律后果，因此史某应当履行支付尚欠货款之义务。

【适用亮点】

本案中，被告史某未提供证据证明案涉买卖合同关系中其个人行为具备直接代理之外观，应当承担不利的法律后果。即使被告史某与第三人三禾公司之间存在委托或代理关系，被告史某在以个人名义结算后向原告披露委托人的情况下，原告亦有权选择向被告主张权利。

第一百七十一条　【立法主旨】无权代理的法律后果

【法条对比】

民法总则	第一百七十一条　行为人没有代理权、超越代理权或者代理权终止后，仍然实施代理行为，未经被代理人追认的，对被代理人不发生效力。 相对人可以催告被代理人自收到通知之日起一个月内予以追认。被代理人未作表示的，视为拒绝追认。行为人实施的行为被追认前，善意相对人有撤销的权利。撤销应当以通知的方式作出。 行为人实施的行为未被追认的，善意相对人有权请求行为人履行债务或者就其受到的损害请求行为人赔偿，但是赔偿的范围不得超过被代理人追认时相对人所能获得的利益。 相对人知道或者应当知道行为人无权代理的，相对人和行为人按照各自的过错承担责任。

民法通则	第六十六条第一款 没有代理权、超越代理权或者代理权终止后的行为，只有经过被代理人的追认，被代理人才承担民事责任。未经追认的行为，由行为人承担民事责任。本人知道他人以本人名义实施民事行为而不作否认表示的，视为同意。 第四款 第三人知道行为人没有代理权、超越代理权或者代理权已终止还与行为人实施民事行为给他人造成损害的，由第三人和行为人负连带责任。
民通意见	无

【条文释解】

本条是关于无权代理人签订合同的效力的规定。

无权代理合同是指无代理权人代理他人从事民事行为所签订的合同[①]。包括以下三种情形：（1）没有代理权而签订的合同，即签订合同的人根本没有经过被代理人的授权，就以被代理人的名义签订的合同；（2）超越代理权而签订的合同，即代理人与被代理人之间有代理关系存在，但是代理人超越了被代理人的授权范围与他人签订的合同；（3）代理关系终止后签订的合同，即行为人与被代理人之间原有代理关系，但是由于代理期限届满、代理事务完成或者被代理人取消委托关系等原因，被代理人与代理人之间的代理关系已不复存在，但原代理人仍以被代理人的名义与他人签订的合同。

与《民法通则》的规定相比，总则条文作出了重大修改。本条第 1 款和第 2 款由《合同法》第 48 条演变而来，并增加“自收到通知之日起”之规定，本条第 3 款由《民法通则》第 66 条第 1 款及第 4 款相关规定演变而来，本条第 4 款系新增条款。

---

① 中国审判理论研究会民商事专业委员会编著：《〈民法总则〉条文理解与司法适用》，法律出版社 2017 年版，第 303 页。

【典型案例】

鸿兴置业有限公司与牛某等房屋买卖合同纠纷上诉案[①]

2012年3月19日，张某未经鸿兴公司授权，以鸿兴公司的名义与牛某签订《房屋买卖合同》一份，约定牛某购买鸿兴公司鸿兴大厦房屋一套。合同第二条约定鸿兴公司应于2012年6月30日前与牛某签订正式的《商品房销售合同》并办理预售登记手续。第三条约定鸿兴公司于2013年6月30日前将牛某所购房屋交付牛某使用。合同未加盖鸿兴公司印章，但注明张某为出卖方鸿兴公司的代表人兼合伙人，由牛某及张某在合同上签字，同时牛某一次性向张某付清了40万元房屋价款。

2012年4月15日，鸿兴公司法定代表人李某平与张某签订《协议书》一份，协议关于双方因建设鸿兴大厦期间发生的纠纷问题达成谅解。第九条提及张某签订协议之前以鸿兴公司的名义销售了鸿兴大厦房屋两套，而牛某购买的房屋为其中一套。张某曾与牛某找到鸿兴公司要求其按第九条办理售房手续，鸿兴公司以张某未将房款交给鸿兴公司为由未予办理。房屋买卖合同约定交房期限到期后，鸿兴公司未将房屋交给牛某。牛某诉请鸿兴公司承担违约责任。

【法理解读】

本案的争议焦点之一是鸿兴公司对张某向牛某出售涉案房屋的行为是否构成追认。首先，追认是指权利人事后同意或者承认，行为人事后追认在法律效果上视同于行为人事前同意。根据《最高人民法院关于适用〈中华人民共和国合同法〉若干问题的解释（二）》第11条及第12条的规定，被代理人通过事后向无权代理人明确授权的方式使无权代理人获得代理权，亦可以构成有效的追

---

① 审理法院：山东省济南市中级人民法院，案号：（2016）鲁01民终4197号。

认。本案中，虽然张某以鸿兴公司名义与牛某签订《房屋买卖合同》时未取得鸿兴公司的授权，但是此后张某与鸿兴公司法定代表人李某平签订的《协议书》明确张某有权出售涉案房屋，且该《协议书》已经生效判决确认，这构成鸿兴公司对张某以鸿兴公司名义向牛某出售涉案房屋行为的追认，涉案《房屋买卖合同》的缔约双方应为鸿兴公司与牛某，鸿兴公司作为被代理人对张某的代理行为，应承担违约责任。

【适用亮点】

被代理人通过事后向无权代理人明确授权的方式使无权代理人获得代理权，亦可以构成有效的追认。所以本案构成鸿兴公司对张某以鸿兴公司名义向牛某出售涉案房屋行为的追认。鉴于张某代理鸿兴公司出售涉案房屋的行为得到了经鸿兴公司追认，故相应民事责任应由鸿兴公司承担，鸿兴公司要求张某承担责任的上诉请求没有法律依据。

第一百七十二条　【立法主旨】表见代理

【法条对比】

民法总则	第一百七十二条　行为人没有代理权、超越代理权或者代理权终止后，仍然实施代理行为，相对人有理由相信行为人有代理权的，代理行为有效。
民法通则	无
民通意见	无

【条文释解】

本条是关于表见代理及其例外的规定。表见代理是指代理人实施代理行为时虽无代理权，但因权利外观，善意且无过失的相对人有理由相信代理人拥有代理权，为保护善意相对人的合理信赖，善意相对人有权主张该无权代理发生有权代理的效果。表见代理制度的根本目的是维护交易安全与交易秩序等社会公共利益。[①]

表见代理的构成要件包括：第一，无权代理人并没有获得本人的授权，需要指出的是，因授权不明而实施的代理行为并非无权代理而是有权代理，此种行为不构成表见代理，而应当由被代理人向相对人承担责任；第二，有权利外观，即存在使相对人相信代理人享有代理权的事实和理由，所谓“权利外观”是指本人的授权行为已经在外部形成了一种表象，即能够使第三人有合理的理由相信无权代理人已经获得了授权；[②] 第三，相对人主观上是善意的，该“善意”是指相对人不知道或不应当知道无权代理人实际上没有代理权，确定相对人是否具有善意，必须要确定相对人不知无权代理人未获得授权；第四，相对人必须是无过失的，所谓“无过失”，是指相对人不知道行为人没有代理权并非因疏忽大意或懈怠造成的，如果相对人明知或者应知行为人无代理权却因过失而不知的，其对无权代理行为亦负有责任；第五，相对人与无权代理人成立法律行为[③]，如果其他要件都具备，但是相对人与无权代理人最终并没有成立法律行为，则不发生表见代理。

与《民法通则》的规定相比，总则条文属于新增的条款。本条是借鉴《合同法》第 49 条修改而成。

---

① 李开国著：《民法总则研究》，法律出版社 2003 年版，第 254 页。

② 王泽鉴著：《债法原理》（第 1 册），北京大学出版社 2009 年版，第 358 页。

③ 杨立新主编：《中华人民共和国总则要义与案例解读》，中国法制出版社 2017 年版，第 639 页。

【典型案例】

陆某与方某合同纠纷上诉案①

方某与华宇建筑公司分别于2009年8月15日、2011年1月15日、2012年3月29日，签订《工程项目施工管理承包合同》3份，约定华宇建筑公司将坪山中心区某楼工程承包给方某。方某将上述工程的门窗工程承包给陆某，工程完工后，方某支付工程款29万元。2013年2月2日，陆某与徐某丰（案涉工程的施工员，系方某的外甥）进行结算，但结算单上并没有方某签字，陆某未提供方某委托徐某丰结算的依据，也未提供方某事后对该份结算单进行追认的证据。陆某主张现有证据足以认定结算单中徐某丰的签章获得了方某的授权，构成表见代理，方某应当按照结算单支付陆某工程余款及利息。

【法理解读】

本案的争议焦点是徐某丰的结算行为是否构成有权代理或表见代理。从本案查明的事实来看：首先，方某将案涉工程的门窗工程承包给了陆某，双方建立了建设工程施工合同关系，但陆某并未能提供任何证据证明方某与陆某就案涉门窗工程的工程款有过相关约定，亦未能证明双方在工程完工后进行过工程款结算。其次，陆某与徐某丰的结算单上未有方某的签字，且陆某也未能证明徐某丰得到了方某的事先授权或方某事后对结算单进行了追认，即徐某丰系无权代理。最后，陆某仅依据徐某丰系案涉工程的施工员以及徐某丰与方某系亲属关系就认定徐某丰具备表见代理的权利外观，依据不足，即徐某丰亦不构成表见代理。因此，法院认定陆某要求方某支付工程款的证据不足而不予支持并无不当。

---

① 审理法院：浙江省杭州市中级人民法院，案号：（2016）浙01民终7790号。

【适用亮点】

表见代理的核心是行为人属于无权代理，但相对人有理由相信其属于有权代理的，则该代理行为可以认定为有效。本案中徐某丰的行为系无权代理。陆某仅依据徐某丰系本案建设工程的施工员以及徐某丰与方某间的亲属关系就认定徐某丰具备表见代理的权利外观，此依据不足并不符合表见代理的构成要件，所以徐某丰的行为不构成表见代理。

第三节　代理终止

第一百七十三条　【立法主旨】委托代理终止的情形

【法条对比】

民法总则	第一百七十三条　有下列情形之一的，委托代理终止： （一）代理期间届满或者代理事务完成； （二）被代理人取消委托或者代理人辞去委托； （三）代理人丧失民事行为能力； （四）代理人或者被代理人死亡； （五）作为代理人或者被代理人的法人、非法人组织终止。
民法通则	第六十九条　有下列情形之一的，委托代理终止： （一）代理期间届满或者代理事务完成； （二）被代理人取消委托或者代理人辞去委托； （三）代理人死亡； （四）代理人丧失民事行为能力； （五）作为被代理人或者代理人的法人终止。
民通意见	无

【条文释解】

本条是关于委托代理消灭原因以及法律后果的规定。

委托代理权的终止又称为委托代理权的消灭，是指代理人与被代理人之间的代理关系的消灭。

委托代理因下列原因终止：第一，代理期间届满或者代理事务完成，代理期限规定不明确或者代理事务范围不清楚，被代理人有权随时以单方意思表示加以确定，代理人也应当将代理事项完成的情况及时通知或报告被代理人。[①] 第二，被代理人取消委托或者代理人辞去委托，取消委托和辞去委托在性质上都是一种单方行为，只需要以单方意思传达于对方，[②] 被代理人取消委托是指完全终止代理，即被代理人在进行代理事务进程中，取消对代理人的授权，[③] 但被代理人仅限制和缩小了代理权限，只能导致代理权的部分消灭。[④] 第三，代理人丧失民事行为能力，但如果被代理人自愿选择一个限制民事行为能力人作为代理人代理其事务，则被代理人不得主张代理人的代理行为无效，否则将违反“允诺禁反言”的一般原则，即使被代理人在选择代理人时，并不知道其不具有完全的民事行为能力，也应承担由此造成的后果。第四，代理人或者被代理人死亡，代理人死亡将导致该代理关系不再存在行使代理权的主体，故代理关系自然终止，被代理人死亡将导致代理行为的法律效果失去归属，故代理权消灭。第五，作为代理人或者被代理人的法人、非法人组织终止，法人一旦终止，其便失去了作为民事法律关系主体的资格，非法人组织的民事权利能力从法人、非法人组织成立时产生，到法人、非法人组织终止时消灭，基于与自然人同样的原因，在法人、非法人组织终止时，其参与的委托代理自然终止。

本条规定系《民法通则》第69条及《合同法》第411条的规

---

① 佟柔主编：《中国民法》，法律出版社1990年版，第216页。

② 王利明著：《民法总则研究》，中国人民大学出版社2003年版，第656页。

③ 中国审判理论研究会民商事专业委员会编著：《〈民法总则〉条文理解与司法适用》，法律出版社2017年版，第308页。

④ 张俊浩主编：《民法学原理》，中国政法大学出版社2001年版，第287页。

定演变而来。总则条文较通则而言，作出了适当修改。主要有两点变化，在委托代理终止的情形中增加了被代理人死亡情形和非法人组织终止情形。

【典型案例】

原告梅某诉被告陈某华等物权保护纠纷案①

1989 年 9 月原告梅某（原名陈某荣）签署《委托书》，委托陈某汉办理广州一房屋继承手续等，委托期限 5 年。1993 年 6 月原告签署《委托书》，委托陈某汉对该房屋楼业管理并约定代理人有转委托权，委托期限为长期。陈某汉取得原告的《委托书》后开始对该房屋管理。1999 年 11 月陈某汉与被告陈某华办理结婚登记手续，2012 年 12 月陈某汉死亡，2013 年被告陈某华将该房屋产权证交回给原告，2015 年 3 月被告陈某华将该房屋一、二、三层出租给被告卢某使用。

庭审中，原告提供证人徐某及原告于 2013 年 6 月出具的《委托书》和终止陈某汉代理权《声明书》，证明原告终止了陈某汉对涉案房屋的代理权并全权委托徐某处理该房屋相关事务。被告陈某华认为没有收到上述《委托书》和《声明书》，也没有与证人徐某会面，被告陈某华提供了 2012 年 8 月陈某汉出具的《委托书》，证明陈某汉将原告涉案房屋的委托权转委托给被告陈某华。对此，原告认为代理行为自代理人或委托人去世时自行终结，即陈某汉死亡时其代理权已终止，陈某汉转委托给陈某华的行为原告并没有追认。原告诉请法院要求被告陈某华退还涉案房屋并且支付使用费。

【法理解读】

原告签署的《委托书》及《声明书》是原告的真实意思表示，合法有效。本案原告的委托代理人陈某汉已于 2012 年 12 月死亡，

---

① 审理法院：广东省广州市荔湾区人民法院，案号：（2016）粤 0103 民初 3809 号。

且原告亦于 2013 年 6 月作出《声明书》终止了陈某汉对涉案房屋的代理权。被告陈某华作为陈某汉的转委托代理人，其代理权也随之终止。被告陈某华在庭审中以没有收到原告撤销陈某汉对涉案房屋代理权的《声明书》进行抗辩，但被告陈某华将涉案房屋的产权证交回给原告的行为及证人徐某的证言及《委托书》，可以证实被告陈某华是清楚原告已经撤销陈某汉对涉案房屋代理权。鉴于陈某汉死亡后，原告没有及时办理涉案房屋的管理交接，故过错在于原告，原告以被告陈某华侵占使用涉案房屋的理由不成立。由于被告陈某华代理权终止，其无权继续管理出租涉案房屋，故原告要求被告陈某华退还涉案房屋并且支付使用费，法院予以支持。

【适用亮点】

根据《民法总则》第 173 条第 2 项“被代理人取消委托或者代理人辞去委托”及第 4 项“代理人或者被代理人死亡的”委托代理终止，结合本案原告的委托代理人陈某汉已于 2012 年 12 月死亡且原告亦于 2013 年 6 月作出《声明书》终止陈某汉对涉案房屋的代理权，故被告陈某华作为陈某汉转委托代理人，其代理权也随之终止。

第一百七十四条　【立法主旨】被代理人死亡后委托代理行为效力

【法条对比】

民法总则	第一百七十四条　被代理人死亡后，有下列情形之一的，委托代理人实施的代理行为有效： （一）代理人不知道并且不应当知道被代理人死亡； （二）被代理人的继承人予以承认； （三）授权中明确代理权在代理事务完成时终止； （四）被代理人死亡前已经实施，为了被代理人的继承人的利益继续代理。 作为被代理人的法人、非法人组织终止的，参照适用前款规定。

民法通则	无
民通意见	第八十二条　被代理人死亡后有下列情况之一的，委托代理人实施的代理行为有效：（1）代理人不知道被代理人死亡的；（2）被代理人的继承人均予承认的；（3）被代理人与代理人约定到代理事项完成时代理权终止的；（4）在被代理人死亡前已经进行、而在被代理人死亡后为了被代理人的继承人的利益继续完成的。

【条文释解】

本条是关于被代理人死亡或者终止后委托代理人代理行为有效情形的规定。

本条第1款适用于自然人作为被代理人死亡后的情形，包括以下四种：第一，代理人不知道并且不应当知道被代理人死亡，即在代理关系存续期间被代理人已经死亡，但代理人不知道也不能推定其知道，其有合理理由认为委托代理关系仍然存续则代理行为依然有效，但代理人需要反证自己不知道且不应当知道的事实。[①] 第二，被代理人的继承人均认可，即在继承开始后能够行使继承权的同一顺位的被代理人的继承人都予以承认的代理人行为有效的，就可以认为代理行为有效。[②] 第三，授权中明确代理权在代理事务完成时终止，即在委托代理关系中，被代理人若在授权委托书或者口头授权中明确表示代理事项完成时代理权方才终止的，则应尊重当事人的意思表示，在被继承人死亡时，代理事项没有完成的，代理人当然可以继续代理直至代理事项完成为止。第四，代理行为在被代理人死亡前已经实施，为了被代理人的继承人的利益继续代理，

---

① 杨立新主编：《中华人民共和国民法总则要义及案例解读》，法律出版社2017年版，第645页。

② 中国审判理论研究会民商事专业委员会编著：《〈民法总则〉条文理解与司法适用》，法律出版社2017年版，第310页。

此规定包含两个要件：一是在被代理人死亡前已经开始实施代理行为但未完成，二是在被代理人死亡后为了被代理人继承人的利益继续完成代理行为，若两个要件都满足，则代理行为有效。

本条第2款适用于作为被代理人的法人和非法人组织终止的情形。应当注意，该情形发生时，可参照第1款的规定来确定委托代理人实施的代理行为的效力问题。

关于被代理人死亡是否引起委托代理关系的终止，《民法通则》对此未予以规定。本条规定系借鉴《民通意见》第82条及《合同法》第412条规定修改而成。总则条文规定较民通意见条文及合同法条文而言，增加了第2款规定，可适用于被代理人是法人、非法人组织终止的情形。

【典型案例】

李某宇诉李某孟等确认合同效力纠纷案[①]

李某平、杨某芳系李某纯的父母，李某婷、李某宇均系李某纯之女。李某纯于2013年9月死亡，其第一顺序法定继承人为李某宇、李某婷、李某平、杨某芳。

2009年2月，李某纯委托其弟媳向某代为管理及处理其位于重庆市×房屋的相关事宜，出具《委托书》一份，注明向某就前述委托事宜所签署的相关法律文书，李某纯均予以认可并承诺承担相应的法律责任，委托期限至办完委托事宜为止。同日，李某纯就前述委托进行公证。2014年2月，甲方李某纯（向某代其签字）、乙方李某孟与丙方第三人签订《房屋买卖合同》一份，约定甲方将上述房屋以××元价款出售给乙方。当日，李某孟向向某支付定金××元。2014年2月11日、2月14日，李某孟分两次向向某支付房款共计××元，向某将该房屋交付李某孟。后因李某孟办理银行贷

---

① 审理法院：重庆市第五中级人民法院，案号：（2015）渝五中法民终字第02392号。

款手续需要李某纯的第一顺序法定继承人协助办理前述房屋的过户登记手续，但李某宇、李某平、杨某芳、李某婷拒绝协助，李某孟起诉至法院。

一审判决向某代理李某纯与李某孟签订的《房屋买卖合同》合法有效。李某宇提起上诉，认为李某纯生前出具给向福会的委托书中没有“房屋出售”字样，仅委托向某代为管理，故合同无效。李某纯死后，李某宇是房屋的合法继承人，房屋应属李某宇所有。

【法理解读】

本案中，2009 年 2 月 4 日，李某纯出具《委托书》，委托向某代为管理及其处理房屋相关事宜。该委托在公证处已进行公证，是双方的真实意思表示，且未违反法律、行政法规的效力性强制性规定，系合法有效。委托书中明确约定委托期限至办完委托事宜为止。根据《合同法》第 411 条规定，该委托合同在委托人李某纯死亡后并未终止。受托人向某根据委托人李某纯的委托与李某孟签订的《房屋买卖合同》系双方的真实意思表示，且未违反法律、行政法规的强制性规定，故合同合法有效，李某孟按照合同约定支付房款后，李某纯本应履行协助办理过户登记手续的义务，但因李某纯已死亡，则其第一顺序法定继承人即李某宇、李某平、杨某芳、李某婷应履行协助办理过户登记手续的义务，应当协助李某孟办理诉争房屋过户登记手续。

【适用亮点】

本案中，被代理人李某纯同向某出具的《委托书》中，注明委托期限至办完委托事宜为止，属于被代理人在授权中明确代理权在代理事务完成时终止的代理行为有效的情形。根据《民法总则》第 174 条第 1 款之规定，在委托人李某纯死亡后，该委托合同仍未终止。

第一百七十五条　【立法主旨】法定代理终止情形

【法条对比】

民法总则	第一百七十五条　有下列情形之一的，法定代理终止： （一）被代理人取得或者恢复完全民事行为能力； （二）代理人丧失民事行为能力； （三）代理人或者被代理人死亡； （四）法律规定的其他情形。
民法通则	第七十条　有下列情形之一的，法定代理或者指定代理终止： （一）被代理人取得或者恢复民事行为能力； （二）被代理人或者代理人死亡； （三）代理人丧失民事行为能力； （四）指定代理的人民法院或者指定单位取消指定； （五）由其他原因引起的被代理人和代理人之间的监护关系消灭。
民通意见	无

【条文释解】

本条是关于法定代理终止的规定。

法定代理因下列原因而终止：第一，被代理人取得或者恢复完全民事行为能力，即法定代理产生的原因是被代理人不具有民事行为能力，需要由他人代理。但如果被代理人取得或恢复民事行为能力（如未成年人年满 18 周岁或者精神病人恢复精神健康等），法定代理没有再存在的基础和必要，那么法定代理的代理权消灭。第二，代理人丧失民事行为能力，法定代理的制度主要在于补足被代理人欠缺的民事行为能力，因此要求法定代理人应当具有民事行为能力，在法定代理中，如果代理人丧失民事行为能力，代理人无法行使代理权，代理关系应当终止。此处“丧失民事行为能力”既包括完全丧失，也包括部分丧失。[①] 第三，代理人或者被代理人死亡，若代理人死亡则无法实施代理行为，法定代理关系无法维持；当被代理人死亡，则法定代理关系亦无存在的必要，因此法定代理同样终止[②]，不管代理人或者被代理人哪一方死亡，都将使法定代理关系中的一方主体不存在，代理当然终止。第四，其他原因。代理权消灭的其他原因很多，例如，收养关系的解除，收养人和被收养人之间的监护关系消灭，则收养人的代理资格丧失。[③]

本条规定系借鉴《民法通则》第 70 条规定修改而成。总则较通则而言，对指定代理没有再规定，也没有规定指定代理终止的情形和条件。

【典型案例】

邓某与河东房地产开发有限公司、邓某磊确认合同效力纠纷案[④]

2008 年 10 月，邓某磊与赵某协议离婚，并约定婚生子邓某由邓某磊抚养。2013 年 8 月 29 日，邓某磊作为邓某的法定代理人与河东公司签订了《商品房买卖合同》，约定由邓某购买河东公司开发的×号房屋一套。邓某需于 2013 年 8 月 29 日一次性支付购房款。同日，河东房地产公司出具销售不动产统一发票，载明邓某缴纳了购房款××元。2013 年 10 月，该合同办理了登记备案。之后，邓某磊以邓某监护人的身份向河东公司申请：因个人原因，与开发商协

---

① 张新宝著：《〈中华人民共和国民法总则〉释义》，中国人民大学出版社 2017 年版，第 381 页。

② 中国审判理论研究会民商事专业委员会编著：《〈民法总则〉条文理解与司法适用》，法律出版社 2017 年版，第 312 页。

③ 王利明著：《民法总则研究》，中国人民大学出版社 2003 年版，第 658 页。

④ 审理法院：重庆市第一中级人民法院，案号：（2016）渝 01 民终 3301 号。

议退房，办理预售登记注销事宜。河东公司收到申请后，同意退房。2014 年 4 月，邓某磊以邓某监护人的身份与河东公司签订了《退房协议》并办理了注销登记手续。同日，河东公司与黄某刚又签订了该套房屋的买卖合同。黄某刚与河东公司均陈述河东公司已经于 2015 年 6 月将房屋交付黄某刚使用，但尚未将房地产权办理至黄某刚名下。2015 年 3 月，邓某变更为由赵某抚养。

邓某认为河东公司及黄某刚的上述的行为侵害了邓某的合法权益，故请求法院确认 2014 年 4 月邓某磊以邓某的名义与河东公司签订的《退房协议》无效。

【法理解读】

本案中，邓某在与河东房地产公司签订《商品房买卖合同》及《退房协议》时尚未满 10 周岁，其属于无民事行为能力人，故应由其法定代理人代理其从事民事活动。而邓某磊与赵某于 2008 年 10 月 31 日签订的离婚协议约定邓某由邓某磊抚养。因此，邓某磊作为邓某的监护人，也应是其法定代理人，故邓某磊有权以法定代理人身份为邓某与河东房地产公司签订《商品房买卖合同》，而《商品房买卖合同》依法律规定是合法有效的，且现无证据显示邓某磊、河东房地产公司及黄某刚存在恶意串通的事实，故双方应按照合同约定各自履行自己的义务。《合同法》第 93 条第 1 款规定“当事人协商一致，可以解除合同。”故邓某要求确认《退房协议》无效的请求，无法律依据，法院不予支持是合理的。

【适用亮点】

本案中，邓某磊作为邓某法定代理人签订退房协议的行为并不会直接侵害邓某的合法权益。法律规定监护人除为被监护人的利益外，不得处理被监护人的财产，不应属于效力性强制性规定，否则，不利于保护善意第三人的利益及市场交易安全。

第八章　民事责任

第一百七十六条　【立法主旨】民事义务和民事责任

【法条对比】

民法总则	第一百七十六条　民事主体依照法律规定和当事人约定，履行民事义务，承担民事责任。
民法通则	第一百零六条　公民、法人违反合同或者不履行其他义务的，应当承担民事责任。 　　公民、法人由于过错侵害国家的、集体的财产，侵害他人财产、人身的应当承担民事责任。 　　没有过错，但法律规定应当承担民事责任的，应当承担民事责任。
民通意见	无

【条文释解】

本条是关于民事主体、民事义务与民事责任的规定。

民事主体包括自然人、法人和其他组织，主体间地位平等。民事主体之间可依照法律规定或当事人约定，履行民事义务，承担民事责任。所谓依照当事人的约定，是指民事主体为实现某种特定的利益而协商，约定双方间的权利，承诺履行各自的义务。[①]

---

① 中国审判理论研究会民商事专业委员会编著：《〈民法总则〉条文理解与司法适用》，法律出版社 2017 年版，第 315 页。

民事责任是指民事主体因违反合同主义务或从义务及附随义务所应承担的民事法律后果。民事责任是保护民事权利，促进民事主体履行民事义务的重要法律手段。依据不同的标准，民事责任主要有四种分类，包括合同责任和非合同责任、双方责任和单方责任、共同责任和单独责任、财产责任和非财产责任。

民事义务是指一方为保证他方民事权利的实现，应当为一定的行为或者不为一定的行为。民事权利的实现有赖于对方当事人作为或者不作为义务的履行。如果当事人不履行民事义务，则需通过民事责任制度强制其履行义务，以确保民事权利的实现。

民事责任不同于民事义务，民事义务是民事责任的前提，无义务就无责任。民事责任则是不履行民事义务的法律后果。虽然民事责任和民事义务在内容上经常一致，但存在本质的区别：民事义务的履行为社会所倡导和鼓励，民事责任的承担则体现了社会对不履行民事义务的谴责。①

本条规定系借鉴《民法通则》第 106 条规定修改而成。总则较通则而言，明晰了民事责任和民事义务的来源，明示了依法或依约履行民事义务的重要性。同时，针对一些法律规范中法律责任的立法空白问题，本条文也可作为基本性规制予以适用。

【典型案例】

马某法诉秦西重型汽车有限公司等健康权纠纷案②

2013 年 7 月，被告王某因驾驶的货车（车辆所有权人为鸿安运输公司，生产商为秦西汽车公司）水箱发生故障，将该车送至原告马某法经营的维修站进行维修。过程中，因该车驾驶室举升缸底座突然断裂，导致驾驶室突然倒下，将原告压伤。截至 2013 年

---

① 王利明主编：《民法》（第 5 版），中国人民大学出版社 2000 年版，第 554 页。

② 审理法院：江苏省南京市中级人民法院，案号：（2014）宁民终字第 613 号。

8月1日，共花去医疗费××元。现要求三被告王某、鸿安运输公司、秦西汽车公司共同赔偿，且三被告相互承担连带责任。

被告王某、鸿安运输公司均认为案涉车辆确系鸿安运输公司所有，且其对该车进行了正常的保养和年检；王某将车辆送至原告马某法工作的维修站进行修理，双方之间是修理合同关系，在车辆修理期间发生事故，王某并无过错，驾驶室倒下是由于原告自身操作不当引发，故请求法院驳回原告要求其承担连带赔偿责任的诉讼请求。

被告秦西汽车公司认为案涉车辆虽确系其生产，但该车出厂时系质量合格产品。案涉车辆使用已经超过3年，早已过质保期。原告马某法在修理举升驾驶室时涉嫌违规操作，未将驾驶室举升至正确位置是导致原告受伤的原因，故原告受伤所产生的损失应由其雇主承担，请求法院驳回原告要求其承担连带赔偿责任的诉讼请求。

【法理解读】

该案的争议焦点在于，案涉车辆的举升缸轴座托架总成断裂是由何原因导致。对此，被告秦西汽车公司应承担举证责任证明其生产的案涉车辆和零部件为合格产品，但其提供的车辆检测的合格证及零部件理化检验报告等证据均系秦西汽车公司内部自行出具，且经法庭释明后其并未对案涉车辆举升缸轴座托架总成的断裂原因申请司法鉴定，故应推定为案涉车辆举升缸轴座托架总成存在产品质量缺陷。原告受伤与秦西汽车公司生产的案涉车辆存在产品质量缺陷具有因果关系，故秦西汽车公司应对马某法的受伤承担民事责任。

【适用亮点】

因产品存在缺陷造成他人损害的，生产者应对其法定免责事由承担举证责任，但其自行出具的产品质量检验合格报告不能成为免责之法定事由。生产者不能提供证据证明其产品符合质量标准的，应承担侵权赔偿责任。

第一百七十七条　【立法主旨】按份责任

【法条对比】

民法总则	第一百七十七条　二人以上依法承担按份责任，能够确定责任大小的，各自承担相应的责任；难以确定责任大小的，平均承担责任。
民法通则	第一百一十三条　当事人双方都违反合同的，应当分别承担各自应负的民事责任。 第一百三十条　二人以上共同侵权造成他人损害的，应当承担连带责任。 第一百三十二条　当事人对造成损害都没有过错的，可以根据实际情况，由当事人分担民事责任。
民通意见	无

【条文释解】

本条是关于按份责任承担方式的规定。

按份责任是指两个或两个以上的民事主体按照法律的规定或者合同的约定，各自承担一定份额的责任。责任人按自己的份额向债权人承担清偿责任，责任人间不存在连带关系。就同一债务，每个按份责任人只承担规定或约定的特定份额，对其他责任人的份额不负责。相应地，权利人只能针对该责任人的责任份额请求执行。①

数个行为人应当承担按份责任的份额分为两种情形：第一，能够确定责任大小的，各自承担相应的责任。有学者认为，“可以综合各个行为人的过错程度、各个侵权行为与损害后果因果关系的紧

① 中国审判理论研究会民商事专业委员会编著：《〈民法总则〉条文理解与司法适用》，法律出版社2017年版，第318页。

密程度、公平原则以及政策考量等因素”[1] 来确定各自应当承担的责任。有的学者认为应当考虑过错和原因力，“原因力”是指在构成损害结果的数个共同原因中，每一个原因对于损害结果发生或者扩大所发挥的作用力，根据作用力的大小确定各自应当承担的责任。[2] 第二，难以确定责任大小的各主体需平均承担责任，如果法律没有规定或者当事人没有明确约定份额时，应当推定责任人承担均等的责任份额，某个债务人清偿债务超过自己应分担的份额的，有权向其他债务人追偿，履行了义务的债务人享有请求其他债务人偿还其应承担份额的权利，即代位求偿权。[3]

本条规定系借鉴《民法通则》第113条、第130条、第132条规定及《侵权责任法》第12条规定修改而成。总则规定对通则及侵权责任法条文内容适当作出修改。《民法总则》于民事责任一章中，作出专门条款规制按份责任的适用，完善了民事责任的内容。

【典型案例】

陈某红诉栾某攀、郑州交通运输集团有限责任公司等在高速公路上违法下客致损侵权赔偿纠纷案[4]

2012年6月21日，陈某红在郑州某汽车站购买了客运车票和乘客意外伤害保险，并乘坐了马某鹏驾驶的郑州运输集团所有的客车，目的地为宿迁。于2012年6月22日凌晨到达宿迁境内，陈某红在高速公路上下车，下车地点距最近的两个出口都超过10公里。

---

① 王胜明主编：《〈中华人民共和国侵权责任法〉解读》，中国法制出版社2010年版，第56页。

② 张新宝、明俊：《侵权法上的原因力理论研究》，载《中国法学》2005年第2期。

③ 王利明著：《民法总则研究》，中国人民大学出版社2003年版，第276页。

④ 审理法院：江苏省宿迁市中级人民法院，案号：（2013）宿中民终字第0971号。

凌晨2点多栾某攀驾驶货车拖运超宽货物行至G25-13高速公路徐州至淮安方向时超车，过程中将行走在超车道和护栏之间的陈某红撞倒，致陈某红受伤。后陈某红被送往医院救治，被诊断为重度颅脑外伤、肺挫伤等全身多处损伤。陈某红于2012年10月出院。该事故经交巡警支队处理并作出无法查清道路交通事故成因的道路交通事故证明。另查明，栾某攀驾驶的肇事货车的实际车主为常某玲，挂靠在骏通运输公司（即登记车主）名下。

事故发生后，常某玲支付医疗费7万元，保险公司在两个交强险限额内垫付医疗费2万元，郑州运输集团支付医疗费1万元。现陈某红起诉各被告，要求赔偿陈某红各项损失169620元，扣除被告总计垫付的10万元，还应赔付69260.2元。对于保险公司，本次诉讼仅主张交强险限额内部分。

【法理解读】

本案的争议焦点之一是本案各方当事人在本次交通事故中的法律地位及责任承担。本案所涉交通事故发生在高速公路之上且事故一方又是在深夜违法行走的行人，故不宜课以栾某攀于普通道路上行驶时同样的注意义务。但其所驾车辆超宽，车辆制动不符合相关标准，则应较在同等道路条件下行驶的其他车辆负有更高的注意义务。故栾某攀在超车过程中疏于观察，未尽到适当的注意义务，应认定为本次事故发生的一个次要原因。陈某红深夜在高速公路上行走，为法律所禁止，属严重违法行为，是本次事故发生的主要原因。但陈某红该违法行为又与被告郑州运输集团的违法下客行为之间存在紧密的因果关系，所以陈某红不应全部承担该“主要原因”相对应的责任，故郑州运输集团的行为是本次事故发生的重要原因且应负较大责任。当然，陈某红作为成年人，亦应知道在高速公路上行走且走在隔离带护栏与超车道中间的位置的高度危险性，其行为也是本次事故发生的一个原因，应承担相应责任。综上，法院酌定陈某红、栾某攀、郑州运输集团分别承担本次事故的20%责任、30%责任、50%责任。

【适用亮点】

在客运合同中，缔约双方应全面履行合同义务，承运方有义务将旅客运抵约定安全地点。如果对合同履行地点约定不明确的，承运人也应按照有利于合同目的实现的方式履行。作为从事客运业务的人员应该知道在高速公路上违法下客的危险性，不应仅为了方便自身而将乘客置于危险的境地；乘客对高速公路的危险性也应该有所认知，未能及时离开高速公路，存在一定的过错，但根源仍是驾驶员违反规定下客。因此，在上述情况下，驾驶员与乘客应按照过错大小按份承担责任，如机动车驾驶员是履行职务行为，法律后果应由单位承担。

第一百七十八条　【立法主旨】连带责任

【法条对比】

民法总则	第一百七十八条　二人以上依法承担连带责任的，权利人有权请求部分或者全部连带责任人承担责任。 　　连带责任人的责任份额根据各自责任大小确定；难以确定责任大小的，平均承担责任。实际承担责任超过自己责任份额的连带责任人，有权向其他连带责任人追偿。 　　连带责任，由法律规定或者当事人约定。
民法通则	第八十七条　债权人或者债务人一方人数为二人以上的，依照法律的规定或者当事人的约定，享有连带权利的每个债权人，都有权要求债务人履行义务；负有连带义务的每个债务人，都负有清偿全部债务的义务，履行了义务的人，有权要求其他负有连带义务的人偿付他应当承担的份额。
民通意见	无

【条文释解】

本条是关于连带责任承担的规定。

连带责任指两个或两个以上的民事主体按照法律规定或合同的约定，对其共同债务予以全部承担或部分承担，责任人间存在连带关系，并能由此引起其内部债务关系的民事责任。[①] 也就是说，连带债务的各债务人以全部财产担保债权人的债权，因此连带债务具有确保债权实现的目的和作用。[②]

连带责任包括内部关系和外部关系两种：

1. 内部关系是指责任人相互间的关系，主要涉及责任人之间的责任份额的划分和可能的追偿权行使问题。内部关系一般依按份责任的原则处理，在无法定和约定的情形下应依据行为人的过错程度、行为的原因、行为人的经济状况等因素来确定连带责任人各自应负的责任比例。能分清各自责任大小的，责任人分别承担对应的责任，无法判定的责任人平均承担，连带责任人向权利人履行义务后，承担的责任超出自己的应负比例时，连带责任人有追偿权，可向其他连带责任人要求偿还超过的部分。[③]

2. 外部关系是指权利人与责任人之间的关系，两个以上的责任人作为一个整体对权利人承担全部责任，同时每一个责任人也对权利人承担全部责任。在连带责任中，需要正确处理好内部关系和外部关系之间的关系，外部关系是主要的，具有决定意义，内部关系不影响外部关系的处理，即不影响权利人有权请求部分或者全部连带责任人承担责任。[④]

本条借鉴了《民法通则》第 87 条及《侵权责任法》第 13 条、第 14 条的规定，总则对连带责任的内容重新梳理整合，作出了适

---

① 中国审判理论研究会民商事专业委员会编著：《〈民法总则〉条文理解与司法适用》，法律出版社 2017 年版，第 321 页。

② 王利明著：《民法总则研究》，中国人民大学出版社 2003 年版，第 277 页。

③ 王利明主编：《中华人民共和国民法总则详解》，中国法制出版社 2017 年版，第 819 页。

④ 张新宝著：《〈中华人民共和国民法总则〉释义》，中国人民大学出版社 2017 年版，第 388 页。

当修改，使连带责任不仅局限于侵权之债，也可以在合同之债等领域中确定。《民法总则》确定了连带责任人的内部追偿制度，发挥了总则的引领、指导作用。

【典型案例】

重庆第四中级人民法院判决吴某诉正轩公司等噪声污染责任纠纷案①

正轩公司于2013年年底开始实施其在某县城的开发项目，吴某家住该项目附近。2013年11月1日，正轩公司将项目的平基土石方及边坡支护工程发包给佳宇公司施工。2014年年初，佳宇公司进场施工，至同年9月结束，施工期间有夜间施工和产生工程噪声的情况。2013年12月，正轩公司将项目主体工程发包给朝晖公司，佳宇公司基建工程结束后，朝晖公司一直施工至今。正轩公司在与佳宇公司、朝晖公司的合同中，有笼统的“依法”、“文明”施工的约定，但对施工过程中环境保护的措施没有明确约定。2014年11月12日，县环境监测站对本案所涉项目工地夜间施工噪声进行监测，结果为57.4dB，超过55dB的排放标准，2015年4月19日，县环境监测站对本案所涉工地昼间施工噪声进行监测，结果为72dB，超过60dB的排放标准。朝晖公司在2014年10月22日取得在同月22日至24日夜间施工的许可证，其他时间是否取得夜间施工的许可无证据证明。

在佳宇公司、朝晖公司施工过程中，原告吴某出现抑郁情绪发作的情况，并引起血管神经性头痛、心境障碍（抑郁发作）、慢性胃炎等疾病入院治疗，共花医疗费××元。2015年3月12日，吴某遂以正轩公司开发的项目工地产生噪音致使其身体健康遭受严重伤害为由提起诉讼，要求支付医药费用××元，并排除妨碍，停止侵害。审理中，法院依法追加佳宇公司、朝晖公司为被告参加诉讼，

① 审理法院：重庆市第四中级人民法院，案号：（2016）渝04民终587号。

后吴某变更诉讼请求，要求三公司赔偿医药费××元、房租费××元，并排除妨碍，停止侵害。经法院委托精神卫生中心对此进行了鉴定，明确吴某的心境障碍与环境噪声之间无因果联系，但同时明确因吴某患有心脏病史易出现抑郁情绪，对环境噪声较常人敏感，这可能加重抑郁情绪或者使抑郁情绪发作。

【法理解读】

本案的争议焦点在于正轩公司作为没有直接排放噪声的建设单位，是否应当承担噪声污染责任的问题。首先，作为施工单位的佳宇公司、朝晖公司在其各自施工期间存在排放噪声超标、未经许可夜间施工的行为；其次，在二者施工期间，吴某抑郁情绪发作，多次住院治疗，存在身体健康受损的事实，且为了避免身体继续遭受噪声的损害外出租房，存在费用损失；最后，根据《重庆市精神卫生中心精神医学鉴定意见书》，虽然其结论明确吴某的心境障碍与环境噪声之间无因果联系，但是该中心明确了因吴某患有心脏病史，易出现抑郁情绪，对环境噪声较常人敏感，可能加重抑郁情绪或者使抑郁情绪发作的意见。基于此，噪声污染的侵权行为与吴某因抑郁情绪加重接受住院治疗及为避免损害加重而搬离住所在外居住产生的损失之间存在因果关系。至此，佳宇公司、朝晖公司对此应承担噪声污染责任，建设单位正轩公司明知施工单位不采取保护措施即进行施工可能会发生噪声污染损害的后果轻信能够避免而致损害发生，构成噪声污染共同侵权，应当承担连带责任。综上所述，施工单位排放噪声超标，建设单位以不作为的方式，共同导致噪声污染侵害发生，可认定为构成共同侵权，建设单位应与施工单位一起承担连带责任。

【适用亮点】

在噪声污染责任纠纷中，施工单位排放噪声超过国家规定标准，建设单位未依法进行环境影响评价或采取有效保护措施，造成他人身体健康受损的，属于以不作为的方式侵权，与施工单位构成共同侵权，应承担连带责任。

第一百七十九条 【立法主旨】承担民事责任方式

【法条对比】

民法总则	第一百七十九条　承担民事责任的方式主要有： （一）停止侵害； （二）排除妨碍； （三）消除危险； （四）返还财产； （五）恢复原状； （六）修理、重作、更换； （七）继续履行； （八）赔偿损失； （九）支付违约金； （十）消除影响、恢复名誉； （十一）赔礼道歉。 法律规定惩罚性赔偿的，依照其规定。 本条规定的承担民事责任的方式，可以单独适用，也可以合并适用。
民法通则	第一百三十四条　承担民事责任的方式主要有： （一）停止侵害； （二）排除妨碍； （三）消除危险； （四）返还财产； （五）恢复原状； （六）修理、重作、更换； （七）赔偿损失； （八）支付违约金； （九）消除影响、恢复名誉； （十）赔礼道歉。 以上承担民事责任的方式，可以单独适用，也可以合并适用。 人民法院审理民事案件，除适用上述规定外，还可以予以训诫、责令具结悔过、收缴进行非法活动的财物和非法所得，并可以依照法律规定处以罚款、拘留。
民通意见	无

【条文释解】

本条是关于承担民事责任的方式的规定。表明民事责任 11 种承担方式主要含义如下：

停止侵害，是指侵害人终止其正在进行损害他人合法权益的行为。其功能在于及时制止侵害行为，对于已经实施完毕和尚未发生的侵权行为不能适用。

排除妨碍，是指针对妨碍他人行使民事权利的行为，被侵权人可依法请求侵权人排除这种妨害障碍性行为。排除妨碍针对的必须是实际存在或将来必然会出现的障碍。

消除危险，是指权利人可请求侵害人采用有效措施消除由其行为或者物件引起的现实存在对他人合法权益造成损害的紧急事实状态。消除危险旨在防止损害和妨碍的发生。

返还财产，是指就非法侵占他人财产的行为，被侵权人可以依法请求侵权人予以返还。在物权法中，为返还原物；在合同法或者侵权责任法中，返还财产可能是返还原物或返还价值相当的种类物或者金钱。①

恢复原状，是使受到毁损的财产在物理性能或价值等方面恢复到受损害前状态的方式。适用时须注意受损害的财产在客观上具有恢复的可能性及必要。若无必要或不符合经济合理原则，则适用折价赔偿或损害赔偿等责任形式。②

修理、重作、更换，是指针对不动产或者动产的毁损情况，被侵权人可依法请求侵权人予以修理、重作、更换。③ 修理、重作可以适用于种类物或者特定物，更换只能适用于种类物。

继续履行，是指当对方违约不履行合同时，由法院强制违约方

---

① 张新宝著：《〈中华人民共和国民法总则〉释义》，中国人民大学出版社 2017 年版，第 389 页。

② 王利明主编：《民法》，中国人民大学出版社 2010 年版，第 593 页。

③ 中国审判理论研究会民商事专业委员会编著：《〈民法总则〉条文理解与司法适用》，法律出版社 2017 年版，第 325 页。

继续实际履行合同债务。依据法律的规定或者当事人的约定，赔偿损失等民事责任方式与继续履行互不排斥。

赔偿损失，是指针对不履行或不依约履行合同义务的行为、侵权行为及其他一些民事违法行为，给对方造成财产损失时，受损失方有权主张由违约方（或侵权人）以财产进行赔偿。对于财产损失、人身损害和精神损害，均适用赔偿损失的民事责任方式。

支付违约金，是指当出现完全不履行或不适当履行债务的情形时，必须依照约定给付对方一定数额的金钱或其他财产，是违反合同的民事责任方式之一。在违约金不足赔偿损失时，权利人还可以请求赔偿损失。

消除影响、恢复名誉。消除影响是指加害人在其不良影响所及范围内消除对受害人不利后果的民事责任。恢复名誉，是指加害人在其侵害后果所及范围内使受害人的名誉恢复到未曾受损害的状态。二者属于人身性质的民事责任方式，适用于侵害名誉权等人身权益的侵权案件。

赔礼道歉，是指加害人以口头或者书面的方式向受害人承认过错、表示歉意。主要针对民事主体受损的人身权以及受侵害的财产权，请求实施加害的自然人以礼节或者行动赔罪，征得对方的理解和原谅，属于人身性质的民事责任方式。

需要注意的是，《民法总则》在该条增加了惩罚性赔偿的责任方式。惩罚性赔偿又称为报复性赔偿或示范性赔偿，是指超过受害人人身损害、财产损失和精神损害范围之外的金钱赔偿，主要有填补损失、惩罚侵权、抚慰受害三重功能，其制度意义主要在于惩罚责任人而不是救济受到损害的一方。

本条源于《民法通则》第 134 条的规定。总则较通则而言作出了重大修改。应该注意三点变化：（1）对于承担民事责任的方式增加了一种即继续履行；（2）对于惩罚性赔偿的规定未作具体的安排，而是明确依照相关法律规定处理；（3）对于人民法院审理民事案件，通则规定的训诫、责令具结悔过、收缴以及罚款、拘留等可采取的其他强制措施，总则未作出规定。

【典型案例】

洪某远、邓某香诉贵州五福坊食品有限公司、贵州今彩民族文化研发有限公司著作权侵权纠纷案[①]

原告洪某远于2009年8月将其创作完成的《和谐共生十二》作品发表在贵州人民出版社出版的《福远蜡染艺术》一书中。2010年8月，原告洪某远与原告邓某香签订《作品使用权转让合同》，合同约定洪某远将涉案作品的使用权（蜡染上使用除外）转让给邓某香，由邓某香维护受让权利范围内的著作财产权。

被告五福坊公司委托第三人今彩公司进行产品包装及配套设计、产品手册以及促销宣传品的设计等。根据其服务，五福坊公司在其生产销售的产品贵州辣子鸡、贵州小米渣、贵州猪肉干的外包装礼盒的左上角、右下角使用了蜡染花鸟图案和如意图案边框。洪某远认为五福坊公司使用了其创作的《和谐共生十二》作品，一方面侵犯了洪某远的署名权，另一方面侵犯了邓某香的著作财产权。故请求法院判令被告就侵犯著作财产权赔偿邓某香经济损失20万元，同时被告应停止使用涉案图案，销毁涉案包装盒及产品册页并就侵犯洪某远著作人身权刊登声明赔礼道歉。经对比查明，五福坊公司生产销售产品外包装礼盒和手册使用的蜡染花鸟图案与洪某远创作的《和谐共生十二》作品在鸟与花图形的结构造型、线条的取舍与排列上一致，只是图案的底色和线条的颜色存在差别。

【法理解读】

本案的争议焦点之一是本案的侵权责任方式如何判定。根据《著作权法》第47条、第48条规定，侵犯著作权或与著作权有关的权利的，应当根据案件的实际情况，承担停止侵害、消除影响、赔礼道歉、赔偿损失等民事责任。在本案中，第一，原告方的部分著

---

① 审理法院：贵州省贵阳市中级人民法院，案号：（2015）筑知民初字第17号。

作人身权和财产权受到侵害，客观上产生了相应的经济损失，对于原告方的第一项赔偿损失的请求，依法应当获得相应的支持。第二，无论侵权人有无过错，为防止损失的扩大，责令侵权人立即停止正在实施的侵犯他人著作权的行为，以保护权利人的合法权益，也是法律实施的目的。对于原告方第二项要求被告停止使用涉案图案，销毁涉案包装盒及产品册页的诉请，依法应予支持。第三，五福坊公司事实上并无主观故意，也没有重大过失，只是没有尽到合理的审查义务而基于法律的规定承担侵权责任。洪某远也未举证证明被告侵权行为造成其声誉的损害，故法院对于洪某远要求五福坊公司刊登声明赔礼道歉的第三项诉请不予支持的理由是符合法律规定的。

【适用亮点】

侵犯著作权或与著作权有关的权利的，应当根据案件的实际情况，承担停止侵害、消除影响、赔礼道歉、赔偿损失等民事责任。本案中，民间文学艺术衍生作品的表达系独立完成且有创造性的部分，符合著作权法保护的作品特征的，应当认定作者对其独创性部分享有著作权，对于原告方的第一项赔偿损失的请求及第二项要求被告停止使用涉案图案，销毁涉案包装盒及产品册页的诉请，法院应依法予以支持。

第一百八十条　【立法主旨】民事责任的免除

【法条对比】

民法总则	第一百八十条　因不可抗力不能履行民事义务的，不承担民事责任。法律另有规定的，依照其规定。 不可抗力是指不能预见、不能避免且不能克服的客观情况。
民法通则	第一百零七条　因不可抗力不能履行合同或者造成他人损害的，不承担民事责任，法律另有规定的除外。
民通意见	无

【条文释解】

本条是关于不可抗力属于法定免责事由的规定。

不可抗力是指不能预见、不能避免且不能克服的客观情况。民事主体因为不可抗力而不履行民事义务的，不必承担民事责任，但是法律另有规定的，优先适用该规定。①

不可抗力是独立于当事人意志和行为以外的客观情况，主要涵盖以下现象：一是自然现象，如地震、火灾、水灾等；二是社会现象，如战争、罢工、暴动等。属于不可抗力的客观情况具有的特点为：不能预见、不能避免并不能克服。②

不能预见是指根据现有的科学技术水平，一般对事件的发生没有预知的能力。判断能否预见，可同时或单独运用两种标准：一种是客观标准，指在具体情形下，一般理智的正常人能否预判，若需具备一定的专业知识，则指拥有此专业知识禀赋者在正常智识水平下能否预见；另一种是主观标准，即依据民事主体的年龄发育、智商水平、知识能力、教育状况等主观条件，科学判定其预见性。

不能避免是指针对可能出现的意外情形，虽然民事主体已经给予高度注意，实施必要手段，但客观上却无法阻止其发生。③

不能克服是指就某种现象或意外事件造成的损害和损失，当事人已经尽最大努力和采取一切可以采取的措施，仍不能避免事件的发生或者克服由此造成的损害后果。它表明某事件的发生及其损害后果具有必然性，尽管民事主体采取了及时、合理的措施，亦无法通过自身力量予以消释或弥补。④

---

① 张新宝著：《〈中华人民共和国民法总则〉释义》，中国人民大学出版社 2017 年版，第 392 页。

② 中国审判理论研究会民商事专业委员会编著：《〈民法总则〉条文理解与司法适用》，法律出版社 2017 年版，第 329 页。

③ 王利明主编：《中华人民共和国民法总则详解》，中国法制出版社 2017 年版，第 833 页。

④ 王利明主编：《民法》，中国人民大学出版社 2010 年版，第 571 页。

本条源于《民法通则》第107条规定。总则与通则相比，作出了适当修改。总则将不可抗力的科学界定内容归入此条款中，使条文适用更加清晰、明了和方便。

【典型案例】

汪某美诉龙兴公司在河道违建妨碍行洪致其女溺亡人身损害赔偿纠纷案[①]

原告汪某美系杨某的母亲。2011年7月12日下午，某市遭遇暴雨。当日15时40分左右，杨某骑电动自行车途经案涉公路时，被汹涌而出的河水卷入路旁的水塘中，后又被卷入与水塘相连的位于公路下方的涵洞中，致使杨某死亡，但因该涵洞与位于西园路西侧的地下沟渠相连，故直至第二天中午11时左右，已溺水死亡的杨某才在距事发地段两公里的沿山河中被发现。事发当日，天降暴雨，暴涨的河水冲开河道南端的围墙后，越过地面倾泻到道路上，导致杨某在骑车经过时溺水死亡。

原告汪某美认为被告龙兴公司肆意在流水渠筑坝养鱼，对自己厂区内的河道疏于管理，在流水渠上违章建围墙，是造成原告女儿溺水身亡的主要因素，应承担该事故的主要责任，市交通运输局作为公路管理部门，在事发地段未建护栏，应对该事故承担连带赔偿责任，市水务局对涵洞设施未建护栏，疏于管理，也应对该事故承担连带赔偿责任。被告龙兴公司认为汪某美女儿溺水死亡的地点不在其厂区内，杨某未听他人劝告一意孤行才导致溺亡事件，而杨某属于未成年人，汪某美有监护不力的责任，且本次事故是急降暴雨引发洪水意外溺水死亡，属于不可抗力。

【法理解读】

由于天气原因突降暴雨虽然属于自然现象，但由于龙兴公司自

---

① 审理法院：江苏省扬州市中级人民法院，案号：（2013）扬民终字第0622号。

建围墙，导致上游河水滞留在龙兴公司厂区内，直至冲垮部分围墙致水流迅速向路边冲击，此系造成杨某被水流卷走溺亡的重要因素之一。根据《防洪法》第22条第2款规定，行为人擅自建造影响河道行洪的围墙属于违法行为，其应当能够预见到该行为给该段河道附近居民留下的安全隐患。因此，杨某的死亡非不可抗力所致。龙兴公司提出因杨某未听他人劝告一意孤行和其监护人汪某美未尽监护责任故应承担相应责任。故法院据此酌定龙兴公司承担40%的赔偿责任，汪某美自行承担30%的责任符合法律规定。

【适用亮点】

不可抗力是指不能预见、不能避免并不能克服的客观情况，不包括人为因素。本案中龙兴公司应当能够预见其违法行为为该段河道附近居民留下的安全隐患，尽管受害人是因暴雨冲垮围墙而被水流卷走溺亡，但导致其死亡的主要原因仍应是行为人的违法行为而非不可抗力。因此，龙兴公司认为该事故属不可抗力其不应承担赔偿责任的辩解意见没有法律依据，其应当承担侵权责任。

第一百八十一条　【立法主旨】正当防卫

【法条对比】

民法总则	第一百八十一条　因正当防卫造成损害的，不承担民事责任。 正当防卫超过必要的限度，造成不应有的损害的，正当防卫人应当承担适当的民事责任。
民法通则	第一百二十八条　因正当防卫造成损害的，不承担民事责任。正当防卫超过必要的限度，造成不应有的损害的，应当承担适当的民事责任。
民通意见	无

【条文释解】

本条是关于正当防卫系法定免责事由的规定。

正当防卫是指为了使公共利益、本人或者他人的财产、人身或者其他合法权益免受正在进行的不法侵害，而对不法侵害人所实施的不超过必要限度的行为。① 正当防卫权是法律赋予公民的一种自卫权利，是一种救济权。②

正当防卫具有以下构成条件：第一，防卫具有现实性，即存在现实的正在进行的不法侵害行为，不得针对尚未发生的或已经发生的侵害行为；第二，防卫具有必要性，即不实施正当防卫不足以避免损害的发生和扩大；第三，防卫具有针对性，即正当防卫必须针对侵害人本人实施，不得针对第三人；第四，防卫具有目的性，即防卫人具有保护合法权益的意图；第五，防卫具有合理性，即正当防卫不得超过必要的限度。

必要限度也指必需限度，是指正当防卫必须具有足以有效制止侵害行为的应有强度。只要是为了制止侵害所必需的，就不能认为是超过了正当防卫的必要限度。③

本条所称“不应有的损害”，既包括被防卫人遭受的损害，也包括任何第三人因正当防卫行为遭受的损害。损害是“应有”或者“不应有”，取决于正当防卫是否符合必要的限度。④

本条所称“适当的民事责任”，应根据具体情况具体分析，可以是全部赔偿责任也可以是部分补偿责任，或为一种减轻或者从轻的民事责任。在轻重两种责任都可以选择适用时，选择适用轻者。

---

① 王利明主编：《民法》，中国人民大学出版社 2010 年版，第 571 页。

② 陈兴良著：《正当防卫论》，中国人民大学出版社 1987 年版，第 36 页。

③ 王利明主编：《中华人民共和国民法总则详解》，中国法制出版社 2017 年版，第 837 页。

④ 张新宝著：《〈中华人民共和国民法总则〉释义》，中国人民大学出版社 2017 年版，第 395 页。

在承担赔偿损失等财产责任时，应当扣除正当防卫在必要限度内可能造成的损失部分，然后确认“适当”的赔偿数额。[①]

本条源于《民法通则》第128条及《侵权责任法》第30条[②]规定。总则与通则相比，条文内容基本相同，但应当注意总则强调了行为人因正当防卫超过必要的限度造成不应有的损害的，应当承担适当的民事责任，这是对通则条款内容的重申。

【典型案例】

张某洲与高某健康权纠纷上诉案[③]

2016年6月1日8时许，高某、张某洲因房屋租赁发生纠纷，张某洲携带镢头、钳子前往高某饭馆要求腾房，高某以房租未到期为由拒绝腾房，双方发生厮打，在厮打过程中，张某洲用钳子将高某左手砸伤，高某则将张某洲推倒。之后，高某前往三原县医院住院治疗6天，共花医疗费1855元。2016年8月2日，县公安局对高某、张某洲均给予罚款200元的行政处罚。高某诉求判令张某洲赔偿他各项损失共计3875元。

一审法院判决被告张某洲赔偿原告高某医疗费1855元、误工费600元、住院伙食补助费180元、营养费180元、交通费100元，合计2040.5元，即总赔偿金额的70%，剩余部分由原告自担，驳回其他诉讼请求。

对此，张某洲不服，提起上诉。理由为高某先动手打他，并掐住他的领口不放，他出于正当防卫，用钳子打开高某的手，他不应

---

① 张新宝著：《侵权责任法》（第4版），中国人民大学出版社2016年版，第66页。

② 《侵权责任法》第30条规定：“因正当防卫造成损害的，不承担责任。正当防卫超过必要的限度，造成不应有的损害的，正当防卫人应当承担适当的责任。”

③ 审理法院：陕西省咸阳市中级人民法院，案号：（2017）陕04民终313号。

承担责任，应由高某承担全部责任。高某辩称张某洲先动手打他，他只是拉着张某洲的领子将张某洲往门外拉，张某洲的行为不属于正当防卫。

【法理解读】

本案的争议焦点为张某洲击打高某是否构成正当防卫。在本次冲突事件发生后，县公安局大程派出所进行了立案调查，查明双方有厮打行为，在厮打过程中，张某洲用钳子将高某左手背砸伤，高某将张某洲拉倒在地。县公安局大程派出所据此分别对高某和张某洲罚款 200 元，该处罚决定已生效，张某洲未提交相反的证据推翻该结论。由此可见，双方均有动手打人的情况，张某洲的行为不属于正当防卫。故张某洲对高某的损害后果应当承担相应责任。

【适用亮点】

正当防卫的构成要件之一是具有目的性，即防卫人具有保护合法权益的意图。防卫不得出于报复，不得针对侵害非法权益的行为。本案中，警方查明双方有厮打行为，为相互斗殴的行为，双方都以侵害对方身体的意图进行相互攻击。双方都具有积极地不法侵害他人的意图与行为，客观上也是侵犯对方法益的行为，故不属于正当防卫。

第一百八十二条　【立法主旨】紧急避险

【法条对比】

民法总则	第一百八十二条　因紧急避险造成损害的，由引起险情发生的人承担民事责任。 危险是由自然原因引起的，紧急避险人不承担民事责任，可以给予适当补偿。 紧急避险采取措施不当或者超过必要的限度，造成不应有的损害的，紧急避险人应当承担适当的民事责任。

民法通则	第一百二十九条　因紧急避险造成损害的，由引起险情发生的人承担民事责任。如果危险是由自然原因引起的，紧急避险人不承担民事责任或者承担适当的民事责任。因紧急避险采取措施不当或者超过必要的限度，造成不应有的损害的，紧急避险人应当承担适当的民事责任。
民通意见	第一百五十六条　因紧急避险造成他人损失的，如果险情是由自然原因引起，行为人采取的措施又无不当，则行为人不承担民事责任。受害人要求补偿的，可以责令受益人适当补偿。

【条文释解】

本条是对紧急避险以及紧急避险过当的规定。该条有 3 款规定：第 1 款规定引起险情的人对紧急避险造成的损害承担民事责任；第 2 款规定自然原因引起险情，紧急避险人不承担民事责任，可以给予适当补偿；第 3 款规定措施不当或者超过必要限度造成不应有损害情况下紧急避险人承担适当的民事责任。本条沿袭了《民法通则》的规定，虽然没有对紧急避险的内容作出规定，但可以采取体系解释的方式，将紧急避险的内容确定为是为了使国家、公共利益、本人或者他人的人身、财产和其他权利免受正在发生的危险。①

紧急避险，指为避免自己或他人生命、身体、自由或财产上的急迫的危险所为的行为，行为人在必要程度内所为的紧急避险行为可阻却违法，不负赔偿责任。② 紧急避险的主要效果为阻却违法，避险人因紧急避险行为而对他人造成的损害，在民法上不构成侵权行为，不负损害赔偿责任，且在刑法上亦不构成犯罪行为，其行为不受刑罚处罚。但非避免危险所必要和逾越危险所致

① 王利明主编：《中华人民共和国民法总则详解》（上、下册），中国法制出版社 2017 年版，第 841 页。

② 王泽鉴著：《民法总则》，北京大学出版社 2009 年版，第 450 页。

的损害程度的，或危险的发生，行为人也有责任的，则应负损害赔偿责任。①

紧急避险规则的适用应考虑如下几个问题：第一，引起险情发生的人的责任。在一般情况下，如果有引起险情发生的人，应由引起险情发生的人承担民事责任。第二，自然原因引起险情的责任。如果危险是由自然原因引起，而没有引起险情发生的人，民事责任的承担有两种情况：一是在一般情况下，紧急避险人不承担民事责任，对造成的损失不予赔偿；二是在特殊情况下，避险人也可以承担适当的民事责任。第三，超过必要限度的赔偿。紧急避险采取措施不当或者超过必要限度，造成不应有损害的，避险人应当承担适当的民事责任。第四，受益人适当补偿。如果既没有第三者的过错，也没有实施紧急避险行为人本身的过错，而遭受损害的人与受益人又不是同一个人的，则受益人应当适当补偿受害人的损失。

【典型案例】

赵某荣与周某升健康权纠纷上诉案②

2010年，秦坝岭村民小组的342.94亩土地被某市土地收购储备中心整组收购，赵某荣的承包地也在这次征购范围内，赵某荣领取了土地补偿款及树木折损。2012年4月17日，秦坝岭村组在组织清理被征土地附属物时，赵某荣持砖块打砸正在行进中的装载机，并攀爬上装载机阻挡拆迁工作，因站立不稳从上摔下，秦坝岭村村民张某欲将其拉离装载机，赵某荣拒不离开，周某升上前将赵某荣摔倒在地，双方发生撕拉，被村组工作人员及围观群众拉开。

---

① 刘得宽著：《民法总则》（增订4版），中国政法大学出版社2006年版，第377页。

② 一审法院：庆阳市西峰区人民法院，案号：（2013）庆西民初字第149号；二审法院：甘肃省庆阳地区中级人民法院，案号：（2013）庆中民终字第31号

2012 年 4 月 18 日，赵某荣感觉腿部疼痛，住院治疗，经诊断为：右膝关节外伤积液、右膝关节挫伤。于 2012 年 5 月 4 日好转出院，共花费医疗费 7401.2 元。2012 年 9 月 30 日，赵某荣委托司法鉴定所对其伤情进行鉴定，经鉴定为：赵某荣受伤伤残属九级。

【法理解读】

该案争议的焦点之一为赵某荣的行为是否属正当防卫、紧急避险，其是否存在过错，双方的赔偿责任应如何分担的问题。赵某荣的承包地及地上附属物被征用后，已领取了土地补偿款及树木折价款。在村组组织人员拆迁清理时，赵某荣却持砖块阻挡装载机的清理工作，给村组的清理工作造成了一定困难，在整个行为和冲突中赵某荣存在主要过错，应承担主要过错责任。赵某荣阻挡装载机清理工作与他人发生冲突、撕拉的行为均不符合正当防卫、紧急避险的构成要件。

【适用亮点】

此案涉及《民法总则》第 182 条的规定，该条延续了《民法通则》第 129 条的规定。是对同一内容的重申与完善。紧急避险之正义合理性，根源在于两种合法权益不能同时兼顾的情形下，牺牲较小者以保护较大者。司法实践中，衡定取舍之一般原则为：高度重视生命健康与人格尊严；优先关照社会公共利益；公序良俗、公共道德作辅助判断标准。[①] 在本案中，赵某荣阻挡的行为并不符合正当防卫、紧急避险的构成要件，不被认定为紧急避险。

---

① 蒋晓明：《紧急避险不以险情实际发生为判断标准》，载《人民司法》2016 年第 8 期。

第一百八十三条 【立法主旨】保护他人民事权益自己受到损害责任承担

【法条对比】

民法总则	第一百八十三条 因保护他人民事权益使自己受到损害的，由侵权人承担民事责任，受益人可以给予适当补偿。没有侵权人、侵权人逃逸或者无力承担民事责任，受害人请求补偿的，受益人应当给予适当补偿。
民法通则	第一百零九条 因防止、制止国家的、集体的财产或者他人的财产、人身遭受侵害而使自己受到损害的，由侵害人承担赔偿责任，受益人也可以给予适当的补偿。
民通意见	无

【条文释解】

本条是行为人对见义勇为受害的特别请求权的规定，指行为人为了保护他人的民事权益，而在见义勇为的行为中自身受到损害，所享有的赔偿和补偿自己损失的请求权。[①] 见义勇为行为，是指不负有法定职责和特定义务的公民，为保护国家利益、社会公共利益或他人人身、财产安全，制止正在发生的违法犯罪或抢险、救灾、救人，表现突出的行为。[②] 本条包涵三重要求：第一，侵权人承担民事责任。第二，受益人承担适当补偿责任。第三，没有侵权人、侵权人逃逸或者无力承担赔偿责任的受益人适当补偿责任。“适当补偿”的数额应当综合考虑见义勇为人遭受的损失大小、受益人的受益大小以及补偿能力、侵权人（如果存在）承担民事责任的

① 杨立新主编：《中华人民共和国民法总则要义与案例解读》，中国法制出版社 2017 年版，第 676 页。

② 张新宝著：《〈中华人民共和国民法总则〉释义》，中国人民大学出版社 2017 年版，第 398 页。

能力等因素确定。

【典型案例】

曹某华等诉闫某华损害赔偿案①

原告曹某华、葛某英系夫妻关系，生有一子曹某军。曹某军与被告闫某华原系夫妻关系，后登记离婚。被告要求与曹某军复婚，被拒绝，被告遂有轻生之念，跳入河中。曹某军见状，即跳入河中营救被告。后被告被路人救上岸而存活，而曹某军则在被他人救上岸后送入医院抢救。曹某军经医院诊断为：溺水、心跳呼吸骤停、多脏器功能衰竭。经治疗无效后死亡。曹某军治疗共花费医疗费19318.65元。曹某军住院期间由原告曹某华、葛某英护理。事发后，被告共给付原告37900元。

【法理解读】

本案中，虽然死者与闫某华曾经是夫妻，但这并不必然衍生出其负有对被告法定或约定救助义务之结论。死者曹某军在被告复婚无望后顿生轻生之念而跳河自杀时，不顾个人安危，出手相救，最终导致自己溺水身亡，其行为属于见义勇为，应得到法律的肯定，同时也为中华民族扶危济困之道德传统所提倡。

【适用亮点】

此案涉及《民法总则》第183条的规定，该条系在《侵权责任法》第23条的基础上，新增的条款。曹某军的行为属于见义勇为，在《民法总则》规定了见义勇为的特别请求权后，受害人就可以根据此条主张赔偿，如果没有侵权人只有受益人，而见义勇为者因为见义勇为行为死亡，见义勇为者的家属可以根据此条规定，要求受益人给予适当的补偿。在无法定或者约定的义务（职责）

---

① 审理法院：江苏省海安县人民法院，案号：（2009）安曲民一初字第0333号。

要求的情况下积极保护他人民事权益，彰显的就是见义勇为之精神，乃中华民族之传统美德，也是中国特色社会主义核心价值观的重要体现，意在提倡高尚道德行为，弘扬社会正能量。①

第一百八十四条　【立法主旨】见义勇为

【法条对比】

民法总则	第一百八十四条　因自愿实施紧急救助行为造成受助人损害的，救助人不承担民事责任。
民法通则	无
民通意见	无

【条文释解】

本条是对善意救助者责任豁免规则的规定。此条规定又被称为“好撒玛利亚人法”，在我国民间就叫作“好人法”，从学理上，它应当叫作善意救助者责任豁免规则。我国关于“好撒玛利亚人法”的立法集中在对见义勇为这一规定中。②

理解和适用本条，需要把握“紧急救助”的构成要件：（1）实施紧急救助的行为，为行为人的自愿行为，而不是负有救助义务的行为；（2）被救助人处于危难状态，这种危难通常是比较重大、常人难以自我克服需要他人帮助的情形；（3）救助此等处于危难状态的人具有急迫性，如救助正在被抢劫的被害人、救助正在遭受暴力侵害的受害人等；（4）救助者是出于善意，救助的目的是保护被救助者的合法人身或财产权益。

---

① 中国审判理论研究会民商事专业委员会编著：《〈民法总则〉条文理解与司法适用》，法律出版社 2017 年版，第 339 页。

② 王利明主编：《中华人民共和国民法总则详解》（上、下册），中国法制出版社 2017 年版，第 853 页。

善意救助者享有豁免权须具备以下要件：第一，行为人为善意救助者，构成善意救助者的行为人，必须是那些对他人不承担一般救助义务，但对身处危难境地的他人主动实施救助行为的人；第二，行为人实施了救助行为；第三，行为人不存在故意或重大过失。①

【典型案例】

朱某梅与田某才、唐某芳、刘某凤等人侵权责任纠纷案②

原告田某才、唐某芳系受害人田某某的父母，田某某受蒋某雇用，于2014年某晚驾驶蒋某的双桥自卸货车前往工地拉运砂石料途中陷入路左边发生倾斜。后在被告工地干活的叶某涛驾驶装载机对沉陷车辆进行施救未能成功。被告马某某从外回工地路过该地段时，在场人员知道被告马某某驾驶挖掘机，便让被告马某某帮助把车拉上来，被告马某某看了现场情况后没有答应。后被告马某某与田某某协商后进行施救作业，被告马某某在操作挖掘机施救过程中，碰到当时站在砂石车上右拐角处的田某某，田某某掉到砂石车后面受伤。被告马某某及陈某某、装载机司机将田某某扶起来，拨打120后救护车到达现场，但田某某经抢救无效死亡。原告支付了田某某的住院费106212.73元、门诊费380.42元。被告朱某梅付给田某某10000元。

【法理解读】

马某某在施救过程中未能谨慎注意他人人身安全，将田某某致伤并导致死亡，存在重大过失，马某某同被告朱某梅形成劳务关

---

① 张新宝著：《〈中华人民共和国民法总则〉释义》，中国人民大学出版社2017年版，第399页。

② 一审法院：宁夏回族自治区永宁县人民法院，案号：（2015）永民初字第1787号；二审法院：宁夏回族自治区银川市中级人民法院，案号：（2016）宁01民终820号。

系，马某某的施救行为发生于雇佣期间，被告朱某梅作为雇主，应对马某某的行为后果承担民事侵权责任，马某某应当与朱某梅承担连带赔偿责任。田某某在被施救过程中，明知天色较晚，视线不清，发生危险的可能性较大，依然没有离开挖掘机施救的安全范围而站在被施救车辆上，导致事故的发生，对自身的安全没有尽到注意义务，亦存在一定过错，且被告马某某实施的行为系善意救助行为，故应当酌情减轻被告朱某梅、马某某的赔偿责任。

【适用亮点】

此案所涉及的《民法总则》第 184 条的规定，系新增条款。该条文的重要法律价值在于保护善意救助者不受民事责任的追究，以便鼓励公民见义勇为。本案中马某某的行为系善意救助行为，可以酌情减轻赔偿责任。近年来，我国社会的诚信道德和诚信秩序数次出现重大问题，数起案件的法律适用更是引发了大范围的争议。有鉴于此，《民法总则》借鉴域外国家的“好撒玛利亚人法”，给予救助者最切实的法律保障，规定免除紧急状态下自愿救助者给受助者造成损害的赔偿责任，支持和保护见义勇为行为。这样的规定对于唤起社会良知，鼓励人们对处于危难和困境中的他人予以救助，端正社会风气，引领社会潮流，具有重要价值。

第一百八十五条　【立法主旨】侵害英烈权利的民事责任

【法条对比】

民法总则	第一百八十五条　侵害英雄烈士等的姓名、肖像、名誉、荣誉，损害社会公共利益的，应当承担民事责任。
民法通则	无
民通意见	无

【条文释解】

本条是对英烈人格利益保护的规定，特别强调了对被侵害的英雄烈士死者人格利益的保护。

本条对英雄烈士等的人格权益进行特别保护具有鲜明的政治意义，体现了《民法总则》鲜明的政治导向，也是弘扬社会主义核心价值观的具体体现。《民法总则》在本条特别规定英雄烈士人格权益的保护，有利于弘扬烈士精神，缅怀烈士功绩，培养公民的爱国主义、集体主义精神和社会主义道德风尚，培育和践行社会主义核心价值观。而且，近一个时期以来，侵害英雄烈士人格权益的案件时有发生，在全社会造成了极为恶劣的影响，对于英雄烈士的人格权益予以特别保护尤具现实意义。①

《民法总则》第185条对英雄烈士的死者人格利益作出这样一个特殊保护的规定，并不是说对其他自然人死者人格利益就不予以保护。相反，按照《民法总则》第4条的规定，民事主体在民事活动中的法律地位一律平等。即使在自然人死亡以后，他们所享有的部分民事权利能力也是完全一律平等的，不能认为英雄烈士的人格利益就可以得到更好地保护，而一般的自然人死亡以后，其人格利益就不能得到保护或者不能得到平等的保护。②

【典型案例】

葛长生、宋福宝分别诉洪振快名誉权侵权纠纷系列案③

葛振林、宋学义分别曾系八路军晋察冀军区第一军分区一团二营七连六班副班长和战士。原告葛长生与葛振林系父子关系。2015年8月，葛长生起诉至一审法院称：2013年8月27日，张姓网民

---

① 杨立新主编：《中华人民共和国民法总则要义与案例解读》，中国法制出版社2017年版，第687页

② 张新宝著：《〈中华人民共和国民法总则〉释义》，中国人民大学出版社2017年版，第401页。

③ 一审法院：北京市西城区人民法院，案号：（2015）西民初字第27841号；二审法院：北京市第二中级人民法院，案号：（2016）京02民终6272号。

在网络公开发表歪曲狼牙山五壮士的言论，造成不良的社会影响。经公安机关侦查，张姓网民承认自己虚构信息、散布谣言的违法事实，公安机关依法对其予以行政拘留7日。2013年9月，洪振快针对上述事实，在财经网公开发表《小学课本〈狼牙山五壮士〉有多处不实》一文，该文迅即被多个网站转载。其后，洪振快又在《炎黄春秋》2013年第11期杂志上发表了《"狼牙山五壮士"的细节分歧》一文。该文不顾狼牙山五壮士英勇抗击日寇，为掩护老百姓和主力部队转移，退至狼牙山绝顶，最后弹尽毁枪，高呼口号，英勇跳崖，慷慨就义的事实，而是用隐晦阴暗的手法，通过所谓考据历史名义或者假借网民、红卫兵之口等手段，引用不同信息来源细节表述上的微小差异，以断章取义、主观推断和故意误导等方式，污蔑、抹黑狼牙山五壮士。洪振快的微博和文章言论，肆意抹黑狼牙山五壮士，在社会上产生了恶劣的负面影响。

【法理解读】

洪振快的行为侵害了葛长生之父葛振林的名誉和荣誉，应当承担相应的侵权责任。现葛长生要求洪振快立即停止侵犯葛振林等五壮士的名誉，及要求洪振快在网站、媒体公开向葛长生赔礼道歉、消除影响等诉讼请求于法有据。

学术自由、言论自由以不侵害他人合法权益、社会公共利益和国家利益为前提。本案中，"狼牙山五壮士"及其事迹所凝聚的民族感情和历史记忆以及所展现的民族精神，是当代中国社会主义核心价值观的重要来源和组成部分，具有巨大的精神价值。对"狼牙山五壮士"名誉的损害，既是对葛长生之父葛振林的名誉、荣誉的损害，也是对中华民族的精神价值的损害。

【适用亮点】

此案涉及《民法总则》第185条的规定，该条系新增条款，是对近年来频频出现的诋毁英雄烈士等不良社会现象之回应，对于促进社会尊崇英烈、扬善惩恶，弘扬社会主义核心价值观具有重大意义。[①] 本案中对洪振快的判决，体现了我国司法在对英烈的名誉权保护中的鲜明立场。

第一百八十六条　【立法主旨】违约侵权责任竞合

【法条对比】

民法总则	第一百八十六条　因当事人一方的违约行为，损害对方人身权益、财产权益的，受损害方有权选择请求其承担违约责任或者侵权责任。
民法通则	第一百一十一条　当事人一方不履行合同义务或者履行合同义务不符合约定条件的，另一方有权要求履行或者采取补救措施，并有权要求赔偿损失。
民通意见	无

【条文释解】

本条是对违约责任和侵权责任竞合的规定。民事责任竞合即请求权竞合，是指因某种法律事实的出现导致两种或两种以上的民事责任产生，各项民事责任相互发生冲突的现象。在民法内部，侵权责任和违约责任是两种最基本的民事责任类型，因而本条专门就违约责任和侵权责任的竞合这一热点问题予以了规范，但这并不意味着违约责任、侵权责任之外的其他民事责任之间就不会出现竞合的可能。[②]

民事责任之竞合，多发生于合同关系中一方的“加害给付”：

---

① 中国审判理论研究会民商事专业委员会编著：《〈民法总则〉条文理解与司法适用》，法律出版社 2017 年版，第 344 页。

② 张素华：《〈民法总则草案〉（三审稿）的进步与不足》，载《东方法学》2017 年第 2 期。

履行合同的行为不适当，构成违约责任；同时，该行为又侵害了对方的人身或者财产权益，构成侵权责任。民事责任的竞合需要符合以下构成要件：（1）行为人实施了一个不法行为，而不是实施了多个不法行为；（2）同一不法行为违反两个或两个以上的民事法律规范，构成两个或两个以上的民事责任；（3）两个或者两个以上的民事责任相互冲突，如果其中之一得以实现，另一个就不能存在。数个民事责任的相互排斥性质，将民事责任竞合与责任聚合区别开来。[①]

【典型案例】

永安公共交通有限公司与王某美人身损害赔偿纠纷上诉案
——城市公交运输致乘客人身损害的消费者权益保护[②]

2008 年 8 月，原告王某美乘坐被告永安公交公司的 8 路公交车，途经常洪隧道路口时，由于驾驶员操作不当，致原告受伤。经医院诊断为腰 1 椎体压缩性骨折，入院后行腰 1 椎体压缩性骨折后路切复植骨内固定术。2009 年 7 月，到第六医院行拆除内固定术，于同年 8 月出院，住院共计 27 天。被告支付了原告住院期间的医疗费 57577.72 元及护理费用 2110 元，出院后原告继续治疗而支付费用 4201.7 元。2009 年原告经诚和司法鉴定所鉴定，伤残等级为 10 级。原告为鉴定花费 1550 元。经原审法院委托崇新司法鉴定所鉴定，原告的伤残等级亦为 10 级。2009 年 12 月，原告王某美向法院提起诉讼，要求被告按照消费者权益保护法标准进行赔偿，请求判令：被告赔偿原告医疗费 4201.7 元、误工费 148887 元、伤残赔偿金 151824 元、一次性生活补助费 98274 元、营养费 1600 元、

---

① 张新宝著：《〈中华人民共和国民法总则〉释义》，中国人民大学出版社 2017 年版，第 404 页。

② 一审法院：浙江省宁波市江北区人民法院，案号：（2009）甬北民初字第 1454 号；二审法院：浙江省宁波市中级人民法院，案号：（2010）浙甬民二终字第 252 号。

住院伙食补助费675元、残疾护具费1300元、护理费5310元、鉴定费1550元、精神抚慰金5000元。

【法理解读】

城市公共运输致乘客人身损害这一事实，同时构成了违反客运合同、消费服务合同和侵权损害三个法律关系，由此产生了违约损害赔偿、侵权损害赔偿和基于消费者权益保护法的赔偿请求权，乘客作为受害人享有选择的权利。基于最大限度维护自身权益的考虑，实务中受害人一般情况下选择依据消费者权益保护法主张人身损害赔偿。

【适用亮点】

此案涉及《民法总则》第186条的规定，系《合同法》第122条延续而来。本案中，被上诉人王某美在接受上诉人永安公交公司提供的客运服务过程中受伤，同时形成了违约损害赔偿、侵权损害赔偿和消费者损害赔偿三个请求权的竞合，被上诉人享有选择其一的权利。违约责任对绝对权的保护与侵权责任对利益的保护渐趋普遍，两者的中间领域和竞合领域亦不断扩大。[①]《民法总则》吸纳了《合同法》关于违约责任与侵权责任竞合问题的规定，且在行文表达上基本未作改动，这不仅是对《合同法》该内容的重申肯定，更是契合民法“权利之法”的特质，赋权受损害方追究民事责任的选择权，凸显了民法对民事主体权利的重视与保护。[②]

---

① 谢鸿飞：《违约责任与侵权责任竞合理论的再构成》，载《环球法律评论》2014年第6期。

② 中国审判理论研究会民商事专业委员会编著：《〈民法总则〉条文理解与司法适用》，法律出版社2017年版，第346页。

第一百八十七条 【立法主旨】法律责任竞合

【法条对比】

民法总则	第一百八十七条 民事主体因同一行为应当承担民事责任、行政责任和刑事责任的，承担行政责任或者刑事责任不影响承担民事责任；民事主体的财产不足以支付的，优先用于承担民事责任。
民法通则	第一百一十一条 当事人一方不履行合同义务或者履行合同义务不符合约定条件的，另一方有权要求履行或者采取补救措施，并有权要求赔偿损失。
民通意见	无

【条文释解】

民事责任请求权之优先权是指请求权人依法享有的，就造成其损害的侵权人的总财产承担损害赔偿责任，优先于侵权人应当承担的财产性质的行政责任和刑事责任而优先受清偿的担保物权。我国很多法律对民事责任优先原则都有所规定，规定了财产不足以同时支付民事责任和行政责任、刑事责任时民事赔偿的优先适用。① 民事责任请求权的优先权的成立应当具备法律规定的必备要件：（1）承担损害赔偿责任的人与行政罚款、刑事罚金等责任的人须为同一侵权人；（2）侵权人须因同一行为而承担不同法律责任；（3）侵权人须同时承担损害赔偿责任和刑事罚金、行政罚款等责任。

民事责任优先权的理论基础在于：第一，现代法治理念强调私权优于公权，公权源于私权，民事责任优先权恰是这一理念的体

---

① 王利明主编：《中华人民共和国民法总则详解》（上、下册），中国法制出版社2017年版，第873页。

现。第二，中国已于2001年加入WTO，作为利益衡量和价值判断的一个标准，私权优先就是WTO法律制度一个核心要素之一。第三，就权利保障而言，“国家尊重和保障人权”早已写入宪法，民事权利作为基本人权之一，国家同样应提供平等和全面的保障。第四，从功能比对来看，民事责任在于填补被害人之损害，担负着恢复私人权利、平复被侵害人损失的救济功能，而行政责任和刑事责任重在惩罚以维护社会公益秩序，两相比较，给弱者私人权利的救济更具紧迫性。

【典型案例】

吴某好与黄某涛赡养费纠纷案——赡养费给付优先于财产刑执行[①]

吴某好与黄某涛系母子关系。吴某好与黄某生育了女儿黄某澜、儿子黄某涛。1976年吴某好与前夫黄某离婚，女儿黄某澜由黄某抚养，儿子黄某涛由吴某好抚养。1992年6月1日，吴某好与吴某荣再婚，吴某荣当时带着两个儿子吴某明、吴某文，再婚后吴某好没有生育子女，一家人共同生活。现吴某好与吴某荣分居，其退休金每月1600元。2011年9月黄某涛因长期吸毒以贩养吸被捕。2013年1月30日，法院作出刑事判决，认定黄某涛犯贩卖毒品罪，判处无期徒刑，剥夺政治权利终身，并处没收个人全部财产。宣判后黄某涛不服，上诉于广东省高级人民法院。2013年5月10日，该院作出裁定，裁定驳回上诉，维持原判。2012年12月15日，吴某好因病住院治疗，出院诊断为：动脉粥样硬化血栓性脑梗死（右侧颈内动脉）、颈椎病、骨质疏松症高血压病3级等疾病。2013年8月2日，吴某好到该院门诊，诊断为：脑梗死、血压病3级。因医治缺钱，2013年9月24日吴某好提起诉讼，认

① 一审法院：广东省中山市第一人民法院，案号：（2013）中一发民一初字第1955号；二审法院：广东省中山市中级人民法院，案号：（2014）中中法民一终字第509号。

为黄某涛不履行赡养义务，请求判令黄某涛按2000元/月的标准向其一次性支付赡养费504000元。

【法理解读】

本案中，黄某涛作为儿子，对母亲吴某好负有赡养义务，吴某好要求其给付赡养费的权利属于民事私权，根据前述私权优先原理，应优先于其在公权范畴里所应承担的被判处没收全部个人财产的刑事责任，这是应确立的一般的裁判理念。一审法院以黄某涛因犯罪被判处无期徒刑，剥夺政治权利终身、并处没收个人全部财产，不具有赡养能力为由驳回吴某好的诉讼请求，其实质是将公法责任和公权置于优先地位，违背了私权优先这一普世价值和裁判理念，故二审法院予以纠正，改判一次性支付其应付的赡养费，优先于黄某涛被没收全部财产的刑事责任。这无疑是非常正确的。

【适用亮点】

此案涉及《民法总则》第187条的规定，借鉴了《侵权责任法》第4条的规定，并对民事责任优先原则进行了强调。本案中黄某涛对吴某好负有的赡养责任是私法上的民事责任，其因贩卖毒品被判处无期徒刑属于刑事责任，构成了法律责任竞合。在现代社会里，需要在基本立法中厘清民事、行政、刑事责任三者的关系。民事责任优先的规定虽然此前在《民事诉讼法》等法律中亦有规定，但在《民法总则》中规定，更具有普遍的意义。本条规定，意味着我国改变了一切情况下“国家利益大于集体利益，集体利益大于个人利益”的观念，很好地践行了私权保障和私权优先的理念。

第九章　诉讼时效

第一百八十八条　【立法主旨】诉讼时效

【法条对比】

民法总则	第一百八十八条　向人民法院请求保护民事权利的诉讼时效期间为三年。法律另有规定的，依照其规定。 　　诉讼时效期间自权利人知道或者应当知道权利受到损害以及义务人之日起计算。法律另有规定的，依照其规定。但是自权利受到损害之日起超过二十年的，人民法院不予保护；有特殊情况的，人民法院可以根据权利人的申请决定延长。
民法通则	第一百三十五条　向人民法院请求保护民事权利的诉讼时效期间为二年，法律另有规定的除外。 第一百三十六条　下列的诉讼时效期间为一年： 　　（一）身体受到伤害要求赔偿的； 　　（二）出售质量不合格的商品未声明的 　　（三）延付或者拒付租金的 　　（四）寄存财物被丢失或者损毁的 第一百三十七条　诉讼时效期间从知道或者应当知道权利被侵害时起计算。但是，从权利被侵害之日起超过二十年的，人民法院不予保护。有特殊情况的，人民法院可以延长诉讼时效期间。 第一百四十一条　法律对诉讼时效另有规定的，依照法律规定。
民通意见	第一百六十九条　权利人由于客观的障碍在法定诉讼时效期间不能行使请求权的，属于民法通则第一百三十七条规定的“特殊情况”。

【条文释解】

本条是对普通诉讼时效及其期间的规定。《民法总则》规定诉讼时效为 3 年，这样对保护债权人的利益更为有利，也有利于平衡债权人与债务人之间的利益，促进民事流转和交易的迅速展开。本条第 2 款前半段规定了关于诉讼时效期间的起算规则，与《民法通则》第 137 条规定相比较，《民法总则》规定的诉讼时效期间的起算，有两个比较大的修改：一是将《民法通则》第 137 条规定的“权利被侵害”改为“权利受到损害”，二是在“权利人知道或者应当知道权利受到侵害”之后增加了“以及义务人之日起”的内容。这一变化关系到诉讼时效期间的起算时间点，使诉讼时效的起算点的表述更加准确，概括的范围更宽。[①] 本条第 2 款后半段规定了最长诉讼时效，是指不适用诉讼时效中止、中断、延长规定的诉讼时效期间。20 年的最长诉讼时效期间的规定，是针对那些不知道或者不应当知道其权利被侵害的权利人作出的。

诉讼时效期间的起算应结合具体情形加以确定，主要包括：（1）请求权定有清偿期的，从清偿期届满时起算；分期清偿的请求权，应从最后一期清偿期限届满时起算。（2）债权未定清偿期的，债权人可以随时请求清偿，侵权人拟请求清偿时确定清偿期的，自该清偿期届满时起算；债权人请求清偿时未确定清偿期的，自债权人请求清偿之时起算。（3）基于侵权的损害赔偿请求权，自受害人知道有侵害行为及加害人之时起算；其他基于法律规定产生的债权，如不当得利返还请求权，自权利成立之时起算。（4）不作为之债，从义务上违反义务即作为时起算。[②]

---

① 杨立新主编：《中华人民共和国民法总则要义与案例解读》，中国法制出版社 2017 年版，第 701 页。

② 王利明主编：《民法》（第 5 版），中国人民大学出版社 2010 年版，第 145 页。

【典型案例】

苏某前与徐州百鑫商业有限责任公司百惠超市分公司、徐州百鑫商业有限责任公司侵犯消费者权益纠纷案①

原告苏某前因与被告徐州百惠分公司、百鑫公司发生侵犯消费者权益纠纷，向徐州市云龙区人民法院提起诉讼。

2010 年 4 月，原告苏某前在被告百惠分公司购买观音王 8 盒，共计花费 3840 元，该茶叶的包装袋上仅有“铁观音”等标志，而外包装盒正面写有“观音王”、“中国·安溪”字样，其背面有用不干胶粘贴产品标。2011 年 3 月，杭州市质量技术监督局萧山分局出具证明中称：“2010 年 4 月在徐州市百鑫商业有限公司百惠超市购买的铁观音茶叶，标注生产商：杭州巨佳茶叶有限公司，标注生产日期：2010 年 4 月 10 日，经该公司鉴别，不是该公司生产。理由为该公司的标志信息是直接印刷在产品外包装上，而不是用不干胶粘贴。”同年 3 月 15 日，杭州市萧山区卫生局出具证明中称“萧山食品产字（2003）0094 号这个编号明显不符合发证编号规定。同时经查询许可档案，也未发现发放上述编号的卫生许可证。发给杭州巨佳茶叶有限公司的卫生许可证的编号为萧卫食产字（2003）0094”。被告百惠分公司售有福建省安溪县朝天岩茶厂生产、广州市朝天岩茶业有限公司销售的铁观音茶叶。

【法理解读】

本案争议焦点之一为是否超过诉讼时效的问题。被上诉人苏某前是在 2011 年 3 月 14 日杭州市质量技术监督局萧山分局给案外人张某关于涉案茶叶的回复时才知道自己的权利被侵害，并于 2012 年 3 月 10 日向法院提起诉讼，因此被上诉人的起诉并未超过 2 年的诉讼时效，且就本次纠纷被上诉人苏某前曾多次与上诉人百惠分

① 一审法院：徐州市云龙区人民法院；二审法院：江苏省徐州市中级人民法院，《最高人民法院公报》2013 年第 12 期（总第 206 期）。

公司、百鑫公司协商，因此上诉人提出的起诉超过诉讼时效的主张，法院不予支持。《民法总则》第 188 条将向人民法院请求保护民事权利的诉讼时效期间修改为 3 年，适用于本案中，也并没有超过诉讼时效。

【适用亮点】

此案涉及《民法总则》第 188 条的规定。诉讼时效期间增加了 1 年，是立法机关者缓和诉讼时效制度严重后果、维护债权人权益的努力，[①] 是较为合理的立法决策。此外，民法总则规定诉讼时效制度，不应只着力于国内民事主体合法权益之保障，而更应当着力于在国际范围内、国际经贸关系中，如何更好地保障中国和中方债权人的合法权益。[②]

第一百八十九条　【立法主旨】分期履行诉讼时效

【法条对比】

民法总则	第一百八十九条　当事人约定同一债务分别履行的，诉讼时效期间自最后一期履行期限届满之日起计算。
民法通则	无
民通意见	无

【条文释解】

债务根据产生的依据不同，可以分为法定债务与约定债务。约定债务为当事人之间经过协商确定的债务。在约定债务中，一方或者双方分数次履行其义务的，为分期履行的债务。常见的分

① 朱晓喆：《诉讼时效制度的立法评论》，载《东方法学》2016 年第 5 期。

② 梁慧星：《中华人民共和国民法总则（草案）：解读、评论和修改建议》，载《华东政法大学学报》2016 年第 5 期。

期履行的债务有分期付款买卖合同、融资租赁合同、按揭贷款合同等。

本条法律规定对于约定的分期履行的债务，诉讼时效期间自最后一期履行期限届满之后起计算，旨在保护权利人的利益，避免因为义务人不按时履行义务导致权利人时效利益受损。在约定的分期履行的债务中，由于债务人的原因导致数期履行义务不能按期履行或者不履行，债务人应当承担所有各期的履行义务和违约责任等。

约定的分期履行的债务，需要符合以下构成要件：(1) 债务因当事人的约定而产生，而非法定之债；(2) 债务是一个整体或者说“同一债务”，而不是相同当事人之间的数个债务的集合；(3) 约定义务人履行义务，至少分为二期，而不是一次履行全部义务；(4) 义务人履行每期义务的时间，一般都有明确的约定。在日常生活中，分期付款的买卖合同和购房按揭贷款合同，是比较典型的分期履行的债务，符合上述构成要件。在这样的分期履行的债务中，义务人数次不履行或者不适当履行义务，诉讼时效期间从最后一期履行期限届满之日起计算。[①]

类似分期付款这一类的分期债务，不能从每月一期债务的清偿分别计算诉讼时效期间，而应当从最后一期债务履行期间届满之日起，开始计算诉讼时效期间。[②]

---

① 张新宝著：《〈中华人民共和国民法总则〉释义》，中国人民大学出版社 2017 年版，第 410 页。

② 杨立新主编：《中华人民共和国民法总则要义与案例解读》，中国法制出版社 2017 年版，第 704 页。

【典型案例】

冶某田、马某安与某村粉房社土地租赁合同纠纷案[①]

1998年11月16日，原、被告签订土地租赁合同，原告将位于某镇中街木材市场的一块土地出租给被告使用。被告当年向原告交付了300元租赁费后在该土地上从事经营活动，但之后再未交付过租赁费，其间因原告多次讨要无果，镇政府也曾出面协调处理，仍未达成协议。2009年7月原告向县法院提起民事诉讼，但由于第三人灵藏寺管委会以该宗土地原系灵藏寺宗教活动场地为由，向法院提起参与诉讼，县法院以该案所涉及的土地存在权属争议为由驳回了原告的起诉。2010年9月16日，镇政府作出土地权属确认书，将该争议土地使用权确归给原告享有，然而灵藏寺管委会不服。为此，自2010年至2015年的五年间，围绕这块土地分别由镇政府、县政府、地区行署、市中级人民法院、省高级人民法院多次作出确权决定，行政复议及行政判决，最终，县政府于2014年5月21日作出民政（2014）68号确权决定书，将该宗争议的土地使用权确定给马营村粉坊社，又经市中级人民法院2014年12月3日及省高级人民法院2015年3月19日的行政判决，驳回了灵藏寺管委会的诉讼请求。

【法理解读】

本案中，依法成立的土地租赁合同，受法律保护。冶某田、马某安的委托诉讼代理人提出，在长达数十年的时间内某村粉房社怠于行使自己的权利，超过了法律规定的诉讼时效。但是，冶某田、马某安与某村粉房社之间签订的土地租赁合同始终在履行，因此产

---

① 一审法院：民和回族土族自治县人民法院，案号：（2015）民民初字第739号；二审法院：青海省海东市中级人民法院，案号：（2016）青02民终278号。

生的债务属分期履行的债务，故根据《最高人民法院关于审理民事案件适用诉讼时效制度若干规定》第5条和《民法总则》第189条关于分期履行债务诉讼时效期间计算的规定，并没有超过法律规定的诉讼时效。

【适用亮点】

此案涉及《民法总则》第189条的规定，当一笔债务发生后，当事人约定分期履行，确定了分期履行的时间并依照约定的时间分期履行的，债务的内容和范围在债务发生时就已经确定，不因分期偿还而发生变化。债权人没有在第一期债务到期后主张权利，是因为其与债务人之间的特殊关系，如果对分期履行的每笔债务分别计算诉讼时效，则有可能导致债权人因为担心债权“过期”而频繁主张权利，不仅不利于维持当事人之间债权债务关系的稳定，反而徒增当事人讼累。

第一百九十条　【立法主旨】法定代理人请求权的诉讼时效

【法条对比】

民法总则	第一百九十条　无民事行为能力人或者限制民事行为能力人对其法定代理人的请求权的诉讼时效期间，自该法定代理终止之日起计算。
民法通则	无
民通意见	无

【条文释解】

《民法总则》第188条规定了诉讼时效期间起算的一般规则，即“自权利人知道或应当知道权利受到损害以及义务人之日起计算”，采用了主观标准说，但考虑到法定代理关系基于亲属或其他信赖的关系而产生，为了保护被代理人的权益，避免破坏既存的法定代理关系，对于法定代理人损害被代理人利益的行为，本条特别规定了诉讼时效特殊起算点，使得该种请求权之诉讼时效在法定代理关系终止之日起开始计算，在一定程度上强化了对无民事行为能力人与限制民事行为能力人的保护。

在此之前，我国民法通则并无类似的条文规定，只是明确规定了未成年人追索抚养费等带有人身性质的请求权不适用诉讼时效，但是并没有规定将被监护人对其法定代理人的其他请求权，如损害赔偿请求权等。从比较法上看多数国家和地区的立法都通过诉讼时效停止制度来救济这类身份关系中的债权人，而且从实践来看对未成年人采用特殊时效保护，更有利于保护其利益，我国民法总则也借鉴了比较法的经验，对此专门作出了规定。[①]

法定代理关系一般是基于近亲属或其他亲密关系而产生，如果在他们之间发生请求权（如监护人侵害被监护人利益），为免于破坏这种亲密关系，故而请求权的诉讼时效并不起算，直至法定代理关系终止之日才开始起算。

【典型案例】

刘某乙与刘某丙分家析产纠纷案[②]

原告刘某乙是被告的女儿。2007年，原、被告家庭的部分承包土地被征收，共分得××元，该款分三次发放，全部款项均发放到被告的银行账户中。原、被告家庭原来比较和睦，原告暂时没有向被告主张分配款项。之后，因被告受他人影响，重男轻女，坚决要与原告的母亲离婚，以便再娶妻生儿子，遂向法院提起离婚诉讼，为维护家庭稳定，原告劝说母亲不同意离婚，也劝说被告珍惜家庭。最终，法院未作出准予离婚的判决。被告在领取判决书之

---

① 王利明主编：《中华人民共和国民法总则详解》（上、下册），中国法制出版社2017年版，第895页。

② 审理法院：广西壮族自治区南宁市西乡塘区人民法院，案号：（2016）桂0107民初1738号。

后，经常对原告母亲实施家庭暴力，经妇联、派出所多次调解也不起作用，被告将原告及原告母亲、原告妹妹三人赶出家门。现原告及原告母亲、原告妹妹三人借住在外婆家，有家不敢回。原告要求分配征地补偿款，被告拒绝分配。被告的行为造成了严重的家庭矛盾，损害了原告的利益，为维护原告的权益，请求法院判决被告平均分配原告征地补偿款××元。被告刘某丙则认为被告与原告系父女关系，2008 年 3 月期间，生产队分配集体土地征收补偿款时，原告是未成年人，时年 15 岁 3 个月，属于被抚养人且被告作为户主于 2008 年 3 月收到的生产队分配的集体土地征地补偿款已全部用于家庭生活消费性支出，用于养育原告及其妹妹，以及供原告及其妹妹上学读书等，已无法按家庭成员平均分配。

【法理解读】

被告与原告母亲滕某于 2015 年 6 月发生家庭纠纷时产生征地补偿款的分割问题，原告最早应从此时起知道或应当知道权利被侵害，故原告 2016 年 4 月提起本案诉讼未超过法定的诉讼时效期间。征地分红分别于 2008 年和 2012 年发放，至原告起诉时止已有 4 年至 8 年的时间，被告作为原告的监护人，对原告负有抚养教育的义务，其为履行监护职责保障原告的利益而处理作为被监护人的原告的财产并无不当，故当被告陈述征地分红已全部用于家庭生活支出及养育原告，而原告及第三人又无法举证证明征地分红至今尚存的情况下，原告请求分割征地补偿款××元没有事实及法律依据。

【适用亮点】

此案涉及《民法总则》第 190 条的规定，该条系新增条款。该案的判决体现了当时法院对于未成年人行使对其法定代理人的请求权时的些许无奈。鉴于此，本条体现了立法者对法定代理关系双方当事人之间诉讼关系的特殊考虑：一方面尊重人情伦理，法定代理关系存续期间双方发生诉讼的可能性很低，不计算诉讼时效符合社会认识；另一方面也注重当事人权益，避免因法定代理关系存续而使时效利益流失。

第一百九十一条　【立法主旨】受性侵损害赔偿请求权诉讼时效

【法条对比】

民法总则	第一百九十一条　未成年人遭受性侵害的损害赔偿请求权的诉讼时效期间，自受害人年满十八周岁之日起计算。
民法通则	无
民通意见	无

【条文释解】

本条是对本法第 188 条第 2 款“诉讼时效期间自权利人知道或者应当知道权利受到损害以及义务人之日起计算”的一般规则所做的“法律另有规定”。依据本条规定，未成年人遭受性侵害的损害赔偿请求权的诉讼时效不是从其知道或者应当知道权利受到损害以及义务人之日起计算，而是自受害人年满 18 周岁之日起计算，至受害人年满 21 周岁之日届满。

本条所称的损害赔偿请求权包括三种：人身（健康、身体）损害赔偿请求权、财产损失损害赔偿请求权和精神损害赔偿请求权。未成年人遭受性侵害的构成要件包括：（1）受害人为未成年人；（2）加害人引诱、胁迫或者强迫受害人与其性交或者实施类似的以受害人身体为侵害对象的行为；（3）加害人以性欲满足为目的。需要明确的是，未成年人遭受性侵后随时有权提起诉讼，并非一定要等到满 18 周岁，年满 18 周岁是时效起点并非受害人寻求司法保护的起点。

【典型案例】

杨某诉朗某、陈某等生命权、健康权、身体权纠纷案[①]

2015年1月26日中午，被告谢某为帮助其男朋友陈某的表哥朗某介绍女朋友，邀请其同学杨某、张某梅、罗某凤等人与被告朗某、陈某一起吃饭。其间，被告朗某向被告谢某表示看上了原告。饭后，被告朗某、陈某和被告谢某将原告劝说到被告陈某家玩耍。随后，被告陈某和谢某在明知朗某想与原告发生性关系的情况下，帮助被告朗某强行与原告发生了性关系。2015年3月3日，原告在某学校花园处上完厕所出来时被被告朗某、陈某挟持出校外，被告朗某将原告带至自己家中、坪山镇迎宾旅社多次强行与其发生性关系。2015年6月12日，县法院以判决被告朗某犯强奸罪，判处有期徒刑8年，判决陈某犯强奸罪，判处有期徒刑2年6个月，判决被告谢某犯强奸罪，判处有期徒刑1年6个月。2015年1月26日至27日系该县某学校考试时间。原告于2015年3月3日事发时使用的厕所系该县某学校修建、使用，事发时间属该县某学校教学时间。2015年6月24日，原告到该县计生附属医院检查，缴纳医疗费4000元。

【法理解读】

法院认为公民的生命健康权受法律保护，侵害他人生命健康权并造成人身损害的应当赔偿医疗费、交通费等康复支出的合理费用，造成严重精神伤害的，被侵权人可以请求精神损害赔偿。本案中，郎某强行对原告实施了性侵害，造成原告身体、健康、精神遭受损害，应当承担赔偿责任。

对被告某学校辩称原告的起诉已超过诉讼时效的意见，《最高人民法院关于贯彻执行〈中华人民共和国民法通则〉若干问题的

① 审理法院：重庆市垫江县人民法院，案号：（2016）渝0231民初1785号。

意见（试行）》第168条规定："人身损害赔偿的诉讼时效期间，伤害明显的，从受伤害之日起算；伤害当时未曾发现，后经检查确诊并能证明是由侵害引起的，从伤势确诊之日起算。"本案中，被告某学校未举证证明原告所受伤害明显，原告于2015年6月24日经医院检查确诊造成伤害，并于2016年2月26日起诉且原告于2015年3月3日也遭受性侵害，其损害赔偿请求权仍在保护期内，故原告的起诉未超过诉讼时效。

【适用亮点】

此案涉及《民法总则》第191条的规定，该条系新增条款。本案中，郎某强行对原告实施了性侵犯，本案的争议点为原告的请求权是否超过了诉讼时效。法律对未成年人遭受性侵害产生的请求权予以特殊时效规则保护，体现了保护未成年人、强化性侵害损害赔偿责任的立法政策。民事立法应具有前瞻性，并非绝对拘泥于现有实践，在总则部分规定未成年人受性侵损害赔偿请求权诉讼时效期间起算的特别规则既是借鉴国外先进国家的立法实践，又是高度彰显对未成年人权益的保护。

第一百九十二条　【立法主旨】诉讼时效期间届满法律后果

【法条对比】

民法总则	第一百九十二条　诉讼时效期间届满的，义务人可以提出不履行义务的抗辩。 诉讼时效期间届满后，义务人同意履行的，不得以诉讼时效期间届满为由抗辩；义务人已自愿履行的，不得请求返还。
民法通则	第一百三十八条　超过诉讼时效期间，当事人自愿履行的，不受诉讼时效限制。
民通意见	第一百七十一条　过了诉讼时效期间，义务人履行义务后，又以超过诉讼时效为由翻悔的，不予支持。

【条文释解】

本条第1款是关于义务人基于诉讼时效期间届满产生不履行义务的抗辩权的规定。第2款是关于义务人在诉讼时效期间届满后同意履行或已自愿履行义务的，不得反悔（进行时效抗辩或者请求返还）的规定，采取当事人主义。诉讼时效期间届满的法律效果包括两个方面，一是直接效果，即产生时效消灭抗辩权；二是本体效果，即时效抗辩请求权行使后的后果。

我国民法对诉讼时效期间届满的法律效果的规定经历了由胜诉权消灭主义到抗辩权发生主义的转变。《民法通则》第138条的规定，采取的是胜诉权消灭主义，采用的是苏联的立法例。这种规定在近年来遭到质疑，大多数人主张应当采抗辩权发生主义。采用抗辩权发生主义，未经当事人主张，法院不得直接援引诉讼时效的规定而驳回债权人的诉讼请求。[①]《民法总则》第192条规定诉讼时效期间届满的法律效果是产生永久抗辩权。胜诉权消灭主义与抗辩权发生主义的区别在于：消灭胜诉权，可以由法官依职权直接适用诉讼时效，即使当事人不以诉讼时效期间完成进行抗辩，法官仍然可以直接进行审查，并且直接适用诉讼时效，驳回债权人履行债权的请求。这无疑是在为逃债的债务人提供法律保护，为我国的诚信秩序和诚信道德缺失现状雪上加霜；而发生抗辩权在保护权利人方面具有明显的优势，且能够实现法律逻辑上的前后一致，解决义务人自己不援用时效抗辩时，法院不得主动援用诉讼时效规定的理论问题。同时这使享有抗辩权的主体范围、行使的方法、行使后是否可撤回等问题的解释，也有了合理依据。

---

① 杨立新主编：《中华人民共和国民法总则要义与案例解读》，中国法制出版社2017年版，第714页。

【典型案例】

勃贝雷有限公司诉鲁某敏等侵害商标权纠纷案①

勃贝雷有限公司系第75130号“BURBERRY”注册商标及第G733385号“BURBERRY”注册商标的持有人。2014年3月，国家工商行政管理总局商标评审委员会作出商评字〔2014〕第027803号裁定书，认定第G733385号商标为使用在服装商品上的驰名商标。自2009年10月起，陈某、鲁某敏在其经营场所并通过网店大肆销售假冒前述注册商标的各类服装。

2012年5月，上海市闸北区人民检察院以沪闸检刑诉〔2012〕359号起诉书指控陈某、鲁某敏犯销售假冒注册商标的商品罪，提起公诉。同年8月，上海市杨浦区人民法院以（2012）杨刑初字第41号刑事判决书认定陈某、鲁某敏为牟取非法利益，销售明知是假冒注册商标的商品，销售金额数额巨大，其行为均已构成销售假冒注册商标的商品罪。

原审庭审中，陈某、鲁某敏确认二人系夫妻关系；其销售的服装上所使用的“BURBERRY”图文商标和文字商标分别与勃贝雷有限公司主张的第75130号及第G733385号商标注册证上的商标一致。勃贝雷有限公司认可陈某、鲁某敏自2012年3月20日起已停止（2012）杨刑初字第41号刑事判决书认定的侵权行为，但表示其不能确定两人是否还存在其他侵犯涉案注册商标专用权的行为。勃贝雷有限公司于2012年3月21日获悉，陈某、鲁某敏因涉嫌销售假冒注册商标的商品罪被公安机关立案侦查。

【法理解读】

本案的争议焦点是：本案的商标权利人即被上诉人就商标侵权

---

① 一审法院：上海市杨浦区人民法院，案号：（2014）杨民三（知）初字第381号；二审法院：中华人民共和国上海知识产权法院，案号：（2015）沪知民终字第6号。

之诉的诉讼时效期间起算点的确定问题，而争议的实质则是对上诉人及原审被告的刑事追诉程序是否构成诉讼时效中断事由的问题。勃贝雷有限公司以刑事判决书中认定的陈某、鲁某敏犯罪事实作为本案中两人的具体侵权行为，故本案诉讼时效期间应从该刑事判决书生效之日起计算。侵犯注册商标专用权的诉讼时效为 2 年，自商标注册人或者利害权利人知道或者应当知道侵权行为之日起计算。涉案刑事判决于 2012 年 8 月作出，勃贝雷有限公司向原审法院提交起诉状在诉讼时效期间内，故其起诉并未超过诉讼时效。

【适用亮点】

此案涉及《民法总则》第 192 条的规定。本案中一审起诉并未超过诉讼时效。关于诉讼时效届满后会产生何种法律后果，原先《民法通则》并未明确，《最高人民法院关于审理民事案件适用诉讼时效制度若干问题的规定》第 1 条第 1 款则规定“当事人可以对债权请求权提出诉讼时效抗辩”，即认为诉讼时效届满的直接效力是当事人获得抗辩权。本条对此予以明确。①

第一百九十三条 【立法主旨】法院不主动适用诉讼时效

【法条对比】

民法总则	第一百九十三条 人民法院不得主动适用诉讼时效的规定。
民法通则	无
民通意见	无

【条文释解】

本条有两层含义：第一，法院不应主动援用诉讼时效的规定进

① 中国审判理论研究会民商事专业委员会编著：《〈民法总则〉条文理解与司法适用》，法律出版社 2017 年版，第 364 页。

行审理和裁判，在义务人未提出诉讼时效抗辩的情形下，法院不应主动适用诉讼时效的规定进行裁判。这里的不得主动适用包括不得在诉讼进行中主动提出有关诉讼时效事项的事实调查，不得主动发起有关时效事项的法律辩论，不得主动援引有关诉讼时效的法律规定作出裁判。第二，法院不应主动查明诉讼时效事实，在司法实务中，法院不应主动援引诉讼时效的规定进行裁判的规定，一审法官在当事人未提出诉讼时效抗辩的情形下，不适用诉讼时效的规定进行裁判，但由于担心其未查明诉讼时效期间是否已过的事实，在二审审理中，当事人提出诉讼时效抗辩的，二审法院以诉讼时效事实不清而发回重审，故其虽不主动适用诉讼时效的规定进行裁判，但对诉讼时效事实主动进行查明并在裁判文书中进行表述。

考虑到诉讼时效期间届满时义务人取得的时效利益属于私人利益，那么就诉讼时效期间是否届满，国家无主动干预的必要。《最高人民法院关于审理民事案件适用诉讼时效制度若干问题的规定》就诉讼时效期间届满后的法律效果，采抗辩权发生说，这样法院处理类似纠纷，即不必要再主动依职权进行审查。①

法律作出法院不得主动适用诉讼时效的规定，旨在避免法院（法官）陷入当事人之间的利益纠纷，确保司法中立和裁判结果的公正性。因为一旦法院主动适用诉讼时效的规定，权利人败诉几乎是肯定的，没有任何争辩的机会，而诉讼时效制度的设置，并非出于这样的目的，而是为了促使权利人及时行使权利和维护既有民事关系的稳定。②

---

① 王利明著：《民法总则研究》，中国人民大学出版社 2003 年版，第 745-748 页。

② 张新宝著：《〈中华人民共和国民法总则〉释义》，中国人民大学出版社 2017 年版，第 416 页。

【典型案例】

张某军诉潘某江民间借贷纠纷案[①]

被告张某军于2004年3月22日向原告潘某江借款人民币40万元，约定于2004年4月22日归还，利息为月息2分。借期届满后被告未按约归还，至今尚欠原告借款本金40万元。原告经催讨不成，遂诉至法院。原告潘某江到庭参加诉讼。被告张某军经法院公告传唤，无正当理由没有到庭参加诉讼。法院认为，原、被告间的民间借贷，双方主体适格，内容合法，意思表示真实，故应认定依法成立，合法有效。被告未按约归还借款构成违约，依法应承担支付逾期利息的违约责任，原、被告约定利息为月息2分，符合法律的规定。张某军不服该判决，向市中级人民法院提起上诉。

【法理解读】

原、被告间的民间借贷，双方主体适格，内容合法，意思表示真实，故应认定依法成立，合法有效。被告未按约归还借款构成违约，依法应承担支付逾期利息的违约责任，潘某江所诉事实发生在2004年，已经超过诉讼时效期间，张某军因未收到起诉状副本及传票导致无法抗辩，被剥夺了抗辩权利。

原审判决认定借贷关系成立符合法律规定；再审申请人提出涉案款项未实际交付的理由与借条证明的事实不符，且缺乏事实依据。其次，原审判决书已于2016年9月7日在《人民日报》上公告，原审法院送达程序正当。再次，原审判决认定事实的主要证据材料均已在庭审中公开质证，再审申请人缺席庭审未能发表质证意见，不属于主要证据未经质证的情形。最后，《根据最高人民法院关于审理民事案件适用诉讼时效制度若干问题的规定》第3条之规定以及《民法总则》第193条规定，当事人未提出诉讼时效抗

---

① 一审法院：绍兴市越城区人民法院，案号：（2016）浙0602民初954号；二审法院：浙江省绍兴市中级人民法院，案号：（2017）浙06民申2号。

辩，人民法院不应对诉讼时效问题进行释明及主动适用诉讼时效的规定进行裁判。再审申请人无故缺席庭审，已自行放弃了抗辩的权利。

【适用亮点】

《民法总则》第193条的规定，该条延续了《最高人民法院关于审理民事案件适用诉讼时效制度若干问题的规定》第3条的作法，即诉讼时效问题属于债务人享有的诉讼权利，对诉讼时效问题人民法院不应主动审查。本案中当事人未提出诉讼时效抗辩，因此法院也不应主动适用诉讼时效的规定裁判。

第一百九十四条　【立法主旨】诉讼时效中止的事由

【法条对比】

民法总则	第一百九十四条　在诉讼时效期间的最后六个月内，因下列障碍，不能行使请求权的，诉讼时效中止： （一）不可抗力； （二）无民事行为能力人或者限制民事行为能力人没有法定代理人，或者法定代理人死亡、丧失民事行为能力、丧失代理权； （三）继承开始后未确定继承人或者遗产管理人； （四）权利人被义务人或者其他人控制； （五）其他导致权利人不能行使请求权的障碍。 自中止时效的原因消除之日起满六个月，诉讼时效期间届满。
民法通则	第一百三十九条　在诉讼时效期间的最后六个月内，因不可抗力或者其他障碍不能行使请求权的，诉讼时效中止。从中止时效的原因消除之日起，诉讼时效期间继续计算。

民通意见	第一百七十二条　在诉讼时效期间的最后六个月内，权利被侵害的无民事行为能力人、限制民事行为能力人没有法定代理人，或者法定代理人死亡、丧失代理权，或者法定代理人本人丧失行为能力的，可以认定为因其他障碍不能行使请求权，适用诉讼时效中止。

【条文释解】

本条详细规定了诉讼时效中止的要件和效果：（1）权利人不能行使请求权仅发生在诉讼时效期间的最后 6 个月内；（2）权利人不能行使权利的原因符合法律规定的五种主要障碍情形之一；（3）自中止时效的原因消除之日起满 6 个月，诉讼时效期间届满。[①]

时效制度意在敦促权利人及时行使权利，但其适用以权利人可以行使权利而怠于行使为前提，如果出现客观障碍而使权利人无法行使权利，则继续计算时效未免有失公平，因此应暂停计算期间以保证权利人有行使权利的必要时间，从而保护其权益。

不可抗力为不能预见、不能避免和不能克服的客观情况，包括自然灾害（如地震、洪水、台风等）和人的活动（如战争、罢工等）。不可抗力的事由既可能发生在义务人身上，也可能发生在权利人身上。如果不可抗力事由虽然发生，但该事实并不影响权利人行使权利的，即未造成权利人不能主张权利或者提起诉讼的，则不属于诉讼时效中止的法定事由。

无民事行为能力人或者限制民事行为能力人没有法定代理人，或者法定代理人死亡、丧失代理权或者丧失民事行为能力。在权利人为无民事行为能力人或限制民事行为能力人的情形下，要求他们自己行使权利或者为中断时效行为（向义务人主张权利或提出诉

---

① 张新宝著：《〈中华人民共和国民法总则〉释义》，中国人民大学出版社 2017 年版，第 418 页。

讼）是困难的，甚至是不可能的。因此，在法定代理人确定之前，应当使诉讼时效中止。

继承开始后未确定继承人或者遗产管理人。根据法律规定，继承开始意味着被继承人死亡。当继承人或者遗产管理人尚未确定时，被继承人生前的权利无法行使，被继承人的债权人亦因无请求或起诉的相对人，因而债权人无法主张权利或提起诉讼导致诉讼时效中断。该情形属于客观上难以行使权利的事由，应当构成诉讼时效中止的事由。

权利人被义务人或者其他人控制。权利人被义务人或者其他人控制，无法向义务人主张权利或提起诉讼，如果诉讼时效期间继续计算，会对权利人产生不公平的结果。①

【典型案例】

李某雁诉董某民间借贷纠纷案②

2006 年 12 月 31 日，李某雁向董某借款 30 万元，同日，李某雁为董某出具借据 1 份。2007 年 5 月 11 日，李某雁偿还董某借款 10 万元，董某为李某雁出具收条 1 份。董某的两位证人均证实 2007 年至 2009 年间，曾受董某委托向李某雁主张过权利，李某雁也认可该事实，此时诉讼时效中断。2009 年 5 月 18 日，董某被刑事拘留，人身自由受限。2013 年 10 月 10 日，董某被判无期徒刑。2013 年 12 月 11 日，董某被投监服刑。董某于 2015 年 10 月 26 日向法院起诉，主张债权。

【法理解读】

2009 年 5 月 18 日，董某被刑事拘留，人身自由受限，2013 年

---

① 中国审判理论研究会民商事专业委员会编著：《〈民法总则〉条文理解与司法适用》，法律出版社 2017 年版，第 369 页。

② 审理法院：黑龙江省哈尔滨市中级人民法院，案号：（2016）黑 01 民终 4120 号；（2017）黑 01 民申 11 号。

10月10日，董某被判无期徒刑，2013年12月11日，董某被投监服刑。根据《民法总则》第194条规定的“其他导致权利人不能行使请求权的障碍”的情形，因此，董某被控制、无法主张权利且诉讼时效中止。一审中董某的两位证人均证实2007年至2009年间，曾受董某委托向李某雁主张过权利，李某雁也认可该事实，此时诉讼时效中断。董某于2015年10月26日向法院起诉，主张债权，且在二审诉讼过程中又提供了《黑龙江省哈尔滨监狱罪犯入监登记表》，故未超过法定期限。

【适用亮点】

此案涉及《民法总则》第164条的规定。即使本案存在诉讼时效中止的情况，由于时效中止发生在诉讼时效期间的最后6个月内，且从中止时效的原因消除之日起，诉讼时效期间应当继续计算。因此，自2013年12月11日董某被投监开始，其时效最长也只有6个月，董某于2015年10月26日向法院起诉也超过了诉讼时效。诉讼中止发生在时效期间最后6个月内，这是考虑了我国实际国情与权利人保护必要性的结果，因为在这种情形下权利人还有足够的时间行使权利。按照《民法通则》第139条规定，中止事由消除后，时效期间继续计算，与中止前已经过的时效期间合并计入总的时效期间。但是《民法总则》第194条第2款规定与《民法通则》第139条规定不同，其规定的是自中止时效的原因消除之日期满6个月，诉讼时效期间届满。这样的规定意味着，只要在诉讼时效期间的最后6个月内出现中止时效的原因，就一律在中止时效的原因消除之日起再加上6个月，诉讼时效期间就届满。这是一个比较重大的决定，这样的规定，更有利于保护请求权人的合法权益。①

---

① 杨立新主编：《中华人民共和国民法总则要义与案例解读》，中国法制出版社2017年版，第724页。

第一百九十五条　【立法主旨】诉讼时效中断的事由

【法条对比】

民法总则	第一百九十五条　有下列情形之一的，诉讼时效中断，从中断、有关程序终结时起，诉讼时效期间重新计算： （一）权利人向义务人提出履行请求； （二）义务人同意履行义务 （三）权利人提起诉讼或者申请仲裁； （四）与提起诉讼或者申请仲裁具有同等效力的其他情形。
民法通则	第一百四十条　诉讼时效因提起诉讼、当事人一方提出要求或者同意履行义务而中断。从中断时起，诉讼时效期间重新计算。
民通意见	第一百七十三条　诉讼时效因权利人主张权利或者义务人同意履行义务而中断后，权利人在新的诉讼时效期间内，再次主张权利或者义务人再次同意履行义务的，可以认定为诉讼时效再次中断。 权利人向债务保证人、债务人的代理人或者财产代管人主张权利的，可以认定诉讼时效中断。

【条文释解】

诉讼时效的中断，是指在诉讼时效期间，因法定事由的发生，以前经过而尚未届满的时效期统归无效，诉讼时效期间从中断事由消除之日起重新开始计算。中断事由须发生于诉讼时效期间进行之中，这种时间要求，较之于中止更为宽泛，只要是在诉讼期间范围内，那么中断事由的发生均导致诉讼时效中断的效果。

权利人向义务人提出履行请求是指权利人通过一定的方式（口头的或书面的）向义务人提出请求履行义务的意思表示。[1] 诉

① 中国审判理论研究会民商事专业委员会编著：《〈民法总则〉条文理解与司法适用》，法律出版社 2017 年版，第 373 页。

讼时效中止与中断都是时效完成的障碍，合称“时效的障碍”。但中断与中止有明显的区别：（1）引起诉讼时效中断与中止的法定事由不同。引起时效中止的法定事由为不可抗力和其他障碍，是当事人主观意志之外的客观情况；而引起时效中断的法定事由——起诉、承认、请求，则是权利人行使权利的行为或义务人承认履行义务的行为。（2）诉讼时效中止的法定事由只有发生或存续于时效期的最后6个月才能引起时效的中止；而诉讼时效中断的法定事由无论发生于时效期内的任何时刻，只要不在时效期之外，都能引起时效中断。（3）法律后果不同。时效中止时，只是引起中止的法定事由的存续期间不计入时效期间，中止前业已经过的时效期仍然有效，中止事由消除后，时效期接着计算；时效中断时，中断前已经过的时效期完全无效，自中断事由消除之日起诉讼时效期间重新开始计算。（4）诉讼时效的中止具有对事的绝对性权力，即对于任何人都有效力；而诉讼时效中断的效力系相对性，仅在一定当事人之间发生效力。[①]

【典型案例】

天士力制药集团股份有限公司诉李某达名誉权纠纷案[②]

2009年2月，李某达开始在媒体（包括中央人民广播电台“中国之声·新闻纵横”栏目、新华网浙江频道、《科技日报》等）屡次公开发表不实言论，捏造事实诋毁天士力公司及其产品复方丹参滴丸，偷换概念恶意引导消费者，造成天士力公司名誉受损、股票停牌、销售下滑，天士力公司的法人名誉权遭受严重侵害。2011年1月29日，原告向法院提起诉讼，起诉李某达侵犯名誉权，请求判令：（1）被告停止侵害，不再发表诋毁原告以及原告生产的

---

① 王泽鉴著：《民法总则》，北京大学出版社2009年版，第429页。

② 一审法院：天津市第一中级人民法院，案号：（2011）一中民一初字第5号；二审法院：天津市高级人民法院，案号：（2014）津高民一终字第0028号。

复方丹参滴丸的相关言论；（2）被告为原告恢复名誉、消除影响，在全国有影响力的报纸上赔礼道歉；（3）被告赔偿原告损失30万元人民币；（4）被告承担本案全部诉讼费用。

被告李某达辩称：李某达对天士力公司产品复方丹参滴丸不良反应的评论发生在2009年2月5日，4年后的今天天士力公司提起民事诉讼要求李某达赔偿经济损失、赔礼道歉，而且李某达才了解到2011年天士力公司已经起诉过李某达并撤诉，如今再次起诉，令人不免怀疑这是蓄谋已久的打击报复。

【法理解读】

双方当事人的争议焦点之一即为天士力公司本次起诉是否超过诉讼时效：天士力公司就双方的名誉权纠纷曾于2011年向法院提起诉讼。根据《民法通则》第140条和《民法总则》第195条的规定，诉讼时效因提起诉讼、当事人一方提出要求或者同意履行义务而中断。从中断时起，诉讼时效期间重新计算。虽然在2011年天士力公司撤回了起诉，但天士力公司提起诉讼的行为已经导致了诉讼时效中断的法律效力，故诉讼时效期间应当自撤诉之日起重新计算，所以天士力公司本次起诉并未超过法律规定的诉讼时效期间。李某达主张天士力公司起诉后又撤诉的行为不发生诉讼时效中断的法律后果，并以此为由要求认定天士力公司本次起诉已超过诉讼时效，没有法律依据，不予支持。

【适用亮点】

该案涉及《民法总则》第195条的规定。本案中争议焦点之一为诉讼时效的问题。天士力公司提起诉讼的行为已经产生诉讼时效中断的法律效力，应认定诉讼时效中断，诉讼时效期间应当自撤诉之日起重新计算。本条规定采用明确列举方式对中断事由进行规定：权利人向义务人提出履行要求的、义务人同意履行义务的、权利人提起诉讼或者申请仲裁的、与提起诉讼或者申请仲裁具有同等效力的其他情形，增加了提起仲裁以及“与提起诉讼或者申请仲裁具有同等效力的其他情形”这一概括规定，更为全面。

第一百九十六条　【立法主旨】不适用诉讼时效的规定

【法条对比】

民法总则	第一百九十六条　下列请求权不适用诉讼时效的规定： （一）请求停止侵害、排除妨碍、消除危险； （二）不动产物权和登记的动产物权的权利人请求返还财产； （三）请求支付抚养费、赡养费或者扶养费； （四）依法不适用诉讼时效的其他请求权。
民法通则	无
民通意见	无

【条文释解】

诉讼时效的适用范围也称诉讼时效的客体问题，是指哪些权利适用诉讼时效制度。诉讼时效的适用范围在实践中具有重要意义。本条规定了“不适用诉讼时效的规定”的四种请求权。所谓“不适用诉讼时效的规定”，就是在权利人行使这些请求权时，不管其在何时行使，也不管其取得权利已经有多长时间、其间有多久没有行使，义务人都不得主张时效抗辩权。①

请求权是一方当事人请求另一方当事人为特定给付行为的权利，但是可适用诉讼时效的请求权仅为财产给付请求权。财产给付请求权所反映的关系是财产流转关系，因此，法律设立诉讼时效的目的在于：以超过诉讼时效期间就不再予以保护来敦促权利人积极行使财产给付请求权，尽快实现财产流转的目的，从而消灭当事人

---

① 张新宝著：《〈中华人民共和国民法总则〉释义》，中国人民大学出版社 2017 年版，第 421 页。

之间的财产流转法律关系。①

适用诉讼时效时，还应注意：（1）有的权利名为请求权而实质为形成权（除斥期间），不适用诉讼时效的规定；（2）其他法定期间，如失踪期间、通知期间及上诉期间等，也非时效期间，不适用诉讼时效的规定；（3）不得以约定方式变更诉讼时效的客体。何种权利属于或不属于诉讼时效的客体，性质上属于强行规定，当事人不得以约定方式，使不适用时效的权利适用时效，反之亦然，即使有约定，其约定原则上也无效。②

【典型案例】

胡某朝与王某宣确认合同无效纠纷上诉案③

1993年4月5日，胡某朝与王某宣签订协议，约定王某宣占用胡某朝的承包地建房两间，补偿青苗费600元。协议上每间宽度及走道宽度两处为空白。由于协议之地“前大后小”，后面需要占用案外人胡某俭的承包地，1993年5月21日，王某宣与胡某俭签订协议，胡某俭自愿无偿让与王某宣占用建房。1993年5月27日，王某宣又与胡某俭签订补充协议，胡某俭同意王某宣再占用其土地建房1间。1993年7月10日，王某宣之妻徐某群与水口镇水口村三组代表协商，水口村三组同意其占用前述土地建房，村委会在协议上盖章同意。1993年10月，王某宣之妻徐某群逐级向相关部门申请在该土地上建房，并于1995年7月6日获得县国土局批准。1994年3月10日，王某宣与胡某朝之母王某珍签订协议书，对双方房屋因相邻而共用墙壁的修建等达成一致，之后王某宣家占

① 李开国著：《民法总则研究》，法律出版社2003年版，第428页。

② 施启扬著：《民法总则》（修订第8版），中国法制出版社2010年版，第359页。

③ 一审法院：四川省古蔺县人民法院，案号：（2016）川0525民初2533号；二审法院：四川省泸州市中级人民法院，案号：（2016）川05民终1175号。

用争议之地修建平房三间，至今未翻修、未进行过改扩建。2016年8月，胡某朝之子向一审法院申请宣告胡某朝为限制民事行为能力人，一审法院于2016年9月7日以民事判决书宣告胡某朝为限制民事行为能力人。另查明，双方签订协议期间，胡某朝家庭成员中成年人只有王某珍、胡某朝。1993年5月23日，王某珍收到王某宣“协议土地修建房子的补助费和安置费”200元。1993年12月18日，王某珍又收到王某宣补偿费、青苗费400元。

【法理解读】

本案的争议焦点之一为本案是否超过诉讼时效期间。诉讼时效适用于债权请求权，确认合同效力不适用诉讼时效规定，故本案不适用诉讼时效制度。一般认为，适用诉讼时效的请求权为债权请求权，债权请求权是特定的债权人请求债务人为一定的行为或不为一定行为的权利，从原则上说，债权的请求权都可以适用诉讼时效，而基于物权、知识产权、人身权的请求权以及基于亲属关系请求支付赡养费、抚育费或者扶养费等不适用诉讼时效。

【适用亮点】

此案涉及《民法总则》第196条的规定。本案中确认合同无效不能适用诉讼时效制度。该条采用排除法规定诉讼时效的适用范围，按照这样的规定，首先，只有请求权才适用诉讼时效，凡是不属于请求权的权利都不适用诉讼时效。同时，关于第2款的规定，说明不管是物权的返还财产请求权，还是侵权的返还财产请求权，是否受诉讼时效的限制，都要看这个财产的物权是否进行了登记。

第一百九十七条　【立法主旨】诉讼时效的强制性

【法条对比】

民法总则	第一百九十七条　诉讼时效的期间、计算方法以及中止、中断的事由由法律规定，当事人约定无效。 当事人对诉讼时效利益的预先放弃无效。

民法通则	无
民通意见	无

【条文释解】

本条第1款是关于当事人对诉讼时效制度相关事项约定无效的规定。第2款是关于当事人预先放弃诉讼时效利益无效的规定。诉讼时效中断、中止制度均属法定的诉讼时效障碍制度，法律规定了法定的诉讼时效中断、中止事由。因此，如果当事人约定的诉讼时效中断、中止事由符合法律的规定，则应认定有效，不符合法律规定，则不能认定有效。由于立法不能穷尽司法实务中的情形，故应限定当事人不能约定的诉讼时效中止及中断的事由为立法未规定的，且与立法目的不符的事由较为适宜。此外，当事人约定排除诉讼时效中断、中止事由属于违反法行为的也应认定无效。[①]

时效利益的抛弃，是指义务人在时效期间届满以后，以明示或者默示的方式抛弃其取得的时效利益。尽管时效利益不得预先抛弃，不过一旦时效期间届满，义务人取得的时效利益即属于其私人利益，应遵循私法自治原则，允许其抛弃。时效利益一旦抛弃即视为时效期间未届满，需重新计算时效期间的期间。[②] 义务人抛弃时效利益的行为属单方法律行为，自义务人抛弃时效利益的意思表示到达权利人时发生时效利益抛弃的法律后果，不以权利人的同意为条件。抛弃的意思表示的形式既可以是明示的，也可以是默示的，还可以是推定行为。

---

① 中国审判理论研究会民商事专业委员会编著：《〈民法总则〉条文理解与司法适用》，法律出版社2017年版，第380页。

② 王利明主编：《民法》（第5版），中国人民大学出版社2010年版，第149页。

【典型案例】

广东融通投资有限公司与何某昌等清算责任纠纷上诉案

——自然债务因债务人承诺可转化为法定债务[①]

1997年9月10日，广州市黄埔区人民法院作出（1997）黄法经字第138号民事判决书，判决兆恒公司在判决生效后10日内向开发区农行清偿借款200万元及利息等。判决于1997年11月5日生效后，债权人未向法院申请执行。2001年9月18日，开发区农行将债权转让给长城资产管理公司广州办事处。2006年12月15日，该办事处将债权转让给原告。兆恒公司一直未履行债务并因未按规定办理年检于2008年12月24日被吊销营业执照，公司股东何某昌、何某顺未履行清算责任，故请求法院判令：确认何某昌、何某顺对（1997）黄法经字第138号民事判决确认的债务200万元承担连带清偿责任。

被告认为，原告从2009年1月8日起应当知道债权受到侵犯，但一直未申请法院清算和向股东主张权利，其于2012年4月才起诉，已经超过两年诉讼时效；债权人对生效判决未依法申请执行，债权已成为自然债权，不受法律保护。此外，原告不同意兆恒公司提出的给予两年宽限期的请求。

【法理解读】

兆恒公司在本案中确认债务并向原告作出同意履行义务的意思表示，应当认定为对原债务进行了重新确认，虽然在其后的诉讼过程中予以反悔，但依法不影响该意思表示的效力。在兆恒公司被吊销营业执照后，何某昌、何某顺作为兆恒公司的股东，怠于履行清算义务，应当对兆恒公司的债务承担连带清偿责任。在实践中，时

---

① 一审法院：广州市黄埔区人民法院，案号：（2012）穗越法民二初字第2810号；二审法院：广东省广州市中级人民法院，案号：（2013）穗中法民二终字第395号。

效利益抛弃的情形主要有三种：（1）债务履行；（2）债务承认；（3）协议承诺。本案属于第 2 种情形，兆恒公司对于已过执行期限的债务作出同意清偿的意思表示，产生时效利益抛弃的法律后果，当该意思表示到达原告处后，即可适用《时效规定》第 22 条的规定。兆恒公司反悔或撤回同意履行义务的意思表示，不具有法律效力。

【适用亮点】

本案涉及《民法总则》第 197 条的规定，系在《最高人民法院关于审理民事案件适用诉讼时效制度若干问题的规定》第 2 条基础上进行的修改。兆恒公司对于已过执行期限的债务作出同意清偿的意思表示，导致了时效利益抛弃的法律后果。第 197 条是一款涉及民事法律行为效力的“效力性强制性规范”。法律设定此等强制性规定是因为“时效规定，涉及公益”，故应当作出强制性规定以确保民事法律秩序的统一性和稳定性。已有的司法解释对当事人延长或者缩短诉讼时效期间的协议无效作出了规定。本条法律将无效扩展到当事人对诉讼时效全部规定进行约定的情形，这既是对司法解释经验的总结，又体现了立法扩展强制性规范适用范围的旨趣。

第一百九十八条　【立法主旨】仲裁时效的规定

【法条对比】

民法总则	第一百九十八条　法律对仲裁时效有规定的，依照其规定；没有规定的，适用诉讼时效的规定。
民法通则	无
民通意见	无

【条文释解】

通过仲裁程序保护民事权利是有效的和可靠的保护手段，然而仲裁保护民事权利是有一定时间条件限制的，权利人只有在法律规定的一定期间内请求仲裁机构保护，仲裁机构才能依仲裁程序予以保护。超过了仲裁时效期间，仲裁机构则不再保护。权利人能够向仲裁机构请求保护其民事权利的法定期间，就是仲裁时效期间。

仲裁时效具有以下特征：（1）以权利人不行使其权利的事实状态为前提；（2）需连续的经过一定的法定期间；（3）仲裁时效的效力是当事人获得抗辩权。①

我国在法律上规定仲裁时效制度，具有重要意义。其意义主要是:（1）有利于保护当事人的财产权益。（2）有利于及时了结各种财产权利义务关系。（3）有利于促使当事人及时地行使仲裁权利。

【典型案例】

张某俊诉红旗煤矿有限责任公司劳动争议案

——劳动争议仲裁时效及劳动关系主体适格性的认定②

原告张某俊于2007年2月至2013年12月期间在被告红旗煤矿有限责任公司（以下简称红旗煤矿公司）从事采煤工作。2011年12月26日，原告在该市疾病预防控制中心检查发现患有煤工尘肺病，2013年4月21日，经上级疾病预防控制中心职业病诊断确认为煤工尘肺叁期。患病后原告无法上班并一直进行治疗。治疗期间，原告要求被告红旗煤矿公司支付其工资并享受工伤待遇，均遭

① 中国审判理论研究会:《民法总则-条文理解与司法适用》，法律出版社2017年版，第381页。

② 一审法院：湖北省当地人民法院，案号：（2014）鄂当阳民初字第00085号；二审法院：湖北省宜昌市中级人民法院，案号：（2014）鄂宜昌中民三终字第00206号。

拒绝。为维护其合法权益，原告于2013年12月24日向当地劳动人事争议仲裁委员会提出仲裁申请，该委员会裁定不予受理，现向法院提起诉讼，请求：确认2007年2月至2013年12月期间原告与被告红旗煤矿公司之间存在劳动关系。

被告红旗煤矿公司庭审时辩称：（1）原告张某俊没有在被告公司工作过，其诉称的2007年2月至2013年12月期间双方当事人之间存在劳动关系的事实不成立，被告公司与张某俊之间不存在劳动关系，也不存在雇佣关系；（2）原告张某俊于2013年12月24日提出仲裁申请，已经超过了仲裁时效，法院应当驳回起诉。

【法理解读】

关于本案所涉争议是否已过仲裁时效的问题。本案争议的诉讼时效，应从张某俊知道自己患有尘肺病之日起计算。本案中，张某俊虽于2011年12月26日在该市疾病预防控制中心体检时发现患有尘肺病，但并未确诊，直至2013年4月21日，上一级疾病预防控制中心出具职业病诊断证明书，才确诊为尘肺病，所以“2013年4月21日”才是法律规定的“知道其权利被侵害之日”，应为仲裁时效的起算时间，故2013年12月张某俊申请仲裁，并未超过一年的仲裁时效。

【适用亮点】

此案涉及《民法总则》第198条的规定。该条规定与《仲裁法》第74条的规定。《仲裁法》第74条规定：“法律对仲裁时效有规定的，适用该规定。法律对仲裁时效没有规定的，适用诉讼时效的规定”。本条沿袭了该条规定，但范围更广，包括此前未能涵盖的劳动争议仲裁以及农村土地承包经营纠纷调解仲裁。本案中张某俊要求获得工伤赔偿的劳动争议并未超过一年的仲裁时效。

第一百九十九条　【立法主旨】除斥期间无中止、中断、延长的情形

【法条对比】

民法总则	第一百九十九条　法律规定或者当事人约定的撤销权、解除权等权利的存续期间，除法律另有规定外，自权利人知道或者应当知道权利产生之日起计算，不适用有关诉讼时效中止、中断和延长的规定。存续期间届满，撤销权、解除权等权利消灭。
民法通则	无
民通意见	无

【条文释解】

本条是对除斥期间，即撤销权、解除权等形成权的存续期原则上不适用中止、中断和延长规则的规定。同时，本条法律还规定除斥期间届满，相关的形成权归于消灭。撤销权、解除权属于“形成权”，相同性质的形成权如追认权、同意权、确定权、变更权、抵销权、终止权等，也适用本条的规定。

除斥期间，也称不变期间，是法律规定的某种权利的存续期间。除斥期间届满后，权利归于消灭。本条规定了法定除斥期间和约定除斥期间。前者以《合同法》第 55 条、第 75 条规定的撤销权为典型，后者以《合同法》第 95 条规定的解除权为代表。一般来说，除非法律另有规定，法定除斥期间不得延长，约定除斥期间则可以由当事人自由约定，但是可能会受到诚实信用原则的限制，当事人对此发生争议的，法院可以对约定除斥期间进行内容审查，认定其效力。①

---

①　王利明主编：《中华人民共和国民法总则详解》（上、下册），中国法制出版社 2017 年版，第 955 页。

一般认为，法律规定除斥期间相关制度的目的有三：一是促使权利人及时纠正自己意思表示中的瑕疵（撤销权）；二是促使有关当事人及时作出意思表示以辅助效力待定的民事法律行为发生确定的效力（追认权）；三是促使权利人对自己的民事权利及时加以救济（解除权）。[①]

【典型案例】

舒某云与李某强合同纠纷案[②]

2014年7月4日，舒某云与李某强双方签订《矿山转让协议》，约定将李某强的新建采石场的采矿权及矿山资产一并转让给舒某云。当日，当地国土资源局颁发了《采矿许可证》，该证载明的采矿权人为“豆沙老母城新建采石场（舒某云）”，在换证期间，舒某云已经接手了矿山。2014年9月23日，县工商行政管理局向舒某云颁发了《个体工商户营业执照》。在舒某云接手矿山后几个月，矿山当地村民以矿山爆破可能导致山体滑坡威胁安全为由阻拦矿山施工。2015年3月29日，镇人民政府向县安全生产委员会提交了报告，建议上级部门派出专家组实地调研，在问题解决前暂停爆破作业。2015年5月27日，某市市长张某华视频接访了刘某安等，提出“确保当地住户安全、动员采石场重新选址迁建”的建议，随后经市安监局牵头对矿山进行调查，于2015年6月25日作出了请示文件，处理意见包含“采石场从即日起停止一切爆破作业”、“采石场重新选址搬迁”等措施。自矿山当地村民向政府部门反映问题，相关部门采取措施至今，矿山处于停产状态。

此外，舒某云与李某强双方因《矿山转让协议》转让款履行发生纠纷，本案李某强以合同纠纷为由向法院提起了诉讼，在该案

---

① 王卫国主编：《民法》，中国政法大学出版社2007年版，第180页。

② 一审法院：盐津县人民法院，案号：（2015）盐民初字第1130号；二审法院：云南省昭通市中级人民法院，案号：（2016）云06民终616号。

诉讼中，舒某云以撤销合同纠纷为由提起本案诉讼，因二案之间存在关联关系，该案于2015年9月22日裁定中止审理。

【法理解读】

在本案诉讼中，李某强提出双方签订合同的日期为2014年7月4日，而舒某云向法院提起合同撤销权之诉的日期为2014年8月7日。依照《合同法》第55条第1款的规定，该期间为自知道或者应当知道撤销事由之日起1年。原告的合同撤销权已经消灭。舒某云称其在与本案相关联的另一案审理过程中，已经向承办法官提起反诉请求。经核实舒某云确已于2014年7月1日向原审法院提交了反诉状，因不符合反诉要求，才提起本案的诉讼。故舒某云合同撤销权的行使在除斥期间内，李某强主张合同撤销权已过除斥期间的理由不予采纳。

【适用亮点】

此案涉及《民法总则》第199条的规定，该条系新增条款。本案中主张合同撤销权的行使在除斥期内。诉讼时效适用具有一般性，所以各国民法典一般都在民法总则中专章规定诉讼时效（消灭时效）；对除斥期间都没有一般性规定，而是分散规定在少量有关法律条文中。从立法例来看，有的在有关法律条文中直接使用除斥期间这一概念；有的法律条文规定的是除斥期间，但并不一定直接使用除斥期间概念，而是规定期间届满后，“不予保护”；有的规定权利“因不行使而消灭”；有的规定“只能在1年的期间内撤销”等。本条未直接使用除斥期间概念，但明确规定，存续期间届满，撤销权、解除权等权利消灭。

第十章　期间计算

第二百条　【立法主旨】期间计算方法

【法条对比】

民法总则	第二百条　民法所称的期间按照公历年、月、日、小时计算。
民法通则	第一百五十四条第一款　民法所称的期间按照公历年、月、日、小时计算。
民通意见	无

【条文释解】

在法律上，时间是重要的法律事实，且使用也较多。时间的经过与许多法律效果的发生、变更或消灭有密不可分的关系。时间一方面是发生或终止法律效力的要件，如失踪期间、消灭时效期间、除斥期间以及著作财产权的存续期间等；另一方面，时间是决定给付或行为的标准。时间的经过在法律上区分为期日与期间。自然人的出生、死亡、法律的施行、变更、废止、权利的发生、行使与消灭等，均与期日、期间有关。①

所谓期间，指某一期日与另一期日间的时间，亦指从一定时间继续到达一定时间。期间在法律观念上是“线”，属于动态的观念。期间因计算方法的不同，分为连续期间与非连续期间。所谓连续期间，指自始期至终期，其间所有时日毫无间断地全部计算；所

① 施启扬著：《民法总则》，中国法制出版社2010年版，第318页。

谓非连续期间，指自始期至终期，非连续计算，而是将某些时日譬如非工作日予以除外。①

【典型案例】

浙江舒乐梦厨具有限公司诉中国农业银行股份有限公司绍兴柯桥支行等金融借款合同纠纷案②

本案中原、被告双方签订的《最高额保证合同》约定，被告自愿向原告提供保证担保，担保的主债权为“自2014年8月26日起至2015年8月24日期间在人民币900万元的最高余额内，原告与易真金公司签订的人民币、外币贷款合同所形成的债权。”案涉主债务发生在2014年8月26日，对于该笔债务是否应纳入最高额担保范围之内，原、被告均各执一词。

被告抗辩认为：根据《民法通则》第154条第2款之规定，“规定按照日、月、年计算期间的，开始的当天不算入，从下一天开始计算”，且案涉主债务发生在2014年8月26日，故原审原告不应承担担保责任；原审原告认为，被告的辩解不能成立，《民法通则》及《民通意见》所规定的期间，系对法律条文中涉及期间的规定，当事人约定的期间不能适用该期间的规定。案涉终审法院裁决支持了原告的诉讼请求。

【法理解读】

案涉担保的主债权为“自2014年8月26日起至2015年8月24日期间在人民币900万元的最高余额内”的约定，依据《担保法》第14条之规定，保证人与债权人可以协议在最高债权额限度内就一定期间连续发生的借款合同订立一个保证合同。原审原被告

① 梁慧星著：《民法总论》（第3版），法律出版社2007年版，第252-253页。

② 审理法院：浙江省高级人民法院，案号：（2016）浙06民终字第00085号。

等签订的是一个双方当事人约定的明确时间段，其并非按日、月、年为单位计算的期间（如某日起 15 日内，或某日起两年内，这个某日不计入 15 日或两年内的期间），且约定是“自 2014 年 8 月 26 日起”，这个约定的期间应包括起始日 2014 年 8 月 26 日。

【适用亮点】

此案涉及《民法总则》第 200 条的规定，延续了《民法通则》第 154 条的规定。法律规定以公历作为计算民法上期间的时间标准，有以下主要理由：（1）公历是自新中国成立以来就确认的法定历法；（2）完全继受了《民法通则》第 154 条第 1 款的规定；（3）符合普遍的民事习惯；（4）与世界绝大多数国家和地区的历法及期间计算标准相一致。[①]

第二百零一条　【立法主旨】时间单位的计算方法

【法条对比】

民法总则	第二百零一条　按照年、月、日计算期间的，开始的当日不计入，自下一日开始计算。 按照小时计算期间的，自法律规定或者当事人约定的时间开始计算。
民法通则	第一百五十四条第二款　规定按照小时计算期间的，从规定时开始计算。规定按照日、月、年计算期间的，开始的当天不算入，从下一天开始计算。
民通意见	第一百九十九条　按照日、月、年计算期间，当事人对起算时间有约定的，按约定办。

① 张新宝著：《〈中华人民共和国民法总则〉释义》，中国人民大学出版社 2017 年版，第 429 页。

【条文释解】

期间为自某一时点至另一时点的时间过程，计算期间须有起算点与终止点。决定起算点有以“小时”定期间与以其他单位定期间两种方式。按照小时计算期间的，从规定时开始计算。至于以小时以下的单位，如“分”或“秒”定期间的，应如何计算，当事人如未特别约定，在解释上也应准用。一般而言，法律行为多在每日上班或营业时间内为之，因当日时间无法全部利用，为求公平合理，法律行为的当日不计算在内。①

从比较法的经验来看，各国一般都采纳与我国《民法总则》第201条相同的期间起算日起算办法，即以年、月、日定期间时，开始的当天不计算在内，而需要从下一天开始计算。其中《德国民法典》第一编“总则”在“第四章期间期日”部分对“期间的开始”作了如下规定：（1）如果期间的开始是以某一事件或者一天当中的某一时刻为起算标准的，在计算期间时，该事件或者时刻所处的当天不计算在内。（2）如果期间的开始是以某一天的开始为起算标准的，在计算期间时，当天应计算在内。上述规定同样适用于在计算年龄时，对出生日的计算。

【典型案例】

章某珍与朱某儿民间借贷纠纷上诉案②

徐某萍、杨某根系夫妻；章某珍与黄某信系夫妻。中天皮业有限公司的法定代表人于2008年3月变更为徐某萍。2007年6月1日，徐某萍、中天皮业有限公司以资金周转需要为由，向朱某儿借款人民币100万元，约定借款期限为4—8个月，由章某珍作担保

① 施启扬著：《民法总则》，中国法制出版社2010年版，第505页。

② 一审法院：浙江省富阳市人民法院，案号：（2008）富民二初字第1042号；二审法院：浙江省杭州市中级人民法院，案号：（2010）浙杭商终字第405号。

人。借款到期后徐某萍、中天皮业有限公司未归还借款。2008年8月1日朱某儿向法院起诉，要求徐某萍、杨某根共同清偿借款100万元；章某珍、黄某信对上述借款承担连带清偿责任。

【法理解读】

依据《民法总则》第201条规定，按照年、月、日计算期间的，开始的当日不计入，自下一日开始计算。按照小时计算期间的，自法律规定或者当事人约定的时间开始计算。本案借款时间为2007年6月1日，借款期限为4—8个月，从6月1日的下一天即6月2日开始计算，8个月借款期限的届满时间应为2008年2月1日24时。依据《担保法》第26条的规定，本案主债务履行期届满之日为2008年2月1日24时，自该时间起计算6个月，保证期间届满时间应为2008年8月1日24时。朱某儿于2008年8月1日起诉，其向法院提起诉讼时间未超过章某珍的保证期限，故章某珍提出朱某儿的起诉超过保证期限的辩解理由，于法不符。

【适用亮点】

此案涉及《民法总则》第201条的规定，该条规定基本上继受了《民法通则》第154条的规定，只是在时间表达顺序上进行了技术性调整，以使其更符合中文的表达习惯。同时，增加了“或者当事人约定”的情形，使得本条规定更加严谨，调整的范围更加准确。①

第二百零二条　【立法主旨】按年、月计算期间的计算方法

【法条对比】

民法总则	第二百零二条　按照年、月计算期间的，到期月的对应日为期间的最后一日；没有对应日的，月末日为期间的最后一日。

---

① 张新宝著：《〈中华人民共和国民法总则〉释义》，中国人民大学出版社2017年版，第430页。

民法通则	无
民通意见	无

【条文释解】

以日、星期、月或年定期间计算，以期间末日的终止，为期间的终止。凡属于有业务活动时间的，如营业时间、办公时间，则应以规定停止业务或营业的时间为期间的终止点。① 以月或年定期间计算，而最后之月无相当日的，则以其月之末日，为期间的末日。当事人另有约定或者法律另有规定时，应依其约定或规定。须注意的是，期间末日虽至该日的24时终止，唯应注意公序良俗与诚实信用原则的适用，于期日终止前数分钟深夜敲门为给付，是否适宜应依具体情形认定。②

期间以月计算的，不分大月、小月，期间届满的日期，应当是届满那个月对应于开始月份的那一天；没有对应于开始月份的那一天的，应当为届满那个月的最后一天。③ 以年计算的，不分平年、闰年。

从立法沿革来看，《民通意见》第198条提出："当事人约定的期间不是以月、年第一天起算的，一个月为三十日，一年为三百六十五日。期间的最后一日是星期日或者其他法定休假日，而星期日或者其他法定节假日有变通的，以实际休假日的次日为期间的最后一天。"④

---

① 梁慧星著：《民法总论》（第4版），法律出版社2010年版，第254页。

② 施启扬著：《民法总则》，中国法制出版社2010年版，第323页。

③ 中国审判理论研究会民商事专业委员会编著：《〈民法总则〉条文理解与司法适用》，法律出版社2017年版，第388页。

④ 王利明主编：《中华人民共和国民法总则详解》（上、下册），中国法制出版社2017年版，第972页。

【典型案例】

甘某军与黄某伟民间借贷纠纷案[①]

被告黄某伟是原告朋友温某的老乡，被告黄某伟原在东莞市做皮革生意，后因生意周转需要经温某介绍向原告借款45000元人民币。对此，原告甘某军提交了一份《借款合同》予以证明。《借款合同》下方有“甘某军”、“黄某伟”及“温某”字样签名，以及三方捺印，合同的落款时间为2014年5月29日，合同第七条存在签约地点的修改，原告甘某军主张该《借款合同》是在东莞市南城区的公司复印的，于当天签订时修改。被告黄某伟承诺于2014年7月29日前还清，借款当日原告甘某军已将款项以现金和银行转账方式交付给被告黄某伟，但被告黄某伟却未按期还款，原告甘某军多次催收无果，为维护原告甘某军的利益，特向法院起诉，请求判令被告黄某伟向原告甘某军返还借款45000元及逾期付款利息20430元。

【法理解读】

本案中，《借款合同》约定的借款期限为2个月，从黄某伟收到甘某军借款当天开始计算。原、被告双方在2014年5月29日签订《借款合同》并于当天支付借款。原、被告双方在《借款合同》中约定“借款期限为2个月”，故期限应从黄某伟收到甘某军借款当天开始计算。按照《民法总则》第202条的规定，到期日最后一日应为2014年7月29日，但由于当事人双方约定期间自黄某伟收到甘某军借款当天开始计算，故借款到期日为2014年7月28日，在这一期间应计算的是利息，从7月29日开始就应当计算滞纳金。

---

① 审理法院：广东省东莞市第二人民法院，案号：（2016）粤1972民初5766号。

【适用亮点】

此案涉及《民法总则》第 202 条的规定，该条延续了《民法通则》第 154 条的规定。对期间的最后一日的确认进行了规定，这对帮助民事主体正确理解和适用民法上关于期间的规定，以及当事人正确解释和适用有关期间的约定具有重要意义。

在理论上关于“期间的最后一日”的计算方法，有所谓“自然计算法”和“立法计算法”两种计算方法。自然计算法是指按照实际时间精确计算期间的最后时刻。历法计算法是指按照日历所定之日、星期、月、年进行计算的方法。[①] 本条规定的按照年、月计算期间的到期日的计算方法采用了历法计算法。本法对以按照小时、日计算期间的，“终期”如何确定，没有作出规定。按照学理可以采用自然计算法进行计算和确定。

第二百零三条　【立法主旨】 期间的截止时间

【法条对比】

民法总则	第二百零三条　期间的最后一日是法定休假日的，以法定休假日结束的次日为期间的最后一日。 期间的最后一日的截止时间为二十四小时；有业务时间的，停止业务活动的时间为截止时间。
民法通则	第一百五十四条第三款　期间的最后一天是星期日或者其他法定休假日的，以休假日的次日为期间的最后一天。 第四款　期间的最后一天的截止时间为二十四点。有业务时间的，到停止业务活动的时间截止。

① 课题组负责人梁慧星：《中国民法典草案建议稿附理由·总则编》，法律出版社 2013 年版，第 442-443 页。

民通意见	第一百九十八条第二款　期间的最后一天是星期日或者其他法定休假日，而星期日或者其他法定休假日有变通的，以实际休假日的次日为期间的最后一天。

【条文释解】

如果是星期日或其他法定休假日，应以休假日的次日为期间的最后一日。我国因采行每星期五日工作制，故遇最后一日为星期六、星期日或其他法定休假日时，应以休假日的次日为期间最后一日。[①]

【典型案例】

刘某东与曾某莲等民间借贷纠纷上诉案[②]

2014 年 10 月 10 日，原告刘某东与被告曾某莲、陈某亮、王某、刘某红、张某雁签订了《借款合同》，约定被告曾某莲等五人共同向原告刘某东借款××元用于购买原材料。当日，被告曾某莲等人与案外人冠群公司签订了《信用咨询及管理服务协议》，约定："甲方（借款人曾某莲、陈某亮、王某、刘某红、张某雁）经乙方（顾问方冠群公司）推荐，与特定的出借人刘某东于 2014 年 10 月 10 日签署了编号 GQSC001490 借款本金××元的《借款合同》，完成借款。甲方应向乙方支付服务费××元"。当日，被告曾某莲等人向原告刘某东出具的《收款确认书》载明：被告曾某莲于 2014 年 10 月 10 收到原告刘某东人民币现金××元，银行转账款××元。本案的实际履行情况是：原告刘某东代冠群公司直接在借款本金中扣收了服务费××元后，才按《借款合同》指定银行账户向被告曾

---

① 梁慧星著：《民法总论》（第 3 版），法律出版社 2007 年版，第 254 页。

② 二审法院：四川省攀枝花市中级人民法院，案号：（2017）川 04 民终 69 号。

某莲转款××元。被告曾某莲于2014年11月8日至2015年4月8日共计向原告刘某东付款××元。之后，被告曾某莲等人未再向原告刘某东返还借款并支付利息。

【法理解读】

借款期限自2014年10月9日至2015年10月8日止，借款期限内分12期偿还借款本金及利息。《借款合同》第2条第3项规定："借款人应按《分期还款表》约定的还款日（不得迟于当日18：00）或之前将当期还款金额存入借款人专用还款账户或以现金方式还款。如果还款日为法定节假日，还款日期不进行顺延。如果还款日为每月30日，则遇到天数不足30天的月份，还款日为还款当月的最后一日。"

【适用亮点】

此案涉及《民法总则》第203条的规定，延续了《民法通则》第154条的规定。期间的最后一日具有特殊的意义，即期间完成的时间，法律行为的法律后果都将出现，因此对当事人意义重大。《民法总则》第203条规定的是期间的最后一日的特殊计算方法，其宗旨是更好地保护当事人的权利不至于因特别的问题而使当事人的权益受到损害。①

第二百零四条　【立法主旨】期间的计算依据

【法条对比】

民法总则	第二百零四条　期间的计算方法依照本法的规定，但是法律另有规定或者当事人另有约定的除外。
民法通则	无

① 杨立新主编：《中华人民共和国民法总则要义与案例解读》，中国法制出版社2017年版，第757页。

民通意见	《民通意见》第一百九十九条　按照日、月、年计算期间，当事人对起算时间有约定的，按约定办。

【条文释解】

本条规定了两种例外情况：一是法律对期间的计算另有规定的除外，二是当事人对期间的计算另有约定的除外。前者体现了特别法优于一般法的原则，当特别法对该事项另有规定时适用特别法的规定而不适用本章的相关规定；后者体现了民法的意思自治原则，表明有关期间计算属于"任意性规定"，当事人可以作出不同的约定，排除任意性规定的适用。[①]

【典型案例】

山某贵与广泽房地产开发有限公司买卖合同纠纷案[②]

某市广泽房地产开发有限公司（以下简称广泽公司）系广泽国际购物中心开发建设单位。2012 年 9 月 29 日，山某贵同广泽公司签订《商铺内部认购协议书》，约定山某贵购买广泽公司开发的广泽国际购物中心南 11 号门市，该商铺建筑面积 345.89 平方米，山某贵于当日交纳部分购房款 386 万元。2014 年 5 月 8 日，山某贵发现购买的商铺面积误差比绝对值超出 3%，提出解除合同。经多次与广泽公司进行交涉，广泽公司于 2014 年 10 月 24 日承诺 2014 年 11 月 30 日前将购房款 386 万元退回，逾期退款按日千分之十支付利息。广泽公司于 2014 年 12 月 2 日将购房款 386 万元退还给山某贵，逾期退款 2 天，且当事人双方未对 2012 年 9 月 29 日起至

① 张新宝著：《〈中华人民共和国民法总则〉释义》，中国人民大学出版社 2017 年版，第 433 页。

② 一审法院：白山市浑江区人民法院，案号：（2015）浑民二初字第 176 号；二审法院：吉林省白山市中级人民法院，案号：（2015）白山民二终字第 173 号。

2014 年 11 月 30 日止广泽公司占用购房款期间的利息问题进行处理。山某贵诉至法院请求：1. 广泽公司赔偿占用山某贵已支付房款 386 万元期间的利息 505660 元；2. 广泽公司支付逾期退还房款的利息 7.72 万元。

【法理解读】

广泽公司主张最后退款日 2014 年 11 月 30 日是周日，银行对公业务窗口关闭不能办理业务，故广泽公司迟延一日退还房款。因双方约定在 2014 年 11 月 30 日前将 386 万元退回，并非约定在 2014 年 11 月 30 日退款，履行时间为 10 月 24 日至 11 月 30 日。根据最高人民法院《民通意见》第 199 条规定："按照日、月、年计算期间，当事人对起算时间有约定的，按约定办。"《民法总则》第 204 条规定："期间的计算方法依照本法的规定，但是法律另有规定或者当事人另有约定的除外。"，广泽公司未按该期限履行构成违约，故广泽公司的主张不成立。

【适用亮点】

该案涉及《民法总则》第 204 条的规定，本条吸收了《民通意见》第 199 条的规定，是对《民法通则》期间内容的新增补充条款，是对期间的计算方式如何适用的规定。本案双方约定在 2014 年 11 月 30 日前将 386 万元退回，并非约定在 2014 年 11 月 30 日退款，故履行时间为 10 月 24 日至 11 月 30 日。

第十一章　附　　则

第二百零五条　【立法主旨】与期间计算有关的术语

【法条对比】

民法总则	第二百零五条　民法所称的“以上”“以下”“以内”“届满”，包括本数；所称的“不满”“超过”“以外”，不包括本数。
民法通则	第一百五十五条　民法所称的“以上”、“以下”、“以内”、“届满”，包括本数；所称的“不满”、“以外”，不包括本数。
民通意见	无

【条文释解】

本条是对本法中使用的7个用语的含义是否包括了“本数”进行了说明。法律规范不论采用何种方式进行表达，都需要运用相应的字、词、句。法律用语所表达的意义，涉及法律上的权利义务关系、法律的正确实施与否等，因此立法中对某些用语进行界定，是各国立法活动的普遍性作法。在我国的立法实践中，已经有多部法律对法律中用语的含义进行了具体明确的界定。对法律用语的含义作出规定，有利于法律条文表达的准确性，充分体现立法机关的立法意图，对于执法机关及其工作人员正确执行法律，相关当事人正确行使权利和履行义务，均具有重要的作用。[①]

① 中国审判理论研究会民商事专业委员会编著：《〈民法总则〉条文理解与司法适用》，法律出版社2017年版，第393页。

【典型案例】

武某梅与刘某、百联房地产信息咨询有限公司等房屋买卖合同纠纷案[①]

2015年10月29日原告与被告刘某、被告百联公司在百联公司同安道店签订《房屋买卖协议》。约定主要事项：原告将其名下某房屋出售给被告刘某，总房款132万元，被告刘某应在2015年11月30日前，准备好除贷款申请额之外的剩余房款，即首付房款，并配合办理贷款、过户相关手续。被告刘某应在合同签订之日向原告交付定金3万元。还约定，原告与被告刘某应积极配合办理过户或贷款之相关手续，如不按约定时间亲自到场办理过户或贷款手续不全或不按本合同条款约定时间向被告百联公司提供相关有效证件材料的，每逾期一日，违约方应向守约方支付该房屋售价千分之四的违约金，所付之违约金归守约方支配。逾期30天视为单方面合同解除，适用上述违约责任。

【法理解读】

原告与被告刘某及百联公司签订的房屋买卖协议中第9条第9款约定："……逾期30天视为单方面合同解除，适用上述违约责任。"按照此约定，依据《民法总则》第205条规定，民法所称的"以上"、"以下"、"以内"、"届满"，包括本数；所称的"不满"、"超过"、"以外"，不包括本数。该协议应在被告刘某2015年11月30日无法配合办理过户手续起的次日起，即2015年12月1日计算30日的期限，故该协议应于2015年12月31日解除。但被告刘某在2015年12月15日向被告百联公司发出了要求于2015年11月29日解除了三方协议的解约函，该解约函于2015年12月16日

---

① 一审法院：天津市和平区人民法院，案号：（2016）津0101民初592号；二审法院：天津市第一中级人民法院，案号：（2016）津01民终4281号。

到达被告百联公司并告知原告，庭审中原告也认可2015年12月16日解除协议，应当认定房屋买卖合同已经解除。

【适用亮点】

此案涉及《民法总则》第205条的规定，该条对于用语的解释，与《民法通则》第155条的规定内容基本一致。《民法总则》相较于《民法通则》的规定只是增加了一个“超过”，其他的内容都没有变化。所不同的是《民法通则》第155条把对不可抗力的解释和对期间的解释都规定在附则中。而《民法总则》由于对期间做了专章规定，之对此处仅部分用语的含义做了解释。[①] 依据本条规定，“以上”、“以下”、“以内”、“届满”包括本数，“不满”、“超过”、“以外”不包括本数，符合汉语表达习惯。这种对数量表达之解释的规定，有利于民事法律关系当事人在为意思表示时，准确表达自己的真实意思，避免发生歧义。[②]

第二百零六条　【立法主旨】生效时间

【法条对比】

民法总则	第二百零六条　本法自2017年10月1日起施行。
民法通则	第一百五十六条　本法自1987年1月1日起施行。
民通意见	无

【条文释解】

法律的施行时间，也称法律的生效时间，是指法律从什么时间开始发生效力。一部法律，一旦开始施行就会产生以下两个方面的

① 杨立新主编：《中华人民共和国民法总则要义与案例解读》，中国法制出版社2017年版，第764页。

② 张新宝著：《〈中华人民共和国民法总则〉释义》，中国人民大学出版社2017年版，第435页。

法律后果：一是法律一旦开始生效，凡属于该法调整范围内的关系都要按照该法的规定执行，任何违反该法的行为均属于违法行为，都要依法受到相应的责任追究；二是法律一旦生效，凡是位价低于该法的所有规范性文件都不得与该法相冲突，凡是与该规定相抵触的其他规范性文件的规定都应当属于无效。如果属于同一价位的法律存在不一致规定情况的，则应当按照《立法法》的有关规定处理。《立法法》第 92 条规定："同一机关制定的法律、行政法规、地方性法规、自治条例和单行条例、规章，特别规定与一般规定不一致的，适用特别规定；新的规定与旧的规定不一致的，适用新的规定。"法律之间"新的规定与旧的规定不一致的"适用"新的规定"。同时，《立法法》第 94 条第 1 款还规定："法律之间对同一事项的新的一般规定与旧的特别规定不一致，不能确定如何适用时，由全国人民代表大会常务委员会裁决。"①

【典型案例】

中国农业银行南阳市卧龙区支行与南阳市硫磷化工有限公司抵押担保借款合同纠纷上诉案②

1999 年 3 月 30 日，卧龙农行与化工公司经协商签订了最高额抵押担保借款合同。合同约定：1999 年 3 月 30 日至 2001 年 3 月 30 日，卧龙农行向化工公司提供最高贷款限额不超过 103 万元的贷款，借期、利率等以借据为准，化工公司以评估价值 368 万元的房地产作贷款抵押，抵押担保期间自设定之日起至担保范围内的全部贷款清偿完毕止。合同签订后，化工公司以其宛市房字第 D010010 号等房产证及宛市国土用（98）第 02859 号土地使用权证

---

① 中国审判理论研究会民商事专业委员会编著：《〈民法总则〉条文理解与司法适用》，法律出版社 2017 年版，第 394 页。

② 一审法院：河南省南阳市卧龙区人民法院，案号：（2008）宛龙民商三初字第 156 号；二审法院：南阳市中级人民法院，案号：（2008）南民三终字第 204 号。

作抵押，在1999年6月25日贷出借款103万元，借期自1999年6月25日至2000年6月25日。借款期满，化工公司未能还本结息，卧龙农行未对主债权提出主张，亦未行使抵押权。化工公司遂诉至法院，请求确认所设定的抵押权消灭，判令卧龙农行返还土地使用证及房产证等。

【法理解读】

在本案中，抵押权设定于1999年，虽然纠纷发生在《物权法》实施之后，但应当适用《最高人民法院关于适用〈中华人民共和国担保法〉若干问题解释》第12条第2款的规定，认定为抵押权消灭。而在裁判文书说理中不能引用《物权法》第202条的规定。

《物权法》第247条规定："本法自2007年10月1日起施行。"法律的溯及力与法律生效时间相关。我国法律在一般情况下采用法不溯及既往的原则，按照《立法法》的规定，法律不具有溯及既往的效力，即新的法律规定不能调整法律生效前已经发生的事实和行为。本条虽然没有明确具体规定《物权法》的溯及力问题，但根据《立法法》的规定及法的一般原则，在没有作出特殊规定的情况下，该法不具有溯及既往的效力，对过去的问题应当按照当时的规定或者约定处理。同时，《物权法》的颁行并不意味着《担保法》的废止，否则，《物权法》施行后将出现规定有担保物权内容的诸法并行的局面。故在处理《担保法》等法律与《物权法》的衔接问题时，法院应当坚持法不溯及既往的法律原则，凡是发生在《物权法》施行之前的担保物权行为，应当适用《担保法》及其司法解释的规定。

【适用亮点】

《民法总则》没有规定《民法通则》失效的时间，这意味着《民法总则》生效之时并不是《民法通则》失效之日。《民法总则》是一部民法单行法，是单独法律的形式，因此规定的是《民法总则》的生效时间。到2020年，民法典的编纂全部完成后，即统一通过《民法》时才会在附则中统一规定民法典的生效时间，那时《民法通则》就将失去效力，代之以民法典的生效时间，在规定的时间内统一生效。[①] 从司法的角度来看，暂不废止《民法通则》也是必要的安排，因为有大量司法解释是基于《民法通则》制定的或者是对《民法通则》有关条文的解释，如果在没有处理好相关衔接问题之前废止《民法通则》，将使得有关司法解释的法律依据不复存在。

---

① 杨立新主编：《中华人民共和国民法总则要义与案例解读》，中国法制出版社 2017 年版，第 769 页。